MOEWIG CHANCEN

Falk-Ingo Klee

Jasmin K. (3 Jahre) DIAGNOSE: KREBS

Eltern schildern ihren erfolgreichen Kampf gegen dieses Schicksal

MOEWIG CHANCEN

MOEWIG Band Nr. 3204
Moewig Taschenbuchverlag Rastatt

Liebe Eltern, liebe Leserin, lieber Leser!

Was, so werden sie vielleicht fragen, bringt einen Vater dazu, in einem Tagebuch festzuhalten, was seine Familie, er selbst und vor allem das kranke Kind empfinden muß bei der Diagnose: Krebs? Wer hat da noch die Kraft und die Beherrschung, Aufzeichnungen zu machen, das eigene Leid zu Papier zu bringen?

Die Diagnose „Krebs" hat meine Frau und mich nicht nur geschockt, sie hat gelähmt — und entmutigt. Krebs bedeutet Tod, verbunden mit Siechtum und unerträglichen Schmerzen. Warum ein dreijähriges Kind, warum Jasmin? Warum gerade sie?

Wir hatten Hemmungen, sie zu fotografieren, wollten sie in Erinnerung behalten, wie wir sie kannten, aber ich wollte es nicht einfach bei Fotos bewenden lassen, als sie Geburtstag hatte. Bis zuletzt sollte sie für uns lebendig bleiben — wenn nicht im Bild, dann doch im Wort.

Dann kam das Aufbäumen gegen das scheinbar unabwendbare Schicksal, Hoffnung, die eigentlich durch nichts begründet war, Gebete. Wohl noch nie in unserem Leben haben wir Gott so intensiv um Hilfe angefleht.

Lange haben wir überlegt, ob wir unsere Erfahrungen veröffentlichen sollen. Psychologisch richtig servieren die Ärzte die Wahrheit in überschaubaren Häppchen, wir dagegen beschreiben alle Höhen und Tiefen, die wir innerhalb von zwei Jahren erlebt haben — und Jasmin ist immer noch sehr intensiv unter ärztlicher Kontrolle.

Wir haben nicht bereut, den scheinbar aussichtslosen Kampf aufgenommen zu haben. Jasmin ist fit und quietschfidel. Daß sie es bei ihrer ungünstigen Diagnose geschafft hat, mag allen betroffenen Müttern und Vätern Hilfe sein und Mut machen.

So möchten wir auch das Tagebuch verstanden wissen. Zwar handelt es von Krankheit, Not und Angst, aber auch von Hoffnung, Freude, Liebe und Wundern, kleinen und großen.

Gießen, im Mai 1985

5

Zu meinem sechsunddreißigsten Geburtstag im Dezember 1982 schenkte mir meine jüngste Schwester einen Jahresplaner, weit über fünfhundert Seiten stark, mit viel Platz für tägliche Notizen. Eigentlich viel zu umfangreich für mich, um meine paar Termine festzuhalten.

24. März 1983, Donnerstag

Mein Tagebuch beginnt mit dem Eintrag einer Untersuchung beim Kinderarzt, weil Jasmin seit einigen Tagen Fieber hat. Es kommt und geht, ist aber nicht beunruhigend. Bis mich Renate, meine Frau, am Vormittag im Büro anruft: Verdacht auf Lungenentzündung, Überweisung zum stationären Aufenthalt in der Kinderklinik.

Mit zugeschnürten Eingeweiden stehe ich den Tag durch, fahre nach Feierabend sofort in die Klinik. Renates Gesicht ist verheult. Sie erzählt mir, welche Torturen die Kleine durchmachen mußte: mehrmaliges Röntgen, Ultraschalluntersuchung, Knochenmarkpunktion, dazwischen Blutentnahme aus Fingern und Venen. Man hat Wucherungen festgestellt. Ich bin wie vor den Kopf geschlagen, kann es nicht glauben, doch ich hoffe auch. Warum soll es bei Jasmin nicht gutartig sein? Bis auf den kürzlich überstandenen Keuchhusten war sie immer gesund. Erst im Januar — kurz vor ihrem dritten Geburtstag — ist sie vom Kinderarzt gründlich untersucht worden.

Unsere Hoffnung wird jäh zerstört. Eine Operation ist unumgänglich, vielleicht schon morgen. Und erstmals taucht ein häßlicher Verdacht auf: Der Arzt erwähnt das Wort „Krebs".

Wie betäubt fahre ich nach Hause, während Renate bei Jasmin im Zimmer übernachtet. Was ich an diesem Abend getan habe, weiß ich nicht mehr. Sicher ist, daß ich mich betrinken wollte, aber mein versteinerter Magen nahm nicht einmal das sonst geliebte Bier an. Und irgendwann gegen Morgen muß ich im Sessel eingeschlafen sein.

An den folgenden Tag habe ich so gut wie keine Erinnerung mehr. Ich weiß eigentlich nur, daß ich gelebt habe: existiert, vegetiert, funktioniert.

Kyra, unsere ältere Tochter, blieb zu Hause, weil sie etwas Fieber hatte. Ich ging wie gewohnt aus dem Haus. Wie ich der Kartei im Betrieb entnommen habe, hatte ich Urlaub. Ich war also nicht im Büro, sondern in der Klinik. Ganz sicher hatte ich Kontakt mit Ärzten und Schwestern, allerdings kann ich mich nicht mehr daran erinnern.

Mein Gedächtnis streikt, und ich sehe auch keinen Grund, das zu egalisieren. Techniker und Ingenieure halten es für eine großartige Errungenschaft, daß Videobänder und Kassetten gelöscht werden können — unser Gehirn ist da viel großartiger. Es speichert auch den Schrecken, verfügt aber gleichzeitig über eine Art Amnesiefilter, der den Verstand vor einem geistigen Defekt schützt.

Es muß ein sehr schlimmer Tag gewesen sein. Ich kann mich nicht erinnern, daß mein Gehirn sich je so beharrlich geweigert hat, Informationen freizugeben. Selbst belanglose Details sind wie weggewischt — außer der furchtbaren Diagnose: Jasmin hat Krebs.

26. März, Samstag

Jasmin ist gestern nicht operiert worden. Gegen elf Uhr treffe ich in der Klinik ein. Kyra ist zu Hause geblieben. Renate hat auf der Station übernachtet und fährt nach Hause, um sich zu baden und nach dem Rechten zu sehen.

Renates Bruder Horst muß gestern noch in der Wohnung gewesen sein und seine kleine Radio-/Fernsehkombination gebracht haben; jedenfalls habe ich sie ebenso dabei wie eine Fabuland-Figur, die Jasmin sich gewünscht hat. Wir spielen, hören Musik und sehen fern, bis Renate gegen 18.15 Uhr wieder als Ablösung eintrifft. Entnervt räume ich das Feld.

Die Kleine wurde zunehmend müder und quengeliger, ohne schlafen zu wollen. Gleichzeitig fielen mir die Schwestern auf die Nerven, weil ich Jasmin anhalten sollte, viel zu trinken und auf den Topf zu gehen, da eine bestimmte Menge Urin für eine Untersuchung benötigt wird. Außer Pflanzentee und Mineralwasser gibt es keine Alternative, da Fruchtsaft und Milch die Werte verfälschen. Ärzte und Schwestern übersieht Jasmin geflissentlich. Wagt dennoch jemand vom Personal, sie auch nur zu berühren oder gar anzufassen, reagiert sie mit durchdringendem Geschrei — wahrscheinlich kindliche Notwehr.

27. März, Sonntag

Renate hat bei Jasmin im Zimmer übernachtet. Ich habe Kyra versprochen, sie nicht zu lange allein zu lassen — und tatsächlich werden es nicht mehr als zwei Stunden.

Renate und ich haben darüber gesprochen, was wir bei der morgen anstehenden Operation tun sollen. Sie ist dafür, die Stellung zu halten. Ich und der Arzt halten ein Krankenzimmer als Warteraum für zu deprimierend. Vorsorglich rufe ich meinen Vorgesetzten an und sage ihm, daß ich am nächsten Tag nicht kommen kann; er versteht das völlig.

Ich lasse den Fernseher bis zum Sendeschluß laufen. Rechtschaffen müde gehe ich zu Bett. Doch unruhig wälze ich mich herum und kann mich selbst beim Beten nicht konzentrieren. Schließlich schlafe ich ein — und werde alle halbe Stunde wach von wirren Träumen. Warum lassen sich die verdammten Gedanken nicht abschalten wie die Flimmerkiste?

28. März, Montag

Urlaub. Ich fühle mich miserabel. Kyra bereitet sich ihr Frühstück selbst zu, der Schwiegervater und Horst holen sie ab. Gegen 7.30 Uhr bin ich in der Klinik. Renate ist verheult, sie hat Jasmin bis zum OP begleitet. Wir fahren nach Hause. Ich lenke, bremse und stoppe wie ein Automat, mein Unterbewußtsein lotst mich durch den Verkehr.

In der Wohnung: warten. Renate arbeitet hektisch, ich sitze da wie versteinert. Wir haben Beruhigungsmittel genommen, doch das Zeug wirkt nicht. Wie in den letzten Tagen bringen wir keinen Bissen herunter, nur Kamillentee.

Zehn Uhr. Anruf von mir in der Klinik. Jasmin ist noch nicht auf der Station. Anruf von Renate um 11.45 Uhr. Die Kleine ist zurück. Im Eiltempo fahren wir zum Krankenhaus. Wir erwischen kurz den Arzt. Die Operation ist ohne Komplikationen verlaufen. Erleichterung. Jasmin schläft. Sie ist an ein Kontrollgerät angeschlossen. Die Maschine zeigt an, daß Atmung und Puls regelmäßig sind. Eine Schwester kontrolliert alle halbe Stunde.

Gegen 15.30 Uhr bittet uns Dr. Bertram zu sich. Der gelungene Eingriff hat uns zuversichtlich gestimmt, doch der Arzt raubt uns alle Illusionen und sagt ungeschminkt die bittere Wahrheit: Krebs im fortgeschrittenen Stadium, operativ nicht mehr zu entfernen, Überlebenschance 15 Prozent. Unter der Last dieser Worte breche ich fast zusammen, die Zahl brennt sich förmlich in mein Gehirn ein: 15 Prozent. Das ist ein Todesurteil, es besteht keine Hoffnung mehr.

Irgendwie kommen wir nach Hause, Thomas, mein Neffe, bringt Kyra. Telefonisch unterrichten wir die Eltern, ohne die volle Wahrheit zu sagen. Sie sind fix und fertig mit den Nerven, können es nicht glauben und weinen. Sie trösten zu müssen, gibt mir die Kraft, mich gegen das Schicksal aufzubäumen. Es kann und darf nicht sein, daß Jasmin stirbt – wir *wollen* es nicht. Christian, der Mann meiner jüngsten Schwester, muß helfen. Er arbeitet für einen Pharmakonzern. Vielleicht kann er Interferon besorgen, das als Krebsmittel in aller Munde ist. Vielleicht kann er Medikamente besorgen, die neu oder in der Erprobung sind. Als Apotheker versteht er ja etwas davon. Ich telefoniere deswegen noch einmal mit Dr. Bertram. Der Arzt akzeptiert meinen Vorschlag, also rufe ich Christian an. Er verspricht, alle Hebel in Bewegung zu setzen.

Hoffen und Beten setze ich gegen Bangen und Verzweiflung. Kann Gott so grausam sein?

29. März, Dienstag

Ich arbeite wieder. Die erste Stunde ist grauenhaft. Was wissen die Kollegen? Kommen dumme Fragen? Etliche wissen nichts, fragen, wo ich war, unbefangen, ahnungslos – und ich sage die Wahrheit. Nicht Tumor oder Geschwulst sage ich, sondern Krebs, hart, mit doppeltem B gesprochen, um mir die Neugierigen vom Leib zu halten. Als sie sich nach Jasmins Alter erkundigen, werden sie fassungslos, fast stumm. Daneben fast rührende Versuche meiner Chefs, mir Hoffnung und Mut zu machen. Sie sind betroffen und bieten Unterstützung an.

Ich rufe Renate in der Klinik an. Es gibt keine positiven Neuigkeiten. Erst gegen Mittag gelingt es mir, das Brot hinunterzuwürgen, das eigentlich als Frühstück gedacht war. Christian hat sich umgehört, benötigt aber noch Angaben von mir.

Nach Feierabend fahre ich ins Krankenhaus. Jasmin ist wach, Bluttransfusion, Diffusor und Überwachungseinheit sind nicht mehr nötig, nur noch Traubenzuckerinfusion und Nasenschlauch zum Absaugen der Magensäfte.

Dr. Bertram erläutert in einem längeren Gespräch die medikamentöse Behandlung und beantwortet unsere Fragen. Diagnose: Neuroblastom, ein Tumor, der nur für Kleinkinder bis drei Jahre gefährlich ist, Stadium IV, die schlimmste Form. Es wird anfangs eine Tortur werden, sowohl für Jasmin als auch für uns. Wir werden zustimmen, weil es eine Chance ist — die einzige. Die Frage, wie lange unsere Min unbehandelt und ohne Qualen noch leben könnte, vermag der Arzt nicht zu beantworten. Diese Ungewißheit ist es auch, daß wir den Gedanken verwerfen, Jasmin einfach nach Hause zu holen, um ihr in der verbleibenden Zeit noch all das zu bieten, was sonst nur in Jahren möglich ist.

Die Therapie empfinde ich als eine Art Russisches Roulette. 15 Prozent heißt, daß jedes siebte Kind es schafft. Warum sollte das nicht Jasmin sein?

30. März, Mittwoch

Kyra ist heute zu Hause geblieben, Thomas ist bei ihr.

Christian hat Erkundigungen eingeholt und die Versendung von diverser Fachliteratur von seiner Firma an Dr. Bertram veranlaßt.

Voller Zuversicht fahre ich nach Feierabend in die Klinik, denn Christian hat mir eine Behandlungsmethode mitgeteilt, die nach Informationen eines kompetenten Professors nur in der Uniklinik Erlangen, in der Schweiz, in England und in den USA angewandt wird. Zu meiner Enttäuschung kennt Dr. Bertram die Methode und weitere Zentren in der Bundesrepublik. Diese spezielle Knochenmarkbehandlung bringt nur bei bestimmten Leukämiearten Erfolg. Allmählich kommt er mir vor wie Doktor Allwissend, und ich glaube nicht mehr, daß er Anregungen aus den abgeschickten Büchern bekommt. Man ist — auch wieder beruhigend — in Gießen auf diesem Gebiet führend.

Jasmin ist wieder etwas aufgekratzter. Sie ist noch an den Tropf angeschlossen, darf aber etwas Tee trinken und soll ab morgen wieder feste Nahrung bekommen. Dr. Bertram will Samstag mit der Zytostatika-Behandlung beginnen, mit Spritzen. Um der Kleinen Schmerzen und ständiges Stechen zu ersparen, soll — eventuell unter Narkose — ein Katheter in eine Ader des Handrückens eingesetzt werden, der etwa eine Woche lang hält und in den die Medikamente injiziert werden.

31. März, Donnerstag

Kyra hält sich wieder einmal bei den Großeltern auf. Aus alter Gewohnheit fahre ich in der Mittagspause in die leere Wohnung, schlinge ein paar Ravioli aus der Dose hinunter und versorge Tiere und Pflanzen, die arg vernachlässigt wurden, da wir in den letzten Tagen erst gegen 21.00 Uhr nach Hause kamen.

Jasmin berichtet, daß sie fast wie zu Hause gefrühstückt hat, auch das Mittagessen hat sie verputzt; allerdings hat sie nur das Kartoffelpüree mit der Hackfleischsoße gegessen, das Kohlrabigemüse schmeckte ihr überhaupt nicht.

Der Tag war nach Renates Worten für Mutter und Tochter gleichermaßen anstrengend. Zuerst eine Art Isotopen-Diagnostik, dann Computertomographie, im Jargon der Ärzte und Schwestern CT genannt. Um Jasmin die Angst vor den röhrenartigen Geräten zu nehmen und um auszuschließen, daß sie durch heftige Bewegungen die Bilder unbrauchbar macht, wurde ihr zweimal ein Beruhigungsmittel gegeben. Es wirkt am frühen Abend noch nach. Sie ißt einige Stückchen gebuttertes Weißbrot, wird danach aber zusehends müder und schläft ein, so daß wir früher als sonst zu Hause sind.

Es geht manchmal über die eigenen Kräfte, dem bei den Eltern schutzsuchenden, schreienden Kind klarzumachen, daß die auch selbst so empfundene Quälerei durch die Ärzte sein muß, um geheilt zu werden. In keiner Situation kollidieren Gefühl und Verstand so oft wie beim Spritzen und der Blutabnahme, und doch wollen Herz und Gehirn dasselbe: leben.

1. April, Karfreitag

Entgegen der ursprünglichen Absicht beginnen die Ärzte schon heute mit der Chemotherapie. Die junge Ärztin hatte anfangs Mühe, die winzige Vene zu finden, und spritzte eine geringe Menge des aggressiven Mittels ins Armgewebe. Trotz der nachfolgenden Injektion einer Kochsalzlösung sind etliche gesunde Zellen wohl zerstört und werden absterben.

Zusammen mit dem Schwiegervater, den ich abgeholt habe, treffe ich gegen elf Uhr in der Klinik ein, just in dem Augenblick, als Jasmin der Katheter gesetzt wird. Renate will mich abwimmeln, doch ich sehe, in welch schlechter nervlicher Verfassung sie ist, und übernehme es, der Kleinen beizustehen. Sie macht ihrem Schmerz Luft und schreit aus Leibeskräften. Endlich ist die unangenehme Prozedur überstanden. Ein Injektionsautomat wird angeschlossen und preßt mit maschineller Präzision innerhalb einer halben Stunde Pharmaka durch die Ader in den Körper.

Kurz darauf wird Jasmin übel, sie muß sich mehrmals übergeben. Ein Zäpfchen vermag die unangenehmen Nebenwirkungen nur teilweise zu lindern. Zusätzlich bekommt die Kleine noch vorbeugend Antibiotika und andere Medikamente, die verhindern, daß körpereigene Bakterien Schaden anrichten. Man kleckert nicht mit Zytostatika, wie die Zellgifte heißen, man klotzt. Einer wird auf der Strecke bleiben – der Tumor oder der Patient. Alle hoffen, daß ersteres eintritt, und dafür beten wir.

Für mich ist Krebs kein Tabu mehr, kein automatisches Todesurteil, ein böser Schicksalsschlag zwar, aber zugleich eine Krankheit, die erfolgreich bekämpft werden kann.

2. April, Samstag

Heute habe ich um acht Uhr die „Frühschicht" angetreten. Jasmin hat nur wenig gefrühstückt, und noch während wir spielen und ich Geschichten vorlese, durchbricht der Krankenhausalltag unsere Familienidylle. Zuerst wird geröntgt, dann sind eine Blutentnahme und Medikamente an der Reihe. Die Kleine jammert angesichts der Spritzen, doch niemand tut ihr weh, weil alles über den Katheter gegeben wird.

Eine Dreiviertelstunde, nachdem das Mittel durch eine elektrisch gesteuerte Injektion im Körper verteilt worden ist, muß Jasmin sich übergeben. Sie kündigt es zwar an, doch ich schaffe es nicht, die Brechschale rechtzeitig zu bringen. Haare und Bett werden besudelt, aber mit Hilfe einer Schwester bringe ich das wieder in Ordnung, auch die Haare werden gewaschen.

Jasmin schläft viel, wird aber immer wieder wach. Und obwohl sie die Weißkittel nicht leiden kann, verpetzt sie mich bei Schwester Erika: Papa hat auf dem Balkon seine stinkige Pfeife geraucht. Für mich ein erstes Zeichen der Akklimatisation.

3. April, Sonntag

Ostern. Schon gestern haben meine Schwester Dorothee und Burkhard, ihr Mann, Geschenke mitgebracht. Renate hat einen Strauß Weidenkätzchen mit ausgeblasenen Eiern aufgestellt, die Kyra bemalt hat. Ich habe wieder Opa abgeholt, dessen Geschenk − ein kuscheliger Seehundheuler − großen Anklang findet. Das Spielzeug erinnert Jasmin an unseren letzten Urlaub in Büsum. Dort haben wir die Heuler-Aufzuchtstation besucht; Min war ganz entzückt von den niedlichen Robbenbabys. Natürlich ist es kein Zufall, daß die Großeltern auf unser Anraten den kleinen Stoff-Seehund gekauft haben.

Wir halten uns nicht sehr lange in der Klinik auf, nur etwa drei Stunden. Nachdem Jasmin die Medikamente bekommen hat, wird ihr wieder übel, sie bricht und würgt. Und obwohl sie sehr müde ist, kämpft sie gegen den Schlaf an.

Der Vater eines leukämiekranken Mädchens betritt mit seiner Tochter das Zimmer und verteilt Ostereier − eine nette Geste, die Verbundenheit ausdrückt. Renate sagt, daß am Morgen vor dem Krankenhaus ein Posaunenchor gespielt hat, und die Küche serviert als Nachtisch eine Art Nest aus Plätzchen, in dem ein Zuckerhase sitzt.

Natürlich beschäftigt uns die Diagnose „Krebs" mehr als alles andere, aber weder Renate noch ich sind bereit, uns damit abzufinden, daß es auch automatisch ein Todesurteil ist.

Ein Erwachsener, dem gesagt wird, daß er Krebs hat, der inoperabel ist, wird sich vielleicht aufgeben und seines Lebensmutes beraubt in jene lähmende Apathie versinken, in der es keine Hoffnung mehr gibt. Obwohl körperlich nicht selbst betroffen, haben Renate und ich einen solchen Tiefpunkt erlebt. Ich vermag nicht zu sagen, was schlimmer ist: für sich selbst eine Entscheidung zu treffen oder für das kranke Kind, das quasi noch alles vor sich hat und lebensfroh ist, dem Krankheit, Leiden und Sterben nichts sagen, weil es zu abstrakte Begriffe sind. An uns lag es, ja oder nein zu sagen, aber was ist richtig? Auf uns lastet die Bürde der Verantwortung bis an unser Lebensende. Obwohl wir alles tun werden, um Jasmin zu retten, kann der Tag kommen, da wir uns Selbstvorwürfe machen, weil wir falsch gehandelt haben könnten. Ob es dann ein Trost ist, daß wir alles versucht haben, was menschenmöglich ist, wage ich zu bezweifeln.

Niemand kann uns die Entscheidung abnehmen − nicht Eltern und Geschwister, kein Arzt und kein Pfarrer. Wir, die wir Jasmin gewollt und gezeugt haben, müssen sagen, was geschehen soll. Eine solche Situation überfordert gemeinhin jeden Menschen, aber wenn es sein muß ...

Renate und ich waren so einsam wie niemals zuvor. Stundenlang haben wir uns unterhalten, Für und Wider erwogen, mit uns gerungen, schlaflose Nächte verbracht, Gott angefleht und uns gegenseitig Mut zugesprochen. Unsere Entscheidung, ja zu sagen, war mehr vom Gefühl her bestimmt als vom Verstand, aber nicht irrational.

Ja, gemeinsam mit den Ärzten wollen wir dieser heimtückischen Krankheit die Stirn bieten. Mich erfüllt unbändige Wut, ich hasse Krebs wie einen persönlichen Feind.

Ich habe mit Renate darüber gesprochen und ernsthaft erwogen, den Beruf an den Nagel zu hängen und Medizin zu studieren, um als Onkologe aktiv gegen Tumore und entartete Zellen anzukämpfen, doch die Realität hat mich wieder eingeholt. Als Patient würde ich, gelinde gesagt, deutliches Unbehagen empfinden, wenn mich ein fünfzigjähriger Assistenzarzt behandeln würde.

4. April, Montag

Fast ist es schon Gewohnheit, daß Renate nach sieben Uhr aufsteht und in die Klinik fährt. Anders als gestern, da Kyra die Neugier und das Eiersuchen beizeiten aus dem Bett trieben, bleibt sie liegen. Ich döse noch ein wenig, stehe dann aber auch auf und treffe nach zehn im Krankenhaus ein.

Nur fünf, sechs Kinder sind während der Feiertage auf der Station. Jasmin hat mit anderen Kleinen auf dem Flur gefrühstückt, zeigt aber wie meist in den letzten Tagen wenig Appetit. Da sie immer noch an den Traubenzuckertropf angeschlossen ist und quasi künstlich ernährt wird, ist das eigentlich kein Wunder.

Vor zwölf bin ich wieder zu Hause. Anders als in den letzten Tagen gibt es ein richtiges Mittagessen mit Fleisch, Gemüse und Kartoffeln. Bewundernswert ist, wie die sonst spröde und jeder Arbeit im Haushalt abgeneigte Kyra sich gewandelt hat – sie ist freundlich, verständig und hilfsbereit. Bereitwillig reinigt sie den Käfig ihres Wellensittichs, während ich die Papageien in Angriff nehme. Ohne Anweisung nimmt die Zehnjährige anschließend den Staubsauger in Betrieb – ein kleines Wunder.

Es ist überhaupt erstaunlich, wie sie sich mit der Situation des Pendelns, dem unregelmäßigen Leben und der Abwesenheit von Renate und Jasmin abfindet, denn sie hängt sehr an beiden, vor allem an ihrer kleinen Schwester. Wir haben ihr gesagt, welche Krankheit Jasmin hat, und wir haben auch besprochen, wie langwierig die Behandlung ist. Leider darf Kyra Jasmin nicht besuchen – Kindern unter fünfzehn Jahren ist das Betreten der Kinderklinik verboten. Dr. Bertram nennt den Grund: Windpocken etwa hätten den Tod der kleinen Patienten zur Folge, weil die Medikamente gegen den Tumor die Abwehrkräfte enorm schwächen und das Immunsystem fast lähmen.

5. April, Dienstag

Dorothee und Burkhard warten nach Büroschluß vor dem Betrieb. Sie wollen Kyra für ein paar Tage zu meinen Eltern holen und gleichzeitig Jasmin besuchen. Ich fahre voraus und lotse sie zur Klinik in die Station Peiper. Jasmin ist aus dem Einzelzimmer verlegt worden und teilt den Raum mit einem achtjährigen Mädchen namens Nilofah.

Renate und Min erwarten uns bereits auf dem Gang. Erstmals kann Jasmin ohne den lästigen Tropf herumlaufen, allerdings ist der linke Arm noch geschient und mit einem Katheter versehen, der wie eine Flasche mit einer Art Stöpsel verschlossen ist. Man erspart so den Kindern, daß sie zum Spritzen und zur Blutabnahme ständig gestochen werden müssen.

Mins Reaktion ist nicht dazu angetan, Onkel und Tante als Besucher willkommen zu heißen. Sie weint, das Essen wird bemäkelt und findet trotz Abänderungen überhaupt keinen Beifall. Auch das Mitbringsel von meiner Schwester und ihrem Mann wird eher als lästig empfunden. Wahrscheinlich ist Jasmin überfordert, denn sie hat nur mich erwartet und keine weiteren Besucher. Gemeinsam fahren Dorothee, Burkhard und ich zu unserer Wohnung.

Kyra hat für eine Weltreise gepackt; das wichtigste Utensil, ein Ostergeschenk in Form eines Skateboards, trägt sie selbst. Mit dem Versprechen, daß wir täglich telefonieren, entschwindet unsere Große und läßt uns in einem Heim zurück, das zwar wohnlich und gemütlich ist, aber es fehlt das gewohnte Leben – die Kinder.

6. April, Mittwoch

Auf Wunsch von Jasmin habe ich eine Tüte frisch zubereiteter Pommes frites mitgebracht, eine Tube Ketchup, Weintrauben, kleine Babybels, ein gebratenes halbes Hähnchen und Schmelzkäseecken. Die beiden letzteren Leckereien werden zu den übrigen Vorräten gelegt, das andere wird von Min gleich verputzt. Renate hält das für einen psychologischen Effekt, und da stimme ich ihr zu, denn ich habe die Sachen aus einer der Plastiktüten geholt, wie ich sie sonst täglich vom Einkauf her anschleppe, also Erinnerung an zu Hause.

Kurz nach 19.00 Uhr bittet uns Dr. Bertram, der schon seit ein paar Stunden Feierabend haben sollte, zu einem weiteren Gespräch über die Therapie und die Behandlungsrisiken. Er betont nochmals, daß die Heilungschance für Jasmin unter zwanzig Prozent liegt, da auch Metastasen festgestellt wurden, aber mein Vertrauen ist beinahe grenzenlos. Wenn es jemand schafft, daß Jasmin wieder gesund wird, dann dieser Arzt und seine Vorgesetzten: Frau Dr. Kaufmann und Professor Dr. Lampert. Wir hoffen, wünschen und beten, daß Gott auf ihrer Seite ist, denn ohne seinen Beistand ist alle Kunst der Mediziner vergeblich.

7. April, Donnerstag

Ich weiß nicht, ob man es so positiv bewerten soll, wie es sich anhört, aber wir sehen es als gute Nachricht an: Dr. Bertram hat uns gestern noch mitgeteilt, daß der erste von zehn Blocks der Chemotherapie morgen beendet wird. Sofern sich Jasmin wohl fühlt und das Blutbild in Ordnung ist, also der Krankheit angemessen – und das war es bisher –, können wir sie für drei Wochen nach Hause holen. Für die Kleine bedeutet das Erholung für den Körper und Stabilisierung der Psyche. Wir freuen uns jedenfalls, sie wieder um uns und bei uns zu haben.

Kyra möchte noch bei meinen Eltern bleiben, zumindest so lange, wie Jasmin nicht zu Hause ist. Da noch nicht ganz sicher ist, daß ihre Schwester die Klinik verlassen darf, erwähnen wir ihr gegenüber nichts.

Renate und Jasmin erwarten mich gegen 17.30 Uhr bereits auf dem Gang der Station als Pommes-frites-Boten. Mins Augen leuchten, als ich auftauche und die goldgelben Stäbchen serviere – natürlich mit Ketchup.

Am Vormittag sind ihr die Fäden gezogen worden, doch es muß sie nicht sonderlich geschmerzt haben, denn sie ertrug es fast gelassener als Fiebermessen im After. Die Narbe selbst mag sie nicht sehen. Sie erstreckt sich von der rechten Hüfte bis über den Nabel hinaus oberhalb der unteren Rippenbögen – dem Muster nach eine Art organischer Reißverschluß.

8. April, Freitag

Gestern haben wir unterschrieben, daß Jasmin wie vorgesehen behandelt werden darf, wobei uns gleichzeitig das Recht eingeräumt wird, daß wir die Therapie jederzeit abbrechen können, ohne daß dem Kind Nachteile entstehen, wenn wir eine erneute Behandlung wünschen.

Ich halte es nicht aus bis zum Abend und rufe Renate mittags vom Büro aus an. Das Blutbild sieht nicht schlecht aus, doch sicherheitshalber soll Jasmin noch eine Nacht in der Klinik bleiben.

Gutgelaunt kreuze ich nach Feierabend im Krankenhaus auf, die obligatorischen Pommes in der Tasche. Min ißt mit gutem Appetit und sieht anschließend ein wenig fern.

Mir tun die anderen Kinder leid, die morgen nicht nach Hause dürfen. Unter ihnen ist auch Alexandra, ein vierzehnjähriges Mädchen mit Leukämie. Sie war es, die uns die Ostereier gebracht hat, und sie leidet sehr darunter, daß ihr ihre schulterlangen Haare durch die Medikamente fast büschelweise ausgehen, denn sie hat am 17. Konfirmation. Wohl oder übel wird sie eine Perücke tragen müssen.

Renate packt alles zusammen, was wir angeschleppt haben — Näschereien, Lebensmittel, Obst, Malbücher, Bilderbücher, Spielsachen. Schwer bepackt, aber glücklich, mache ich mich auf den Heimweg und verkünde den Großeltern und Kyra telefonisch die frohe Botschaft. Bei unserer Großen schwäche ich ein wenig ab, damit sie nicht zu enttäuscht ist, falls es wider Erwarten nicht klappen sollte. Vorsorglich habe ich in der Firma Urlaub angemeldet, um Jasmin wenigstens eine Woche lang in ihrer vertrauten Umgebung versorgen zu können.

9. April, Samstag

Es ist verabredet, daß ich Renate gegen 13.00 Uhr anrufe, weil dann das Ergebnis der Blutuntersuchung bekannt ist. Ich bin aufgeregter als vor meinem ersten Rendezvous, kaufe noch Blumen, Obst und Batterien von Nektaren und Säften. Um die Infektionsgefahr zu verringern, wandert das Meerschweinchen auf den Balkon, Sagrotan wird versprüht, Horst und Opa besorgen aus dem Reformhaus „Rotbäckchen".

Gegen 11.30 Uhr ruft Renate an: Min hat Fieber bekommen, sie muß in der Klinik bleiben. Ich bin so enttäuscht, daß mir fast übel wird. Telefonisch sage ich allen ab und fahre auch für einige Stunden ins Krankenhaus. Jasmin und ich spielen ein wenig, dann mache ich mich auf, um Würstchen und Pommes frites zu besorgen. Min ißt kaum etwas. Entzündetes Zahnfleisch macht ihr zu schaffen, hervorgerufen durch die Zellgifte. Der Krankenhausalltag, den wir abschütteln wollten, hat uns wieder eingeholt: Puls kontrollieren, Fieber messen, Blutdruck, Medikamente, Gitterbett, Zwang.

10. April, Sonntag

Heute habe ich die Frühschicht bis 13.00 Uhr übernommen. Jasmin hat in der Nacht fast 39 Grad Fieber gehabt und ein Zäpfchen bekommen, jetzt ist sie noch immer heiß und schlapp. Über die Ursache der Temperaturerhöhung weiß man nichts – vielleicht eine Infektion, vielleicht eine Reaktion des Körpers auf die Zytostatika.

Unter vier Augen sagt mir der Arzt eine neue, noch furchtbarere Wahrheit: Die Computer-Tomographie, also das Schichtenröntgen, hat ergeben, daß die Wucherungen bereits den Brustraum erreicht haben. Nur die wenigsten überleben Krebs in diesem Stadium. Dr. Bertram nennt solche Fälle „Wunder". Meine unbändige Zuversicht schlägt in Resignation um.

Als Renate mich ablöst, sage ich ihr nichts, ich werde es ihr am Abend behutsam beibringen.

11. April, Montag

Vier Stunden lang habe ich gestern dagegen angekämpft, dann habe ich Mutti angerufen. Sie muß gemerkt haben, in welcher Verfassung ich mich befand, denn sie gab sich relativ gefaßt. Sie ließ mich reden – zumindest eine vorübergehende Erleichterung, denn noch stand mir das Gespräch mit Renate bevor.

Ich versuchte, mich wie immer zu geben, und es muß mir wohl auch gelungen sein, denn Renate aß und trank, als sie aus der Klinik kam. Und dann sagte ich ihr, was ich seit zwölf Stunden wußte. Aneinandergeklammert saßen wir auf der Eckbank, und aller Männlichkeit zum Trotz ließ ich meinen Tränen freien Lauf.

Zumindest teilweise verdrängt ist die schlimme Nachricht, als ich Renate heute vom Büro aus in der Klinik anrufe und erfahre, daß Jasmin für gut zehn Tage nach Hause darf. Renate hat bereits das gepackt, was noch übriggeblieben ist; der vorläufige Abschied von der Station Peiper fällt leicht. Vor Freude habe ich Magenschmerzen, trotzdem rufe ich Burkhard an und bitte ihn, Kyra zu bringen. Er sagt zu.

Dorothee und Burkhard halten sich nicht lange auf, sie sind taktvoll genug, gleich wieder zu verschwinden. Wir vier sind wieder zusammen und unter uns; zwar ist Min schlapp und nörgelig, aber wir haben sie wieder, wenn auch nur auf Zeit. Und nicht nur die beiden Mädchen sind glücklich, sondern auch wir. Endlich sind wir wieder zu einer Familie vereint.

12. April, Dienstag

Renate ist am Morgen mit unseren beiden Mädchen in das Krankenhaus gefahren, um bei Jasmin die ärztlich verlangte tägliche Blutuntersuchung vornehmen zu lassen. Das ist nur möglich, weil sich Wohnung und Klinik am gleichen Ort befinden; hätten wir erst eine längere Anreise zu machen, wäre Min wohl in stationärer Behandlung geblieben.

Das Ergebnis ist relativ positiv, so daß morgen auf eine Blutanalyse verzichtet werden kann. Es erleichtert uns ein wenig, aber zum Jubeln besteht überhaupt kein Anlaß, dessen sind wir uns bewußt.

Die Kleine ist ziemlich erschlagen, sie schläft sehr viel, doch ihr Schlaf signalisiert eher Erschöpfung als wirkliche Müdigkeit. Radio und Fernsehen stören sie nicht, doch sobald jemand an ihr Bett tritt, zuckt sie zusammen, wird wach und ist völlig auf Abwehr eingestellt. „Laß mich!" und „Geh weg!" sind die am häufigsten gebrauchten Vokabeln. Deutlicher kann ein dreijähriges Kind eigentlich die Angst vor körperlichen Kontakten nicht artikulieren.

Uns ist klar, daß Min unter einer Art Krankenhauspsychose leidet — jede Berührung ist mit unangenehmen Erfahrungen und Schmerz verbunden. Alles war fremd in der Klinik, ungewohnt, nur drei Stofftiere erinnerten an zu Hause. Das Bett mit den hohen Gittern, die Nachtschwester, die um vier Uhr früh ein Thermometer in den After schiebt — all das erzeugt Furcht, die unbewältigt ist.

13. April, Mittwoch

Ab heute habe ich bis zum Wochenende Urlaub. Ich werde mir die freien Tage — über vierzig, Resturlaub aus dem Vorjahr mitgezählt — so einteilen, daß ich immer dann zu Hause bin, wenn auch Jasmin heimkommen kann.

Zweifellos hat Min Appetit, wünscht sich Toast mit Apfelkraut, doch schon die Berührung mit dem Mund läßt sie verzichten. Lippen und Zähne sind blaugefärbt von der Heil- und Desinfektionsflüssigkeit, die täglich mehrmals aufgetragen werden muß. Auf der Unterlippe zeigen sich blasenartige Gebilde, die Mundschleimhaut ist wie vorhergesagt angegriffen, und die Zunge sieht aus, als wäre sie von Lepra zerfressen. Kein Wunder, daß Jasmin sich mit einem Fläschchen Kakao begnügt.

Dann will sie wieder schlafen. Als Renate bei ihr zwei Stunden später Temperatur mißt, erschrecken wir: 39,7. Ein Zäpfchen drückt das Fieber herunter. Um 14.10 Uhr messen wir 38,1.

Ein Kollege ruft mich an. Er hat ab morgen Urlaub und fest gebucht, der Prokurist und Buchhaltungsleiter ist krank geworden. Da der besagte Kollege und ich seine Stellvertreter sind, verspreche ich, wenigstens stundenweise einzuspringen, um für einen reibungslosen Ablauf zu sorgen.

Um 20.00 Uhr steigt das Fieber bei Jasmin auf 40,6. Wieder geben wir ein Zäpfchen, kühlen mit Waden- und Pulswickeln. In unserer Hilflosigkeit kommen wir überein, in der Klinik nachzufragen.

Die Nachtschwester der Station Peiper erkundigt sich nach einigen Details und bestätigt uns dann, daß wir richtig gehandelt haben. Sollten das Medikament und unsere Bemühungen allerdings innerhalb der nächsten Stunde keine Wirkung zeigen, sollen wir mit Min ins Krankenhaus kommen. Es bleibt uns erspart: 21.10 Uhr – 39,1, 22.30 Uhr – 38,1.

14. April, Donnerstag

Am Morgen bin ich ins Büro gefahren und treffe gegen 9.30 Uhr wieder zu Hause ein. Renate macht sich und die beiden Mädchen fertig, Kyra will ihre Schwester begleiten. Jasmin ahnt bereits etwas und jammert, obwohl ich sie auf dem Arm herumtrage. Leider können wir ihr den Piks, wie sie es nennt, nicht ersparen, dabei würden Renate und ich gerne für jedes Kind den Arm oder den Finger hinhalten.

Ich versuche, mich abzulenken, indem ich die Schreibmaschine traktiere, um eine überfällige Arbeit zu Ende zu bringen, doch ich kann mich nicht konzentrieren. Als die drei gegen zwölf immer noch nicht zurück sind, schlägt meine Unruhe in ernsthafte Sorge um. Sollten sie Jasmin etwa in der Klinik behalten haben? Bei ihrer schlechten Verfassung wäre das kein Wunder, doch dann hätte Renate mich bestimmt angerufen.

Endlich, kurz nach zwölf, treffen die drei wieder ein. Die Oberärztin, Frau Dr. Kaufmann, hat Min noch einmal gründlich untersucht und auch geröntgt. Sie hat keine Infektion oder Erkältung, das Fieber war nur eine Reaktion auf die Medikamente. Und das Blutbild ist den Umständen entsprechend zufriedenstellend, so daß

Jasmin erst Montag wieder in die Klinik muß. Darüber sind wir alle froh.

Die acht oder neun Medikamente, die Jasmin täglich einnehmen muß, sind teilweise so exotisch, daß sie weder die Apotheken noch der hiesige Pharmagroßhandel vorrätig haben. Sie werden per Expreß beim Hersteller angefordert — Breitspektrum-Antibiotika, Fiebersaft und Zäpfchen, Tabletten gegen Pilzbefall, Wundheilsalbe, Saft gegen bakterielle Erkrankungen, Desinfektionsflüssigkeit für die Mundschleimhaut, weitere Tabletten, Sirup, Säfte und Flüssigkeiten.

Die Kontraindikationen können einen erschauern lassen: Fast kein Organ, das durch diese Mittel nicht geschädigt werden kann. Da ist von Übelkeit, Juckreiz, Durchfall und Kopfschmerzen die Rede, von Leberschädigungen und fruchtschädigenden Wirkungen bei Schwangerschaft, von Nierenfunktionsstörungen und Blutbildveränderungen. So gravierende Nebenwirkungen haben allein die Begleitpräparate der Chemotherapie, und dennoch sind das alles nur Lappalien im Vergleich zur Wirkung von Krebs.

15. April, Freitag

Was uns bei Jasmin Sorgen macht, ist die geringe Flüssigkeitsaufnahme und ihre Appetitlosigkeit. Seit Tagen hat sie nichts gegessen, dabei bieten wir ihr ständig etwas an. Hühner und mageres Rindfleisch werden mehrmals täglich zu Suppen und Bouillon verarbeitet, eingefroren, aufgetaut, neu gekocht. Selbst flüssige Nahrung lehnt sie ab. Weichen Kuchen, Sahne, Pudding, Quark, Joghurt — nichts.

Auf Empfehlung der Ärztin kaufen wir in der Apotheke Meritene-Aufbaunahrung, die mit Milch oder Wasser zu einer trinkbaren Flüssigkeit verrührt werden kann. Nach Angaben des Herstellers enthält eine Tagesration soviel Eiweiß, Vitamine und Mineralstoffe, wie sie in ausgesuchten Lebensmitteln vorhanden sind, die man bei normaler Zubereitung in einer Woche verzehrt.

Wir müssen Jasmin zwingen, die Aufbaunahrung zu trinken. Bei einem Viertel der Tagesration — nach und nach gegeben — müssen wir passen, weil sie wieder alles herauszuwürgen droht. Und dabei hätte sie jede Kalorie bitter nötig.

Sie ist erschreckend abgemagert. Ärmchen und Beinchen sind

fast streichholzdünn, das Becken knochig wie bei Kindern aus den Hungergebieten der Dritten Welt. Die Wirbelsäule sticht regelrecht aus dem Rücken hervor, und wenn sie auf die Toilette muß, muß sie sich mit den Händen abstützen, damit der kaum noch vorhandene Popo nicht durch die Kinderbrille oder die Öffnung des Nachtgeschirrs rutscht.

16. April, Samstag

Bei Jasmin macht sich der Haarausfall immer stärker bemerkbar. Renate schneidet einige Locken ab, denn es ist abzusehen, daß Min bald völlig kahl ist.

Die Wirkung der pharmazeutischen Bomben scheint nachzulassen — wie von den Ärzten vorausgesagt. Jasmin schläft nicht mehr so viel und nimmt an ihrer Umgebung wieder mehr Anteil. Wir haben den Buggy in die Wohnung geholt. Halb liegend, halb sitzend im Kinderwagen, in eine Wolldecke gehüllt, kann die Kleine in jedes Zimmer mitgenommen werden und immer in Renates Nähe sein. Zum Laufen ist sie zu schwach, sie ist völlig auf unsere Hilfe angewiesen.

Jasmin sieht sich im Fernsehen die Kinderstunde an, sie ist geistig rege, aber essen will sie immer noch nicht. Erneut pressen wir etwas von der flüssigen Aufbaunahrung in sie hinein, aber ein Teil wird wieder erbrochen. Am Nachmittag und am Abend geben wir ihr noch einmal etwas — es bleibt im Magen. Schätzungsweise 300 Kalorien hat sie heute zu sich genommen, doch wir hoffen, daß es morgen mehr werden. In ihrem Zustand ist für uns jeder Tropfen Nahrung zusätzlich schon ein Erfolg.

17. April, Sonntag

Noch immer hat Jasmin keinen Appetit und verweigert beharrlich jede Nahrung. Im Wohnzimmerschrank stehen Fotos, die kurz nach ihrem dritten Geburtstag gemacht wurden. Es schmerzt sehr, wenn man sieht, was aus unserer lebensfrohen Kleinen geworden ist. Zwischen den Bildern und dem heutigen Tag liegen nicht einmal drei Monate — und dennoch sind sie durch Welten getrennt.

Dort der fröhliche, lachende Lockenkopf, hier ein abgemagertes, immer kahler werdendes Menschlein mit blasigen Lippen und glanzlosen Augen.

Als positiv bewerten wir, daß sie nicht apathisch ist. Die Einnahme der Medikamente wird ebenso jedesmal zum Kampf wie das Trinken des Fläschchens. Mit Mühe und Not werden es drei davon über den Tag verteilt, etwa 375 Milliliter.

Gestern habe ich in der Apotheke noch eine Packung Meritene bestellt — Geschmacksrichtung Erdbeere. Viel verspreche ich mir nicht davon, aber wir wollen nichts unversucht lassen.

18. April, Montag

Ferien- und Urlaubsende. Kyra und ich ziehen los, Renate soll mit Jasmin um neun Uhr in der Klinik sein zur obligatorischen Blutuntersuchung.

Kurz vor Mittag ruft Renate vom Krankenhaus aus im Büro an. Die Kleine ist an einen Tropf angeschlossen worden, um sie ein wenig aufzupäppeln, am Abend kann sie wahrscheinlich wieder nach Hause. Ich bin mir dessen durchaus nicht sicher, zumal Renate nicht sehr überzeugend klingt. Zu meinem Leidwesen behalte ich recht. Jasmin muß über Nacht auf der Station bleiben. Natürlich war Renate darauf nicht vorbereitet; sie hat den ganzen Tag lang nichts gegessen.

Ich kaufe einige Sachen ein, die ohne großen Aufwand verzehrt werden können. Auf einen Sprung fahre ich nach Hause und sage Kyra Bescheid, die wieder einmal die Wohnung gehütet hat. In der Klinik treffe ich fast ausschließlich Bekannte — Ärzte, Schwestern, Eltern und Jungen und Mädchen. Als ich einmal kurz auf den Balkon trete, sehe ich Fremde mit verweinten Gesichtern — wahrscheinlich Eltern, Großeltern und Verwandte, denen eröffnet wurde, daß das Kind Krebs oder Leukämie hat. Ich kann ihnen nachfühlen, was eine solche Nachricht bedeutet.

Jasmins rechter Arm ist wieder geschient worden. Sie ist an ein Infusionsgerät angeschlossen und hat auch eine Ultraschalluntersuchung hinter sich. Renate sagt, daß die Kleine nicht sehr heftig reagiert hat — vielleicht Schwäche, vielleicht Schicksalsergebenheit; auch Qual und Schmerz können zum Alltag werden, wie ich aus eigener Klinikerfahrung weiß.

Gegen 19.30 Uhr sucht uns noch einmal Dr. Bertram auf und bespricht einiges mit uns, vor allem beantwortet er unsere Fragen. Morgen will er abklären, ob eine Niere durch den Tumor in ihrer Funktionsfähigkeit beeinträchtigt ist. Er verordnet unserem Mikro noch ein Fieberzäpfchen bei einer Temperatur von 39,3. Wie er sagt, kein Hindernis, um sie morgen nach Hause zu holen.

19. April, Dienstag

Gestern abend befand sich Renate in einer furchtbaren Verfassung. Der Kreislauf spielte verrückt. Migräneartige Kopfschmerzen und ein leerer und zugleich sensibilisierter Magen haben ihr arg zugesetzt. Hunger und Aufregung haben das wohl gleichermaßen verursacht, denn selbst trockenes Brot wurde erbrochen, und sie mußte sich zu Hause mehrmals übergeben, obwohl sie keinen Bissen mehr gegessen hatte.

Bis jetzt hat Jasmin Infusionen bekommen, und obwohl der Arzt mit den Nierenwerten nicht ganz zufrieden ist, kann sie nach Hause. Nächster Untersuchungstermin ist Freitag, am kommenden Montag soll Jasmin der zweite Zytostatikablock verabreicht werden. Min ist nicht besonders zugänglich. Kaum etwas findet ihre Zustimmung, obwohl wir uns alle sehr bemühen. Allein die Erwähnung von Speisen, Getränken, Leckereien und Spezialitäten, von denen sie sonst nie genug bekommen konnte, lösen bei ihr heftige Abwehrreaktionen und Geschrei aus. Durst hat sie ebenfalls nicht, dabei soll sie jeden Tag gut einen Liter trinken, um die nierenschädigende Wirkung der Medikamente in Grenzen zu halten.

Notgedrungen und gegen Jasmins Willen flößt Renate ihr ein Babyfläschchen mit der konzentrierten Aufbaunahrung ein. Fast eine halbe Stunde dauert die Prozedur. Als Säugling hat sie 125 Milliliter fast in einem Zug getrunken.

20. April, Mittwoch

Für die Klinik benötige ich eine Überweisung unseres Hausarztes. Vor Tagen habe ich mit seiner Frau telefoniert und sie gebeten, das zu veranlassen. Heute war eine Nachbarin in seiner Sprechstunde und hat ihm von Jasmins Krankheit berichtet. Wie sie erzählte, war unser guter Doktor völlig fassungslos, ja regelrecht entsetzt. Er hat vierzig Ampullen eines Stärkungsmittels verschrieben, hat die Praxis Praxis sein lassen und ist mit der Nachbarin stehenden Fußes in die darunterliegende Apotheke geeilt, um das Rezept selbst einzulösen. Sie bringt uns die Schachteln mit.

Am Nachmittag haben Renates Schwester und Opa die Kleine besucht. Säfte haben sie mitgebracht, eingemachte Kirschen, frische Erdbeeren und Weintrauben. Das Obst wandert zu dem Berg der anderen Früchte − wir kaufen diese Sachen pfundweise ein, ohne daß Jasmin etwas anrührt.

Natürlich ist uns klar, daß feste Nahrung und Fruchtsäuren die entzündete, teilweise blutige Schleimhaut angreifen und Schmerzen verursachen. Wir bieten selbstgemachte Rinder- und Hühnerbrühe an, Eis, Pudding, Quark, Brei, Joghurt, Torte, Schlagsahne, Cremes und Milchmixgetränke − nichts. Es hat den Anschein, als wollte Min sich regelrecht zu Tode hungern, und wir als Eltern müssen machtlos zusehen, wie sie täglich weniger wird. Manchmal könnte ich vor ohnmächtigem Zorn laut losheulen, möchte Min einen Trichter in den Mund stecken und alles einflößen, was flüssig und kräftig zugleich ist.

Renate gibt ihr das mickrige Fläschchen, sie saugt nicht einmal, also spritzt ihr Renate etwas in den Mund. Sie schreit, ohne etwas hinunterzuschlucken, schluckt dann doch, schreit, ein neuer Spritzer. Und alles nur, damit sie nicht völlig abbaut.

21. April, Donnerstag

Es schmerzt uns selbst am meisten, dem Kind Zwang antun zu müssen, aber es läßt sich nicht umgehen, weil Jasmin sonst gar keine Chance mehr hat. Ein halbverhungerter Körper, dem es an Eiweiß und lebenswichtigen Mineralien mangelt, steht die Behandlung kaum durch. Und dennoch: Es ist schlimm, daß das Kind seine eigenen Eltern für Komplizen der stechenden Ärzte und Schwestern halten muß, für Quälgeister, dabei wollen alle nur das Beste − den Sieg über den Krebs, und da ist uns und den Medizinern fast jedes Mittel recht, nur: Jasmin versteht noch nicht, daß wir gemeinsam um ihr Leben kämpfen.

Ich habe mir heute Urlaub genommen. Es ist ein herrlicher

Frühlingstag mit beinahe sommerlichen Temperaturen. Wir haben die Kleine in Wolldecken eingepackt und auch den Kopf bedeckt und lassen sie auf dem Balkon ein wenig die Sonne genießen. Am Nachmittag fährt Renate mit Kyra in die Stadt. Unsere Große benötigt dringend ein paar neue Kleidungsstücke, weil sie aus fast allem herausgewachsen ist.

Jasmin schläft ein Stündchen, während ich ein Manuskript zu Ende schreibe, das schon vor knapp drei Wochen Ablieferungstermin hatte. Als sie aufwacht, setze ich sie in den Kinderwagen und fahre sie ins Wohnzimmer, wo wir uns gemeinsam die Kinderstunde ansehen. Obwohl sie recht schwach ist, verfolgt sie das Geschehen auf dem Bildschirm mit Interesse. Meine Versuche, ihr zwischendurch etwas einzuflößen, scheitern kläglich. Zum Abendessen gibt es eine ihrer Leibspeisen: Gulasch. Man merkt, daß sie essen möchte, doch selbst Nudeln und zerdrückte Kartoffeln bringt sie nicht hinunter, weil der Mund zerfressen ist und schmerzt. Es ist zum Verzweifeln.

22. April, Freitag

Die obligatorische ambulante Behandlung ist wieder fällig. Jasmins Verfassung ist nicht gut, so daß Renate und ich damit rechnen, daß sie im Krankenhaus bleiben muß. Mittags rufe ich in der Klinik an, und meine Ahnung bestätigt sich. Die Kleine ist wieder an den Tropf angeschlossen worden. Ich soll ihr Pommes frites mitbringen.

Renate hat für den Fall der Fälle bereits einige Dinge zurechtgelegt, so Jasmins Schmusedecke, ihren Seehund und den Stoff-ET. Kyra ist heute zum erstenmal im Kinderhort. Ich hinterlasse ihr eine Nachricht, daß ich später komme und daß im Kühlschrank etwas zu essen ist.

Wunschgemäß besorge ich nach Feierabend Pommes frites, obwohl ich weiß, daß sie im Abfalleimer landen werden. Unser Mikro sieht besser aus als gestern und wirkt auch lebendiger. Mir fallen fast die Augen aus dem Kopf, als sie sich über die Pommes hermacht und auch mit Ketchup nicht spart. Gestern tat selbst Brei weh – und heute das.

Der Professor hat Renate eröffnet, daß die Medikamente gut angeschlagen haben und der Tumor sich abzukapseln beginnt. Ich kann es nicht so recht glauben, denn der Stationsarzt ist in seiner Beurteilung zurückhaltender, andererseits ist Professor Dr. Lampert eine Koryphäe auf dem Gebiet der Onkologie und besitzt auch mehr Erfahrung.

Von widerstreitenden Gefühlen erfüllt, fahre ich nach Hause. Mal hoffnungsfroh und freudig erregt, dann wieder skeptisch und niedergeschlagen, weil ich Dr. Bertrams Worte höre: Überlebenschance 15 Prozent. Lieber Gott, laß das Wunder geschehen, daß Jasmin wieder gesund wird!

23. April, Samstag

Jasmin wollte nicht frühstücken und hat gewartet, bis einer von uns kommt. Sofort beklagt sie sich bei mir darüber, daß ihr geschienter Arm, an den der Tropf angeschlossen ist, über Nacht an den Gittern des Kinderbetts festgebunden war. Ich befreie sie und packe Kartoffelchips und Buttermilch mit Früchten aus. Beides findet Zustimmung und wird gefrühstückt.

Die Zeit vertreiben wir uns mit Vorlesen, Spielen und einem Ausflug in den stationseigenen Kindergarten. Jasmin macht ein Nickerchen und futtert zwischendurch Chips. Mittags ist sie redlich müde, will aber nicht ins Bett. Wir sitzen beide in den Kindersesselchen, sie legt ihren Kopf auf mein Bein und hält meine Hand. So schläft sie ein mit der Sicherheit, daß ihr niemand etwas tun kann.

Das Essen aus der Zentralküche wird kategorisch verweigert, und die Einnahme der Medizin wird jedesmal zu einem Drama. Immerhin wirkt Min relativ fit, erzählt und hat sogar einmal gelächelt. Wenigstens die Psyche scheint intakt.

24. April, Sonntag

Gestern um 16.00 Uhr hat Renate mich abgelöst. Kyra kam mit und durfte vom Balkon aus ins Zimmer sehen. Es ist ein trauriger Kontakt für zwei Schwestern, die so aneinander hängen, aber selbst diese bescheidene Gunst wird als Vorzug empfunden — sogar die Kinder haben ihre Ansprüche diesbezüglich zurückgeschraubt.

Renate ist heute früh aufgebrochen, ich fahre gegen Mittag für zwei Stunden ins Krankenhaus. Dabei habe ich Jasmins Köfferchen, das eigentlich für den Kindergartenbesuch gedacht war. Die dazugehörige kleine Thermosflasche habe ich mit Kakao gefüllt, eine Dose selbstgemachter Pommes frites mit dem typischen Plastikgäbelchen paßt ebenso hinein wie eine Quarknachspeise und eine Packung Kaubonbons. Kyra hat mir ein Sträußchen selbstgepflücktes Wiesenschaumkraut mitgegeben. Jasmins Augen leuchten, besonders freut sie sich über die Blumen.

Wir beide spazieren wieder in den Kindergarten und spielen ein bißchen. Der Ständer mit dem Tropf, den ich hinter ihr herziehe, wird wie selbstverständlich hingenommen – genauso wie der Umstand, daß sie nur eine Hand benutzen kann. Eigentlich ein Bild des Jammers und des Elends, doch wir sind froh, daß sie läuft und wieder laufen kann.

Wenn man es realistisch sieht, ist Peiper eine Horrorstation mit etlichen kleinen Todeskandidaten, und jedes Kind, das hierher kommt, ist ein Kind zuviel. Ich habe mit Lernschwestern und jungen Assistenzärzten gesprochen, die turnusmäßig auch auf der Krebsstation Dienst tun müssen – alle haben sich davor gefürchtet, fühlten sich zumindest unbehaglich, als sie gewissermaßen abkommandiert wurden.

Uns sagte der Name „Peiper" nichts, wir erwarteten eine typische Erwachsenenstation, nur daß die Patienten eben klein sind: kaltes Weiß, Sterilität, strenge Ordnung, Anonymität. Hier im Bett der Ulcus, dort der Thorax. Nichts von alledem, im Gegenteil.

Peiper kommt mir vor wie eine Oase in der Krankenhauswüste. Hier, wo man einen verzweifelten Kampf ums Leben führt und täglich neu gegen den erbittertsten Gegner der Menschen antritt, ist nichts von Düsternis oder Schwermut zu spüren. Alles strahlt heitere Gelassenheit aus, Fröhlichkeit, Wärme und Menschlichkeit. Man kann sich dieser Aura nicht entziehen, wird darin eingebunden, ist Sender und Empfänger gleichzeitig. Nie habe ich einen engeren Kontakt zwischen Ärzten, Schwestern und Eltern erlebt. Die Kinder dürfen lachen, laut lachen, herumtollen, wenn ihnen danach ist, sie bekommen Zuspruch vom Personal, Streicheleinheiten und kleine Belohnungen, wenn sie etwas tapfer durchgestanden haben oder etwas arg weh getan hat.

Glastüren sind mit bunten Bildern bemalt, Kindergeschirr und Bettbezüge sind farbig, die Zimmer in freundlichen Tönen gehalten. Bilder und Basteleien zieren die Wände, niedliche Mobiles schweben über den Betten, Frühlingssträuße auf dem Gang und im Kindergarten erfreuen das Auge.

Viele Eltern sind den ganzen Tag hier. Etliche kommen von weit her – aus Norddeutschland, aus dem badischen Raum, aus Bayern und aus Nordrhein-Westfalen. Sie übernachten in der Universitäts-Kinderklinik in Zimmern, die ihnen kostenlos zur Verfügung gestellt werden, damit sie immer in der Nähe ihres Kindes bleiben können.

Das gleiche Schicksal der Kinder verbindet, man ist nicht fremd und wird sofort in diese Schicksalsgemeinschaft aufgenommen, bekommt Rat und Unterstützung von den anderen Müttern und Vätern. Selbstlos kümmert man sich auch um andere Kinder, tröstet und beruhigt sie, trägt sie auf dem Arm herum oder spielt mit ihnen: praktizierte Nächstenliebe und mit einer Selbstverständlichkeit, die Außenstehende entweder nicht verstehen oder sie in Erstaunen versetzen würde.

25. April, Montag

Jemand hat einmal geschrieben: „Der Mensch ist ein Gewohnheitstier, gefüllt mit roter Tinte ..." Es ist ein bißchen erschreckend, aber wir Menschen benutzen wie wilde Tiere stets den gleichen Trampelpfad und funktionieren einfach. Als wäre alles wie sonst, fahre ich pünktlich ins Büro, Renate ins Krankenhaus, und Kyra geht in die Schule und anschließend in den Kinderhort. Wie immer läuft alles ganz geregelt ab, dabei ist nichts wie früher. Jeder weiß es, jeder fühlt es, jedem fehlt Jasmin – und doch funktionieren wir, roboterhaft wie Automaten, frei nach dem Motto: Und wie es da drinnen aussieht, geht keinen etwas an.

Vor zweitausend Jahren hätten Nachbarn und Freunde unsere Felder bestellt, andere wären für mich auf die Jagd gegangen – unsere zivilisierte Umwelt hat ganz andere Vorstellungen. Schablonendenken und Arbeitstakt.

Als ich nach Feierabend in der Klinik eintreffe, erwarten mich Jasmin und Renate bereits auf dem Stationsflur. Die Kleine ist recht aufgekratzt, hat die Kartoffelchips verputzt, die Renate am Morgen mitgebracht hat, Saft und zwei Flaschen Kinder-Cola getrunken. Meine Törtchen und Erfrischungsstäbchen finden keinen Anklang, doch die Erdnuß-Flips sind genau richtig.

Noch immer bekommt Jasmin Infusionen, und erstmals schiebt sie den fünfrädrigen, über 1,80 Meter hohen Tropfständer so lässig vor sich her, als wäre es ihr Puppenwagen. Über die geschiente Hand und den lästigen Schlauch verliert sie kein Wort, sondern erzählt von anderen Dingen, bei der die Umgebung natürlich breiten Raum einnimmt, ohne beängstigend in den Vordergrund zu treten.

Zweifellos ist man nicht glücklich, wenn ein Kind anfängt, sich im Krankenhaus zu akklimatisieren, man ist nicht erfreut, es ist eher Erleichterung darüber, daß es verkraftet und verarbeitet wird, schließlich dauert die Behandlung noch bis zum Jahresende. Wenn ich bei Min bin, sie auf dem Schoß sitzen habe, mit ihr schmuse oder spiele, erinnert mich nicht einmal das schüttere Haar an ihre schreckliche Krankheit; jedenfalls will ich es nicht wahrhaben und verdränge den Gedanken daran. Es gelingt fast immer.

26. April, Dienstag

Heute soll mit dem zweiten Block der Zytostatika-Behandlung begonnen werden. Mit gemischten Gefühlen gehe ich aus dem Haus. Die Verabreichung der Zellgifte beeinträchtigt nicht nur den Tumor, sondern auch den ganzen Körper. Jasmin wird eine neue Leidensphase durchmachen — Übelkeit, Erbrechen, Appetitlosigkeit, Schwäche, vielleicht Fieber. Innerlich stelle ich mich darauf ein, am späten Nachmittag unsere Min in keiner sonderlich guten Verfassung anzutreffen.

Gegen 16.00 Uhr ruft mich Renate im Büro an und gibt Jasmins Wunschzettel durch: Kartoffelchips, Erdnuß-Flips, Hähnchen und Pommes frites. Die Therapie ist auf den nächsten Tag verschoben worden. Ich besorge alles, außerdem noch Weintrauben und als provisorisches Abendessen für uns beide Fleischwurst und Brötchen. Jasmin futtert, als wüßte sie, daß sie in den nächsten Tagen von den eigenen Reserven leben muß.

Der Tag hat es in sich gehabt. Jasmin mußte wieder eine Knochenmarkpunktion über sich ergehen lassen, doch diesmal ging es relativ human zu. Da sie den Beruhigungssaft nicht trinken wollte, bekam sie eine Valiumspritze und anschließend eine örtliche Betäubung. Wie immer war Renate bei ihr — die Kleine verspürte keinen Schmerz und zuckte nicht einmal, als die Probe entnommen wurde. Das Ergebnis bewerten die Ärzte positiv: Im Gegensatz zur ersten Untersuchung sind – zumindest an dieser Stelle – im Knochenmark keine Metastasen mehr feststellbar. Merkwürdigerweise sind *wir* diesmal skeptisch, empfinden ein wenig Erleichterung, aber keine unbändige Freude. Mißtrauen ist es nicht, eher eine Art Selbstschutz, denn der Kampf ist noch lange nicht gewonnen.

Da das Beruhigungsmittel immer noch wirkte, fragte man höflich bei Renate an, ob Mutter und Tochter bereit wären, für ein paar Minuten im Hörsaal zur Verfügung zu stehen. Wie Renate sagte, war es weder ein Auftritt noch eine Demonstration, auch keine peinliche Befragung und Zurschaustellung, sondern eine behutsame Einbeziehung durch Professor Lampert in die Vorlesung. In dieser knappen Viertelstunde hatten die angehenden Mediziner deutliche Hemmungen, wirkten fast ängstlich, obwohl sie im Gegensatz zu Renate und Jasmin dort praktisch wie zu Hause sind.

Später besuchte eine kleine Gruppe die Station Peiper, darunter war ein Fotograf, der unter anderem auch Jasmin knipste. Die ausländischen Besucher werden ihre Eindrücke und Erkenntnisse in medizinischen Fachzeitschriften in Frankreich und Algerien veröffentlichen.

27. April, Mittwoch

Als ich am Nachmittag ins Krankenhaus komme, hat Jasmin die Zytostatika-Injektion bereits hinter sich. Man hat sie erneut an einen Tropf angeschlossen, und da die Armvenen ziemlich zerstochen sind, hat man ihr eine Beinschiene angelegt und den Katheter am rechten Unterschenkel gesetzt.

Im Gegensatz zum Therapiebeginn ist die Kleine ziemlich fit und mußte sich nicht einmal übergeben, auch ihr Appetit ist ausgezeichnet. Zwar kann sie nicht aufstehen und herumlaufen, aber dafür kann sie beide Hände gebrauchen zum Essen und Spielen. Sie zeigt mir sogar die Beinschiene, die sie weniger zu stören scheint als eine Armschiene.

Die Behandlung wird bis Sonntag dauern – täglich zwei Spritzen, eine intravenös, die andere in den Tropf, am letzten Tag werden es drei Injektionen sein. Die Dosierung richtet sich nach der Hautoberfläche. Bei unserer Kleinen sind es 0,57 Quadratmeter, wie Dr. Bertram errechnet hat.

Verständlicherweise sind die Zytostatika nicht die einzigen Medikamente, die Jasmin bekommt. Die Pharmaka, die zusätzlich gegeben werden, lassen sich nicht an einer Hand abzählen. Und der Tropf wird — zumindest im Augenblick — auch noch mit Mineralien wie Calzium angereichert.

28. April, Donnerstag

Wie an jedem Tag habe ich auch heute nach Büroschluß zuerst Jasmins Leibspeisen und Leckereien besorgt, bevor ich in die Klinik fahre. Die Kleine weiß bereits, daß mein prallvoller Plastikbeutel so etwas wie eine Wundertüte ist, eine Art täglicher Geburtstag. Morgens und abends hat sie Grund zur Freude, denn Renate kommt natürlich auch nicht mit leeren Händen.

Mit leuchtenden Augen werden Tüten, Dosen, Beutel, Gläser, Flaschen und Schachteln begutachtet, dann hat sie ihre Entscheidung getroffen und futtert. Wir sind froh, daß Jasmin so gut beisammen ist.

Weniger erfreulich ist die manchmal recht mangelhafte Koordination zwischen den einzelnen Kliniken. Wie Dr. Bertram Renate erklärte, bauen die augenblicklich verabreichten Medikamente besonders stark Magnesium ab. Es muß Jasmin also in konzentrierter Dosis in Form von Dragees zugeführt werden, allerdings kann es dadurch zu einer Gehörschädigung kommen. Um zu ermitteln, ob nicht schon zu Beginn der Therapie das akustische Wahrnehmungsvermögen beeinträchtigt ist, soll ein Test in der gegenüberliegenden Hals-Nasen-Ohren-Klinik durchgeführt werden.

Renate, die Jasmin trägt, und eine Schwesternschülerin, die den Tropf hält, machen sich auf den Weg, doch es kommt zu Komplikationen. Das selbstherrliche Personal der HNO-Klinik akzeptiert weder Hintereingänge noch Sonderbehandlungen. Nach Schema F werden die drei in die Ambulanz geschickt, wo krächzende, hustende und niesende Patienten warten, ein unhaltbarer Zustand.

Während man sich auf der Station Peiper bemüht, das Infektionsrisiko so weit wie möglich auszuschließen, weil das Immunsystem der Kinder stark geschwächt und fast lahmgelegt ist, schwirren hier Bakterien und Viren nur so herum. Verständlicherweise ist Renate über das dilettantische Verhalten fuchsteufelswild, denn die Kleine kann sich anstecken, und welche Folgen das haben kann, weiß sie.

Als Renate damit droht, mitsamt Jasmin das Feld zu räumen, findet sich plötzlich ein Arzt, der Min untersucht. Die Gehörgänge sind frei, und auch der Test in einer Art Akustikstudio zeigt, daß die gemessenen Schwingungen innerhalb der Norm liegen. Zwar verzichtet man auf eine Art Supertest, bei dem Jasmin hätte narkotisiert werden müssen, aber eine Nachuntersuchung wird ihr nicht erspart bleiben.

29. April, Freitag

Diesmal habe ich nur leichte Kost mitgebracht.

Als Renate mir erzählt, daß Min seit gestern Cortison bekommt, wird mir klar, warum sie förmlich frißt. Auch die anderen Kinder auf der Station, die dieses Präparat erhielten, waren kaum noch satt zu bekommen und aßen ununterbrochen. Dieser Eßzwang legt sich, wenn das Medikament abgesetzt wird, und auch die Körperumrisse normalisieren sich wieder, aber Chips und ähnliche Dickmacher werden wir rationieren, bevor Min Dauerspeck ansetzt. Schon jetzt ist der Bauch prall wie eine Kugel, und auch der Popo und die Oberschenkel können sich wieder sehen lassen.

Früher schrie Jasmin immer, wenn der Blutdruck gemessen wurde, mittlerweile schiebt sie mit Todesverachtung den Schlafanzugärmel hoch und läßt sich die Manschette anlegen. Und auch ihren Bauch mag sie wieder — trotz der Narbe. Sie zeigt ihn ungeniert, denn die orangefarbene Desinfektionsflüssigkeit hat sich durch Waschen und Zellregeneration nahezu in Wohlgefallen aufgelöst. Einen regulären Verband hatte sie von Anfang an nicht, lediglich einen transparenten Sprühverband, der ebenfalls ab ist.

30. April, Samstag

Obwohl ich wie immer in den letzten Wochen ein Schlafdefizit habe, treffe ich kurz nach acht in der Klinik ein — Samstag ist Vaters Tag. Wie meist schmecken Jasmin Frühstück und Mittagessen aus der Klinik nicht recht, sie stochert herum und greift auf Sachen zurück, die wir mitgebracht haben. Mit List und Tücke bringe ich sie dazu, auf die Chips und ähnlich wertlose, dickmachende Kohlenhydrate zu verzichten; statt dessen ißt sie Mini-Käse und Fruchtquark.

Man merkt ihr an, daß die Medikamente sie auch physisch beeinträchtigen, aber sie kämpft hartnäckig gegen den Schlaf an. Es gelingt ihr auch, doch sie wird quengelig, zumindest zeitweise. Ich verstehe, was sie bewegt, versuche sie abzulenken, aber sie verspürt wenig Lust, etwas zu unternehmen. Puzzeln mag sie nicht, spielen und malen nicht, Bilderbücher ebensowenig wie Vorlesen, selbst Kinderquartett ist ihr rasch zuwider. Die Energie von Min konzentriert sich ganz darauf, Ärzte und Schwestern und damit Schmerzen von sich fernzuhalten. Und das nehmen ihr nicht einmal die Mediziner übel.

1. Mai, Sonntag

Wie gewohnt bricht Renate auf, ich gönne mir noch ein Stündchen Schlaf und bereite anschließend einen Fruchtsalat zu, den ich Jasmin mitnehmen will. Kyra bekommt auch ihr Teil ab, doch sie hat keinen Appetit, ist matt und müde – leichtes Fieber, auch ein wenig Husten. Ich stehe nun vor der Entscheidung, ob ich der psychologischen Seite den Vorrang vor der Ansteckungsgefahr geben soll. Mein Entschluß ist schnell gefaßt: Ich werde in die Klinik fahren, denn nicht nur Renate ist ein Keimträger, sondern auch das Krankenhauspersonal und die Besucher. Maßgebend ist jedoch die Aussage der Ärzte, daß sie eine Erkältung unter Kontrolle bringen können.

Die Stippvisite dauert nur knapp zwei Stunden, denn Kyra bedarf auch der Pflege. Mit einem heißen Bad, Wärmflasche und Hustensaft sowie Multivitaminen rücke ich der Erkältung zu Leibe. Essen wird zu einem notwendigen Übel, der Hobbykoch in mir meldet sich schon seit Wochen nicht mehr. Ein Fertiggericht mit typischem Dosengeschmack ersetzt den Sonntagsbraten.

Jasmins Krankheit hat nicht nur unseren Alltag radikal verändert, sondern auch gewisse Wertvorstellungen. Dinge, die früher Bedeutung hatten, sind auf einmal unnütz und überflüssig, die Einstellung zum Leben ist anders geworden.

Instinktiv haben wir uns von der lärmenden Umwelt abgeschottet, uns mehr in uns selbst zurückgezogen und abgekapselt. Vielleicht sind wir empfindlicher geworden, vielleicht ist es auch nur

Selbstschutz. „Wo wollen Sie denn so früh hin?" – „Was ist denn mit Jasmin, man sieht sie ja gar nicht mehr?" Und dann die dümmste aller Fragen: „Wie geht's?" Es ist ein regelrechtes Spießrutenlaufen. Soll ich jedem Hanswurst alles lang und breit erklären? Die meisten interessiert es sowieso nicht, es ist allenfalls Neugier, die unter dem Mantel des Mitleids hervorlugt.

Dankbar empfand ich die Anteilnahme meiner Schriftsteller-Kollegen. Ohne aufdringlich zu wirken, boten sie mir selbstlos und aufrichtig Unterstützung an. Der Exposé-Redakteur ließ mich wissen, daß er unentgeltlich meinen SF-Roman zu Ende schreiben würde, und der Lektor zog einige Bände von mir vor, ohne darüber ein Wort zu verlieren. So kam ich früher zu meinem Honorar.

Geld bedeutet in solchen Situationen nichts, überhaupt nichts, aber man muß es haben, um dem kranken Kind jeden Wunsch erfüllen zu können.

2. Mai, Montag

Der Wecker meldet sich wie immer, doch dann kommt alles ganz anders und bringt den Ablauf durcheinander, der seit Jasmins Krankheit unseren Tag bestimmt. Kyra hat rote Flecken im Gesicht. Gestern Fieber, heute Flecken – Röteln, Windpocken? Das medizinische Nachschlagewerk ist aufschlußreich wie immer in solchen Fällen und läßt jede Deutung zu, doch wir müssen Gewißheit haben, denn eine solche Infektion – vornehmlich Windpocken – würde Jasmin umbringen. Wir sind in heller Aufregung.

Rollentausch. Ich informiere kurz meinen Vorgesetzten und fahre in die Klinik, Renate sucht mit unserer Großen den Kinderarzt auf. Anstecken kann ich die Kleine nicht, denn ich hatte die von den Medizinern wie die Pest gefürchteten Windpocken als Kind, und Erwachsene kommen als Überträger ohnehin nicht in Frage.

Jasmin ist überrascht, als ich in aller Herrgottsfrühe auftauche. Sie beklagt sich darüber, daß sie schlecht geschlafen hat, weil draußen auf dem Flur Licht brannte. Die Röhre ist noch immer in Betrieb, und da sie Mikro ein Dorn im Auge ist, schalte ich sie aus. Und dann überrollt uns der Krankenhausalltag. Fliegender Wechsel zwischen Putzgeschwader und Frühstücksmaschinerie. Jasmin kaut noch auf ihrem Brötchen herum, als der Visitetroß auftaucht. An der Spitze Professor Dr. Lampert, bei ihm die Oberärztin Frau

Dr. Kaufmann, Dr. Bertram und die Stationsschwester. Wie einen alten Bekannten begrüßt mich der Professor, erkundigt sich, ob ich etwas auf dem Herzen habe. Als ich verneine, entwickelt sich zwischen ihm und dem Stationsarzt ein knapper lateinischer Dialog, dem ich nicht zu folgen vermag. Alexandra wird begutachtet, und dann geht es ins nächste Zimmer.

Es wird Zeit, daß ich Jasmin die bereitliegenden Medikamente gebe, die oral eingenommen werden müssen. Das geht nicht ohne Jammern ab, doch wirklich schlimm wird es bei der Blutabnahme. Die Kleine weint, zetert und schreit ununterbrochen, dabei wird das Blut über den Katheter entnommen. Endlich verschwindet die Schwester, Min beruhigt sich wieder.

Gegen elf Uhr trifft Renate ein — es war Gott sei Dank falscher Alarm. Kyra ist nicht krank, sie hat lediglich eine Obstallergie. Unendlich erleichtert entschwinde ich ins Büro. Diesmal fahre ich nach Feierabend nicht ins Krankenhaus.

3. Mai, Dienstag

Am Nachmittag ruft mich Renate im Betrieb an. Zu meiner Überraschung übergibt sie an Jasmin. Sie möchte, daß ich ihr Cocktailwürstchen mitbringe, und erzählt mir, daß die Beinschiene ab ist, sie keinen Tropf mehr braucht und herumlaufen kann. Und stolz berichtet sie, daß sie mit der Mutti im Fahrstuhl bis ins Erdgeschoß gefahren ist, wo sich die Telefonzelle befindet.

Natürlich besorge ich die Würstchen auf dem Weg zum Krankenhaus. Wie es der Zufall will, gibt es zum Abendessen Fleischwurst, und so verschwindet mein Mitbringsel erst einmal im Nachttisch, weil unsere Mikro kräftig zulangt.

Jasmin ist zugänglich und aufgekratzt wie lange nicht mehr. Sie plappert munter drauflos, macht Witze und kann sogar über Scherze herzhaft lachen. Es kommt mir so vor, als wäre sie nicht nur körperlich von Schiene, Tropf und Katheter befreit, sondern auch psychisch. Verwunderlich ist das nicht. Jasmin strotzte immer förmlich vor Gesundheit, war stets vergnügt, heiter und fidel, kreativ und geistig sehr rege, aber auch sehr sensibel. Und plötzlich kommt sie in eine solch fremde Umgebung, ist ans Bett gefesselt und wird scheinbar grundlos gequält.

Obwohl es der Kleinen relativ gutgeht und das Blutbild den Umständen entsprechende Werte zeigt, ist Dr. Bertram zurückhaltend, was ihren „Heimaturlaub" betrifft. Nach den gemachten Erfahrungen stellt sich der Tiefpunkt am siebten Tag ein — und das wäre dann Sonntag, Muttertag. Es wäre für Renate, die Omas und überhaupt für uns alle das schönste Geschenk, wenn Jasmin die Krise meistern würde und nach Hause dürfte. Wir alle, Mikro eingeschlossen, könnten dann einmal wirklich schlafen, ausschlafen und Kraft tanken, Kraft für den nächsten Block.

4. Mai, Mittwoch

Nach Renates Worten war es ein ereignisreicher Tag. Professor Lampert hat heute Geburtstag, und die Ärzte und Schwestern der Station Peiper präsentierten ihm vor der Visite sein Geburtstagsgeschenk auf dem Gang: ein etwa zwei Meter großes Bäumchen mit Ballen und dunkelroten Blättern.

Am Nachmittag gibt Fredrik eine Vorstellung. Der Künstler, der sich auf Kinderlieder und ähnliches spezialisiert hat, Platten besingt und auch im Fernsehen auftritt, ist ein regelmäßiger und gerngesehener Gast auf Station Peiper. Renate und Jasmin kennen ihn schon, aber anders als sonst sind seine Zuhörer nicht nur die Kinder, ihre Mütter und die Schwestern, sondern auch ein Reporter und ein Fotograf von einer der hiesigen Zeitungen. Sie wollen einen Bericht über die Station und Fredrik veröffentlichen.

5. Mai, Donnerstag

Für Min war es ein Tag ohne Besonderheiten, ihr wurde nicht einmal Blut abgenommen. Sie wirkt ein wenig matt, das erkenne ich an ihren Augen, doch nicht schlapp und kraftlos.

Wie Renate erzählt, haben sich die anwesenden Mütter zur obligatorischen Aussprache während der Ruhezeit der Kinder zusammengefunden. Jeden Donnerstag steht Frau Dr. Kaufmann, unterstützt von Stationsschwester Elsbeth, fast zwei Stunden lang den Eltern der krebs- und leukämiekranken Kinder zur Verfügung. Und jede, auch die laienhafteste Frage, wird beantwortet. Von den Göttern in Weiß ist hier und auf der Station Peiper nichts zu spüren. Selbst Professor Lampert macht da keine Ausnahme.

6. Mai, Freitag

Als ich kurz nach siebzehn Uhr ins Krankenhaus komme, sind Renate und Jasmin allein im Zimmer. Alexandra ist für 48 Stunden entlassen worden, muß aber Sonntagmittag wieder auf der Station sein, dafür ist Nilofah zurückgekommen, die eine Woche lang bei ihren Eltern war.

Jasmin beginnt sogleich die mitgebrachten Pommes frites zu essen. Eher beiläufig zeigt sie ihre verbundene linke Hand und sagt, daß sie wieder einen Piks bekommen hat. Sie wirkt matt, aber nicht apathisch.

Meine erste Frage gilt der Diagnose des Arztes über Jasmins Zustand. Renates Antwort raubt mir alle Illusionen: Dr. Bertram hat Blut und Urin untersucht. Ab morgen muß Min wieder an den Tropf, und Montag erhält sie eine Bluttransfusion.

Ich mache aus meiner Enttäuschung keinen Hehl, bin niedergeschlagen und deprimiert. Ich hatte gehofft, gewünscht, gebetet, daß Jasmin nach Hause kann — und nun muß sie doch noch in dem verdammten Krankenhaus bleiben und wird wieder gequält. Daß Dr. Bertram erneut Wochenenddienst hat, ist mir nur ein schwacher Trost. In meiner Erinnerung ist das Bild der abgemagerten Jasmin noch nicht verblaßt, doch zwei, drei Tage lang die Klinik nicht sehen zu müssen und Mikro um uns zu haben in der gewohnten Umgebung, wir vier zu Hause — es würde uns alle aufleben lassen, stärken und neue Kraft geben für das, was noch kommt. Kyra hat sich ebenfalls auf die Rückkehr ihrer Schwester gefreut und ist tief enttäuscht.

Jasmin gab sich in der Klinik beherrscht, doch als sie gegen 21.00 Uhr nach Hause kommt, reagiert sie sehr gereizt. Sie weint heimlich, und auch mir ist zum Heulen zumute. Was mag erst in den beiden Mädchen vor sich gehen?

7. Mai, Samstag

Renate hat es sich nicht nehmen lassen, selbst in die Klinik zu fahren. Ich koche und bringe den Haushalt ein wenig in Ordnung. Gegen Mittag besuche ich die beiden und nehme eine Thermoskanne Hühnersuppe mit Nudeln und Gemüse mit. Renate nutzt meine Anwesenheit, um in der Stadt zwei elektronische Taschenspiele zu kaufen, die Jasmin bei Alexandra gesehen hat.

Die Kleine ist quietschvergnügt. Sie schäkert mit mir, will dann mal an der Suppe riechen und verzehrt einen Teller von dem Geflügeleintopf mit sichtlichem Behagen. Andere Kinder kommen ins Zimmer, kleine Mädchen, die schon länger in Behandlung sind. Jasmin kennt sie mittlerweile und begegnet ihnen nicht mehr so ablehnend wie am Anfang. Zwischen ihr, der kleinen Libyerin, der Türkin und der Äthiopierin entwickelt sich ein Plausch über Pikser, Medizin und Gott und die Welt.

Als Renate mit dem Spielzeug ankommt, räume ich das Feld. Zumindest im Augenblick sind die Computerspiele aufregender als die Eltern. Das sehe ich an Kyra, die natürlich auch eines erhalten hat.

8. Mai, Sonntag

Jasmin hat den Tropf nur über Nacht bekommen. Da Renate auch den Muttertag im Krankenhaus verbringen will, mache ich Kyra und mir einen Happen zu essen und backe Waffeln, damit der Tag wenigstens ein bißchen anders ist als Montag oder Donnerstag. Einige nehme ich mit in die Klinik. Renate hat sich für unsere beiden Mädchen eine Überraschung ausgedacht: Kyra darf mit.

Schon als unsere Große auf dem umlaufenden Balkon auftaucht und ihre Schwester – getrennt durch die Glasscheibe – freudig begrüßt, merken wir, daß das keine gute Idee war. Jasmin weint und ist nur mühsam zu beruhigen. In einem am Wochenende nicht frequentierten Teil der Klinik dürfen sich die beiden dann ohne Trennwand sehen, aber rechte Freude kommt nicht auf, obwohl die beiden Mädchen miteinander scherzen; schließlich will Jasmin in ihr Zimmer zurück.

Ich begleite sie noch nach oben und fahre dann mit Kyra wieder nach Hause zurück. Eigentlich hatten wir uns eine solche Begegnung ganz anders vorgestellt, doch wir haben für die Zukunft daraus gelernt.

Für Renate und erst recht für Kyra dürfte Jasmins Reaktion schwer zu verstehen sein, denn beide kennen keinen längeren Krankenhausaufenthalt, im Gegensatz zu mir. Über vier Monate verbrachte ich in einer Klinik und weiß daher, wovon ich spreche.

Einem Menschen, der stationär behandelt werden muß, flößt allein der Gedanke daran Furcht ein. Alles ist fremd, unbekannt, jeden Augenblick muß man mit einer neuen, meist schmerzhaften Überraschung rechnen, die gemachten Erfahrungen sind auf einmal wertlos, nichts hat mehr Gültigkeit. Unsicherheit und Angst beherrschen den Menschen, zumal die nüchterne Umgebung ganz und gar nicht dazu geeignet ist, Mut zu machen. Kahle Wände ohne Tapete, weißgetüncht, Betten mit Rädern, blitzender Chrom, Sterilität, die Luft riecht nach Desinfektionsmitteln. Niemand trägt Anzug und Krawatte, schon gar nicht Jeans und ausgebeulte Hosen zu bunten Hemden. Ärzte und Schwestern hüllen sich in keimfreies Weiß, das den Augen weh tut.

Doch dann kommt der Tag, an dem man das als gegeben akzeptiert. Das was vorher war, ist gar nicht mehr so wichtig, der Klinikalltag wird zum eigenen Alltag, man weiß, was kommt.

Und dann tauchen die Besucher auf und durchbrechen die Routine, den gewohnten Ablauf. Sie wissen nicht, wie es im Krankenhaus zugeht, und verstehen nichts, sie versuchen, die Welt zu zerstören, in der der Kranke lebt, der er sich angepaßt hat. Sie sprechen von Problemen, die hinter Klinikmauern keine Bedeutung haben, sie reden von einer Welt, die nur Gesunde interessiert, und bringen die gewohnte Ordnung durcheinander. Jeder versucht, dich aufzumuntern, dich an der Umwelt teilnehmen zu lassen, die so längst nicht mehr deine eigene ist, jeder will dich in sein Leben einbeziehen, dabei ist das eher lästig – sogar dann, wenn es die eigenen Geschwister sind.

So empfand ich damals als Langzeitpatient. Ich war einundzwanzig Jahre alt, feierte diesen Geburtstag ebenso wie Weihnachten und Silvester in der Klinik. Feiern? Ich verbrachte die Tage dort. Wahrscheinlich geht es Jasmin ebenso wie mir vor mehr als fünfzehn Jahren. Wie ist es sonst zu erklären, daß sie selbst auf die Station zurückwollte?

9. Mai, Montag

Jasmin ist vergnügt, gibt sich heiter, doch auch altklug und als typischer Patient. Dragees und Tabletten schluckt sie ohne Murren und demonstrativ lässig, zerrt an ihrer Hose und sagt: „Mich pikt da was." Als Renate sie nach der Ursache fragt, antwortet sie: „Mein Tumor pikt mich im Bauch."

Selbstverständlich pikt die Geschwulst nicht, aber wir wissen nicht, ob wir lachen oder weinen sollen. Großeltern und Verwandte wären sicherlich entsetzt über diesen Satz; wir wissen, wie das zu verstehen ist. Wissenschaftler würden über diese Bemerkung lange Abhandlungen schreiben, Psychologen vielleicht sogar ein Buch — uns signalisieren diese Worte Angstbewältigung.

Am Abend bekommt Jasmin die angekündigte Transfusion: ein Konzentrat roter Blutkörperchen. Die linke Hand mit dem Dauerkatheter ist so stark geschwollen, daß die Gefahr besteht, daß das Blut ins Gewebe geht. Der diensthabende Arzt von der Herzstation nebenan entfernt die Nadel und setzt den Katheter an der rechten Hand. Darauf waren weder Jasmin noch wir gefaßt, und entsprechend heftig reagiert die Kleine. Einen Trost haben wir: Wenn Jasmins Blutbild morgen einigermaßen in Ordnung ist, darf sie nach Hause. Gebe Gott, daß die Zahl der Leukozyten stimmt und sie nicht deformiert oder verändert sind!

10. Mai, Dienstag

Nach der Mittagspause telefoniere ich mit dem Krankenhaus, ohne mir übertriebene Hoffnungen zu machen — ein Selbstschutz bei negativem Resultat. Die Antwort, die ich bekomme, übertrifft meine Erwartungen, denn die beiden sind vor wenigen Minuten gegangen. Kurz darauf ruft Renate mich an und übergibt dann an Jasmin, die freudig erregt verkündet: „Ich bin wieder zu Hause!"

Sie ist wieder da! Am liebsten würde ich alles hinschmeißen und auf der Stelle heimfahren, doch ich kann nicht weg, da ich in der Firma noch gebraucht werde. Aller Unabkömmlichkeit und teilweise vielleicht selbstauferlegten Disziplin zum Trotz bitte ich unseren Prokuristen für morgen um Urlaub.

Schon in den letzten Tagen in der Klinik legte Jasmin zunehmend ihre verständliche Griesgrämigkeit ab, jetzt, in ihrer gewohnten Umgebung, ist sie wieder ganz die alte und strotzt nur so vor Lebensfreude. Wie Renate sagte, hat sie bei ihrer Ankunft alle Zimmer inspiziert und jede Veränderung mit wachem Auge registriert.

Sie fühlt sich sofort wieder heimisch, ist beim Abendessen, bei dem sie tüchtig zulangt, der gewohnte Schelm und genießt anschließend das gemeinsame Bad mit Kyra ebenso wie das Erlebnis, daß sie und ihre große Schwester bei uns schlafen dürfen.

Freitag muß die Kleine wieder zur Untersuchung, und wenn es keine Komplikationen gibt, kann sie bis nächsten Mittwoch bei uns bleiben. Dann muß sie wieder stationär in die Klinik, weil die Chemotherapie fortgesetzt wird.

11. Mai, Mittwoch

Mein Entschluß, kurz meine Eltern und Geschwister zu besuchen, die im gleichen Haus wohnen, stößt bei Renate auf heftigen Widerstand. Daß ich sie seit einem Vierteljahr nicht gesehen habe und auch Alrun, meine jüngste Schwester, mit meinem Patenkind aus Bayern gekommen ist, läßt sie als Argument nicht gelten. Ich lasse mich nicht umstimmen und fahre los, knapp fünfundzwanzig Minuten später erreiche ich mein Ziel und bin nach eineinhalb Stunden zurück.

Was dann kommt, erschreckt mich und stürzt mich in Gewissenskonflikte. Was die Ärzte voraussagten und ich befürchtet habe, tritt ein: Renate ist mit ihrer Nervenkraft am Ende. Weinkrämpfe schütteln sie, meine kurze Abwesenheit wertet sie als Gleichgültigkeit, ja sogar als Lieblosigkeit gegenüber Jasmin und der Familie.

Eigentlich bin ich nicht der Typ, der Beschimpfungen einfach hinnimmt oder widerspruchslos akzeptiert, doch ich erkenne, daß Argumente ihre Wirkung verfehlen würden, und lasse alles über mich ergehen, obwohl mich die Vorwürfe schmerzen, denn Renate tut mir unrecht. Auf der anderen Seite weiß ich, was sie leidet und durchmacht – sie überschätzt sich und haushaltet nicht mit ihren Kräften, und ich tue es eigentlich auch nicht. Dennoch: Es gibt Tage – wie diesen –, da sorge ich mich mehr um Renate als um die Kleine. Niemand kann diese psychischen Belastungen einfach wegstecken – am wenigsten eine Mutter. Und trotzdem wird sie auch bei der nächsten Untersuchung wieder dabeisein.

13. Mai, Freitag

Kontrolluntersuchung mit Blutabnahme.

16. Mai, Montag

Kontrolluntersuchung mit Blutabnahme.

18. Mai, Mittwoch

Friedliche, harmonische Tage liegen hinter uns. Jasmin war ausgeglichen, freundlich, geradezu heiter und stets gutgelaunt. Nach Aussage der Ärzte ist unter anderem das Cortison dafür verantwortlich, ebenso wie für den fast beängstigenden Appetit. Die Kleine frißt regelrecht, der Bauch ist kugelförmig angeschwollen. Beim Mittagessen verlangt sie zweimal Nachschlag und hat eine halbe Stunde später schon wieder Hunger. Die Blutuntersuchungen am Freitag und Montag waren befriedigend, doch heute beginnt wieder die stationäre Behandlung mit Block 3.

Schon gestern hatten Renate und ich ein flaues Gefühl im Magen, denn Mikro bekommt wieder das Medikament der ersten Serie – Übelkeit, Erbrechen, Appetitlosigkeit. Sie wird wahrscheinlich in den nächsten acht bis vierzehn Tagen von ihren Reserven leben müssen.

Renate nimmt nichts mit, was auf einen Krankenhausaufenthalt hindeutet, doch Jasmin erspäht die fertig gepackte Tasche, die ich am Abend mitbringen soll. Die Kleine zieht sofort die richtigen Schlüsse und heult, rennt ins Bad und knallt die Tür hinter sich zu. Renate sofort hinterher, weil sie befürchtet, daß sie sich vor Angst einschließt, aber das ist nicht der Fall. Sie hat sich so aufgeregt, daß sie auf die Toilette muß, es jedoch nicht mehr schafft und die Hose naß macht – das ist ihr seit letztem Jahr nicht einmal mehr in der Nacht passiert.

In der Klinik läßt man Jasmin zunächst ungeschoren, und sie verliert ihre Furcht, zumal ihr die Gesichter bekannt sind und die anderen kleinen Mädchen sie freudig begrüßen. Fredrik kommt am Nachmittag; unsere Kleine ist ganz bei der Sache und singt mit.

Am Nachmittag bekommt sie einen Tropf, und kurz vor siebzehn Uhr wird ihr das Medikament injiziert. Fast auf die Minute genau eine Dreiviertelstunde später muß sie sich übergeben. In kurzen Abständen, die nicht einmal fünf Minuten dauern, bricht sie und würgt, obwohl nichts mehr im Magen ist.

Jasmin ist erschöpft, sie schwitzt, auf ihrer Stirn bildet sich kalter Schweiß, der Blutdruck erreicht zeitweilig extreme Werte, stabilisiert sich dann aber wieder. Sie hat leicht erhöhte Temperatur, aber kein Fieber.

19. Mai, Donnerstag

Kurz nach 14.00 Uhr rufe ich in der Klinik an. Jasmin hat die Spritze am Vormittag bekommen und mußte nur dreimal brechen. Sie wünscht sich Hähnchen und Pommes frites, Ketchup muß her, und ein paar Blümchen soll ich auch mitbringen.

Gleich nach siebzehn Uhr starte ich meine Einkaufsrallye, aber Parkplatzprobleme machen mich zum rasenden Fußgänger.

Mit einer Dreiviertelstunde Verspätung treffe ich in der Klinik ein. Das halbe Hähnchen, dessen Beschaffung mir viel Mühe bereitete, findet keine Zustimmung und bleibt unbeachtet liegen, nur die Pommes frites werden zum Teil gegessen.

Mein Entschluß steht fest: In Zukunft werde ich Jasmin nur noch das mitbringen, was mir in den Sinn kommt, schließlich hat sie sich früher auch immer gefreut über das, was ich vom Einkaufen mitbrachte — und es kam an und schmeckte.

20. Mai, Freitag

Wenn man auf warme Gerichte zum Mitnehmen angewiesen ist, merkt man erst, wie klein die Auswahl ist — und wie stolz die Preise dafür sind. Ich entscheide mich für amerikanische „Spezialitäten" und bezahle für drei Hot dogs, drei Hamburger, zwei Dosen Cola und eine Dose Limonade die Kleinigkeit von zweiundzwanzig Mark.

Obwohl wir uns angewöhnt haben, gemeinsam mit Jasmin im Krankenhaus zu essen, ist sie nicht zu motivieren und beißt ein paarmal lustlos in das Gummibrötchen mit dem Hot dog. Sie hat keinen rechten Appetit und wünscht sich für morgen ein Schnitzel.

Wie Renate sagt, war Min schon den ganzen Tag über nicht bei bester Laune, obwohl sie nach der Injektion nur einmal brechen und dann nur noch spucken mußte, aber wer fühlt sich schon in einer Klinik wohl, dazu mit einem Tropf am geschienten Arm?

Ich erfahre, daß am Samstag die siebzehnjährige Susanne gestorben ist. Ihr konnten die Ärzte nicht mehr helfen, weil sich Metastasen in der Lunge gebildet hatten. Nach Aussage der Schwestern hat sie nicht gelitten und ist sanft entschlafen.

Da ich – anders als Renate – nicht ständig in der Klinik bin, habe ich Susanne nur einmal kurz gesehen, dennoch verhärtet sich mein Magen. Ich kann nachempfinden, was die Familie durchgemacht hat. Alle Quälerei, alles Bemühen, aller Einsatz und alle Hoffnung waren umsonst – ich fühle Bitterkeit in mir aufsteigen. Kann das der Sinn des Lebens sein, kann Gott das wollen? Da wird unter Schmerzen ein Kind geboren, man zieht es groß, beschützt und behütet es, bangt an seinem Bett, wenn es krank ist, liebt es, lacht und leidet mit ihm, und dann – einfach aus, weg, tot.

Seit knapp zwei Monaten kennen wir die Station Peiper – Susanne ist das dritte Kind, das seitdem zu Grabe getragen wurde.

21., 22., 23. Mai – Samstag, Sonntag, Montag (Pfingsten)

Stationäre Behandlung mit Chemotherapie

24. Mai, Dienstag

Pfingsten liegt hinter uns, aber Feiertage waren es nicht. Abwechselnd sind wir Samstag, Sonntag und Montag in die Klinik gefahren und haben Jasmin ab acht bis zum Abend Gesellschaft geleistet. Renate und ich waren unabhängig von unserer Einteilung täglich da. Wir haben die Erfahrung gemacht, daß die Kleine es nicht nur vermissen, sondern auch seelisch belasten würde, wenn einer von uns beiden mal nicht käme. Relativ unerheblich ist dabei die Zeit – eine Stunde reicht schon; die Hauptsache ist, daß nicht ständig Vater oder Mutter da sind, sondern beide sich kümmern und sehen lassen. Es ist für uns ohnehin selbstverständlich, jeden Tag zu Mikro zu gehen.

Logischerweise ist ihre Verfassung bei einer solchen Krankheit nicht das Maß aller Dinge, aber sie ißt und trinkt, wirkt körperlich relativ fit und verkraftet auch psychisch die Belastungen Tropf, Blutabnahme und Spritzen besser als vorher.

Ich habe mich mit Dr. Bertram, der scheinbar immer im Dienst ist, über die Ernährung unterhalten. Er gibt Eiweiß gegenüber Kohlenhydraten den Vorzug, macht das jedoch nicht zum Diktat. Wichtig ist der psychische Zustand des Kindes, das heißt, daß der Körper über Reserven verfügen soll, um die Zytostatikabehandlung so unbeschadet wie möglich zu überstehen. Und da sind auch die Phasen der Nahrungsverweigerung inbegriffen, die die Medikamente durch Nebenwirkungen wie Übelkeit und Zerstörung der Schleimhäute im Mund hervorrufen. Wie der Arzt sagt, läßt sich ein Tumor nicht aushungern. Die Eiweißsynthese der fehlgesteuerten Zellen verläuft schneller, und was dem Krebs nicht von außen zugeführt wird an Nahrung, entzieht er dem gesunden Gewebe. Ein wahrer Teufelskreis, denn ein gegrilltes Hähnchen stärkt nicht nur Jasmin, sondern auch die Wucherung in ihr. Die Mediziner nehmen das notgedrungen in Kauf, verboten sind jedoch Multivitamine in konzentrierter Form, die beispielsweise als Kapseln in Apotheken erhältlich sind, dagegen sind Multivitaminsäfte unbedenklich.

25. Mai, Mittwoch

Jasmin hat heute ihre letzte Endoxan-Spritze bekommen und ist auch vom Tropf erlöst worden. Die positive Einstellung in den letzten Tagen war unverkennbar, aber jetzt ist sie wieder unsere fröhliche Min, wie wir sie kennen und lieben.

Alle, die die Kleine vorher als keifenden, zeternden und auf Abwehr eingestellten Zwerg kennengelernt haben, sind überrascht. Sie ist die gute Laune persönlich, erzählt jedem, daß sie den Ständer mit dem Tropf nicht mehr benötigt, und marschiert allein und mit einer lässigen Selbstverständlichkeit über den Flur von Peiper, als wäre es die normalste Sache der Welt. Schwestern, die sie nicht besonders mag, winkt sie zu und plaudert ganz locker mit ihnen, und Dr. Bertram, der stets Gummibärchen als Trost anbietet und ihnen auch nicht abhold zu sein scheint, hält sie lächelnd ihre eigene Packung hin.

Man muß sich das einmal vorstellen: Dr. Bertram hielt sie bisher für einen persönlichen Feind, und nun marschiert sie ins Ärztezimmer, um ihm Gummibärchen anzubieten.

Ginge es nach dem Gemütszustand, hätten wir Jasmin heute schon nach Hause holen können, doch möglicherweise klappt es zum Wochenende. Die Station platzt förmlich aus allen Nähten. Die Kinder, die über Pfingsten nach Hause durften, sind zurückgekommen, es gibt auch etliche Neuzugänge, wie es im Fachjargon heißt, dabei ist jedes Kind, das auf Station Peiper behandelt werden muß, ein Kind zuviel.

26. Mai, Donnerstag

Wie üblich am Donnerstagnachmittag gab es eine Informationsstunde, in der Eltern fragen konnten. Diesmal stand Frau Dr. Grünmeier Rede und Anwort, und sie tat es ausführlich, wie Renate sagt. Wie tückisch Krebs ist, erläuterte die Ärztin näher. Die verstorbene Susanne hatte Knochenkrebs. Die Chemotherapie wurde mit positivem Ergebnis abgeschlossen, selbst unter dem Mikroskop waren keine negativen Veränderungen mehr feststellbar. Bei der Nachsorge registrierte man, daß eine weitere Zytostatikabehandlung erforderlich wurde, doch diesmal blieben die Zellgifte ohne Wirkung – der Tumor wucherte weiter.

Der Bericht macht mir angst. Bei Jasmin hatten die Ärzte Metastasen im Knochenmark festgestellt, die Nachuntersuchung ergab keinen Befund. Gebe Gott, daß die Mediziner recht behalten und unsere Mikro wieder gesund wird.

27. Mai, Freitag

Ich hatte gehofft, Jasmin und Renate nach Feierabend zu Hause in die Arme schließen zu können, doch als ich gegen 16.00 Uhr in der Klinik anrufe, ist von Aufbruch noch nicht die Rede. Zu meiner Erleichterung steht aber fest, daß Min die Nacht nicht mehr auf der Station Peiper verbringen muß.

Nach Feierabend fahre ich ins Krankenhaus. Die Kleine bekommt noch eine Bluttransfusion, genauer gesagt, ein Erythrozytenkonzentrat. Jasmin nennt das Konzentrat roter Blutkörperchen Ketchup, nur – der Plastikbeutel mit dem sehr langsam tropfenden Blutplasma will und will nicht leer werden. Da Kyra auch auf die Heimkehr ihrer Schwester wartet, kommen Renate und ich überein, daß nur einer von uns dableibt. Die Entscheidung trifft Mikro: Ich soll bleiben, weil sie mit dem neuen Auto fahren will.

Die Zeit dehnt sich endlos. Wir alle hatten fest damit gerechnet, Jasmin um 17.00 Uhr zu Hause zu haben, und nun das. Mit Vorlesen und dem Blättern in Bilderbüchern vertreiben wir uns das nervenzermürbende Warten.

Zu allem Übel taucht auch noch eine Labormitarbeiterin auf, die der Kleinen Blut aus dem Finger abnimmt. Das hatte weder Jasmin noch ich einkalkuliert. Selbst betroffen, versuche ich, Min zu besänftigen, die Angst und Schmerz ungehemmt Luft macht.

Letztendlich war die Quälerei doch nicht umsonst — das Blutbild zeigt der Krankheit angemessene Werte. Der Abschied fällt uns nicht schwer. Die freundlichen Schwestern fragen, ob die Kleine sie wieder besuchen wird, und sie nickt. Sie weiß ja nicht, daß sie zurückkehren muß, und ich verschweige es.

1. Juni, Mittwoch

Kontrolluntersuchung mit Blutabnahme.

7. Juni, Dienstag

Nicht nur Jasmin, wir alle haben das gewohnte Familienleben genossen. Wie immer habe ich mir ein paar Tage Urlaub genommen. Wir kuscheln und schmusen, das Essen schmeckt nicht nach Großküche, und niemand pikt, will Fieber messen oder einen neuen Tropf anhängen. Es ist für uns alle eine Phase der Regeneration, doch sie neigt sich ihrem Ende zu.

Die Zwischenuntersuchung kostete anfangs zwar Tränen, jede Menge Streicheleinheiten und Trostworte, aber Mikro brachte sie mit Bravour hinter sich, weil wir ihr versprechen konnten, daß sie wieder mit nach Hause darf.

Ab morgen wird sich unser Leben wieder anders abspielen. Kyra wird erneut in den Hort gehen, Renate wird morgens in die Klinik fahren und ich abends. Wir werden wieder Fertiggerichte und Würstchen in uns hineinschlingen und hoffen, daß Jasmin noch vor dem 17. Juni das Krankenhaus verlassen kann. Ganz unbegründet ist unsere Hoffnung nicht, denn der „weiche" Block mit Cortison ist an der Reihe, bei dem nur fünf Injektionen vorgesehen sind.

„Nur" fünf Tage Behandlung — das sind eigentlich fünf Tage zuviel, doch bei Krebs und seiner Bekämpfung gilt weder Uhrzeit noch Kalender. Wir haben uns inzwischen damit abgefunden, daß die Heilung fast jedes Mittel rechtfertigt.

Um die Kleine nicht unnötig aufzuregen, packt Renate die Tasche heimlich und versteckt sie. Ich soll sie morgen abend mitbringen.

8. Juni, Mittwoch

Schon gestern abend hatte ich einen Magen hart wie Stein. Jasmin schlief friedlich und fühlte sich geborgen — und ein paar Stunden später müssen wir sie quasi abliefern. Ein paar Flaschen Bier brachten auch nicht den gewünschten Müdigkeitseffekt — es war zwei Uhr, als ich ins Bett ging. Renate schlief — schon kann man eigentlich nicht sagen —, doch was mag in ihr vorgehen? Sie wird es wieder sein, die die Kleine in die ungeliebte Klinik zurückbringt, und sie wird es auch sein, die dabei ist, wenn Mikro den verhaßten und doch obligatorischen Katheter bekommt.

Nach Feierabend führt mich mein erster Weg natürlich ins Krankenhaus. Bei mir habe ich die gestern gepackte Tasche und ein tragbares Farbfernsehgerät, das ich heute gekauft habe, um Jasmin ein wenig abzulenken.

Unser fröhlicher Springinsfeld hat das Lachen wieder verlernt, gibt sich weinerlich und wehleidig, obwohl Jasmin weiß, daß ihr eigentlich nichts mehr passieren kann.

Ihr Bett steht in Zimmer 3, in dem sie schon einmal längere Zeit war, doch diesmal befinden sich drei Betten im Raum, weil die Anstreicher dabei sind, die Station zu renovieren. Ein kleiner Trost ist uns und wohl auch der Kleinen, daß Salima, das Mädchen aus Libyen, die „3" mit ihr teilt. Die beiden kennen sich, sind fast im selben Alter und kommen ganz gut miteinander aus.

Ich versuche mich an dem Fernseher und pegle Sender und Stationen ein, doch mein Versuch, Jasmin etwas Abwechslung zu verschaffen, scheitert kläglich. Die eingebaute Stabantenne produziert in dem Haus aus Stahlbeton nur Bildsalat. Eine elektronische Antenne muß her.

9. Juni, Donnerstag

Mit einer Tüte Leckereien und der Antenne unter dem Arm betrete ich die Klinik. Das etwa ein- bis eineinhalbjährige Mädchen in Jasmins Zimmer, das gestern fast pausenlos schrie und nicht zu beruhigen war, lacht heute sogar, weil die Mutter bei ihm ist. Ein Bein der Kleinen ist eingegipst, die rechte Hand mit dem Katheter verbunden. Der Verdacht auf Krebs hat sich nicht bestätigt, dem Vernehmen nach hat dieses Würmchen nur eine Knochenhautentzündung.

Jasmin wirkt gefaßter als am Vortag und freut sich über die Reibeplätzchen, die ich mitgebracht habe. Mit sichtlichem Appetit macht sie sich darüber her, während Renate und ich Riesen-Hamburger mit dem abenteuerlichen Namen „Dallas" hinunterwürgen. Natürlich sind wir beide hungrig, aber vornehmlich wollen wir Mikro animieren, zu essen – und in Gesellschaft schmeckt es nun einmal besser, was sich auch bestätigt.

Das Fernsehbild für die drei Programme wird eingestellt. Jetzt kann Jasmin ihre geliebte „Sendung mit der Maus" sehen, und das ist doch schon etwas, denn Abwechslung kann sie ja brauchen im Krankenhausalltag.

Es war für uns unvorstellbar, im Krankenhaus an Jasmins Bett auch nur einen Bissen hinunterbringen zu können. Andere Eltern sahen wir essen, was in uns den Gedanken aufkommen ließ, es wohl mit weniger sensiblen Menschen zu tun zu haben. Uns jedenfalls war die Kehle wie zugeschnürt, nicht einmal eine Suppe hätte die Speiseröhre passieren können.

Das ist Vergangenheit, mittlerweile gehören auch wir zu den roheren Charakteren. Unsere Feinfühligkeit ist von der Krankenhausroutine weggehobelt und abgeschliffen worden, Klinikalltag ist auch unser Alltag geworden. Wie sehr man sich doch anpaßt ... Anfangs war es unvorstellbar für mich, je etwas auf Peiper verzehren zu können, nun meldet sich der Magen sogar dann, wenn Min eine Transfusion bekommt und der durchsichtige Plastikbeutel mit Blut am Tropfständer hängt – und Renate und ich futtern. Ich weiß nicht recht, wie ich es bewerten soll, daß das Gehirn selbst eine schlimme Realität so schnell akzeptiert. Auf der einen Seite ist es erschreckend, auf der anderen Seite wohl auch Selbsterhaltungstrieb, um den Körper vor dauerndem Schaden zu bewahren. Weder Renate noch ich tragen überflüssige Pfunde mit uns herum, zudem haben wir beide etliche Kilogramm abgenommen. Bei einer Größe von 1,78 Meter liegt mein Standardgewicht bei 61 Kilo, jetzt sind es deutlich weniger. Viel zuzusetzen hat der Organismus da wohl nicht mehr aus eigenen Reserven.

10. Juni, Freitag

Allmählich werde ich Experte für Schnellimbiß und Budenfraß. Bei meiner Suche nach mehr Abwechslung grase ich auch Metzgereien und Bäckerläden ab. Mittlerweile könnte ich einen Anti-Gourmet-Führer herausgeben, denn ich weiß, wo die Pommes frites am fettigsten sind, wo die ledrigsten Hamburger gemacht werden und wo es die ungenießbarsten Würstchen gibt. Bei einem Stand kosten drei Reibeplätzchen mit Apfelmus 3, – DM, bei einem anderen 1,80 DM. Dafür kostet eine Dose Cola dort 1,30 DM, an der Bude fünf Meter weiter 1, – DM. Natürlich fahre ich keine fünf Kilometer weit, um dreißig Pfennig zu sparen, aber es fällt einem halt auf, wie unterschiedlich die Preise sind – und die Qualität.

In der Klinik wartet Renate mit einer faustdicken Überraschung auf. Sie war am Morgen mit Jasmin zur Ultraschalluntersuchung. Selbstverständlich kannte der untersuchende Arzt das Krankheitsbild der Kleinen und konzentrierte sich darauf, dennoch wagte er eine optimistische Diagnose: Die Wucherungen haben sich gravierend zurückentwickelt, der Tumor ist regelrecht geschrumpft.

Eigentlich wäre das ein Anlaß, um Sektkorken knallen zu lassen, aber mittlerweile haben wir zuviel mitbekommen und uns an den Onkologen orientiert. Es ist ein Teilerfolg – vielleicht –, mehr nicht. Und wir haben keinesfalls gewonnen, denn der Kampf gegen den heimtückischen Krebs dauert Jahre. Richtige Freude empfinde ich nicht, allenfalls mehr Zuversicht, die Hoffnung wächst und mein Vertrauen zu den Medizinern.

11. Juni, Samstag

Als ich die Station betrete, sehe ich nur Männer und keine einzige Mutter. Einige Väter schlagen scherzhaft vor, einen Kasten Bier zu besorgen, um ein zünftiges Fest zu feiern. Natürlich bleibt es bei Mineralwasser und Limo.

Jasmin ist guter Dinge, allerdings hält sich ihr Appetit trotz Cortison diesmal in Grenzen. Wir schneiden Bilder aus, spielen, puzzeln und vertreiben uns die Zeit mit Vorlesen. Besonders mag sie das bebilderte Buch „Die Mauseflöte" und die Kassette dazu; Fredrik hat zu dem Text die Musik geschrieben. Keine Frage, daß wir sie gekauft haben, damit Min sie auch zu Hause hören kann. Sie liebt auch noch andere Geschichten, und dazu gehören vor allem Grimms Märchen.

Gegen 18.00 Uhr trifft Renate als Ablösung ein. Die Kleine freut sich, daß die Mutti da ist, und so räume ich das Feld. Ich bin nicht der einzige. Inzwischen sind die Mütter wieder deutlich in der Überzahl.

12. Juni, Sonntag

Renate fühlt sich nicht wohl, Übelkeit und Erbrechen machen ihr zu schaffen. Unter diesen Umständen hätte es wenig Zweck, daß sie aufsteht, also fahre ich in die Klinik.

Jasmin ist ein bißchen enttäuscht, daß die Mutti nicht kommt, aber immerhin ist sie nicht allein. Wir beschäftigen uns, doch ich empfinde deutlich, daß ich mehr versuche, die Zeit totzuschlagen. Angeregt durch die Kindergärtnerin hat Renate mit der Kleinen gebastelt – ich verstehe nichts davon und greife notgedrungen auf Spiele und Bücher der Station zurück.

Mittagsruhe. Jasmin schläft nicht sofort ein, wir unterhalten uns flüsternd. Endlich wird sie doch müde und schlummert. Lesend und dösend überstehe ich die zwei Stunden, dann fordert uns erneut der Klinikalltag: Fiebermessen, Blutdruck, Puls, die Tabletten wurden bereits vor dem Essen eingenommen.

Am späten Nachmittag taucht Renate auf. Sie ist nicht in bester Verfassung, trotzdem läßt sie es sich nicht nehmen, Mikro Gesellschaft zu leisten.

13. Juni, Montag

Freitagabend war ich im Krankenhaus, Samstag und Sonntag. Renate bringt es auf zwölf bis dreizehn Stunden täglich, ich kam auf zehn Stunden, und ich war geschafft. Deutlicher als je zuvor empfinde ich, was dieses Persönchen leistet, mit dem ich seit knapp dreizehn Jahren verheiratet bin.

Wie all die anderen kleinen Patienten versteht Jasmin es nicht, warum man sie quält, denn sie ist weder behindert noch hat sie Schmerzen. Natürlich haben wir versucht, ihr alles kindgerecht zu erklären, aber welche Dreijährige akzeptiert schon Injektionen, Infusionen und Spritzen?

Man sollte meinen, daß es eine Kleinigkeit ist, das kranke Kind zu betreuen, zumal es das eigene ist, aber weit gefehlt. Fast alle Eltern wissen, wie gallig ein krankes oder ans Bett gefesseltes Kind reagiert. Zum Spielen hat es oft keine Lust, Aktivitäten von Vater oder Mutter werden als aufdringlich empfunden, Ablenkung stößt auf Ablehnung, selbst das Lieblingsspielzeug wird nicht angenommen und wutentbrannt in die Ecke gefeuert.

Es kostet Kraft und Selbstbeherrschung, in solchen Fällen nicht die Nerven zu verlieren. Doch wer bringt es fertig, Sohn oder Tochter unter diesen Umständen zu strafen? Es ist diese Selbstverleugnung, die einen schafft, dieser selbst auferlegte Zwang, ruhig und freundlich zu bleiben, obwohl man ein ums andere Mal aus der Haut fahren könnte, wenn man manchmal stundenlang gepiesackt wird.

Als ich nach Feierabend komme, ist das Säckchen mit Erythrozyten fast leer. Dieses Konzentrat roter Blutkörperchen macht Jasmin aktiver und verbessert die Sauerstoffversorgung des Körpers. Sie fühlt sich relativ wohl und ist ausgeglichen.

14. Juni, Dienstag

Mit einer Tüte voll Lebensmittel, die Auge und Magen gleichermaßen erfreuen, kreuze ich in der Klinik auf und bin ein bißchen stolz, Besonderheiten anbieten zu können, doch ich komme gar nicht dazu, auszupacken. Jasmin darf nach Hause — heute schon. Ich hatte auf Mittwoch gehofft und bin vor Freude fast aus dem Häuschen.

Beschwingt schleppe ich den Fernseher, die schon fertig gepackte Tasche, Spielsachen und was der Dinge mehr sind, zum Auto. Wie üblich ist es ein kleiner Umzug, aber der Transport in dieser Richtung fällt mir wesentlich leichter als umgekehrt.

Renate fährt nach Hause, um Kyra die frohe Botschaft zu bringen, ich bleibe bei Min, weil noch eine kurze Abschlußuntersuchung aussteht. Wie immer, wenn man auf etwas wartet, dehnen sich die Minuten wie Kaugummi.

Endlich hat die Ärztin Zeit. Lunge abhören, Reflexe testen, ein Blick in den Mund, Ohrkontrolle, ein paar weitere Tests – alles okay. Ich bekomme noch ein Rezept ausgehändigt und einige Tabletten, darunter eine winzige Teileinheit Cortison quasi als Blockausklang, dann, kurz vor 18.30 Uhr, verlassen wir Peiper. Selbstverständlich verabschieden wir uns, und wie jedesmal tun mir die Kinder und Eltern leid, die dableiben müssen. Umgekehrt freuen sich die anderen mit uns, wie wir es auch tun, wenn jemand nach Hause darf, aber ein bißchen Wehmut schwingt stets mit.

18. Juni, Samstag

Kontrolluntersuchung mit Blutabnahme.

23. Juni, Donnerstag

Kontrolluntersuchung mit Blutabnahme.

28. Juni, Dienstag

Früher war der Dienstag immer ein ganz normaler Tag, jetzt ist er – je nach Datum – fast zu einem besonderen Tag geworden. Morgen muß Jasmin wieder in die Klinik zur stationären Behandlung, doch sie weiß es noch nicht, und wir werden es ihr auch bis morgen verschweigen. Manchmal wünschte ich, daß Raente und ich solche Termine einfach vergessen könnten wie unsere Kleine, der Daten und Wochentage nichts sagen. Frei von Ahnungen und Planungen ist der nächste Tag nicht schon Realität, sondern Zukunft wie der 7. August oder Weihnachten.

Natürlich wehren wir uns nicht gegen die Behandlung, ganz im Gegenteil, denn Mikro soll ja wieder gesund werden, doch wir wissen, was sie morgen erwartet – der harte Block mit Übelkeit und Erbrechen. Er dauert, was die Chemotherapie betrifft, sieben Tage

— und sie bekommt einen neuen Katheter in eine der winzigen Handvenen, die sich noch als brauchbar erweist. Die Kleine wird sich wehren, schreien, Hilfe suchen — vergeblich. Renate wird bei ihr sein und sie trösten, ohne verhindern zu können und zu wollen, was Jasmin weh tut. Es ist eine verdammte Pflicht, die einen inneren Zwiespalt verursacht und das Nervenkostüm arg strapaziert. Wie Renate das bisher durchgehalten hat, weiß ich nicht — sie sagt, sie kann es einfach.

Ich kann es auch, denn um nichts auf der Welt würde einer von uns Jasmin in solchen Situationen allein lassen, doch schon das Wissen um das, was kommt, raubt mir den Schlaf. Der Verstand sagt mir, daß sie nur durch die klinische Behandlung gerettet werden und gesunden kann, mein Gefühl widerspricht nicht einmal, doch lieber hätte ich sie zu Hause. Die heimtückische Krankheit beeinträchtigt sie kaum, die Therapie sehr wohl. Wie soll ein Kind von drei Jahren das verstehen und begreifen?

29. Juni, Mittwoch

Wie immer, wenn Jasmin erneut in die Klinik muß, wird bei mir der Dienstag zum Mittwoch, denn ich schlafe erst gegen drei Uhr ein.

Kyra habe ich gestern zu meinen Eltern gefahren. Mein Bruder Bodo hat seinen Swimmingpool inzwischen fertiggestellt, und Kyra freut sich schon darauf, jeden Tag quasi vor der Haustür schwimmen zu können. Sie will dort bleiben, so lange ihre Schwester in der Klinik ist. Da sie Ferien hat, ist das kein Problem.

Als ich bepackt mit Taschen und Fernsehportable auf der Station eintreffe, erwarten mich Renate und Jasmin am Eingang. Zu meiner Überraschung hat die Kleine noch keinen Katheter bekommen, ist putzmunter und gutgelaunt. Sie plaudert aufgekratzt über Fredriks Auftritt, freut sich, daß Salima noch da ist, und erzählt ganz locker, daß sie ein paar Tage im Krankenhaus bleibt und dann wieder nach Hause kommt.

Sie verändert sich schlagartig, als eine Schwester uns bittet, sie ins Behandlungszimmer zu bringen. Ich gehe mit, doch das Räumchen ist so klein, daß beide Eltern zuviel sind. Notgedrungen bleibe ich auf dem Gang. Jasmins Geschrei dringt fast bis in den letzten Winkel der Station.

Untersuchung, Einsetzen des Katheters, Injektion und das Anlegen der Schiene dauern fast zehn Minuten, dann kann Mikro in ihr Zimmer zurück und bekommt den Injektionsautomaten angeschlossen. Ununterbrochen schreit und zetert sie bis zur Erschöpfung, ist verschwitzt und grantig.

Die Tropfen gegen den Brechreiz helfen nicht. Wir wissen, daß das Würgen eine halbe Stunde nach Abschalten des Automaten einsetzt, und halten Brechschale und Tücher bereit. Exakt nach 28 Minuten muß Jasmin sich übergeben, schläft ein, muß wieder brechen, Schlaf, brechen. Mittlerweile hat sie einen Tropf bekommen. Er soll den Flüssigkeitsverlust ausgleichen und Nierenschäden abwenden oder zumindest gering halten. Der Plan sieht eineinhalb Liter in vierundzwanzig Stunden vor.

30. Juni, Donnerstag

Heute erwarten mich Jasmin und Renate nicht auf dem Flur, beide sind im Zimmer. Die Kleine spielt am Tisch, neben ihrem Stühlchen steht der Tropfständer. Sie bekommt eine Erythrozytentransfusion.

Sie wirkt matter als gestern, ist auch seelisch labiler und weint und jammert schon bei nichtigen Anlässen. Es sind einige Faktoren, die da zusammenkommen, unter anderem das Blutbild mit zu wenigen und schlecht ausgebildeten, deformierten roten Blutkörperchen, der Katheter, der Tropf — und die Zellgifte, die Zytostatika.

Die Reaktion auf das Medikament war heute weniger heftig als gestern, es war mehr spucken als brechen, aber das ist nicht verwunderlich, denn Jasmin hat nichts gegessen. Ohne großen Appetit ißt sie knapp zwei Reibeplätzchen mit etwas Apfelmus, eine ihrer Leibspeisen, die ich mitgebracht habe.

Um 18.00 Uhr sehen wir uns im 3. Programm die „Sendung mit der Maus" an; es ist eine Wiederholung vom Sonntag, und dort war ein Streifen über Fredrik zu sehen, der jeden Mittwoch auf die Station Peiper kommt. Renate sagt es den Schwestern, und gleich darauf strömen sie ins Zimmer. Für knapp zehn Minuten sind die Schwesternschülerinnen die Stützen der Station. Notgedrungen ruft Dr. Bertram selbst eine Mutter zum Telefon, weil ihr Mann sie sprechen will. Natürlich leidet die medizinische Versorgung nicht unter den TV-Minuten, es erheitert uns eher. Die kinderfreundlichen Schwestern werden auf einmal noch menschlicher.

Jasmin kennt das Lied, das Fredrik im Fernsehen singt, und summt mit, ist auf einmal ganz bei der Sache. Für ein paar Minuten vergißt sie ihre eigene Situation.

1. Juli, Freitag

Heute kommt Jasmin mir munterer vor, lächelt sogar manchmal, ist andererseits aber auch mimosig. Ganz schlimm muß es nach Renates Aussage gegen Mittag gewesen sein, als sie ihr Medikament bekam und der von ihr „Pieper" genannte Injektionsautomat angeschlossen wurde (Pieper deshalb, weil das Gerät nach Beendigung der Injektion einen durchdringenden Ton von sich gibt). Sie schrie, war auch nicht zu beruhigen und spuckte Gift und Galle. Daß sie sich wirklich aufregte, beweisen die Werte: Blutdruck 150/120, Puls 120.

Die Kleine teilt ihr Zimmer mit Jan, der dreizehn Monate alt ist. Sein Zwillingsbruder ist mit sechseinhalb Monaten gestorben, er selbst war nach der Therapie stationär entlassen worden. Nun ist er erneut an Leukämie erkrankt, doch der Körper hält die Roßkur der üblichen Zytostatikabehandlung nicht mehr aus. Er bekommt abgeschwächte Medikamente, das heißt, die bekannten Pharmaka, aber in weniger konzentrierter Form. Das mindert natürlich die Erfolgschancen, deshalb wird eine Knochenmarkübertragung erwogen.

Fast kein Fall ist auf Peiper wie der andere, und doch haben alle Eltern und Kinder hier etwas gemein: das Wissen um die Gefährlichkeit der Krankheit und die Hoffnung auf Heilung.

2. Juli, Samstag

Gern hätte ich mir noch ein Stündchen Schlaf gegönnt, aber Jasmin wartet auf mich, also raus aus den Federn. Kurz nach acht bin ich in der Klinik, und wie immer um diese Zeit sitzen die Kinder noch am Frühstückstisch zusammen.

Die Kleine ist heute fröhlich und guter Dinge, und meine Erfindung, daß sie sich auf den Tropfständer stellt und ich sie schiebe, macht ihr einen Heidenspaß. Mal schneller, mal langsamer, geht es unzählige Male auf dem Flur auf und ab.

Ihre gute Laune verschwindet, als sie ihre Injektion bekommen und anschließend an den Automaten angeschlossen werden soll. Sie schreit die ganze Station zusammen, wirft mit ihren Schnullern nach Frau Dr. Kaufmann, die nach den Kindern sieht, und gebärdet sich, als würde man sie foltern. Nichts kann sie besänftigen, und sie wird erst wieder ruhig, als der Pieper nach einer halben Stunde abgestöpselt wird. Fast augenblicklich ist sie wieder fidel wie am Morgen. Die beste Nachricht bringt ihr Schwester Eleonore: Sonntag wird der Injektionsautomat nicht benötigt. Jasmin strahlt, als wäre Weihnachten.

3. Juli, Sonntag

Daß unsere Ärzte mit ihrer Arbeit verheiratet sind, haben wir recht bald herausgefunden, aber in Wahrheit sind es Besessene. Gestern morgen war die Oberärztin Frau Dr. Kaufmann da, gestern abend um 20.30 Uhr Professor Dr. Lampert und heute morgen Dr. Bertram.

Ich bringe um 14.00 Uhr Renate und Jasmin Kartoffelsalat und eine Fruchtcreme in die Klinik. Die Kleine ist völlig aus dem Häuschen − es gab keinen Pieper, der Tropf ist ab und der Katheter weg. Das überrascht mich, doch Renate sagt mir, daß sie einen neuen Katheter bekommt, weil die Hand geschwollen ist und die Infusion nicht mehr durchlief.

Vor Freude konnte Jasmin zur Mittagszeit nicht schlafen, sie tollt herum und spielt, ist wie ausgewechselt. Wieder muß ich mit ihr mit dem Ständer auf dem Stationsflur „herumdüsen" − ein herrlicher Spaß für sie.

Es ist sehr warm und sonnig. Wir machen es uns auf dem Balkon bequem und hören Radio, die Kleine backt im Sandkasten zusammen mit Salima Kuchen und fährt Puppen spazieren. Ein Mädchen, dessen Bruder im Nebenzimmer liegt, holt Eis. Fast eine Idylle, wenn da nicht die Krankheit und die Klinik wären.

4. Juli, Montag

Wie nicht anders zu erwarten, hat Jasmin heute einen neuen Katheter bekommen, diesmal in die rechte Hand. War es Gedankenlosigkeit, Routine oder Überlastung, daß eine Schwester schon eine halbe Stunde vor dem Stich Renate und die Kleine darüber informierte? Tatsache ist, daß Mikro bange dreißig Minuten verbrachte, verängstigt, aufgeregt, jammernd. Daß eine Mutter eine solche Situation nicht einfach ignoriert und wegsteckt, sondern mitleidet, liegt auf der Hand. Und dann kam der große Piks mit Schmerz und Tränen – und der Tropf.

Als ich eintreffe, ist das alles schon wieder Vergangenheit. Gestern ließ Jasmin die linke Hand einfach herabhängen, als würde sie nicht zu ihr gehören, heute benutzt sie sie wie gewohnt.

Sie ist guter Laune, freundlich und heiter, und auch ihr Appetit läßt nicht zu wünschen übrig. Da es sehr heiß ist, habe ich kalte Schnitzel, Brötchen und Tomaten mitgebracht.

Während wir essen, kommt ein Vater mit seinem mongoloiden Sohn vorbei, der im Rollstuhl sitzt. Der Junge ist uns unbekannt, er wird auf Czerny behandelt, der gegenüberliegenden Herzstation für Kinder, doch auf fast wunderbare Art und Weise bekommt man hier sofort Kontakt. Der Mittfünfziger berichtet stolz, daß sein Sohn erst am letzten Montag am Herzen operiert wurde und nach ein paar Tagen wieder aufstehen durfte. Er zeigt die Operationsnarbe mit dem noch vorhandenen dünnen Schlauch. Der Schnitt geht senkrecht über das Brustbein über die Brust hinaus bis fast zum Nabel hinunter.

Früher hätte sich mein Magen zusammengekrampft, ich esse weiter. Ist es Anpassung, Gewöhnung? Oder Verrohung?

5. Juli, Dienstag

Von Jasmin gibt es wenig Neues zu berichten. Sie ist nach wie vor zugänglich und verfolgt mit Interesse die Kinderstunde im Fernsehen. Heute hat sie ihre letzte Injektion erhalten, und am Abend wird auch der Tropf abgehängt. Der Katheter wird mit einem Stopfen verschlossen, durch den Blut abgenommen und gespritzt werden kann.

Kyra ist jetzt den achten Tag bei den Großeltern, und es gefällt ihr immer noch gut. Wir telefonieren jeden Tag. Die erste Frage gilt ihrer Schwester und wann sie nach Hause kommt. Ich rechne mit Freitag, Renate als Optimistin mit Donnerstag.

Umgekehrt ist es natürlich auch so, daß Jasmin sich nach Kyra erkundigt, und manchmal verraten herabgezogene Mundwinkel oder ein Zucken im Gesicht deutlich, wie sehr sie ihre große Schwester vermißt.

Gestern kam ein Brief von Kyra an − adressiert an „Fräulein Jasmin Klee" und frankiert mit zwei 60-Pfennig-Briefmarken. Ich habe den verschlossenen Umschlag mit in die Klinik genommen, und dort wurde er feierlich geöffnet. Die Kleine war natürlich stolz, denn es war das erste Mal, daß sie Post bekam.

Zweimal mußte ich ihr den Brief vorlesen, dann wollte sie ihn selbst studieren. Manches davon leuchtete ihr durchaus ein, denn Kyra hatte einige präzise Begriffe wie Tropf oder Omas Raben Jakob gezeichnet und als Bild in den Text gesetzt.

6. Juli, Mittwoch

Allmählich fällt mir nicht mehr ein, was man bei fast 30 Grad im Schatten noch an kalten Fertiggerichten auftreiben kann. Obst lasse ich weg, denn Renate hat gestern auf dem Markt Melone, Himbeeren, Johannisbeeren, Nektarinen und Pfirsiche gekauft.

Ich glaube, uns beiden kommt der Sinn für Geld allmählich abhanden. Wir kaufen einfach ein, was uns gerade in den Sinn kommt und von dem wir annehmen, daß es Jasmin schmeckt.

Eigentlich sollte der Block gestern abgeschlossen sein, doch die Kleine hat heute ein Zusatzpräparat injiziert bekommen. Die Spritze war nicht schmerzhaft, weil sie in den Katheter gegeben wurde.

Durch den fast kahlen Kopf und die ausgefallenen langen Wimpern wirken Jasmins blaue Augen noch größer als sonst. Mit kindlich-ernstem Blick erklärt sie mir, daß sie bald nach Hause darf, und erzählt, was sich so zugetragen hat und wie das Mittagessen war. Das schwül-warme Wetter macht die Kinder aggressiv. Salima knallte Jasmin eine Spritze an den Kopf, Daniel warf mit dem Essen herum und schleuderte seiner Mutter Salat ins Gesicht, der stets hungrige Jan wollte partout nichts essen, Thorsten maulte und benutzte eine wassergefüllte Spritze, um seine Mutter zu ärgern und, und, und.

Was uns am meisten interessiert, ist die Computertomographie, die für morgen um 13.00 Uhr angesetzt ist.

7. Juli, Donnerstag

Der Nachmittag zieht sich, immer wieder sehe ich auf die Uhr. Haben sie es jetzt hinter sich, wissen sie schon das Ergebnis? Wie ist die CT ausgefallen? Die Telefonnummer der Station Peiper habe ich immer einstecken, ich könnte anrufen, doch ich tue es nicht, obwohl die Ungewißheit an meinen Nerven zerrt. Ich weiß selbst nicht, was mich davon abhält, zum Hörer zu greifen. Angst vor einer schlechten Nachricht ist es eigentlich nicht, denn ein negatives Resultat kalkuliere ich nicht ein, habe den Gedanken daran in die unterste Gedächtnisschublade verbannt. Ich glaube, daß ich bei Renate und Jasmin sein will, wenn ich die Diagnose erfahre, um sie drücken und küssen zu können.

Meine erste Frage gilt natürlich dem Ergebnis, doch ich werde enttäuscht. Das Schichtenröntgen ist auf morgen verschoben worden – nicht willkürlich, sondern weil Jasmin nicht ruhiggestellt werden konnte. Die Beruhigungszäpfchen und der Beruhigungssaft zeigten nicht die gewünschte Wirkung. Nochmals ein Zäpfchen, noch einmal der scheußlich schmeckende Saft. Die Kleine spuckt ihn aus, würgt und erbricht das gesamte Mittagessen. Jasmin war über und über besudelt, das Bett mußte neu bezogen werden. Zweimal waren sie drüben beim CT, zweimal mußten sie unverrichteter Dinge zurückkehren, weil Min herumhampelte.

Ihre körperliche Verfassung – bedingt durch die Sedativa – macht sie grantig. Sie hat weiche Knie, knickt ein und hat Schwierigkeiten, das Gleichgewicht zu bewahren, nur – sie will laufen. Schließlich klappt es auch, der Wille triumphiert über den Körper und die Medikamente, und schon wird sie zugänglich.

8. Juli, Freitag

Die Computertomographie soll heute vormittag vorgenommen werden. Diesmal wird mir die Warterei unerträglich. In der Mittagspause gegen 13.00 Uhr rufe ich von zu Hause aus in der Klinik an. Renate und Jasmin sind noch nicht zurück.

Eine Stunde später telefoniere ich vom Büro aus. Die beiden sind vor kurzem erneut aufgebrochen, weil selbst die Valiumspritze nicht gewirkt hat. Diesmal begleitet sie Dr. Bertram, um der Kleinen eine Kurznarkose zu geben.

16.00 Uhr. Ich bekomme Renate an den Apparat. Es hat wieder nicht geklappt, weil dringende Notfälle beim CT eingeliefert wurden. Der Termin ist auf 17.00 Uhr verschoben worden, also vereinbaren wir, daß ich um 19.00 Uhr nochmals anrufe.

Nach Feierabend fahre ich zu meinen Eltern und hole Kyra dort ab. Es hat ihr gut gefallen, dennoch ist sie froh, wieder in der vertrauten Umgebung zu sein.

19.00 Uhr. Schwester Monika sagt mir, daß Jasmin, Renate und Dr. Bertram noch beim CT sind. Um fünf hat es nicht geklappt, weil die Kleine wieder herumhampelte, Notfälle dazwischengeschoben wurden und das Gerät einen Defekt hatte. Man erwartet die drei aber in Kürze zurück.

19.30 Uhr. Endlich bekomme ich Renate. Alles ging gut, der Tumor hat sich bis zur Wirbelsäule zurückentwickelt. Wegen der Vollnarkose muß Jasmin aber noch überwacht werden, sie kann morgen heimkommen. Ich bin erleichtert und rufe Eltern und Schwiegereltern an. Alle sind hoffnungsfroh und freuen sich.

9. Juli, Samstag

Jasmin ist zu Hause. Wie immer haben wir vom Arzt ein Infoblatt bekommen, auf dem alle wichtigen Daten vermerkt sind: Einnahme welcher Medikamente wie oft, Termin der ambulanten Untersuchung, Beginn des nächsten, des 6. Blocks usw. Auch die Diagnose ist darauf festgehalten. Bisher stand dort jedesmal: Neuroblastom Stufe 4, nun steht dort nur noch: Neuroblastom. Es ist Hochsommer mit dreißig Grad im Schatten, aber Renate und ich fühlen ein bißchen von Weihnachten in uns.

15. Juli, Freitag

Kontrolluntersuchung mit Blutabnahme.

26. Juli, Dienstag

Therapiebeginn für den „weichen" Cortisonblock ist morgen, aber Jasmin soll schon heute auf Peiper – sie wird punktiert, also Knochenmarkuntersuchung.

Den ganzen Tag über bin ich unruhig, ständig muß ich an die Kleine und Renate denken. Mehrmals bin ich drauf und dran, in der Klinik anzurufen, lasse es dann jedoch, weil die beiden vielleicht gerade in diesem Augenblick im Untersuchungszimmer sind.

Den Feierabend kann ich kaum erwarten. Im Eiltempo besorge ich einige Eßwaren, vornehmlich Milchprodukte, denn bei über 30 Grad leidet der Appetit, und brause ins Krankenhaus. Wie immer bin ich bepackt mit Kassettenrekorder, Seehund, Schmusedekke und anderen Utensilien.

Die Tränen vom Morgen sind vergessen, und auch der schmerzhafte Piks für den Katheter und die örtliche Betäubung bei der Knochenmarkpunktion. Die Kleine ist aufgekratzt und guter Dinge. Sie zeigt einen erstaunlichen Appetit.

Der kleine Jan ist vorige Woche gestorben, der 13 Monate alte Junge, mit dem Jasmin beim letzten Block das Zimmer geteilt hat. Die Ärzte haben noch mit der Knochenmarkbehandlung begonnen, doch sein Zustand verschlechterte sich zusehends; zuletzt hielten ihn nur noch Maschinen am Leben. Als bei dem Menschlein die Gehirnströme erloschen, bat der Vater darum, die Maschinen abzuschalten.

Zehn Tage lang haben wir mit dem Kleinen und seinen Eltern auf engstem Raum zusammengelebt, und da entwickelt sich – bedingt durch das gleiche Schicksal der Kinder – eine Beziehung ganz besonderer Art, man leidet mit und freut sich mit. Und nun das: Beide Söhne, Zwillinge, sind innerhalb eines halben Jahres Opfer der Leukämie geworden.

27. Juli, Mittwoch

Station Peiper ist überbelegt, in einigen Räumen stehen sogar drei Betten. Jasmin teilt ihr Zimmer mit der vierzehnjährigen Gabriele, die auch Krebs hat. Vor drei Wochen ist sie in einem anderen Krankenhaus operiert worden, Tumor unmittelbar neben dem Herzen. Bei dem Eingriff wurde auch etwas Gewebe vom Herzbeutel entfernt, nun muß sie nochmals unters Messer, weil sie sonst keine Überlebenschance hat. Vater und Mutter sind bei ihr, trotzdem können sie dem Mädchen die Angst vor der Operation nicht völlig nehmen. Gabriele hat Schmerzen, sie behält nicht einmal Wasser im Magen, ist abgemagert und an einen Tropf angeschlossen. Weiter vorn liegt ein Mädchen, das man wieder nach Hause schicken wird. Unsere Ärzte, die selbst in fast aussichtslosen Fällen noch gegen den Tod antreten, können nichts mehr machen, eine Behandlung wäre nur eine unsinnige Quälerei ohne die geringste Aussicht auf Erfolg.

Jasmin geht es heute nicht besonders gut. Der verhaßte Pieper, der Injektionsautomat, mußte eine Stunde lang ertragen werden, weil sie zweimal 50 ml Platinex bekam und hinterher Endoxan. Sie regte sich dabei so auf, daß sie sich völlig verausgabte und vor Erschöpfung einschlief, so daß ihr nicht alles bewußt wurde.

Sie möchte essen, probiert auch alles, aber durch die von den Medikamenten hervorgerufene Übelkeit muß sie sich ständig übergeben. Nicht immer schaffen wir es, rechtzeitig die Brechschale parat zu haben. Renates Rock bekommt Flecken, es ergießt sich auf den Balkon, Stühle werden besudelt, und bei der Einnahme der Tabletten muß auch das Bett daran glauben und neu bezogen werden. Das angenäßte Kopfkissen kann nicht ersetzt werden — die Station hat alles verausgabt.

28. Juli, Donnerstag

Heute habe ich mich ausführlich mit Dr. Bertram unterhalten. Die Knochenmarkanalyse liegt noch nicht vor, die Auswertung erfolgt durch die Oberärztin, Frau Dr. Kaufmann.

Dr. Bertram zerstreut meine Befürchtungen, daß sich im Knochenmark erneut Metastasen gebildet haben. Da der Tumor als solcher geschrumpft ist, ist es der Erfahrung nach sehr unwahrscheinlich, daß Tochtergeschwülste wachsen. Für diese Annahme spricht auch Jasmins Blutbild, das relativ gute Werte zeigt. Eine Funktionsstörung des Knochenmarks als Zellproduzent von Blutbestandteilen kann also so gut wie ausgeschlossen werden.

Das Punktieren ist bei Krebs nur eine Art Kontrolle, wichtig ist die CT, während bei Leukämie die Knochenmarkuntersuchung von diagnostischem Wert ist. Beides wird ja auf Peiper behandelt.

Tumor ist nicht gleich Tumor, und auch die Leukämie tritt in unterschiedlichen Formen auf.

Die Geschwulst bei Min ist deutlich kleiner geworden, aber immer noch zu groß, um operativ entfernt zu werden. Ziel der Zytostatikabehandlung ist es, den Krebs so zu verkleinern, daß die Chirurgen ihn dann entfernen können. Die Tortur, die unsere Mikro über sich ergehen lassen muß, bedeutet also keine Heilung, sondern nur eine Vorbereitung auf die nächste Operation, die aber auch nicht endgültig sein muß. Bei Krebs sind Rückfälle wesentlich häufiger als bei Leukämie, sofern es sich nicht um die übliche Form handelt, die mit Erfolg therapiert wird.

Bisher lief alles wie geplant, aber eine Garantie ist das nicht, denn die Mediziner hoffen wie wir, ohne sich verbürgen zu können, daß Jasmin durchkommt und gesund wird.

Ich bete jeden Abend darum, daß sie es schafft, und bisher war Gott auf unserer Seite.

29. Juli, Freitag

Gestern und heute hat der Brechreiz bei Jasmin etwas nachgelassen, sie ißt wieder und behält auch das meiste. Merkwürdigerweise sind es „Speisen", die schwer verdaulich sind wie Pommes frites und Bratwurst, die am besten vertragen werden. Es ist wohl so, daß das bekommt, was schmeckt.

Kyra ist seit Samstag wieder bei meinen Eltern. Wir telefonieren täglich mit unserer Großen, die sich zu einer Wasserratte entwickelt hat und kaum noch aus dem Swimmingpool herauszuholen ist.

Gabriele ist am Morgen operiert worden. Der Tumor war faustgroß, beide Eierstöcke mußten entfernt werden. Sie kam gleich wieder auf Peiper, aber ins mittlerweile leere Nebenzimmer. Das Mädchen hat den Eingriff ganz gut überstanden, es winkt schwach zurück, als ich vom Balkon aus winke. Wir freuen uns, daß sie die Operation hinter sich hat und sich keine Komplikationen ergeben haben. Natürlich ist das noch nicht endgültig, aber alle hoffen und wünschen es, und die Ärzte sind zuversichtlich.

Es ist wieder ruhiger geworden auf der Station. Blockende, Wochenendurlaub, Therapiepause. Markus darf nicht nach Hause. Bei einer Kontrolluntersuchung ist der kleine Junge wieder stationär eingeliefert worden und hat zu allem Unglück auch noch Fieber bekommen, das nicht sinken will − allenfalls durch Fiebersaft und Zäpfchen. Er muß bleiben, und was das bedeutet, wissen wir − wissen alle Eltern auf Peiper.

30. Juli, Samstag

Die anderen Eltern haben sich unsere Einteilung zu eigen gemacht − Samstag ist Vatertag. Mittlerweile kennt jeder jeden, und so werde ich mit Hallo von den Frühaufstehern begrüßt, als ich auf die Station komme.

Jasmin liegt im Bett und schmunzelt, als ich auftauche. Frühstücken wollte sie nicht, und so ließen ihr die Schwestern ihren Willen liegenzubleiben. Wir unterhalten uns gut, aber um zehn Uhr wird unser Spiel unterbrochen − Spritzenzeit. Und wieder wird der verhaßte Injektionsautomat angeschlossen. Die Kleine sträubt sich dagegen, strampelt und jammert, obwohl ich ihr gut zurede. Gemeinsam stehen wir die Stunde durch.

Das appetitliche Mittagessen wird verweigert, auch der Nachtisch. Bei der Auseinandersetzung mit und gegen den Pieper verausgabt sich Min jedesmal, und so schläft sie ein, als Mittagsruhe ist. Wir haben verabredet, daß ich eine Eßüberraschung besorge, während sie ausruht, und das tue ich auch.

Ich hole Reibeplätzchen mit Apfelmus. Es schmeckt ihr, doch sie erbricht die ersten Bissen. Die zweite Hälfte des Kartoffelpuffers verspeist sie gleich danach, auch das Apfelmus, und beides bleibt im Magen. Der Fachmann wundert sich nicht mehr, und auch der Laie hat sich das Staunen abgewöhnt.

Einige Dinge, die vielleicht wichtig sind, bleiben ungesagt. Ich bin keine Frau, keine Mutter, nur Mann, nur Vater. Ich habe die Fakten aufgezeichnet, dem Verstand den Vorzug gegeben, Renate empfindet anders, Gefühl und Herz überwiegen, sind dem Intellekt zumindest gleichrangig.

Freitag, so sagt sie, litt Jasmin wieder besonders unter dem Injektionsautomaten. Sie krümmte sich wie ein Embryo und suchte Schutz bei der Mutter, wollte förmlich in sie hineinkriechen und jene Geborgenheit verspüren, die sich wohl unauslöschlich in das Unterbewußtsein jedes Menschen eingegraben hat, als er noch im Mutterleib heranwuchs.

Samstag suchte Jasmin bei mir Schutz, doch sie vermochte zu differenzieren. Kraft suchte sie bei mir, Stärke und Hilfe, aber auch Trost. Ich glaube, sie erwartete von mir, daß ich ein Machtwort sprach, den Injektionsautomaten zerstörte und Ärzte und Schwestern zum Teufel jagte.

Trotz ihres Geschreis brachte eine liebe Schwester gestern ein Kästchen mit Ringen, und Mikro durfte sich einen aussuchen, weil sie so tapfer war. Welt verkehrt, aber nett. Die Schwester und ich raten ihr, den und den zu nehmen, doch sie wählt mit Bedacht einen Ring mit einem blauen Herz.

Warum sie sich ausgerechnet dafür entschied, erfahre ich von Renate: Jasmin will den Ring Kyra schenken, weil ihre ältere Schwester sich einen solchen wünscht.

31. Juli, Sonntag

Letzter Behandlungstag. Drei Injektionen hat Jasmin bekommen, eineinhalb Stunden läuft der Injektionsautomat.

In der leeren Wohnung hält mich nichts. Ich fahre für ein paar Stunden in die Klinik. Es ist sehr warm, wir sind die meiste Zeit auf dem umlaufenden Balkon.

Gegen 17.00 Uhr breche ich auf, um Kyra bei meinen Eltern abzuholen.

Renate hofft, daß wir morgen unsere Zelte auf Peiper abbrechen können, ich rechne mit Dienstag.

1. August, Montag

Da noch Schulferien sind, bringt Renate Kyra zu ihren Eltern und fährt anschließend ins Krankenhaus.

Kurz vor Feierabend rufe ich auf Peiper an. Jasmin darf nach Hause. Damit hatte ich wirklich nicht gerechnet. Ich fahre in die Klinik, lade das Gepäck ein und hole unsere Große bei den Großeltern ab. Wir sind wieder komplett — bis zum 23. August. Am 24. beginnt Block 7 mit sieben Tagen Behandlungsdauer.

4. August, Donnerstag

Kontrolluntersuchung mit Blutabnahme.

6. August, Samstag

Gestern abend hatte Kyra etwas Fieber und Ohrenschmerzen — wir tippten auf Mittelohrentzündung, und Renate sah sofort in einem „schlauen" Buch nach: Mittelohrentzündung wird durch Viren und Bakterien hervorgerufen. Viren — das elektrisierte sie. Ich hatte noch nie davon gehört, daß Viren dafür verantwortlich sind, rief sicherheitshalber jedoch den Arzt vom Dienst in der Universitäts-Kinderklinik an. Keine Ansteckungsgefahr, und in einem anderen Gesundheitsbuch stand auch nichts von Viren.

Immerhin stammt das Werk mit der Virentheorie aus dem Jahre 1979, und der Autor ist Professor der Medizin. Warum läßt man solche „Ratgeber" auf die Menschheit los?

Heute war Renate mit Kyra in der Ambulanz. Keine Mittelohrentzündung, sie hat ein sogenanntes *Leimohr*. Nichts Schlimmes, ein Fall für den Hals-, Nasen-, Ohrenarzt, der das Sekret absaugen muß.

8. August, Montag

Kontrolluntersuchung mit Blutabnahme. Die Werte sind recht niedrig: Leukozyten (weiße Blutkörperchen) 1400 (Norm: 6000 bis 8000), Hämoglobin (eisenhaltiger roter Blutfarbstoff, der u.a. dem Sauerstofftransport dient) 8,8 (Norm: 16,0), Thrombozyten (Blutplättchen) 13 000 (Norm: 200 000 bis 300 000). Die Angaben beziehen sich auf einen Kubikmillimeter Blut, das ist ein Tropfen von Stecknadelkopfgröße.

Andere Ärzte als die Kinderonkologen würden bei diesen Zahlen wohl lang hinschlagen und die sofortige Einweisung ins Krankenhaus vornehmen, für Peiper sind sie noch tolerierbar, aber wohl an der unteren Grenze.

10. August, Mittwoch

Min ist sehr empfindlich, direkt mimosig, Stimmungswechsel sind häufig, und sie erfolgen abrupt und ohne Motiv. Mal ist sie gutgelaunt, dann wieder bricht sie wegen Belanglosigkeiten in Tränen aus oder schreit wie am Spieß. Möglicherweise liegt es an den schlechten Blutwerten, Erythrozyten und Thrombozyten fehlen. Erstere sind für die Sauerstoffversorgung wichtig, letztere für das Stillen von Blutungen.

Frau Dr. Kaufmann hatte Jasmin schon am Montag gesagt, daß sie nicht herumtollen soll, Renate muß die Blutwerte dabeihaben, wenn sie mit Min unterwegs ist, und wenn sie Nasenbluten bekommen sollte, müssen wir mit ihr sofort in die Klinik. Wenn sie sich stößt, bekommt sie blaue Flecke, stecknadelkopfgroße Punkte unter der Haut signalisieren geplatzte Äderchen und winzige Blutergüsse.

Um elf Uhr muß Renate mit der Kleinen in der Ambulanz sein. Wir rechnen damit, daß sie heute Blut bekommt, und das dauert. Blut wird nicht so schnell gegeben wie ein Tropf, und die Plasmauntersuchung vorher, die Kreuzprobe, nimmt einige Zeit in Anspruch.

In der Ambulanz geht alles flott. Jasmin bekommt Erythrozyten. Die Station ist voll belegt, Min kommt zu Jutta und Tim aufs Zimmer, die Leukämie haben. Auch auf Peiper ist alles klar, und dann tut sich — nichts, obwohl Renate mehrmals die Schwestern fragt. Gegen 14.00 Uhr wird sie ungeduldig, und sie spricht den Arzt an, der sich bei der Blutbank erkundigt. Dort hat man ordnungsgemäß geliefert, und siehe da, seit Stunden liegt das Blut auf der Station im Kühlschrank. Eine solche Gedankenlosigkeit dürfte auch in Streßsituationen nicht passieren.

Min bekommt einen Katheter. Um 15.30 Uhr wird der erste Beutel angeschlossen, und da sie zwei bekommt, wird es 22.00 Uhr, bis sie mit Renate wieder zu Hause ist. Freitag ist die nächste Untersuchung fällig. Man hat Leukozyten im Urin festgestellt.

12. August, Freitag

Kontrolluntersuchung mit Blutabnahme. Mit den Zwischenuntersuchungen ist es während dieser Zytostatikapause besonders schlimm. Alle zwei, drei Tage muß Jasmin zur Kontrolle und zum Stechen.

Der Urin (Mittelstrahlurin — es gibt dafür spezielle Nachttöpfe) ist in Ordnung, auch der Hämoglobinwert weicht mit 15 nach der Erythrozytengabe kaum von der Norm ab, aber die Thrombozytenzahl hat sich weiter verringert.

Die Zufuhr roter Blutkörperchen hat der Kleinen gutgetan. Sie ist wesentlich ausgeglichener, kann wieder lachen und hat eine Menge Unsinn im Kopf. Auch körperlich geht es ihr besser, die blasse Haut ist jetzt wieder rosig. Sie ißt und trinkt normal.

14. August, Sonntag

Gleich nach dem Aufstehen fährt uns der Schreck in alle Glieder: Kyra hat kleine rote Flecken im Gesicht und am ganzen Körper. Noch fehlen die Bläschen, aber wir zweifeln nicht daran: Unsere Große hat die gefürchteten Windpocken. Anruf in der Klinik beim Arzt vom Dienst: Wir sollen sofort mit Kyra vorbeikommen

Renate packt Kyra in ihr Auto, einige Minuten später folge ich mit dem anderen Wagen mit Jasmin. An diesem Morgen bin ich bestimmt einer der Schnellsten auf Gießens Straßen.

Mit der Kleinen stürme ich in die Ambulanz. Renate und Kyra sind schon im Infektionsraum zur Untersuchung. Den Arzt kennen sie: Es ist Dr. Lorenz, der vorigen Samstag Kyras Ohr begutachtet hat. Die Untersuchung ist gründlich und dauert mehr als zwanzig Minuten einschließlich eines Telefonats mit Frau Dr. Kaufmann.

Vorläufige Diagnose: Penicillinallergie, hervorgerufen durch das Antibiotikum, das zur Heilung des Ohrs verschrieben wurde. Röteln scheiden aus, da die Lymphdrüsen nicht geschwollen sind, Windpocken lassen sich nicht völlig ausschließen. Wir sollen in den nächsten Stunden beobachten, ob sich die charakteristischen Bläschen bilden, wenn ja, sofort wieder in die Klinik.

Fast alle halbe Stunde kontrollieren wir. Gegen 18.00 Uhr sind wir sicher, daß es keine Windpocken sind.

Die vier Tage Urlaub sind wie weggewischt, ich fühle mich verbraucht und unendlich müde.

15. August, Montag

Kontrolluntersuchung mit Blutabnahme.

24. August, Mittwoch

Heute muß Jasmin wieder ins Krankenhaus — Block 7, der harte Block.

Wieder hat es Renate übernommen, die zuletzt fast übermütige Kleine in die Klinik zu fahren. Jasmin hat dafür inzwischen eine besondere Antenne entwickelt und fragt, Renate sagt ihr die Wahrheit. Es geht nicht ohne Tränen ab, doch dann packt sie selbst ihr Täschchen und nimmt Kleinigkeiten mit, die ihr besonders ans Herz gewachsen sind. Was mag in dem kleinen Köpfchen vor sich gehen?

Als ich in die Klinik komme, ist Min ziemlich erschöpft und öffnet die Augen nur zum Brechen. Sie hat nichts gegessen und nichts mehr im Magen, würgt nur Magensaft und Gallenflüssigkeit hervor. Ich glaube, Zytostatika in solcher Dosis wie heute hat sie bisher noch nicht bekommen — 40 mg Adriblastin, 90 mg Endoxan, andere Zellgifte, Zusätze im Tropf, Injektionen in den zur Vene führenden Schlauch und selbstverständlich Tabletten.

Zwei Zäpfchen hat die Kleine schon bekommen, das dritte gibt es am Abend. Jasmin wird durchschlafen und eine ruhige Nacht haben — was immer das auch in einem Krankenhaus bedeuten mag.

25. August, Donnerstag

Jasmin liegt auf Zimmer 9 wie schon einmal, als der kleine Jan da war, der gestorben ist. Auch Michael ist gestorben, ein fast erwachsener Junge. Er soll nicht sehr gelitten haben, aber was heißt das schon? Zweiter Leukämierückfall, Hirnhautentzündung und Gürtelrose überstanden, nun eine Pilzinfektion. Jahrelanges Hoffen und Bangen — alles umsonst, alle Opfer und Anstrengungen vergeblich. Ich habe Michael nur ein paarmal gesehen, aber ich kann seinen Eltern nachfühlen, was sie durchgemacht haben.

Jutta ist noch da, Alexandra wieder, Salima noch immer, Tim und Markus zu Stippvisiten. Vorgestern muß auf Peiper der Teufel los gewesen sein — Nilofah, mittlerweile in der Nachsorge, kam mit ihrer Mutter auf die Station. Sie hatte Windpocken. Nilo kam sofort ins Infektionshaus, die anwesenden Kinder wurden vorsorglich geimpft.

Heute fahre ich zuerst nach Hause, hole Kyra und brause mit ihr in die Klinik. Ich bleibe bei Min, Renate übernimmt die Große und fährt mit ihr zum Ohrenarzt.

Der Kleinen geht es wesentlich besser als gestern. Die Würstchen, die ich mitgebracht habe, sind das erste, was sie seit Mittwoch ißt. Wir machen eine Art Picknick auf dem Balkon, und Salima gesellt sich zu uns, nachdem sie sich vergewissert hat, daß unser Essen ihr besser schmeckt als das der Station.

Jasmin ist gelassener geworden, sie bricht nicht gleich in Tränen aus. Salima sagt: „Jasmin, dein Tropf ist gleich leer, dann darfst du nach Hause." Früher hätte Min da losgeheult, jetzt schüttelt sie nur den Kopf und antwortet: „Nein, ich muß noch bleiben."

26. August, Freitag

Kyras Ohrenleiden hat sich deutlich gebessert, so daß sie erst Montag wieder zum Arzt muß.

Auf dem Weg zum Krankenhaus besorge ich allerlei Eßbares, und wir machen es uns auf den Balkon bequem. Auch Salima ist wieder mit von der Partie.

Bei Jasmin liegt ein zehnjähriges Mädchen, ist also in Kyras Alter. Auch sie hat einen Tumor, der aber in einer anderen Klinik bereits operativ entfernt wurde. Nun ist Zdenka auf Peiper zur Chemotherapie.

Renate ist unruhig. Morgen findet hier ein Open-air-Konzert mit Nena und Spliff in der Nähe unserer Wohnung statt. Kyra wollte mit einer Freundin zur Probe, um sich Autogramme geben zu lassen. Um 17.00 Uhr wollte sie zurück sein und Renate auf Peiper anrufen. Gegen 18.00 Uhr ruft Renate zu Hause an, aber unsere Große meldet sich nicht.

Notgedrungen mache ich mich auf den Heimweg, um sie zu suchen, doch das ist nicht nötig. Sie spielt vor dem Haus im Sand, ist nicht zur Probe gegangen, war auch pünktlich zu Hause, nur die Sache mit dem Anruf hat sie schlichtweg vergessen.

Als ich ihr Vorhaltungen mache, daß wir in Sorge waren, ist sie beleidigt. Was wissen Kinder schon davon, welche Gefahren auf sie lauern?

27. August, Samstag

Dr. Bertram hat frei, Professor Lampert und Dr. Westphal machen Visite. Um elf Uhr soll Jasmin Zytostatika bekommen. Sie regt sich über den verhaßten Pieper so auf, daß sie ein Beruhigungsmittel bekommt, doch es hilft kaum. Eine halbe Stunde lang läuft der Injektionsautomat, und so lange schreit Min. Selbst das Versprechen, daß das Gerät heute zum letztenmal in diesem Block verwendet wird, kann sie nicht beruhigen, Trost und Ablenkung helfen nicht. Kaum ist das Ding ab, ist sie fröhlich und ißt sogar einen Happen zu Mittag.

Erschöpfung und Beruhigungsmittel lassen sie kurz nach 13.00 Uhr einschlafen. Als sie nach über zwei Stunden trotz Fernsehgeplärre, Ansprechen und Rütteln immer noch nicht aufwacht, setze ich sie auf und schiebe ihr den Topf unter zum Wasserlassen. Es klappt, die Untersuchung des Urins zeigt normale Werte.

Mein scheinbar rabiates Vorgehen hat seinen Grund: Min hat Endoxan bekommen, das die Blase angreift. Um eine unerwünschte Konzentration zu vermeiden, ist nicht nur eine hohe Flüssigkeitsaufnahme durch Trinken und Tropf nötig, sondern auch häufige Harnabgabe.

28. August, Sonntag

Als ich nach der Mittagsruhe gegen 14.00 Uhr in die Klinik komme, fragt Jasmin: „Was hast du zu essen mitgebracht?" Die Überraschung ist mir gelungen – keine Mahlzeit, sondern eine Erdbeere und drei kirschgroße Kindertomaten, die neben Blumen und Kräutern auf unserem Balkon wachsen. Die Kleine liebt dieses Grün in Töpfen und Kästen – es ist unser „Gärtchen", und dessen Produkte schmecken besonders gut, weil sie das Wachsen und Gedeihen mitverfolgen kann und selbst eifrig gießt.

Heute hat sie – wie vorausgesagt – den Pieper nicht benötigt. Min ist blendender Laune. Sie ißt, trinkt und ist körperlich nicht beeinträchtigt. Endoxan und die Tabletten steckt sie weg wie nichts. Wären nicht die schreckliche Diagnose, das Krankenhaus, die Flasche am Ständer und der kahle Kopf, könnte man sie für ein gesundes Kind voll Saft und Kraft halten.

29. August, Montag

Erneut haben wir den fliegenden Wechsel geübt – ich habe Kyra zu Hause abgeholt, bin mit ihr zur Klinik gefahren, Renate hat sie übernommen und ist mit ihr zum Ohrenarzt gefahren. Währenddessen bleibe ich bei Jasmin, aber erstmals habe ich das Gefühl, überflüssig zu sein.

Die beliebtesten Spiele von unserem Stationstrio Zdenka, Jasmin und Salima sind „Schule" und – an erster Stelle – „Arzt". Natürlich ist die Große der Mediziner, die beiden anderen sind die Patienten. Routiniert wird da mit (nadellosen) Spritzen hantiert, imaginäres Blut abgenommen, Tupfer, Pflaster und Verbände werden verpaßt, Tropf und Medikamente verordnet. Außerordentlich sachkundig – wen wundert's – und mit Argusaugen verfolgen und überprüfen die „Patienten" das Tun von „Frau Doktor", die im Gegensatz zu den Kleinen *nur* über ein paar Wochen Krankenhauserfahrung verfügt. Und so kommt es vor, daß die „Kranken" oft klüger sind als ihr „Arzt". Situationsbewältigung nach Kinderart.

30. August, Dienstag

Kyras Ohrleiden hat sich erstaunlich gebessert – sie darf morgen sogar wieder am Schwimmunterricht teilnehmen. Sie hat ein neues Hobby entdeckt: Kochen. Renate hat ihr gezeigt, wie Spiegeleier gebraten werden, und seit zwei Tagen ist dieses Pfannengericht ihre Leibspeise, die sie selbst zubereitet.

Jasmin hat immer noch ihren Tropf, aber er scheint sie nicht mehr sonderlich zu stören. Morgen bekommt sie nicht Endoxan, sondern ein anderes Medikament, das nicht nachgespült werden muß. Die Präparate sind eine Art Zeitbombe, die so wirkt, daß der Tiefpunkt erst acht Tage danach kommt. Das ist aber kein Hinderungsgrund, daß Min möglicherweise schon morgen nach Hause darf.

Morgen wird auch Salima Peiper verlassen. Ihr Vater holt sie ab und wird mit ihr nach Libyen zurückkehren. Sie wird uns fehlen. Alle haben dieses Menschlein betreut und verwöhnt, weil niemand da war, der sich um das Mädchen kümmerte. Fast acht Monate lebte sie auf der Station, und wir – auch über fünf Monate da –

sind so ein bißchen Ersatzfamilie für sie geworden. Sie spricht mittlerweile recht gut Deutsch und versteht fast alles, aber sie wird es schwer haben, sich wieder dem Kulturkreis anzupassen, dem sie entstammt, denn ihre arabischen Sprachkenntnisse sind notgedrungen auf ein Minimum geschrumpft. Manchmal ruft ihr Vater an, und sie antwortet in unserer Sprache.

In letzter Zeit hat man viel von dem Anti-Krebsmittel Interferon gehört, das wahre Wunder wirken soll, aber sündhaft teuer ist – und schwer zu beschaffen. Wir wollten es haben und haben auch Christian darüber informiert, der sich für uns umhören wollte. Als ich mit Dr. Bertram darüber sprach, raubte der mir alle Illusionen: Interferon nützt nicht nur nichts bei Krebs, im Gegenteil, es schadet sogar. Also war diese Kampagne der schreibenden Zunft nur eine Effekthascherei zur Steigerung der Auflagenhöhe.

Dieses hilflose Erstarren in Angst, das die Diagnose „Krebs" auslöst, haben wir überwunden. Es hilft nicht, den Kopf in den Sand zu stecken; wenn man Krebs bekämpfen will, muß man soviel wie möglich über diese Krankheit wissen. Wir versuchen, uns kundig zu machen, und verfolgen praktisch alles, was Presse, Funk und Fernsehen an Informationen anbieten. Die Medien, die seriös darüber berichten könnten, tun sich mit diesem Thema offensichtlich schwer und klammern es weitgehend aus. Bleibt das gedruckte Wort. Was sich hier allerdings im deutschen Blätterwald tut, ist eine Sauerei sondergleichen.

Tausenden von Kranken wird da Woche für Woche vorgegaukelt, nun würde es ein Medikament, eine Therapie geben, das Krebs den Schrecken nimmt und Heilung bringt, sensationelle Erfolge werden propagiert. Und was steckt dahinter? Nichts. Es wird nur Hoffnung zerstört, vielleicht die letzte. Der Schaden, der damit angerichtet wird, ist unermeßlich, denn leider glauben immer noch zu viele Menschen, daß auch wahr ist, was sie lesen.

Die sogenannten Journalisten vor allem der Regenbogenpresse sollten sich schämen, mit der Angst ihrer Mitmenschen Geschäfte zu machen. Ich stelle mir manchmal vor, ein Arzt würde einem dieser Schreiber – fälschlich – die Diagnose „Krebs" stellen, aber dank Interferon bestehe Hoffnung, um nach ein paar Tagen zu sagen: „April, April, ich habe mich geirrt." Schon vierundzwanzig Stunden würden ausreichen, um auch den hartgesottensten Reporter durch ein Fegefeuer der Gefühle gehen zu lassen. Unablässig werden die Gedanken um diese Krankheit kreisen, die verbunden ist mit Qual, Siechtum und Tod, mit der Furcht vor Operation und Krankenhaus. Das unbestechliche Gehirn stellt seine Arbeit ganz auf die Diagnose ab, alles andere hat keine Bedeutung mehr — nur noch Krebs. Alles Denken bewegt sich in diesem Rahmen, und der so mächtige Selbsterhaltungstrieb schweigt. Krebs hat die Bedeutung von Schafott, und wer schmiedet angesichts des Henkers noch Zukunftspläne? Aufkeimende Hoffnung wird zumindest anfangs vom Verstand verworfen, Vorurteile diktieren ein baldiges Ende, das kein Arzt abwenden kann — gefangen in der inneren Hölle von Gedanken und Gefühlen. Psychoterror kann kaum schlimmer sein.

Fast alles, was Illustrierte und vor allem die Boulevardpresse über die Bekämpfung von Krebs und seine Heilung verbreiten, kann man getrost vergessen, Schlagzeilen über diese Krankheit sind in der Regel nur sogenannte Aufmacher mit diesem schlimmen Effekt. Gewiß, es gibt Magazine, die auch jede Woche verkauft werden müssen und die sich dennoch an den medizinischen Realitäten orientieren, aber die sind rar.

Wir haben in der Gießener Stadtbücherei Bände ausgeliehen, deren Autoren nicht nur kompetent sind, sondern die Thematik auch verständlich machen können. Einige Bücher haben wir als Taschenbuchausgaben gekauft, um immer wieder nachschlagen zu können.

31. August, Mittwoch

Heute lasse ich mein Tagebuch Tagebuch sein, denn nur eins zählt — Jasmin ist wieder zu Hause. Damit hatte ich nicht gerechnet.

5. September, Montag

Kontrolluntersuchung mit Blutabnahme.

10. September, Samstag

Kinderfest für alle Jungen und Mädchen, die auf Peiper behandelt wurden und werden. Natürlich sind die Eltern ebenso eingeladen wie die Geschwister und alle anderen Bezugspersonen. Da es regnet, findet das Spektakel nicht draußen, sondern in der Klinik statt.

Wir treffen etliche alte Bekannte wieder und sehen eine Menge „Ehemaliger", allerdings auch ein paar fremde Gesichter, die neu sind. Daß Ärzte und Schwestern der Station da sind, ist gar keine Frage, doch auch die, die Dienst haben, sind mit den Kindern dabei, die im Augenblick nicht ans Bett gefesselt sind. Luftballons und bunte Dekorationen schaffen eine fröhliche Atmosphäre, wie wir sie von Peiper gewohnt sind. So groß ist der Andrang, daß Stühle knapp werden.

Mit Kuchen, Würstchen und Getränken wird für das leibliche Wohl gesorgt, doch auch die Unterhaltung kommt nicht zu kurz. Fredrik singt, ein Zauberer zeigt seine Kunststückchen, es gibt Kasperletheater und eine Tombola, zu der wir auch Dinge beigesteuert haben. Kyras Wunsch geht in Erfüllung: Sie gewinnt einen Elefanten aus Kunstleder.

Den meisten Spaß haben alle an den Spielen, bei denen die Kinder Preise gewinnen können. Die beteiligten Helfer – vor allem Eltern – haben sich wirklich eine Menge einfallen lassen. Ein optischer Genuß ist der Auftritt einer Rhönradgruppe, die ihre Kunst zeigt. Als die Sportgeräte für alle freigegeben werden, ist nicht nur unsere Große dabei, sondern auch Frau Dr. Kaufmann. Sie bekommt für ihre „Kür" einen Sonderapplaus.

Mit stürmischem Beifall wird Professor Dr. Lampert begrüßt, der die „Tour Peiper" hinter sich gebracht hat, eine Mutter trägt zur Gitarre das Lied vor, das sie in jedem Ort gesungen hat, um auf das Schicksal unserer Kinder aufmerksam zu machen.

Am 6. September ist die „Tour Peiper" gestartet, in vier Tagen wurde die rund fünfhundert Kilometer lange Strecke bis Hamburg bewältigt – per Fahrrad. Unser guter Professor quälte sich dabei ebenso über Steigungen und Höhen wie zahlreiche Prominente: Dieter Kürten vom ZDF, Holger Obermann vom Hessischen Rundfunk, Klaus-Peter Thaler, Dr. Jupp Kapellmann, die Mitglieder des deutschen „Goldvierers", Georg Thoma, um nur einige berühmte Namen zu nennen. Mit von der Partie mit Begleitfahrzeugen und Informationsmaterial waren auch etliche Eltern und der Vorsitzende des Gießener Elternvereins. Redakteure von STERN und SPIEGEL begleiteten die „Tour Peiper" ebenso wie Redakteure der beiden örtlichen Zeitungen, der Hessische Rundfunk berichtete in Live-Reportagen von den einzelnen Anlaufpunkten.

Ein bißchen konnte ich auch zum Gelingen beitragen. Durch

Vermittlung meines Chefs stellte Opel zwei Rekord Caravan als Begleitfahrzeuge nebst eigens angefertigten Folien mit der Aufschrift „Tour Peiper" zur Verfügung, meine Firma übernahm die Transportkosten von und nach Rüsselsheim sowie die Benzinkosten für die Fahrt nach Hamburg und zurück.

Am Tag vor der Abreise war ich bei den Vorbereitungen dabei. Es herrschte Aufbruchstimmung, aber auch die unterschwellige Sorge, ob und wie diese Goodwill-Tour von der Öffentlichkeit aufgenommen werden würde. Nun, heute läßt sich absehen, daß es ein Erfolg war — Spenden in Höhe von 35 000 DM sind bisher zusammengekommen. Ein Teil davon ist für unsere eigene Station bestimmt, um Zimmer für Eltern anzumieten, damit diese kostenlos in unmittelbarer Nähe ihrer Kinder wohnen können, der Rest geht an die Deutsche Leukämie-Forschungshilfe.

Nicht immer war die Ankunft an einem Zielort eitel Sonnenschein für die Teilnehmer der Tour. In einer Stadt, die selbst eine Kinderkrebsstation hat, gab es eine Kampagne der örtlichen Presse nach dem Motto: Warum für Gießen spenden — wir haben auch so eine Station. Politiker, die unsere Radler empfangen wollten, waren plötzlich verhindert oder ließen sich vertreten.

Bitterkeit aufkommen läßt auch die Resonanz der angeschriebenen Arzneimittelfirmen, die um eine Spende gebeten wurden. Sie verdienen an der Krankheit unserer Kinder, manche Medikamente kosten als Einzeldosis mehrere tausend Mark, aber Geld für Peiper? Boehringer Ingelheim bedauerte höflich, keine Mittel zur Verfügung stellen zu können, Hoffmann-La Roche überwies 400 DM und Bayer Leverkusen 500 DM.

Wesentlich erfreulicher war da die Reaktion meiner Schriftsteller-Kollegen, die ich um kleine Preise für die Tombola gebeten hatte. Sie stifteten Geld- und Sachpreise wie Bücher, Kassetten, Schallplatten und Spielsachen. Willi Voltz' Spende übertraf die von Hoffmann-La Roche, obwohl er bestimmt keine sieben Milliarden Schweizer Franken Jahresumsatz hat wie der Pharmariese. Auch Dieter Hallervorden, für den ich einmal ein paar Sketche geschrieben habe, ließ sich nicht lumpen und schickte ein riesiges Paket mit seinen Büchern.

Es war ein schönes Fest, kein Kind ging leer aus. Und es wurde sehr viel gelacht. Es ist schon so gut wie beschlossene Sache, auch im nächsten Jahr eine „Tour Peiper" zu starten. Das Kinderfest findet ohnehin wieder statt.

12. September, Montag

Kontrolluntersuchung mit Blutabnahme.

21. September, Mittwoch

Er ist wieder da, der Tag, der auf den Magen schlägt. Achter Block, fünf Tage lang Injektionen, stationäre Behandlung auf Peiper.

Jasmin hat bis zehn Uhr geschlafen, ist quietschvergnügt, doch dann wird es Zeit. Renate sagt ihr, daß sie in die Klinik müssen. Ist es der Tonfall, die Wortstellung, daß die Kleine sofort Bescheid weiß? Sie weint ein bißchen, möchte wie zuletzt ein großes und kein Kinderbett haben und packt ihr kleines Köfferchen mit Näschereien und Dingen, die sie mag – ein kleiner Handspiegel von der Oma, Parfüm, Lieblingsfiguren. Die Schmusedecke muß mit und ein Stoffhund, der aufgrund seiner Ähnlichkeit mit dem Fernsehhund „Herr Feldmann" genannt wird.

Als ich um 17.30 Uhr eintreffe, ist Jasmin eigentlich guter Dinge, das schmerzhafte Einsetzen des Katheters scheint vergessen, der Tropf wird als unabänderlich hingenommen. Gegen 15.00 Uhr hat sie Endoxan bekommen, die Wirkung des Zäpfchens läßt nach, um 18.00 Uhr muß sie sich zum erstenmal übergeben, dann würgt sie in kurzen Abständen alles aus. Es kommen nur noch Schleim und Magensaft, zum Schluß auch etwas Blut. An Essen ist bei ihrem Zustand nicht zu denken, der Brechreiz erschöpft sie auch körperlich. Sie ist schlapp und müde, doch das Würgen läßt sie bis in die Abendstunden hinein keinen Schlaf finden. Erst als sie einige Tropfen des übel schmeckenden Anti-Brechmittels bekommt – vermischt mit dem intensiv nach Marzipan schmeckenden Moronal –, läßt die Übelkeit nach, und sie schläft ein.

Dr. Hering, der als Stationsarzt die Nachfolge von Dr. Bertram angetreten hat, kann, was das Blut betrifft, mit beruhigenden Werten aufwarten: Hb 11,3, Leukozyten 3000. Wahrscheinlich würde jedem andern Mediziner bei diesen Daten der Schreck in alle Glieder fahren, doch auch Gesundheit ist eben nur relativ.

22. September, Donnerstag

Jasmin teilt seit gestern ihr Zimmer mit der acht Monate alten Stephanie. Sie litt an Ohnmachtsanfällen, und man glaubte an einen Tumor, der die Lunge abdrückte, darum kam sie von einer Stadt aus Nordrhein-Westfalen nach Gießen. Der Winzling wurde erfolgreich operiert, allerdings entpuppte sich die vermeintliche Geschwulst als ein „innerer" Zwilling, der zu wachsen begonnen hatte, also von Krebs keine Spur. Sie wird in wenigen Tagen nach Hause fahren können mitsamt ihrer Oma, die bei ihr ist.

Unsere Mikro zeigt sich am späten Nachmittag in einer besseren Verfassung als gestern. Sie hat nur noch einmal gebrochen. Anfangs knabbert sie nur an einem mitgebrachten Schnitzel, dann kommt sie auf den Geschmack und verputzt es ganz.

Stephanie ist verlegt worden, Jasmin hat ein etwa gleichaltriges Mädchen als Zimmergenossin bekommen. Kirsten ist erst wenige Stunden auf Station Peiper, sie kommt aus dem Sauerland. Man hat sie überwiesen, weil sie zu wenig rote und zu wenig weiße Blutkörperchen hat. Es ist fast halb sieben, als Dr. Hering die Mutter zu sich bittet, um die Behandlung mit ihr zu besprechen. Dr. Bertram, der trotz Urlaub noch täglich auf Peiper erscheint, muß seinen Kollegen mit dem Nie-Feierabend-Bazillus infiziert haben.

23. September, Freitag

Jasmin ist grantig und verdreht, nichts kann man ihr recht machen.

Den ganzen Tag über hat sie keinen Appetit gehabt. Bedenklich ist das nicht, denn anders als sonst enthält der Tropf 5 % Traubenzucker, also bekommt der Körper etwas Nahrung zugeführt. Mit Tabletten wird nicht gegeizt. Sechs Stück am Morgen, zwei gegen Mittag, drei am Abend, ferner mehrere Injektionen, darunter die Zytostatika-Bomben wie Endoxan. Das lichtempfindliche Platinex ist durch Cisplatin ersetzt worden, das durch eine Injektionspumpe mit 30 Tropfen pro Minute über den Katheter gegeben wird.

Man sieht viele neue Gesichter. Anja ist noch da, Thomas auch, dem man unter Narkose einen Dauerkatheter gelegt hat, der durch ständige Spülungen freigehalten werden muß. Salima ist endgültig weg, dafür ist Nilofah wieder da.

Bei Kirsten ist schon mit der Behandlung begonnen worden. Sie hat Leukämie, aber die übliche Form. Was ihr Alter angeht, habe ich mich gewaltig geirrt: Sie ist nicht drei oder vier, sondern sechs Jahre alt, dabei artikuliert sie sich wie eine Zweijährige. Wie wir von der Mutter erfahren, besucht sie zu Hause eine Sprachheilschule. Da Kirstens Eltern kein Auto haben, soll sie Mitte nächster Woche nach Münster verlegt werden, weil das näher ist. Anscheinend arbeitet man dort mit den gleichen Methoden wie in Gießen. Wir hoffen, daß Jasmin zu diesem Zeitpunkt wieder bei uns ist.

24. September, Samstag

Als ich gegen acht Uhr auf die Station komme, liegt Jasmin angezogen im Bett, weint und jammert. Ihr tut der linke Arm weh, der geschient ist und in den sie die Injektionen bekommt. Ich tröste sie, ziehe ihr den Morgenrock über und wandere mit ihr in den Kindergarten. Frühstücken will sie nicht, nicht spielen, vorlesen soll ich auch nicht. So setze ich mich hin, nehme sie auf den Schoß und schmuse mit ihr. Sie schläft ein. Als sie aufwacht, will sie auf dem Balkon sitzen. Da es noch frisch ist, hülle ich sie in ihre Schmusedecke. Ich glaube, sie hat sich dabei etwas gedacht, denn auf dem Balkon wird nicht behandelt.

Ihr Trick wirkt nicht, um 11.15 Uhr müssen wir ins Behandlungszimmer. Ich habe sie auf dem Schoß, der Herr Feldmann mußte mit, Schwester Elsbeth und Schwester Erika helfen Dr. Westphal und versuchen, Jasmin abzulenken – keine Chance. Sie schreit wie am Spieß, selbst dann, als nur die Schiene neu gewickelt und angelegt wird. Schwester Elsbeth wählt ein Kinderpflaster mit einem bunten Elefanten darauf, und der Arzt streift ein Stück der strumpfähnlichen Schienenbandage über den Schwanz von „Herrn Feldmann" – es hilft nichts. Ungehemmt macht sie ihrem körperlichen und seelischen Schmerz Luft.

Immerhin bleiben ihr der Pieper und die Injektionspumpe erspart. Ein kleines Fläschchen Kochsalzlösung von 100 ml, in dem 12 mg Cisplatin aufgelöst sind, rauscht in einer knappen halben Stunde durch den Katheter in den Körper. Es scheint ihr nicht so weh zu tun wie sonst, dennoch weint sie. Sie will auf der Stelle nach Hause, die Mutti soll sofort kommen, „Herr Feldmann" soll sie trösten — und ich. Schließlich wird sie doch ruhiger, weil wir den geschienten Arm unter der Decke verstecken. Min will ihn nicht sehen.

In der Zeit der Mittagsruhe schläft sie, und ich besorge die geliebten Kartoffelpuffer mit Apfelmus, da sie auch das Mittagessen nicht angerührt hat. Die Leibspeise bleibt unberührt.

Nach 15.00 Uhr trifft Renate mit dem Opa ein. Die mitgebrachte Schokolade ist das erste, was Mikro ißt, nachdem sie zuvor brechen mußte. Viel kam nicht heraus, weil sie ja nichts im Magen hat.

Jasmin hat sich wieder beruhigt, erzählt, was Pinoccio in der Kinderstunde im Fernsehen getrieben hat, und schmunzelt, als sie Renate und dem Schwiegervater den verbundenen Schwanz von „Herrn Feldmann" zeigt. Jämmerlich ist unsere Kleine nicht mehr, und so werden es für Renate wohl ruhige Stunden ohne Aufregung werden. Ich verlasse meine beiden und bringe zuerst den Opa heim, dann fahre ich auch nach Hause.

25. September, Sonntag

Wahlsonntag in Hessen, ein warmer Herbsttag, der zum Spazierengehen nach dem Wahlgang einlädt. Wir haben per Brief gewählt, und wie der Gang zur Urne fällt auch ein Ausflug ins Wasser.

Für Kyra und mich habe ich einen Auflauf mit Tomaten gekocht, für Jasmin und Renate nehme ich frisch gegrillte Maiskolben mit, die beide gern essen. Min wirkt geschafft, sträubt sich wie gestern auch wie eine Verrückte gegen das harmlose Fiebermessen und will im Bett bleiben. Irgendwie ist sie lethargisch und wehrt sich dagegen, etwas zu essen. Heute hat sie die letzten Zytostatika bekommen, wahrscheinlich wird ihr morgen mittag auch der Tropf abgenommen. Sie muß sich übergeben, viel kommt nicht heraus, aber ein bißchen Blut ist dabei.

Erst nach einer Stunde wird sie munterer und nimmt aktiv an ihrer Umgebung Anteil. Ich soll ihr vorlesen, was ich auch tue, dann möchte sie einen Pfefferminztee trinken. Mit sichtlichem Behagen schlürft sie eine Tasse, die sie sich mit sechs Stück Zucker versüßt hat, und bereitet sich eine weitere zu.

Unsere Mikro ist fast schon wieder der alte Pfiffikus. Als Renate sich nach Kyra erkundigt, mischt sich Min ein und sagt zu mir: „Du solltest die arme Kyra nicht so lange allein lassen." Also trolle ich mich und lasse ein gutgelauntes Kind zurück, das mir lächelnd nachwinkt. Jasmin weiß, daß sie keine Injektionen mehr bekommt und daß ihre Tage auf Peiper gezählt sind. Bis zum neunten Block ...

26. September, Montag

Um 14.45 Uhr rufe ich Renate in der Klinik an — noch kein Ergebnis. Dann, kurz vor fünf, erneutes Telefonat. Min braucht nicht länger auf Peiper zu bleiben. Renate gibt der Kleinen den Hörer, weil sie unbedingt mit mir sprechen will, und ich erlebe unsere Mikro gutgelaunt und von heiterer Gelassenheit: Der Tropf ist ab, sie darf nach Hause, es ist schon alles gepackt, und sie wartet mit der Mutti auf mich, weil ich den schweren Fernseher tragen soll und sie in meinem Auto fahren will.

Fast so schnell wie mit Blaulicht treffe ich im Krankenhaus ein. Zdenka ist wieder da, sie liegt im Nebenzimmer. Ihre Oma ist mitgekommen. Obwohl Jasmin drängt, begrüße ich beide und unterhalte mich kurz mit ihnen.

Als ich Renate später im Fahrstuhl frage, wo denn jetzt Simone liegt, die vorher auf 3 war, bekommt meine Freude einen ziemlichen Dämpfer. Das vierzehnjährige Mädchen, das aussah wie zehn und schon seit acht Jahren gegen Leukämie behandelt wurde, ist gestorben.

Als ich später dem Opa die frohe Botschaft verkünde, daß wir vier wieder komplett sind, zeigt er sich zwar erfreut, kann aber seinerseits nur mit schlechten Nachrichten aufwarten. Die Schwiegermutter, seit einiger Zeit im Krankenhaus, ist auf die Intensivstation verlegt worden wegen Herz- und Kreislaufschwäche. Die behandelnden Ärzte befürchten Komplikationen, insbesondere eine Lungenembolie.

27. September, Dienstag

Kurz vor neun Uhr ruft mich Renate weinend im Büro an. Der Schwiegervater war in der Klinik, Omas Zustand hat sich sehr verschlechtert. Wir müssen stündlich mit dem Schlimmsten rechnen.

Ich bin wie vor den Kopf geschlagen. Mit wenigen Worten infor-

85

miere ich meinen Vorgesetzten und rase nach Hause. Renate ist verheult, sie will ins Krankenhaus fahren. Da einer bei Jasmin bleiben muß und Renate sich in keiner guten Verfassung befindet, rate ich ihr, ein Taxi zu nehmen, doch sie will selbst fahren.

Die Kleine weiß nicht, um was es geht, sie ist aufgekratzt und munter. Ihr emsiges Treiben vermag mich nicht abzulenken, quälend langsam vergeht die Zeit. Das Telefon läutet. Das schrille Geklingel geht mir durch und durch, mein Magen krampft sich zusammen.

Renate ist am Apparat. Schluchzend berichtet sie, daß die Oma gestorben ist. Gerade, als sie an der Tür der Intensivstation klingelte, hat ihr Herz aufgehört zu schlagen. Sie mußte etwas warten, weil das Beatmungsgerät erst entfernt wurde, bevor sie ihre Mutter sehen konnte.

Ich bin fassungslos, kann es nicht glauben. Dieser liebe, herzensgute Mensch, der wie eine Mutter zu mir war, den ich mochte und wirklich gern hatte, soll auf einmal nicht mehr da sein?

Die Beerdigung und andere schlimme Tage voller Trauer liegen hinter uns. Vielleicht hat die Sorge um Jasmin Renates Leid etwas verdrängt, sie konnte sich nicht einfach ihrem Schmerz über den Verlust der Mutter hingeben, ohne Min zum Weinen zu bringen. Zudem wurde Renate immer wieder gefordert. Krebs kennt keine Pause, die Ärzte wissen das, und wir haben uns darauf eingestellt.

3. Oktober, Montag

Kontrolluntersuchung mit Blutabnahme.

10. Oktober, Montag

Kontrolluntersuchung mit Blutabnahme.

14. Oktober, Freitag

Kontrolluntersuchung mit Blutabnahme.

86

19. Oktober, Mittwoch

Die vergangenen Wochen waren wahrlich nicht dazu angetan, um sich daran erinnern zu wollen, nun ist er wieder da, der gefürchtete Tag. Die Zwischenuntersuchungen hatten anfangs niedrige Werte ergeben, so daß wir damit rechneten, daß eine Bluttransfusion unumgänglich wäre, doch dann besserte sich das Blutbild. 10. 10. 83: Hb 10,1, Leukos 1300, Thrombos 21 000, 14. 10. 83: Hb 9,2, Leukozyten 2100, Thrombozyten 45 000.

Um zehn Uhr soll Renate in der Klinik sein. Den Zeitplan kenne ich ja mittlerweile. Gegen elf Uhr sehe ich immer öfter auf die Uhr. Jasmin hat die schmerzhafte Prozedur des Kathetersetzens jetzt wahrscheinlich schon hinter sich, auch die erste Injektion? Geistig bin ich mehr auf Peiper als bei meiner Arbeit.

In der Mittagspause fahre ich nach Hause. Zu meiner Überraschung treffe ich meine beiden auf dem Weg zur Wohnung. Die einzelnen Pünktchen, die wir gestern für Mückenstiche gehalten haben, sind zahlreicher geworden, und die Ärzte haben sie als gefürchtete Windpocken identifiziert. Die stationäre Behandlung muß verschoben werden. Die Kleine hat eine Impfung in beide Oberschenkel bekommen, Freitag soll sie wiederkommen. Um die Prozedur abzukürzen, ist Renate mit Min um zehn Uhr gleich ins Labor gegangen und auf Schleichwegen ins Infektionszimmer geführt worden, als der Verdacht auf Windpocken auftauchte. So besteht für die anderen Kinder auf Peiper keine Gefahr.

Ich danke Gott, daß die Windpocken nicht erst einen Tag später aufgetreten sind und entdeckt wurden. Wir nehmen diese Virus-Infektion sehr ernst, aber wenn sie während der Behandlung mit Zytostatika aufgetreten wäre – eine Katastrophe.

Am Nachmittag ruft ein Arzt aus der Ambulanz an – Jasmin soll morgen schon in die Poliklinik kommen.

20. Oktober, Donnerstag

Ich bin unruhig. Gegen 11.30 und 12.30 Uhr rufe ich zu Hause an – Renate meldet sich nicht. Mit einem unguten Gefühl fahre ich mittags heim und telefoniere mit der Klinik. Meine Ahnung bestätigt sich: Jasmin muß dableiben, sie ist auf die Infektionsstation eingewiesen worden. Darauf war ich nicht vorbereitet.

Ich informiere einen Kollegen im Betrieb, daß ich später komme. Die Tasche für die Kleine ist gepackt. Schnell schmiere ich ein paar Brote, nehme Kaffee und Getränke sowie frische Wäsche für Renate mit, weil die Stationsschwester der Infektionsstation andeutete, daß Renate bei Min übernachten will. Kyra bleibt allein zu Hause.

Jasmin ist erschöpft, schläft fast. Vergeblich hat sie sich gegen Katheter und Infusionspumpe gewehrt, sie ist an einen Tropf angeschlossen. Neben den Tabletten und Moranal, die sie auch zu Hause nehmen mußte, bekommt sie dreimal am Tag Zovirax, ein Medikament, das erst seit einem Jahr auf dem Markt ist. Vorgesehener Aufenthalt hier: fünf Tage. Renate will zumindest in dieser Nacht bei Mikro bleiben. Da es hier keine Klappbetten oder ähnliches gibt, muß eine Luftmatratze her. Ich rufe Opa an, und der Gute kauft eine und bringt sie in die Firma.

Nach Feierabend fahre ich noch einmal in die Klinik. Jasmin hat am Nachmittag viel geschlafen, ist relativ zugänglich und hat guten Appetit. Würstchen und Fritten schmecken ihr.

Die mitgebrachte Fußpumpe zum Aufpumpen der Luftmatratze wird nicht benötigt. Eine freundliche Schwester macht das mit dem Druckluftanschluß im Zimmer.

Morgen will – wie heute schon – Professor Dr. Lampert nach der Kleinen sehen. Wahrscheinlich entscheidet sich dann, ob die Chemotherapie im Anschluß an diese Behandlung gleich angehängt wird.

21. Oktober, Freitag

Station Noeggenrath – so mein Eindruck von gestern – stimmt depressiv. Gewiß, es handelt sich um den älteren Teil der Kinderklinik, aber das ist es wohl nicht allein. Jasmin liegt auf Zimmer 10 der Infektionsstation – allein. Eine separat belüftete Keimschleuse zwischen Zimmer und Stationsflur, Zutritt zur Station ist untersagt, das Betreten des Zimmers darf nur über den umlaufenden Balkon erfolgen, das Verlassen des Raumes durch das Personal geschieht in gleicher Weise. Zwei Minuten Aufenthalt auf dem Balkon sind obligatorisch, bevor Ärzte und Schwestern in die Station zurück dürfen; will Renate das Zimmer lüften, muß sie einer Schwester Bescheid sagen, damit die anderen Fenster der Abteilung geschlossen werden. Kein Laut ist zu hören, man fühlt sich in ein Trappistenkloster versetzt.

Nach Feierabend üben wir wieder den fliegenden Wechsel. Ich hole Kyra von zu Hause ab, Renate übernimmt sie in der Klinik und fährt mit ihr zur Zahnärztin zum Fädenziehen. Aus der ursprünglichen Plombierung eines Zahns wurde eine blutige Extraktion, die mit einer kleinen Operation endete.

Die Kleine ist vergnügt. Schwester Elsbeth von Station Peiper hat sie am Nachmittag besucht und eine Kleinigkeit mitgebracht, genau wie Christiane, eine Schwesternschülerin. Jasmin hat sich sehr darüber gefreut, bekannte Gesichter zu sehen.

Kurz vor 19.00 Uhr sieht noch einmal Dr. Berthold nach ihr. Er ist erst kürzlich aus den USA zurückgekommen und betreut in der Ambulanz die Kinder von Peiper. Auch er scheint ein Besessener zu sein, denn er gibt uns seine Privatnummer. Falls etwas sein sollte – egal, ob am Abend oder am Wochenende –, sollen wir ihn anrufen, er würde dann sofort kommen. Nach seinen Worten hat Jasmin die kritische Phase überstanden; seit dem Morgen haben sich keine neuen Pusteln gebildet.

22. Oktober, Samstag

Renate hat wieder bei Jasmin übernachtet, und sie will es auch bis zum Ende der Behandlung tun. Montag oder Dienstag darf Min nach Hause, die Chemotherapie wird wahrscheinlich erst Anfang November fortgesetzt.

Gegen halb zehn löse ich Renate ab. Sie fährt nach Hause, um sich frisch zu machen, Wäsche zu waschen und was der Dinge mehr sind.

Mikro ist putzmunter und sieht aus wie ein Fliegenpilz. Auf jede Pustel ist eine weiße Zinkmixtur aufgetragen worden. Den geschienten rechten Arm versteckt sie unter einer Decke, damit sie ihn nicht sehen muß. Gestern habe ich einen Kassettenrecorder mitgebracht, so daß es nicht mehr ganz so langweilig ist.

Geschrei und Aufregung gibt es, als die Injektionspumpe mit dem Zovirax angeschlossen wird, doch Jasmin beruhigt sich schnell und hält sogar ihren Mittagsschlaf, während der Automat läuft. Dieses Medikament brennt nicht in den Adern.

Mit Spielen, Vorlesen und dem Hören von Kasetten vertreiben wir uns die Zeit, bis Renate am späten Nachmittag eintrifft.

23. Oktober, Sonntag

Als ich kurz nach vierzehn Uhr in die Klinik komme, ist Renate in heller Aufregung. Jasmins rechte Hand ist geschwollen, sie braucht einen anderen Katheter. Ein Arzt, der Bereitschaft hat, hat es dreimal an der anderen Hand vergeblich versucht und ist dann verschwunden, weil er über Piepser alarmiert wurde. Das Medikament, das Mikro um zwölf Uhr bekommen sollte, konnte ihr nicht gegeben werden.

Nach einigem Hin und Her gelingt es mir, Renate davon zu überzeugen, daß es genügt, wenn ich Min beistehe; der Arzt wurde nochmals angefordert. Wir verabreden, daß sie um 14.45 Uhr auf der Station anruft; sollte bis dahin der Doktor noch nicht tätig gewesen sein, soll sie Dr. Berthold anrufen.

Bevor die Frist abläuft, taucht ein Mediziner auf – der zweite, der Dienst hat. Er wirkt gelassen, tastet und fühlt und wählt die Vene am rechten Arm. Es klappt nicht, auch der nächste Versuch am linken Arm nicht.

Jetzt reicht mir die sinnlose Quälerei. Ich bitte den Arzt, aufzuhören und Dr. Berthold anzurufen. Er kommt meinem Begehren nach. Ganz kurz informiere ich Renate und kehre zu Jasmin zurück. Während der schmerzhaften Prozedur mußten wir sie zu dritt festhalten, inzwischen hat sie sich beruhigt.

Unerwartet schnell taucht Dr. Berthold auf. Er besieht sich Min genau, guckt, ob neue Windpocken aufgetaucht sind. Zufrieden konstatiert er, daß das nicht der Fall ist. Routiniert untersucht er Hand- und Armvenen und wählt dann eine Ader am Fuß. Der Katheter sitzt auf Anhieb.

Die Kleine hat sich gewehrt und geschrien – schließlich mußte sie diese Tortur an diesem Tag schon fünfmal über sich ergehen lassen –, doch als Arzt und Schwester nach Anlegen der Beinschiene das Feld räumen, versiegen die Tränen rasch, und sie freut sich, nun beide Hände frei zu haben, um spielen zu können.

Wenig später trifft Renate wieder ein. Natürlich bestätigen wir Mikro in ihrer Auffassung und haben gleichzeitig noch den Trost parat, daß es ja nur noch für zwei Tage ist. Mit vier Stunden Verspätung bekommt sie endlich Zovirax.

Wohl wissend, daß die Tortur endlich überstanden ist, dazu Vater und Mutter an der Seite, die Quälerei schon verdrängt, macht sich Jasmin mit gutem Appetit über das Schnitzel her, das ich mitgebracht habe.

24. Oktober, Montag

Papa weiß, was Jasmin schmeckt, und Jasmin schmeckt, was Papa mitbringt.

Renate hat Mikro an das Tischchen gesetzt und das geschiente Bein auf einen Kinderstuhl gelegt. Min läßt es sich schmecken und ist ganz bei der Sache.

Als mir Renate erzählt, daß sie morgen nach Hause können, nickt Jasmin ernsthaft und wirkt dabei so abgeklärt und weise, als wäre sie schon siebzig Jahre alt. Nur ihre Stimme und die strahlenden Augen verraten, daß sie noch ein Kind ist.

Weder der Stationsarzt noch Dr. Berthold haben Einwände gegen die Entlassung. Wäre alles nach Plan verlaufen, hätte Mikro morgen ihre letzte Zythostatikainjektion bekommen und wäre in zwei, drei Tagen auch daheim gewesen – vorausgesetzt, daß es keine Komplikationen gegeben hätte. Die Behandlung auf Peiper steht also noch bevor, wahrscheinlich Anfang nächster Woche.

Wenn ich beide Stationen miteinander vergleiche, überkommt mich fast so etwas wie Heimweh nach Peiper. Dort ist Leben, Kinderlachen, man hat Kontakt zu anderen Eltern und Kindern, die Türen stehen offen, immer wieder schauen Ärzte und Schwestern herein – einfach so, zum Plaudern, zum Trösten, zum Mutmachen.

Mir ist klar, daß eine Infektionsstation anders strukturiert sein muß, dennoch kommt mir Noeggenrath wie ein Gefängnis vor, in dem die Kinder in Einzelzellen eingesperrt sind. Vom Balkon aus kann man sie besichtigen.

Nicht, daß das Personal unfreundlich wäre – ganz im Gegenteil, aber die Schwestern machen sich rar und kommen wegen der Ansteckungsgefahr für die anderen Kinder nur, wenn es wirklich sein muß, also fünf-, sechsmal am Tag. Das Geschirr erinnert fatal an den berühmten Blechnapf – Teller, Tassen, Besteck, alles ist aus hygienischen Gründen aus Edelstahl. Nun, die längste Zeit hat es gedauert.

Ein dickes Lob hat sich Kyra verdient. Sie macht sich ihren Kakao selbst, legt abends schon ihre Sachen heraus, die sie am nächsten Tag anziehen will, schmiert sich eigenhändig ihre Brote, packt ihren Tornister und ist auch sonst bemüht zu helfen.

25. Oktober, Dienstag

Ich habe sie wieder – Renate und Jasmin, die unendlich froh sind, wieder zu Hause zu sein. Gemeinsam haben sie die Tage und Nächte auf der Isolierstation durchgestanden, eine Zeit, die wir alle so schnell wie möglich vergessen wollen.

31. Oktober, Montag

Kontrolluntersuchung mit Blutabnahme.

4. November, Freitag

In der Zwischenzeit war Renate viermal in der Ambulanz mit Jasmin, heute soll sie wieder stationär behandelt werden, doch Renate hofft, daß der Termin auf Montag verlegt wird. Ich bin skeptisch, denn ich bin davon überzeugt, daß man keinen Tag länger warten wird, um die Therapie nicht zu gefährden.

Ich behalte recht. Obwohl Peiper voll belegt ist, wird Min aufgenommen und mit einem dritten Bett in einem Zwei-Bett-Zimmer untergebracht. Sie ist müde und erschöpft. Da ihre Handvenen zerstochen und vernarbt sind, sollte sie den Katheter in eine Kopf-Ader bekommen. Es ging auch auf Anhieb, doch zweimal riß sich Jasmin durch heftige Abwehrbewegungen die Nadel heraus. Nun ist ihr rechter Arm geschient, und der Katheter steckt in der Hand, aber er wird wohl nicht bis zum Ende der Behandlung halten.

Mikro hat wieder den „Himbeersaft" bekommen und Endoxan, ferner einen Saft gegen den Brechreiz, der als Nebenwirkung ziemlich müde macht. Als ich komme, schläft sie halb, knabbert zwei, drei Pommes frites und bricht sie prompt aus. Es wird wieder gründlich gewässert – 2000 ccm Flüssigkeit mit Glucose-Zusatz in vierundzwanzig Stunden – 28 Tropfen pro Minute.

Sophie bekommt nur Blut und kann am Abend wieder nach Hause, Diana, die auch im selben Zimmer liegt, hat ebenfalls Krebs, der auch operativ nicht zu entfernen war, doch er wird anders therapiert. Da er in der linken Brust in Herznähe liegt, bekommt sie auch Bestrahlungen.

Jasmin wird nun wohl doch nicht noch einmal operiert werden. Dr. Berthold scheint dafür zu sein, Professor Lampert nicht.

5. November, Samstag

Der Katheter hat noch nicht einmal 24 Stunden gehalten. Als ich kurz nach acht in der Klinik ankomme, treffe ich Jasmin ohne Tropf und ohne Schiene. Kein Vergleich zu gestern — sie ist lebhaft und fröhlich, die Zeit vergeht wie im Flug.

Zum Frühstück und Mittagessen hatte Jasmin wohl am Tisch Platz genommen, aber gegessen hat sie nichts. Diana wird gepiesackt — Lumbalpunktion zur Entnahme von Rückenmarkflüssigkeit. Es ist eine Quälerei. Dreimal vergeblich gestochen, Pause, Beruhigungssaft trinken, herausgewürgt, erneut ins Behandlungszimmer. Endlich klappt es, und dann sind wir an der Reihe. Zu dritt gelingt es uns kaum, Min ruhig zu halten, doch die Kanüle sitzt auf Anhieb in der linken Fußvene. Eine unkontrollierte Bewegung von der schreienden Min, und sie rutscht zu meinem Schrecken halb heraus, doch Dr. Hering bringt das Kunststück fertig, sie wieder vorsichtig in die Ader zu schieben.

Und dann kommt erneut der verhaßte Pieper. Eine halbe Stunde lang jammert und weint Mikro, das Medikament brennt in der Ader. Schließlich schläft sie erschöpft ein, dann, nach zwei Stunden, wacht sie auf. Bis Renate kommt, habe ich nur noch eine Funktion: Brechschale hinhalten, entleeren und reinigen, wieder hinhalten.

6. November, Sonntag

Frau Dr. Kaufmann hat heute Dienst. Als ich Jasmin nach der Mittagsruhe besuche, bekommt sie gerade Endoxan und anschließend ein anderes Medikament über den Injektionsautomaten. Renate ist schon seit morgens da. Sie und ich kümmern uns gemeinsam um Min, doch sie ist nicht abzulenken und schreit eine halbe Stunde lang wie am Spieß. Immer wieder krallen sich ihre Fingerchen in das geschiente Bein. Mit Kneten und Massieren versuche ich, die

Schmerzen zu lindern. Es gelingt mir kaum. Endlich ist die Tortur vorüber, und die Kleine beruhigt sich wieder.

Im Zimmer herrscht drangvolle Enge. Dianas Eltern sind da und der Vater und die Großeltern von Dennis, einem Bürschchen von knapp zwei Jahren, dessen Bett schon gestern nachmittag zu uns in die 6 geschoben wurde. Er hat Leukämie — ein Rückfall. Seine Mutter hat vor drei Wochen erneut entbunden. Während sie abwesend war, hat sich der von einer Schwägerin betreute Säugling mit heißem Wasser verbrüht. Jetzt fährt sie morgens mit dem Jüngsten zum Verbinden und kommt am Nachmittag auf Peiper.

7. November, Montag

Nach der Mittagspause telefoniere ich mit Renate. Jasmin hat sich einen Strauß aus lila- und rosafarbenen Blüten gewünscht, und ich erkundige mich, ob Renate so etwas mitgebracht hat. Sie verneint und erzählt mir, daß Mikro erneut einen anderen Katheter bekommen mußte, weil der Fuß angeschwollen war und der Tropf nicht mehr funktionierte. Als auch Durchspritzen mit Kochsalzlösung keinen Erfolg zeigte, war klar, daß sie erneut gepiekt werden mußte, aber was heißt „gepiekt"? Mehrere Einstiche waren nötig, um eine Vene zu finden, die nicht hart und vernarbt war. Zu dritt haben sie Min festhalten müssen, die durch ihre heftige Gegenwehr zum Mißerfolg beitrug.

Und dann kam der Injektomat. Für Renate muß dieser Vormittag eine ungeheure Strapaze gewesen sein, für Min die Hölle. Noch am Abend zittert sie, wenn sich ihr jemand vom Personal nähert, und es ist ganz bestimmt nicht mangelnde Zimmerwärme. Ihr Tropf läuft jetzt über einen zwischengeschalteten Automaten, der die Tropfen nicht nur exakt dosiert, sondern auch eine Art schwacher Pumpe ist. So ist sichergestellt, daß sich die Ader, in die sonst nur etwas hineingeträufelt wurde, nicht in kürzester Zeit wieder schließt.

Ich habe tatsächlich einen Strauß mit rosa und lila Blüten auftreiben können, Jasmins Lieblingsfarben. Unsere Mikro kann sich nicht recht darüber freuen und knabbert lustlos an zwei, drei Pommes. Ein wenig Ablenkung vom Klinikalltag bringt ihr die „Sesamstraße" im Fernsehen, die sie aufmerksam verfolgt. Etwas Abwechslung hat sie auch bitter nötig.

94

Peiper ist fast überfüllt, kaum ein Zimmer, wo nicht drei Betten stehen. Bei uns liegen Thomas und Diana, Dennis ist verlegt worden. Anja ist wieder da, Zdenka auch und, und, und. Bernd ist noch immer auf der Station, auch Nilofah und Kirsten, deren Eltern Gießen Münster vorgezogen haben.

8. November, Dienstag

Jasmin hat wieder Oberwasser. Zwar ist der linke Arm immer noch geschient, zwar ist noch die Tropfpumpe in Betrieb, zwar bekam sie auch heute noch Endoxan, aber sie steckte es weg wie nichts, denn der Pieper hat seine Schuldigkeit getan. Kein Schmerz, keine Übelkeit − Min ist kaum wiederzuerkennen.

Diana und Thomas kommen aus Nordrhein-Westfalen, genauer gesagt aus dem Sieger- und dem Sauerland. Als gebürtigem Bochumer sind mir „Watt" und „Datt" natürlich vertraut, und wären nicht auch ein paar Hessen da und das „Gell" des Personals, könnte man glauben, in Westfalen zu sein. Beider Dialekte mächtig − auch Renate versteht Westfälisch, obwohl gebürtige Hessin −, klappt die Verständigung nicht nur ganz prima, im Gegenteil, Heiterkeit ist Trumpf.

Das Lachen vergeht uns, als Christians Mutter berichtet, daß Gabriele gestorben ist, die auf Wunsch ihrer Eltern in Siegen weiterbehandelt wurde; beide Familien wohnen in der gleichen Gegend.

9. November, Mittwoch

Heute hat wieder ein mittleres Drama stattgefunden, denn trotz Automat funktionierte der Tropf nicht mehr, ein neuer Katheter mußte gesetzt werden. Aus Erfahrung klug geworden, bekam Jasmin Valium, doch das Beruhigungsmittel wirkte bei ihr nicht. Notgedrungen wurde sie so behandelt − den Katheter bekam sie in eine Kopfvene. Wie Beate, ein größeres Mädchen sagte, tut der Stich am Kopf nicht einmal halb so weh wie in die Hand, aber irgendwie scheint auch schon in einem kleinen Kind die Vorstellung zu stecken, daß der Kopf ein besonderer Körperteil ist, der möglichst unversehrt bleiben muß.

Schreiend, ängstlich und von ohnmächtiger Wut erfüllt, wehrte sich Mikro mit Vehemenz. Einem Arzt trat sie die Brille von der Nase, einer Schwester entriß sie die Spritze und umklammerte sie wie ein Schraubstock. Natürlich verlor sie den ungleichen Kampf gegen mehrere Erwachsene, fand sich dann aber nach anfänglichem Jammern schnell mit dem Katheter ab.

Renate war mit ihr beim Ultraschall, aber das diente wohl mehr der Studenteninformation. Obwohl ein wenig verschnupft, hat Jasmin – abgesehen von dieser Quälerei mit dem Katheter – den Tag gut verbracht. Sie hat schön gespielt, im Kindergarten gebastelt und eifrig mitgesungen, als Fredrik Lieder vortrug.

Gegen Abend kommt ein böser Verdacht auf: Bernd soll Windpocken bekommen haben, er wird auf Noeggenrath verlegt. Christian, der mit ihm auf demselben Zimmer lag, wird vorsorglich geimpft. Drei Pünktchen auf Bernds Haut haben die Ärzte alarmiert – es kann sich um das Herpes-Virus handeln oder um Windpocken. Mit Noeggenrath geht man auf Nummer Sicher. Natürlich ist die Vorsicht der Mediziner unbedingt zu begrüßen, doch wir wissen, was Isolierstation und Windpocken bedeuten.

10. November, Donnerstag

Heute ist es auf Peiper wieder ruhiger geworden. Einige Kinder durften nach Hause – auch Thomas. Gestern abend hat er noch Eiweiß zugeführt bekommen und Traubenzucker, Montag muß er wiederkommen.

Kurzfristig verwandelt sich die Station in eine Art Verschiebebahnhof, dann stehen wie gewohnt zwei Betten in jedem belegten Zimmer. Jasmin und Diana sind auf der 6 geblieben. Die beiden – Diana ist fünf – spielen ganz prima zusammen.

Der Katheter am Kopf behindert Min kaum. Wäre nicht der Ständer mit Tropf, Schlauch und Automat, würde sie wahrscheinlich keine Beeinträchtigung merken. Ein wenig Sorge bereitete uns, ob und wie Mikro mit dem Kopfkatheter schlafen kann. Schwester Christiane versprach, öfter nach ihr zu sehen – alles ging glatt.

Heute hat Jasmin ihre letzte Endoxan-Injektion bekommen, morgen wird ihr als letzte Spritze des harten Blocks Vincristin gegeben. Dieser Stoff aus der Pflanze mit dem volkstümlichen Namen „Immergrün" stoppt die Teilung der Zellen, die sich gerade in einem Stadium der Verdoppelung befinden, und läßt sie absterben; also ein natürliches Zellgift, welches das Wohlbefinden nicht oder nur kaum beeinträchtigt und auch keine Schutzmaßnahmen erfordert wie Tropf und Wässern oder Mittel zur Neutralisierung von Kontraindikationen. Vielleicht kann Jasmin ja morgen schon nach Hause.

Bernds Pünktchen haben sich als Gürtelrose entpuppt. Der arme Kerl wird wohl für vierzehn Tage auf Noeggenrath bleiben müssen, aus der für heute geplanten Heimreise wird nichts. Das ist bitter für ihn und seine Mutter — beide sind schon seit Wochen auf Peiper.

11. November, Freitag

Am Nachmittag ruft mich Renate im Büro an — Jasmin ist zu Hause, nächster Untersuchungstermin ist Donnerstag. Vorsorglich habe ich Urlaub angemeldet. Es ist das erste Mal in diesem Jahr, daß ich volle zwei Wochen hintereinander dem Betrieb fernbleibe. Wir werden uns gemeinsam entspannen und erholen, denn die letzten Wochen hatten es ja wirklich in sich. Und dann werde ich an den beiden Romanen weiterschreiben, die ich abzuliefern habe, denn durch die besonderen Umstände bin ich arg in Verzug geraten.

Für Bernds Mutter haben die Ärzte eine schlechte Nachricht. Nach Noeggenrath muß er wieder auf Peiper zurück. Wahrscheinlich wird sich die Behandlung mit Unterbrechungen bis Februar hinziehen. Die Leukämie bei ihm scheint abgeblockt zu sein, aber der Hodenkrebs muß weiter therapiert werden.

Mins Entlassungswerte: Leukos 4300, Hb 10,7, Thrombos 95 000.

Wer sich mit Krebs beschäftigt, kommt an den Zytostatika, den Zellgiften, nicht vorbei. Und wie bei nahezu allen Medikamenten haben sie nicht nur eine Wirkung, sondern auch Gegenwirkungen — Kontraindikationen. Diese Kontraindikationen sind teilweise so gravierend, daß jedes andere Mittel wohl schon längst vom Markt genommen worden wäre — bei Krebs nimmt man sie in Kauf.

Cortison schwächt die Immunabwehr, Adriablastin brennt auf der Haut wie Feuer und greift das Herz an, Purinethol schädigt die

Leber, MTX zerfrißt die Mundschleimhäute, Endoxan attackiert die Blase. Wässern, Gegenmittel und Kontrolluntersuchungen sollen die Schäden in Grenzen halten.

Endoxan kann die Blase irreparabel schädigen, wenn nicht genug Flüssigkeit zugeführt wird − sei es durch Getränke oder per Tropf. Endoxan gehört aber auch zu jenen Mitteln, die selbst Krebs hervorrufen können. Das ist keine Meinung eines medizinischen Außenseiters, sondern eine Feststellung, die namhafte Forscher und Wissenschaftler begründen können. Kein Arzt wird das in Abrede stellen, doch er wird es auch nicht erwähnen, daß Teufel mit Beelzebub bekämpft wird. Ein bißchen Samaritertum verbirgt sich hinter dem Schweigen, denn es würde den Eltern jede Hoffnung rauben, neben der Diagnose „Krebs" oder „Leukämie" auch noch alle möglichen negativen Aspekte einfließen zu lassen − die Krankheit selbst ist schon schrecklich genug.

Offensichtlich gibt es zu Endoxan keine Alternative. Wenn das Präparat in neunundneunzig Fällen hilft und beim hundertsten das Gegenteil bewirkt, hat es bei der Krebsbekämpfung eine Existenzberechtigung − da gehe ich mit den Medizinern konform. Eltern, die in Not sind, stellt sich diese Frage eigentlich gar nicht, weil sie wie wir nach jedem Strohhalm greifen. Wir wissen mittlerweile, was Endoxan bewirken kann, doch wir werden uns gegen die Anwendung nicht sträuben und auch die anderen Zellgifte laut Behandlungsplan akzeptieren. Das Manko der Zytostatika kennen wir auch: Es werden nicht nur gezielt die Tumorzellen bekämpft, sondern alle Körperzellen, die sich gerade teilen; vor allem die, die sich häufig teilen, werden wie die Krebszellen besonders in Mitleidenschaft gezogen: Darmzellen und die Zellen der Kopfhaut, die für den Haarwuchs zuständig sind.

Wunder können unsere Ärzte nicht bewirken, aber sie kämpfen verbissen, und sie haben Erfolg mit ihrer Therapie − trotz und mit Endoxan.

17. November, Donnerstag

Kontrolluntersuchung mit Blutabnahme.

29. November, Dienstag

Kontrolluntersuchung mit Blutabnahme.

Die Therapiepause zeigt Wirkung. Werte vom 17. 11.: Hb 10, Leukos 1000, Thrombos 80 000. Die Daten von heute: Hb 12. Leukos 2000, Thrombos 195 000.

2. Dezember, Freitag

Der zehnte und letzte Block beginnt mit einer Stippvisite im Hörsaal, dann wieder Peiper: Katheter, Tropf, Endoxan, Cisplatin und der Injektomat. Jasmin hat Tropfen gegen den Brechreiz bekommen, muß sich jedoch trotzdem einmal übergeben.

Wie Renate sagt, hat Min nicht geweint, als es in die Klinik ging, sie war aber sehr niedergeschlagen und unendlich traurig. Auf der Station wurde sie von allen freudig begrüßt, doch für die meisten Ärzte und Schwestern hatte sie nur böse Blicke übrig und war völlig auf Abwehr eingestellt. Als die schmerzhafte Prozedur an die Reihe kam, verwandelte sich das Menschlein von 14 kg in einen Löwen, den mehrere Erwachsene nur mühsam bändigen konnten.

Mikro liegt wieder auf der 6. Dort sind auch Diana, die immer noch da ist, und Leonie, die ein gutes Jahr jünger ist als Jasmin. Sie hat Leberkrebs. Bei ihr hat man erstmals eine neue Operationsmethode angewandt, und so kümmert sich nicht nur der Stationsarzt um sie, sondern auch der Chirurg. Die hübsche Kleine ist ganz munter, aber was heißt das schon?

Der kleine Dennis wirkte auch nicht todkrank – er ist gestorben. Eine wesentlich bessere Nachricht hat Bernds Mutter. Kein Leukämierückfall, sondern Weiterbehandlung von Hodenkrebs. Wahrscheinlich dürfen sie Weihnachten nach Hause. Noeggenrath haben beide wie wir fünf Tage lang „genossen". Sie stimmen in der Beurteilung mit uns überein.

3. Dezember, Samstag

Noch gestern abend habe ich Blumen in Jasmins Lieblingsfarben besorgt – rosa Röschen und lila Fresien. Als ich ihr den Strauß heute mitbringe und ihren Adventskalender dazu, freut sie sich.

Wir machen das dritte Türchen auf und finden ein Schokoladenhaus. Es wird auf der Stelle verputzt.

Frühstück und Mittagessen bleiben unberührt, dabei sind die Mahlzeiten ganz gut. „Krankenhausessen esse ich nicht", hat Mikro Schwester Christiane erklärt, und ich kann sie davon nicht abbringen. Als Dianas Vater für alle Pommes frites kauft, verwandeln sich die drei solidarischen Hungerer in gemeinsame Esser. Einmal muß Min brechen, doch das hindert sie nicht, den Rest der goldgelben Stäbchen zu verdrücken. Sie bleiben im Magen.

Ich kann Jasmin den Injektionsautomaten ersparen. Schon ein wenig beschlagen, bitte ich die Schwester, das Cisplatin in 100 ml Kochsalzlösung zu geben. Sie tut es, aber eine heftige Reaktion von Min gibt es noch, als Dr. Westphal Endoxan in den Katheter spritzt. Dann ist alles überstanden, und Mikro fühlt sich so wohl, daß sie singt. Der tickende IVAC, Tropfenzähler und Pumpe in einem, den sie seit heute nacht hat, wird mühelos übertönt.

4. Dezember, Sonntag

Zweiter Advent, es ist kalt, aber sonnig. Drei Stunden stehe ich in der Küche, um meinen Lieben ein dem Anlaß entsprechendes Mahl zuzubereiten und auch, um Diana und Leonie zum Essen zu bewegen. Burgunderbraten, Salzkartoffeln mit Rosenkohl, Zitronenhähnchen und Hühnersuppe mit Reis stehen auf dem Speiseplan.

Als ich kurz nach vierzehn Uhr auf Peiper eintreffe, hat niemand Appetit. Jasmin hat gebrochen, als Renate bei ihr Fieber maß, und so sind ein anderer Schlafanzug und neues Bettzeug fällig. Min ißt dann doch etwas, Renate auch, und da Leonies Mutter ebenfalls noch nichts gegessen hat, finden die Speisen doch noch ihre Abnehmer bis auf die Suppe und das Geflügel. Letzteres lasse ich für alle Fälle da.

Renate hat heute morgen den Fernsehapparat mitgenommen. Interessiert verfolgen unsere kahlköpfigen Zwerge „Katze mit Hut" von der Augsburger Puppenkiste auf dem Bildschirm. Es gefällt ihnen, und für eine halbe Stunde vergessen sie, wo sie sind. Danach ist wieder Spielzeit, und Min macht das Kinder-Memory solchen Spaß, daß sie mich leichten Herzens gehen läßt. Für meine Begriffe war ich nur kurz bei Jasmin, doch Kyra sagt bei meiner Rückkehr nach zwei Stunden: „Endlich!"

5. Dezember, Montag

Trotz IVAC ist bei Jasmin die Hand geschwollen — der Katheter mußte neu an der linken Hand gesetzt werden. Es war wieder eine Quälerei, zumal auch erneut der Injektomat eingesetzt wurde. Die Zellgifte machen Min deutlich zu schaffen. Sie mußte sich mehrmals übergeben, der Körper wehrt sich mit leicht erhöhter Temperatur, kaltem Schweiß, Übelkeit und Appetitlosigkeit. Den ganzen Tag über hat sie nichts gegessen.

Um so erstaunter ist Renate, daß Mikro Frikadelle mit Brötchen verspeist, die ich mitgebracht habe, doch es bleibt nicht im Magen.

Ich kann nicht sagen, daß Jasmin quengelig ist, doch allmählich hat sie die Nase voll von der Klinik und der ganzen Tortur. Die winzige Spritze mit dem Mittel, das die Nieren gegen die Endoxan-Wirkung schützt und in den Schlauch injiziert wird, ruft bei ihr lautes Geschrei und heftige Abwehr hervor, Fiebermessen wird zum Kampf, obwohl Renate und ich es tun.

Diana durfte heute nach Hause, nun ist nur noch Leonie mit uns in der 6. Sie hat ihren Tropf ab, morgen nachmittag soll sie unter Vollnarkose zum CT. Auch Bernd durfte heim, doch Peiper wird leider nie leer. Nilofah ist immer noch da, Mark-Simon auch, Tim kommt und Zdenka. Kirsten, nur zur obligatorischen Zwischenuntersuchung gekommen, muß ein paar Tage auf der Station bleiben, weil sie Fieber hat.

Jasmin steht noch einiges bevor: Röntgen, Ultraschall, Punktierung, ferner CT und Isotopendiagnostik. Die beiden letzten Untersuchungen sollen unter Vollnarkose durchgeführt werden, beim Punktieren wird man wohl nur örtlich betäuben.

Wir beten, daß die Abschlußuntersuchungen so ausfallen, wie wir es hoffen und wünschen.

6. Dezember, Dienstag

Nikolaustag, aber Krankheit kennt weder Urlaub noch Festtage. Gleich zweimal mußte Jasmin an den Pieper angeschlossen werden — einmal Cisplatin, dann VCR, also Vincristin. Mit einem Trick hält man Mins Reaktion in Grenzen: Der Stecker wird nicht eingesteckt, und so glaubt sie, daß das auch mit einem Akku zu betreibende Gerät nicht arbeitet. Sie bricht jetzt häufiger, und zeitweise findet sich Blut im herausgewürgten Speichel und im Verdauungssekret. Neben den Injektionen und der oralen Zuführung von Moronal muß der Magen täglich dreizehn Tabletten verkraften.

Am Nachmittag wird es dann doch noch ein wenig feierlich. Der Nikolaus kommt. Im Kostüm steckt ein Arzt von der Säuglingsstation, den die Kinder nicht kennen. Schwesternschülerinnen und Eckhard, der einzige angehende Kinderkrankenpfleger, bilden das Gefolge des bärtigen „Heiligen". Sie tragen Kerzen und singen, und sie schieben die Wagen mit den Gaben.

Die Schwestern der Station haben den Nikolaus über die Eigenarten der Kinder informiert, und so weiß er über alle Tugenden und Schwächen der kleinen Patienten Bescheid. So kennt er Mins Vorliebe für Schnuller und ihre Ablehnung sprich Geschrei bei der Behandlung. Nur wenige – Jungen fast gar nicht – folgen der Aufforderung vom Nikolaus, ein Gedicht aufzusagen oder ein Lied anzustimmen. Mit zartem Stimmchen singt Min „Schneeflöckchen, Weißröckchen". Während alle noch die Melodie in sich nachklingen lassen, sagt unsere Kleine in die entstandene Stille hinein: „Sieh mal, wie der Doktor da guckt!" Alle Köpfe rucken herum, und der betreffende Arzt wird deutlich verlegen. Selbst der Nikolaus und sein Gefolge müssen schmunzeln. Typisch Jasmin – wenn sie nicht gepiesackt wird.

7. Dezember, Mittwoch

Ein Tag, der von Hoffen und Bangen erfüllt ist. Gestern gab es die letzten Injektionen, also quasi Abschluß der Chemotherapie im Rahmen der Blockbehandlung. Heute stehen Untersuchungen auf dem Programm, die Aufschluß über den Tumor und den derzeitigen Zustand geben sollen.

Man geht gründlich vor – Triumph der Gerätemedizin. Kaum ist Renate in der Klinik, geht es los. EKG steht auf dem Programm. Noch im Schlafanzug, muß Jasmin zur Herzmessung. Natürlich weicht Renate nicht von ihrer Seite, Eckhard trägt den Tropf. Dann Rückkehr auf Peiper. Mikro bekommt Beruhigungssaft, kurz darauf geht es weiter.

Röntgen der Lunge, Ultraschall, EEG und Punktion des Knochenmarks an der Hüfte. Nach Renates Aussage zuckt Mikro kaum, der Stich ins Knochenmark hält sich also, was die Schmerzen betrifft, in Grenzen. Doch wie stets, wenn man versucht, sie ruhigzustellen, unterdrückt das Medikament nur die körperliche Sensibilität, der Geist wehrt sich gegen die Beeinflussung. In gewisser Weise ist sie ein Phänomen, denn welche Psyche eines Kindes vermag es schon, durch Willenskraft der Physis zu trotzen, zumal diese beeinträchtigt ist und wird?

Am Nachmittag rufe ich im Krankenhaus an – Mikro muß noch in der Klinik bleiben, weil man 24-Stunden-Urin benötigt. Als ich mit Eßwaren auf Peiper eintreffe, schläft Min. Erst jetzt wirkt das Beruhigungsmittel.

Der Stationsarzt Dr. Hering kann mit guten Nachrichten aufwarten. Der Tumor hat sich verkapselt, keine Metastasen in der Lunge und im untersuchten Knochenmark, allerdings läßt sich der Tumor noch anhand gewisser Stoffe im Blut nachweisen.

8. Dezember, Donnerstag

Gestern abend erzählte Kyra, daß eine Klassenkameradin Röteln hat. Ein Griff zum Fachbuch – Viruserkrankung. Um 21.30 Uhr habe ich noch die Klassenlehrerin unserer Großen angerufen. Sie hatte Verständnis für unsere Besorgnis, wußte aber auch nichts Genaues. Also wurde beschlossen, die Ärzte und Professor Lampert bei der Visite zu fragen. Einige Punkte, die ich gern noch wissen möchte, habe ich aufgeschrieben. In der wöchentlichen Elternsprechstunde will Renate Frau Dr. Kaufmann um Auskunft bitten. Ich versuche, es möglich zu machen, ebenfalls in der Mittagspause dabei zu sein.

Am Vormittag telefoniere ich mit Renate. Die Ärztin ist nicht da, also kein Gespräch. Professor Lampert ist von den gestern ermittelten Werten recht angetan, aber er will wie wir neben der Kopf-CT eine Ganzkörper-CT, und das so schnell wie möglich. Die für heute vorgesehene Computertomographie des Schädels entfällt, und der für elf Uhr eingeplante Besuch im Hörsaal kann aus Zeitgründen nicht stattfinden, weil Renate mit Min um 10.45 Uhr in der Hals-, Nasen-, Ohrenklinik sein muß. Ergebnis dort: Gehör völlig intakt.

Wie immer hat Kyra am Nachmittag mit Renate und Min telefoniert und ruft mich anschließend im Büro an. Ich soll Essen besorgen und ins Krankenhaus kommen. Von Sorge erfüllt, treffe ich nach Feierabend auf Peiper ein. Es gab keinen Zwischenfall, beide könnten schon zu Hause sein, doch Renate fürchtet die Röteln, obwohl Professor Lampert und auch der Stationsarzt eine solche Infektion selbst angesichts der in den nächsten vierzehn Tagen noch zurückgehenden Abwehrkräfte der Kleinen für eine beherrschbare Krankheit halten, die auch nicht nur annähernd mit dem Risiko bei Windpocken zu vergleichen ist.

Ich bespreche das Problem noch einmal mit Dr. Hering. Natürlich habe ich mich ein wenig über Röteln informiert, und so erwägen wir gemeinsam das Für und Wider, doch letztendlich bleibt uns als Eltern die Entscheidung überlassen. Ich diskutiere noch einmal mit Renate über die gewonnenen Erkenntnisse.

Sie hat die Vorstellung, daß Kyra morgen Blut abgenommen werden soll, um festzustellen, ob unsere Große sich infiziert bzw. Antikörper gebildet hat. Bis das Ergebnis feststeht, soll Min in der Klinik bleiben — das Ergebnis wird wohl erst Mitte nächster Woche vorliegen — und Kyra bei einem positiven Befund eventuell zu meinen Eltern gebracht werden.

Mich schreckt die Aussicht, daß wir eventuell wieder für ein paar Tage auf Noeggenrath müssen, mehr, als die zusätzliche Woche auf Peiper, dennoch bin ich anderer Meinung. Die Inkubationszeit bei Röteln beträgt zwei bis drei Wochen. Renate ist dagegen immun, ich nicht. Die Übertragung erfolgt durch Tröpfcheninfektion. Kyra kann mich angesteckt haben, sie kann die Keime aber auch schon auf Jasmin übertragen haben, als die noch zu Hause war. Wie auch immer — Min kann sich in beiden Fällen angesteckt und die Viren bereits im Körper haben. Beide Meinungen und alle sich daraus ergebenden Eventualitäten hält der Mediziner für möglich, also 50:50. Da die Röteln nicht lebensgefährlich sind und Mikro sich bereits auf die Heimkehr eingestellt hat, stimmt Renate mir zu, die Kleine mit nach Hause zu nehmen. Das gequälte Menschlein jubiliert und ist nicht mehr wiederzuerkennen.

Dr. Hering hat Nachtdienst. Gegen 17.45 Uhr wird er weggerufen. Wir müssen auf ihn warten, weil eventuell noch einige Untersuchungen nötig sind und wir ein Rezept brauchen. Unsere Geduld wird auf eine harte Probe gestellt. Endlich, nach zwanzig Uhr, kommt der Arzt ein wenig atemlos zurück. Keine Untersuchung, er schreibt nur einige Medikamente auf und die Dosierung. Nächste Termine: Montag Knochenszintigramm, Donnerstag CT.

Im Augenblick ist das noch in ferner Zukunft. Gegen 20.45 Uhr sind wir zu Hause — aufgekratzt und voller Freude, wieder komplett zu sein, aber auch müde. Es ist wohl mehr geistige Erschöpfung, aber Psyche und Physis sind untrennbar miteinander verbunden — auch der Körper schlafft ab.

Neun Monate voller Angst, Sorge und rational nicht zu begründender Hoffnung liegen hinter uns, doch noch steht das Ergebnis nicht fest. Gewiß, es sieht günstig aus, aber noch fehlen zwei wichtige diagnostische Ergebnisse. Und auch dann — bei einem für uns positiven Bescheid — ist Jasmin ja durchaus noch nicht geheilt. Einige Jahre mit unzähligen Untersuchungsterminen liegen noch vor uns.

12. Dezember, Montag

Wie vorgesehen, ist bei Jasmin das Knochenszintigramm gemacht worden. Kurz nach 9.00 Uhr war Renate mit ihr auf Peiper, gegen 16.00 Uhr konnte sie wieder mit Min nach Hause — und zwischendurch warten.

Warten, bis die radioaktive Lösung gespritzt wurde, warten, bis sie sich verteilt hatte. Die Ärzte hielten Beruhigungssaft für ausreichend, und das Röntgen ging auch ganz gut, doch gegen Ende der Prozedur wurde die Kleine ein wenig unruhig und zappelte etwas. Daraufhin wurde der MTA, der das Gerät bediente, ungehalten, beklagte lauthals, unter solchen Bedingungen nicht richtig arbeiten zu können, deutete an, daß die Aufnahmen wohl zu wünschen übriglassen würden, und machte seinem Ärger darüber Luft, daß die Mediziner Mikro nicht ruhiggestellt, sprich narkotisiert hatten.

Ruhig versuchte Renate, der Maschine in Menschengestalt klarzumachen, daß die Kleine mittlerweile wohl genug chemische Bomben bekommen hat und die chemische Keule nicht gleich eingesetzt werden muß, doch der Medizinroboter war davon nicht zu überzeugen.

13. Dezember, Dienstag

Der ursprüngliche Termin ist vorverlegt worden, CT ist schon für heute angesetzt. Natürlich ist Renate pünktlich, aber dann zieht sich die Sache wieder hin. Gestern habe ich mehrmals mit Renate in der Klinik telefoniert, und auch jetzt rufe ich sie kurz nach Feierabend an.

CT ist immer noch nicht gemacht worden. Gegen siebzehn Uhr hat Jasmin eine Beruhigungsspritze bekommen, doch das hinderte sie nicht daran, um sich zu schlagen, zu treten und zu kratzen, als ihr ein Katheter gesetzt wird.

Mittlerweile weiß man, daß die Kleine auf Betäubungsmittel atypisch reagiert. Dr. Hering gibt die eineinhalbfache Dosis. Min schläft ein. Sie wird auch nicht wach, als das Bett mal gegen eine Wand stößt oder über Bodenunebenheiten geschoben wird. Dann, im CT-Raum, wird sie auf den Tisch der Untersuchungseinheit gehoben. Sofort ist sie wach und springt fast vom Tisch. Notgedrungen bekommt sie noch einmal etwas von dem Narkosemittel in die Kanüle. Was der organische Automat gestern forderte, tritt ein: Mikro ist endgültig narkotisiert.

Schädel-CT, Ganzkörper-CT, ein Kontrastmittel wird in den Katheter injiziert, um abzuklären, ob sich der offensichtlich abgekapselte Tumor nicht doch noch im weichen Gewebe festgesetzt hat – und nochmals Ganzkörper-CT. Eine Sofortauswertung ist nicht möglich, aber Dr. Hering ist sich sicher, daß sich im Gehirn keine Metastasen gebildet haben.

Es geht zurück nach Peiper, und es erhebt sich die Frage, ob Jasmin über Nacht auf der Station bleiben muß. Schwester Erika, die Nachtdienst hat, ruft einen der diensthabenden Ärzte an, um das zu klären. Der Doktor, der kommt, ist ein kompetenter Mann – er arbeitet auf Czerny, der gegenüberliegenden Herzstation. Gewissenhaft untersucht er Min, kontrolliert Atmung, Puls und Herzschlag. Er hat keine Bedenken, Mikro nach Hause zu lassen, sagt Renate aber, daß die Kleine eventuell Alpträume bekommen und aus dem Bett fallen kann. Letzteres ist kein Problem, denn sie schläft ohnehin bei uns im Bett.

Eckhardt, der ebenfalls Nachtdienst hat, trägt Jasmin zum Auto und legt sie auf den Rücksitz. Wieder triumphiert ihr Wille über die Pharmazie. Sie will sitzen, und sie bleibt sitzen. Erst in der vertrauten Umgebung, also zu Hause, gibt sie ihren geistigen Widerstand auf.

14. Dezember, Mittwoch

Die Roßkur wirkt nach: Min hat von gestern abend bis zum Mittag durchgeschlafen, ißt etwas, schläft wieder einige Stunden, spielt ein wenig, schlägt sich den Bauch voll und geht am frühen Abend freiwillig ins Bett. Sie schläft sofort ein. Man sieht ihren Augen an, daß sie immer noch k.o. ist.

19. Dezember, Montag

Jasmin ist fit, und was wir über ihre Krankheit erfahren, gibt Anlaß zum Jubeln. Der Tumor ist auf vier Zentimeter Durchmeser geschrumpft und hat sich verkapselt. Metastasen sind nicht mehr feststellbar, ihre Verfassung ist recht gut. Die Ärzte sind zufrieden, und wir sind glücklich. Natürlich ist noch die Nachsorge erforderlich, die fünf bis sechs Jahre dauert, aber was bedeutet das schon?

Übermorgen habe ich Geburtstag – ein schöneres Geschenk als diese Nachricht hätte ich nicht bekommen können, von Weihnachten ganz zu schweigen.

20. Dezember, Dienstag

Kontrolluntersuchung mit Blutabnahme.

Es ist von Vorteil, wenn sich auch der Laie kundig macht. Wir konnten nicht alles lesen, was über Krebs auf dem Markt ist, aber wir haben einiges studiert, auch Artikel aus Fachzeitschriften wie „Der Deutsche Arzt" oder „Ärztliche Praxis". Was uns verwertbar erschien, haben wir herausgefiltert und mit unseren Ärzten besprochen. Häufig ging es um Präventivmedizin, nicht-toxische Langzeittherapie und biologische Krebsabwehr – Methoden also, die für viele Schulmediziner überhaupt nicht akzeptabel sind. Trotzdem hörten sich unsere Doktoren an, was wir in die Diskussion einbrachten: Sauerstofftherapie, Krebsdiät, Zitronensäurezyklus (Vitamin C-Zufuhr in hoher Dosis), Einsatz von Enzym-Präparaten, überhöhte Traubenzuckerzufuhr zur Milchsäuregärung und Übersäuerung der Tumorzellen. Es würde den Rahmen des Tagebuches sprengen, das hier auszubreiten, weil die Thematik doch zu komplex ist, es geht um Biochemie und Stoffwechselvorgänge, um Hormone, Botenstoffe und was der Dinge im Mikrokosmos „Körper" mehr sind. Tatsache ist, daß unsere Ärzte den genannten Therapien noch abwartend gegenüberstehen, wohl auch deshalb, weil es um die Behandlung von Erwachsenen geht, die in der Regel mit schlechteren Chancen onkologisch behandelt werden. Immerhin haben die pädiatrischen Zentren mit hämatologisch-onkologischen Stationen eine Heilungsquote von über siebzig Prozent, d.h. der Erfolg gibt den Kinderärzten recht, die sich mit Blutkrankheiten und Geschwülsten beschäftigen. Das mag wohl auch daran liegen, daß Kinder die Zytostatika in ganz anderen Dosen verkraften. Vierzehnjährigen etwa war es nach einigen Medikamenten sterbenselend, Essensgeruch brachte sie fast um, Zwerge wie unsere Min futterten trotzdem, mußten sich übergeben und knabberten weiter an ihren Pommes frites.

Im Team der SF-Schriftstellerkollegen gelte ich als „Bio-Experte", wohl deshalb, weil die anderen in Biologie noch schlechter sind als ich. Immerhin: Wenn man sich mit dem menschlichen Körper ein wenig befaßt, muß man wirklich von einem Wunder der Schöpfung sprechen. Was sich in jeder Sekunde dort abspielt, ist so faszinierend, daß der Weltraum dagegen eine öde Müllkippe ist. Kein Roman kann so spannend sein wie das, was sich da in siebzig Kilo Mensch rund um die Uhr tut. Alle Werke unserer großartigen Ingenieure sind dagegen stümperhafte Basteleien, was Wissenschaftler und Forscher über den Körper und seine Funktionsweise herausgefunden haben, ist kaum mehr als die Spitze eines Eisbergs, denn es geht ja nicht nur um die funktionierende Maschine „Mensch", sondern auch um die Psyche und ihre Einflüsse auf das Individuum. Und erst das Gehirn mit seinen phantastischen Möglichkeiten — dagegen ist jeder Computer, auch wenn er schneller rechnen und sortieren kann, nur ein erbärmlicher Abklatsch.

Uns liegt es fern, unseren Ärzten ins Handwerk pfuschen zu wollen, aber nach allem, was wir wissen, rammt die Chemotherapie ebenso wie die Bestrahlung das körpereigene Immunsystem wenn nicht in Grund und Boden, so doch in den Keller. Meines Erachtens ist es mittlerweile unumstritten, daß der Organismus nicht nur über Selbstheilungskräfte verfügt, sondern auch in der Lage ist, entartete Zellen zu vernichten und eine gewisse Anzahl von Tumorzellen in Schach zu halten oder sogar noch zu überwinden. Umfangreiche Untersuchungen nennen eine Tumorzellzahl von 10^6, das sind eine Million, maximal von 10^8, also 100 Millionen, bei langsam wachsenden Geschwülsten. Das gilt für Erwachsene, deren Körper aus 60 Billionen Zellen besteht, von denen hunderttausend in einen Stecknadelkopf passen (60 Billionen als Zahl: 60 000 000 000 000). Da das körpereigene Abwehrsystem nach der Behandlung arg ramponiert ist und jede Krebszelle der Ausgangspunkt für einen neuen Tumor sein kann, muß der gesamte Organismus gestärkt und in die Lage versetzt werden, selbst zu handeln und damit fertig zu werden. Unser innerer Arzt erkennt jede Krebszelle, dem Mediziner entgehen selbst zehntausend, wenn er nicht mehr oder minder zufällig diesen mit diagnostischen Mitteln nicht zu erkennenden Herd ansticht und Gewebe entnimmt und untersucht. Es wäre auch aberwitzig, so etwas von den Ärzten zu verlangen. Wer will sich schon hinsetzen, um alle seit fünfzig Jahren gedruckten Bibeln daraufhin zu untersuchen, ob es eventuell einen falsch gedruckten Buchstaben darin gegeben hat?

Es leuchtet uns ein, daß die Nahrung eine wesentliche Rolle spielt, um das Immunsystem zu stärken. Auch unsere Ärzte stellen das nicht in Abrede und befürworten Vollwertkost. So fällt es uns nicht schwer, von alten Eßgewohnheiten Abschied zu nehmen und unsere Küche umzustellen. Ein dreiviertel Jahr konnten wir nichts tun, nun endlich haben wir die Gelegenheit, aktiv dazu beizutragen, daß Jasmin gesund wird und es auch bleibt.

Nicht alle Eltern haben die Möglichkeit und vielleicht auch nicht den Nerv dazu, sich eingehend zu informieren und die oft mit Fachausdrücken gespickten Aufsätze zu lesen, manche wissen auch gar nicht, daß sie selbst die Möglichkeit haben, den Krankheitsverlauf zumindest in der Nachsorge positiv zu beeinflussen. Jeden hat es zwar geschockt, daß das eigene Kind Leukämie oder Krebs hat, doch da die Klinikküche keine Diät liefert und die Ärzte und Schwestern auf Peiper das Essen nicht wegwerfen, muß es gesund sein, und man kann die Mahlzeiten zu Hause wie gewohnt zubereiten.

In dieser Hinsicht liegt noch viel im argen. Muttern kocht wie gewohnt, Oma schwört auf kohlehydrat- und fettreiche Kost, damit das Enkelchen wieder zu Kräften kommt, denn auch der Opa konnte damals die Zeit als Bergmann oder Maurer nur durchstehen, weil er ordentlich was zwischen die Rippen bekam. Ganz vergessen wird dabei, daß das Kind keine körperliche Arbeit zu verrichten hatte. Und auch in naher Zukunft wird niemand dem kranken Kind zumuten, Bäume zu fällen.

Was wir im Lauf des letzten Jahres an Informationen gesammelt und an andere Eltern auf Peiper weitergegeben haben, möchten wir in Form eines offenen Briefes auch all jenen Eltern zukommen lassen, deren Sohn oder Tochter Leukämie oder Krebs hat.

Liebe Eltern,

Ihr Kind wird wegen einer schweren Krankheit behandelt. Die Ärzte und das Pflegepersonal tun alles, was in ihrer Kraft steht, um zu helfen und zu heilen. Daß die Behandlung mit Schmerzen verbunden und langwierig ist, wissen Sie. Neben der Rolle des Psychologen und Trösters, die hauptsächlich Ihnen zufällt und die ungemein wichtig ist für Ihr Kind, können Sie auch aktiv zur Gesundung beitragen – durch ausgewählte Nahrung.

Jede betroffene Mutter und jeder engagierte Vater wird sich fragen: Was ist jetzt gut für unser Kind? Braucht es während der Therapie viel tierisches Eiweiß, also Fleisch, um bei Kräften zu bleiben? Ist Fruchtsaft besser als Milch? Schaden Pommes frites? Oft genug wird hier der Arzt mit einem Koch oder einem Diätassistenten verwechselt. Er, der Mediziner, der sich intensiv mit Tumor- und Bluterkrankungen beschäftigt, der fast täglich mit neuen Medikamenten, anderen Behandlungsmethoden und noch fortschrittlicheren Apparaten persönlich oder in Fachzeitschriften konfrontiert wird, hat ohnehin keine geregelte 40-Stunden-Woche und kaum Zeit, auch noch einen Ernährungsplan aufzustellen. Wir möchten Ihnen da ein paar Anregungen und Hinweise geben.

Grundsätzlich ist es so, daß jede Art von Nahrung, die das Kind selbst zu sich nimmt, besser ist als die Versorgung über den Tropf. Essen gehört zu den Grundbedürfnissen des Menschen; wenn die Mahlzeit schmeckt, erzeugt sie Befriedigung, Freude, Zufriedenheit, also ein positives Gefühl, das psychisch stärkt und – unbewußt, aber wirksam – den Lebenswillen Ihres Kindes zusätzlich aktiviert. Das ist ungemein wichtig. Bringen Sie Ihrem Kind während der Chemotherapie oder während der Dauer der Bestrahlung getrost seine Leibspeise mit, auch wenn es Pommes frites oder Zuckerstangen sind, die nur aus toten Kalorien bestehen.

So, wie es beinahe eine liebgewordene Tradition ist, alten Tanten gelbe Rosen oder Pralinen zum Geburtstag zu schenken, so sehr hält man an der Überzeugung fest, daß Obst und Säfte in der Klinik stets willkommen sind. Letzteres ist gar nicht einmal so falsch, doch was will ein Zehnjähriger mit zwei Kilo Weintrauben und acht Flaschen Traubensaft anfangen? Der sichtbare Überfluß wird ihn wahrscheinlich abstoßen und ihn vielleicht sogar entmutigen wie ein Teller mit einem Berg von Essen darauf. Und was verlangt er statt dessen? Cola, Limonade, Bonbons, Schokolade – nullwertige Kalorienspender. Versuchen Sie einmal herauszufinden, wie Ihr Kind reagiert, wenn Sie nur solche Dickmacher in Hülle und Fülle mitbringen. Oft genug regt sich dann der Trotz, weil Junior dieser Leckereien überdrüssig ist und lieber den schlichten Apfel seines Zimmergenossen essen möchte.

Nun wäre es natürlich verfehlt, ständig mit diesem – scheinbar neuen – Lieblingsobst aufzuwarten, denn Abwechslung ist gefragt. Versuchen Sie auch, selbst wenn Sie nicht sofort oder überhaupt keine Zustimmung finden, alternative Kost anzubieten wie Getreidemüslis mit Rosinen, Nüssen und Früchten, rohes Sauerkraut, Gewürzgurken, Joghurt, Ananassaft oder Most von Karotten und anderen Gemüsen mit rechtsdrehender Milchsäure.

Völlig falsch wäre es, dem Kind die gesunde Nahrung aufzudrängen, vor allem dann, wenn es noch im Krankenhaus ist. Versuchen Sie, Ihre Küche umzustellen, und fangen Sie damit schon während der Therapiepausen an. Es ist wichtig, daß die ganze Familie das mitträgt, denn jemand, der das „neue" Essen mit bissigen Bemerkungen herunterwürgt oder lauthals nach seinem fetten Eisbein schreit, gibt ein denkbar schlechtes Beispiel ab und animiert andere, diesem „Vorbild" zu folgen. Nichts wäre schlechter, als Fleischfans praktisch über Nacht zu Vegetariern zu machen. Das muß auch nicht sein. „Ausschleichen" nennen es die Mediziner, wenn sie ein Präparat nach und nach reduzieren, und so sollte es auch am heimischen Herd sein.

Schweinefleisch sollte allmählich durch wesentlich fettärmeres Rind- oder Schafffleisch ersetzt werden, auch Wild (nicht zu oft, da vielfach hohe Anreicherung von Blei, Cadmium, Arsen in den Tieren) und Hähnchen aus Bodenhaltung (siehe Folienaufdruck bei Gefriergeflügel) sind ein geeigneter und schmackhafter Ersatz. Wer Fisch mag, kann sich auch daran gütlich tun, obwohl manche Arten mittlerweile fast so schadstoffbeladen sind wie wildwachsende Pilzarten.

Geschmacklich gibt es so gut wie keinen Unterschied, wenn eine Suppe nicht mit Fleisch-, sondern mit Gemüsebrühwürfeln aus dem Reformhaus zubereitet wird. Der Kartoffelliebhaber braucht an der Zubereitung der Knollenfrüchte nichts zu ändern, obwohl Pellkartoffeln nach wie vor die schonendste Garmethode darstellen. Wer Nudeln liebt, sollte auf Vollkornnudeln zurückgreifen, der Reisfan auf Naturreis. Letzterer erfordert fast die doppelte Garzeit, sättigt aber länger und führt dem Organismus wie die anderen naturbelassenen Produkte jene Stoffe zu, die der Körper braucht. Auch die Teigwaren sind so von Wert.

Brot, gebacken aus und mit dem vollen Korn, sollte stets bevorzugt werden, zumal es mittlerweile auch Vollkorntoast gibt. Kaufen Sie ruhig mehrere Sorten ein. Es ist kein Problem, Brot einzufrieren, und aufgetaut schmeckt es wie frisch. Vollkornmehl ist ähnlich wertvoll.

Die Zubereitung der Mahlzeiten sollte so schonend wie möglich erfolgen, um Vitamine und Mineralien weitgehend zu erhalten, vor allem im Gemüse. Benutzen Sie, wann immer es geht, Dampfdrucktopf, Römertopf, Bratschlauch oder Alufolie. Diese Garungsmethoden erfordern nur ein Minimum an Flüssigkeit und erlauben es, ohne Fettzugaben auszukommen. Dünsten erhält mehr von den lebenswichtigen Stoffen als Kochen oder Braten. Besonders hitze-, aber auch lagerungsempfindlich ist Vitamin C. Grüngemüse, fünf Minuten gedünstet, verliert bis zu 25 % seines Gehalts an Vitamin C, 15 bis 20 Minuten in viel Wasser gekocht, sogar bis zu 75 % Vitamin C. 100 Gramm grüne Erbsen enthalten 10 Milligramm Vitamin C (Tagesbedarf eines Erwachsenen 75 mg). Gleich nach dem Einfrieren beträgt der Verlust an diesem Vitamin 40 %, nach sechs Monaten Lagerdauer 90 %. Was Dauerkonserven in dieser Hinsicht bieten, steht nicht auf der Banderole. Wir möchten es so sagen: Der Inhalt der Dose ist mit dem Bild darauf nicht identisch. So viel ein bißchen zur Lebensmittelstatistik.

Daß Obst und Gemüse so frisch wie möglich serviert werden sollen, versteht sich von selbst. Wann immer es geht, bevorzugen Sie ungespritzte Ware. Vermeiden Sie es, Gemüse zu lange zu wässern, aber Früchte sollten Sie gründlich waschen oder schälen. Ein Tropfen Spülmittel hilft, Rückstände auf der Schale zu entfernen. Rohkost gibt dem Körper mehr als jede andere Zubereitungsart, kaltgepreßte Öle und ungehärtete Fette sind ebenfalls wertvoller. Butter können Sie unbesorgt verwenden, doch Schmalz und Speck sollten Sie verbannen. Rennen Sie aber nicht gleich los und kaufen Sie einen Kanister kaltgepreßtes Distelöl; die Geschmäcker sind verschieden, aber uns schmeckte es nach Nähmaschinenöl. Kaufen Sie die kleinsten Gebinde, probieren Sie alle Sorten aus und nehmen Sie das, was Ihre Familie akzeptiert. Ihr Steak wird übrigens kaum gesünder, wenn Sie teures kaltgepreßtes Sonnenblumenöl aus dem Reformhaus als Bratfett nehmen, denn die Hitze schädigt oder vernichtet je nach Temperatur die wichtigen Inhaltsstoffe teilweise oder fast völlig.

Auf Wurst, Gepökeltes und Geräuchertes sollten Sie nach Möglichkeit verzichten oder versuchen, den Verbrauch einzuschränken, weil man diesem Brotbelag nicht ansieht, was er an Konservierungsstoffen, Geschmacksverstärkern und Emulgatoren enthält: Nitrit, Phosphat, Mono- und Diglyceride, L-Glutaminsäure, Glutamat, Inosinat, Traganth, Gummiarabicum, Benzoesäure, Glycerin, Aluminiumsulfat und Glyoxal. Und noch ein Beispiel: Bestimmte schwarzgeräucherte Schinken enthalten 220mal soviel Benzpyren wie eine Kochwurst. Und von Benzpyren weiß man, daß dieser Kohlenwasserstoff krebserregend ist. Dieser kleine Einblick in die Lebensmittelchemie mag genügen. Vielleicht achten Sie in Zukunft vermehrt darauf, wie und womit eine Ware behandelt wurde. Insbesondere bei Fertiggerichten aller Art ist es aufschlußreich, den Packungs- bzw. den Dosentext zu lesen und zu studieren.

Zucker ist an und für sich nützlich für den Körper, doch Zucker ist nicht gleich Zucker. Das weiße Industrieprodukt, das quasi in jedem Haushalt Verwendung findet, süßt zwar und liefert Kohlenhydrate, ist aber eine Art Räuber, der bei seiner Verbrennung dem Körper Vitamine der B-Gruppe entzieht, vor allem Vitamin B_1. Zur Verarbeitung von einem Pfund Zuckerraffinade benötigt der Organismus zirka zwei Gramm Vitamin B_1.

Egal, ob Rindfleisch, grüne Bohnen, Salat, Lauch, Möhren, Paprika, Kohl oder Tomaten — ein Pfund enthält nur 0,25 Milligramm davon. Ein Pfund Zucker kommt schnell zusammen — Limonade, Cola, Marmelade, Pudding, Süßigkeiten und was der Dinge mehr sind. Acht Pfund Fleisch oder Gemüse müssen Sie also essen, um diesen Dickmacher allein vom Stoffwechsel her zu neutralisieren. Greifen Sie lieber auf braunen Roh-Rohrzucker zurück (damit ist nicht braun eingefärbter Fabrikzucker gemeint) oder verwenden Sie Trauben- oder Fruchtzucker. Sie enthalten von Haus aus die fünf Vitamine des B-Komplexes, die zu ihrem Abbau nötig sind. Alternativen sind auch Ahornsirup (relativ teuer) oder naturreiner Bienenhonig. Auch Süßstoff scheint nach den bisherigen Erkenntnissen unbedenklich zu sein, wenngleich auch da wieder Chemie im Spiel ist. Wägen Sie selbst ab und probieren Sie aus, ob Sie und Ihre Familie auf den gewohnten weißen Zucker verzichten wollen.

Eier und Milchprodukte sollten auf dem Speiseplan nicht fehlen. Nun gibt es auch da gewaltige Unterschiede. Fettarme H-Milch, H-Milch überhaupt hat mit der Milch, die eine Kuh gibt, kaum noch etwas zu tun. Wenn es geht, sollten Sie Milch direkt beim Bauern kaufen, auf Vorzugsmilch achten oder zumindest auf pasteurisierte Frischmilch zurückgreifen. Wer Milch nicht mag, kann sie mit Früchten zu Mixgetränken „veredeln".

Joghurt und Quark, ob pur, mit Früchten oder Kräutern angemacht, sind ideal dazu geeignet, dem Körper tierisches Eiweiß zuzuführen. Bevorzugen sollten Sie Sorten, die einen hohen Anteil an rechtsdrehender, physiologisch wertvoller L(+)-Milchsäure enthalten, also vom Organismus besonders gut aufgenommen und verwertet werden können. Neben Reformhäusern bieten mittlerweile auch Supermärkte derartige Produkte an, qualitativ ähnlich, aber billiger. Sowohl Joghurt als auch Quark eignen sich vorzüglich als Zwischenmahlzeiten oder als Nachtisch. Auch hier der Hinweis: Meiden Sie Industrieprodukte mit Bindemitteln und anderen Zusätzen.

Ein ausgezeichneter Wurstersatz ist Sojacremebrotaufstrich oder Käse in seinen unzähligen Variationen und Geschmacksrichtungen — und ein gesunder dazu. Auch hier ist Frische gefragt, also an der Käsetheke vom Laib geschnittene Scheiben. Je härter ein Käse ist, um so weniger natürliches, unverändertes Eiweiß enthält er. Abgepackter Käse in Scheiben oder gar Schmelzkäse enthält vom ursprünglichen Eiweiß so gut wie nichts mehr, dagegen hat Quark den höchsten Anteil an diesem nativen Eiweiß, Fleisch ist in dieser Hinsicht nullwertig.

Auch den Getränken sollten Sie Aufmerksamkeit schenken. Kräutertees lassen sich in unzähligen Varianten zubereiten und haben dazu noch eine seit alters her bekannte Wirkung auf den Körper. Mineralwasser ist ein guter Durstlöscher, der zudem dem Organismus wichtige Mineralien und Spurenelemente zuführt. Den Wert der Milch kennen Sie ja schon. Nicht zu empfehlen sind Limonade, Cola oder gezuckerte Fruchtsaftgetränke, außergewöhnlich wertvoll dagegen Saft oder milchsauer vergorener Most mit hohem Anteil an rechtsdrehender Milchsäure, der aus Roter Bete gewonnen wird. Abgesehen davon, daß die rechtsdrehende Milchsäure selbst ein Heilfaktor in der Ernährung ist, kommt den roten Knollen eine ganz besondere Bedeutung als Krebsbekämpfungsmittel zú. Die vier Farbstoffe dieser Frucht (Anthocyan, Beta-Anthocyan, Gamma-Anthocyan und Flavone) sind imstande, die Schutzschicht zu durchdringen, die die Krebszelle um sich gebildet hat, und sie sind außerdem in der Lage, den Gärprozeß in der entarteten Zelle auf das normale Zellatmungsniveau zurückzuführen, also eine Wiederherstellung der regulären Zellatmung zu bewirken. Ananassaft, Ananas überhaupt, enthält ein sehr wichtiges krebswidriges Enzym, das auch in hochdosierter Form als Medikament zur Verfügung steht. Ob und wie dieses Präparat in die Therapie eingebaut werden kann, ist eine Entscheidung, die der Onkologe treffen muß. Das gleiche gilt auch für Mistelpräparate, die in Tierversuchen ebenfalls eine krebshemmende Wirkung zeigten. Ananas und den Saft der Frucht können Sie jedoch getrost als Laie „verordnen".

Manche Onkologen schwören auf Karottensaft oder -most. Dem darin enthaltenen Beta-Karotin wird bei entsprechender Trinkmenge (Kinder etwa zwei Gläser pro Tag) und der daraus resultierenden Ablagerung in der Haut, die den Stoff einlagert und sich gelblich färbt, ein Neutralisationseffekt zugeschrieben. Grob vereinfacht stellt sich das so dar, daß der Schirm, mit dem sich eine Krebszelle als normale Körperzelle tarnt, unbrauchbar gemacht oder vernichtet wird, so daß körpereigene Polizisten, nämlich bestimmte Lymphozyten, nicht länger getäuscht werden und angreifen können. Da Beta-Karotin kein Enzym ist, also in dieser Weise eigentlich nicht wirken kann, hat man entsprechende Versuche durchgeführt und herausgefunden, daß seine speziell gegen Krebszellen wirkenden Eigenschaften auf elektrischer Basis beruhen − sogenannten „springenden Ladungen". Wie dem auch sei: Schaden richtet Karottensaft oder -most nicht an und kann sich eigentlich nur positiv auf das Allgemeinbefinden auswirken. Da Beta-Karotin bzw. Vitamin A ein fettlösliches Vitamin ist, sollte zur besseren Aufnahmefähigkeit für den Körper Sahne zugegeben werden, oder man trinkt den Saft als Ersatz für ein anderes Getränk, wenn es etwa mit Butter oder Margarine bestrichene Brote gibt. Wer mag, kann auch ein paar Tropfen Öl in seinen Karottentrank geben. Immerhin wird mit dem Möhrensaft ebenso wie mit der Umstellung auf die schon erwähnte Kost eine positive Wirkung auf die Thymusdrüse erreicht, die entscheidend das lymphatische Abwehrsystem steuert. Diese Thymus-Zellen vernichten körperfremdes Gewebe (Viren, Pilze) und sogar körpereigene Krebszellen. Was diese Drüse, die nach der Pubertät schrumpft, in allen

Einzelheiten zu leisten vermag, ist noch wenig erforscht, doch ohne Zweifel erfüllt sie eine sehr wichtige Aufgabe innerhalb des Immunsystems.

Noch einmal zurück zur Roten Rübe, die eigentlich ein wahres Naturwunder ist. Neben den für Menschen unerläßlichen Spurenelementen wie Kalium, Kalzium, Schwefel, Kupfer, Phosphor, Jod und Eisen enthält sie sogar so seltene, aber ungleich wichtige Metalle wie Caesium und Rubidum. Eiweiß und pflanzliche Fette beinhaltet diese Knolle zusätzlich neben Vitamin B_1, B_2, C und P. Was für Sie und Ihr Kind weit wichtiger ist: Rote Bete enthält die schon erwähnten Anthocyane, Wirkstoffe, die noch nicht völlig erforscht sind, doch erwiesen die besagte tumorhemmende Wirkung haben. Auch bei der Leukämie gibt es positive Ansätze. Ein weiteres, wichtiges Ergebnis: Der Pflanzensaft wirkt auch nachweisbar gegen Schäden, die durch Röntgenstrahlen und Radioaktivität entstehen.

Rote Bete gilt als harntreibend, blutbildend und blutreinigend, wirksam gegen Leberstörungen und anregend auf Magen, Darm und Galle. Erwiesenermaßen wirkt die Frucht blutdruckregulierend (besonders bei zu niedrigem Blutdruck), und einige Aminosäuren wirken günstig auf die Reaktionsfähigkeit von Nerven und Gehirn. Auch bei Fieber ist der Saft hilfreich wie etwa bei einer Grippe.

Das optimale Gemüse für krebs- und leukämiekranke Kinder eigentlich, doch auch ein Vorbehalt. In stickstoffhaltigen Kunstdüngern befinden sich Nitrate, Salze der Salpetersäure. Besonders Spinat und Rote Rüben nehmen die Nitrate in sich auf, die sich bei zu langer Aufbewahrung des Gemüses oder durch Aufwärmen in krebserregende Nitrite verwandeln, also in ein Gift, das den Sauerstofftransport im Blut behindert, zu Atemnot und Magenbeschwerden führt. Besonders gefährdet sind Kleinkinder.

Es soll nicht verschwiegen werden, daß im Orwell-Jahr 1984 auch Lebensmittel ins Gerede gekommen sind, die als unbedenklich galten, wie etwa Mineralwasser. Verseucht, giftig, krankmachend lautete eine Studie, die ein verheerendes Urteil über nitrathaltiges Mineralwasser fällte. Eine im Auftrag der Landesregierung von Hessen durchgeführte Analyse ergab im Januar 1985, daß achtzig Prozent der Abfüllungen aus hessischen Brunnen pro Liter 5 mg Nitrat und weniger enthalten, die gesetzlich erlaubte Höchstmenge beträgt 50 Milligramm. Tee, auch Kräutertee, geriet in die Schlagzeilen als Träger von Pestiziden und anderen Schadstoffen.

Ein scharfer Bannstrahl traf selbst den Rote-Bete-Saft aus dem Reformhaus, der aus biologischem Anbau stammt – besorgniserregender Nitratgehalt. Was da durch den Blätterwald ging, war der Auszug aus einer Diplomarbeit, die in Teilen veröffentlicht wurde. Es ist ein alter Hut, daß Wurzel- und Blattgemüse einen höheren Nitratgehalt aufweisen als andere Lebensmittel. Die Gleichung „Vermehrte Nitrataufnahme = erhöhtes Krebsrisiko" geht so nicht auf. Nitrat muß sich erst in Nitrit verwandeln, damit es sich mit Eiweißstoffen zu den wirklich gefährlichen Nitrosaminen verbinden kann. Käme es nur auf Nitrat an, hätten sich die Vegetarier wohl schon selbst ausgerottet.

Als geeignete Hemmstoffe zur Verhinderung von Nitrosaminen haben sich Vitamin C und E erwiesen. Der wohl bekannteste Hersteller der im Reformhaus erhältlichen Rote-Bete-Moste hat diese Säfte deshalb nach eigenem Bekunden mit Vitamin C angereichert. Interessant in diesem Zusammenhang: Kopfsalat, Spinat, Rettich und Radieschen haben einen Nitratgehalt, der teilweise erheblich über dem von Rote-Bete liegt. Und die Weltgesundheitsorganisation hat lediglich den Höchstwert für Nitratzusätze bei Lebensmitteln festgelegt, für Gemüse gibt es keine Begrenzung.

Mineralwasser und Tee gehören jedenfalls nach wie vor zu unseren Standardgetränken, und Jasmin, die Rote-Bete-Most gern trinkt, bekommt ihn nach wie vor. Er ist milchsauer vergoren und angenehmer im Geschmack.

Rote Bete hat einen deutlichen Eigengeschmack, der viele abschreckt, auch die Flüssigkeitsmenge ist nicht jedermanns Sache. Mit „Rote-Bete-Kroletten" ist mittlerweile ein Präparat auf dem Markt, das die Wirkstoffe dieser Knollen als Konzentrat in sich vereinigt. Es ist in Apotheken frei verkäuflich erhältlich, manche Ärzte verordnen es auch.

Krebshemmenden Einfluß haben alle Pflanzen, die besonders schwefelhaltige Enzyme produzieren, also alle Lauchgewächse wie Porree, Zwiebel, Knoblauch, Meerrettich. Verwenden Sie, wann immer es geht, auch frische Kräuter, denn meist sind es nicht nur Würz-, sondern auch Heilkräuter. Die Dekorationspflanze Nr. 1 für unsere kalten Platten, die Petersilie, enthält nieren- und herzwirksame Bestandteile, die bei einigen Krankheiten (Entwässerung bei älteren Menschen beispielsweise) pharmazeutische Präparate ersetzen können.

Produkte aus Getreide und Vollkorn sind auch aktiv bei der Krebsbekämpfung. Das in ihnen enthaltene Zink benötigt der Körper, um Enzyme aufzubauen, die imstande sind, die abnormalen Atmungsprozesse in der Krebszelle zu unterdrücken.

Vielleicht fragen Sie sich nun, ob sich der Aufwand und die Nahrungsumstellung nicht vermeiden läßt, indem Sie Vitaminkapseln und Mineraltabletten einfach kaufen. Grundsätzlich ist es so, daß die Wirkstoffe in ihrer Gesamtheit nie so wohldosiert und in natürlicher Zusammensetzung in den Körper gelangen. Und so harmlos, wie die Vitamine und Mineralien zu sein scheinen, sind sie nicht. Zwar frei verkäuflich, sind es doch Medikamente, über deren Einsatz der Arzt entscheiden sollte, denn es kommt auf die richtige Dosierung an. Und was damit erreicht werden soll. Geringe Zinkdosen sind immunaktivierend, hohe Zinkdosen tumorzellhemmend, mittelgroße wirken möglicherweise als Futter für den Tumor. Wenn Ihr Kind einen Kalk entziehenden Tumor hat oder Knochenmetastasen, kann eine sonst harmlose Calciumgabe genau das Gegenteil von dem bewirken, was Sie erreichen wollen. Verzichten Sie also auf derartige Eigentherapien.

Wie schwierig die Arbeit der Mediziner und Wissenschaftler ist, der Krebsursache auf die Spur zu kommen, mögen Ihnen ein paar Zahlen verdeutlichen. Der Körper ist ein Miniaturuniversum, seine Bausteine sind winzig. Etwa 100.000 Zellen passen in einen Stecknadelkopf, jede dieser menschlichen Zellen enthält im Chromosomensatz rund zwei Millionen Informationsabschnitte, die Gene. Höchstens zehntausend unterschiedliche Informationen benötigt die Zelle, zehntausend verschiedene biochemische Reaktionen beherrscht sie. Der Körper eines Erwachsenen besteht aus der schier unvorstellbaren Zahl von 60 Billionen Zellen, die untereinander in Verbindung stehen und harmonisch zusammenarbeiten. Hier nun herauszufinden, wann, warum und wodurch einzelne Zellen oder Zellverbände plötzlich nicht mehr richtig funktionieren – das ist eine Aufgabe, gegen die die Entschlüsselung der Hieroglyphen ein Kinderspiel war.

Man weiß, daß die Leukämie bei Mäusen durch Viren hervorgerufen wird. Etliche Wissenschaftler vermuten, daß es auch Viren sind, die beim Menschen Krebs erzeugen. Unterstellt, diese Theorie ist richtig, ergibt sich folgendes Bild: Der ganze, in den Chromosomen einer Zelle enthaltene Nucleinsäurefaden ist aufgewickelt rund ein Meter lang, die Gen-Fadenlänge von Viren beträgt 1/100 bis 1/10 Millimeter. Herausgelöst aus dem mikroskopischen Bereich und übertragen in sichtbare Größen bedeutet das, daß die Viren-Fadenlänge einen Millimeter ausmacht, dagegen steht der

Zellfaden des Menschen mit einer Länge von zehn bis hundert Kilometern. Nun sind diese Fäden nicht einfach eine Schnur, sondern ein langer Text aus Worten und Symbolen, vergleichbar mit dem Steuerprogramm eines Computers. Wird nun auch nur ein Wort dieses Steuerprogramms geändert, gelöscht oder hinzugefügt, dann ist das gesamte Programm sinnentstellt, die Produktion läuft vollständig anders. Und das bewirken nach dieser These die Viren, die ihren Text in das Programm hineinmogeln — oder etwas anderes.

Ein Millimeter falsche Information. Etwas weniger abstrakt: Sie schreiben jemandem, den Sie mögen: „Ich möchte Dich gern wiedersehen." Dann kommt irgend jemand daher, radiert „gern" aus und setzt dafür ein „nie". Sie wissen natürlich nichts von dieser sinnentstellenden Veränderung und wundern sich darüber, daß der andere Mensch Ihnen auf einmal die kalte Schulter zeigt, zumal Sie sich auf den plötzlichen Sinneswandel keinen Reim machen können, weil es offensichtlich keinen Grund dafür gibt und das Ganze logisch nicht erfaßbar ist. Fast so ähnlich ergeht es den Forschern.

Sie können sich ausrechnen, wie schwierig, aufwendig und langwierig es ist, dieses falsche Wort, den einen Millimeter aufzuspüren bei einem Text, der zehn bis hundert Kilometer lang ist. Dennoch sind schon deutliche Fortschritte gemacht worden, und die Ansätze sind ermutigend. Die Diagnose „Leukämie" war früher gleichbedeutend mit einem Todesurteil, heute liegt die Erfolgsquote bei weit über sechzig, teilweise sogar über achtzig Prozent. Die enormen Anstrengungen der Wissenschaftler in dieser Hinsicht waren also nicht umsonst, im Gegenteil. Und unzählige Experten in aller Welt arbeiten verbissen daran, den Ursachen von Leukämie und Krebs auf die Spur zu kommen, damit diese Krankheiten endgültig besiegt und ausgerottet werden können.

Daß nicht alles, was in teils reißerischen Berichten in der Presse veröffentlicht wird, sofort angewandt oder in die Praxis umgesetzt wird, hat seinen guten Grund. Unerwünschte Nebeneffekte einer Therapie müssen erst erforscht und weitgehend ausgeschaltet werden. Medikamente können heilen, bei bestimmten Voraussetzungen aber auch unwirksam sein oder so schlimme Nebenwirkungen auf den Gesamtorganismus haben, daß sie mehr schaden als nutzen. Hier wägen die Ärzte verantwortungsvoll ab, was Ihrem Kind wirklich hilft.

Steuern Sie Ihren Teil dazu bei durch eine ausgewogene Nahrung, aber erwarten Sie nicht die schnelle Wirkung eines Fieberzäpfchens und vor allem keine Illustriertenwunder. Eine Diät, die den Krebs vernichtet, gibt es nicht, aber die Selbstheilungskräfte des Körpers werden gestärkt, das angeschlagene Immunsystem regeneriert und aktiviert, so daß der Organismus in der Lage ist, auch von sich aus diese tückische Krankheit mit allen ihm zur Verfügung stehenden Mitteln zu bekämpfen.

Erinnern Sie sich: Thymus-Zellen vernichten Krebszellen im Körper. Unterstützen Sie also den inneren Arzt, so gut es geht, denn niemand kennt den Körper Ihres Kindes besser als eben dieser Körper selbst. Eins aber sollten Sie trotz allen Eifers vermeiden: abrupte Umstellung Ihrer Eßgewohnheiten und eine Vegetarierhysterie, also *verordnen* Sie Ihrem Kind jetzt nicht liter- oder pfundweise „Gesundheit". Alle Einseitigkeit ist von Übel, und eine plötzliche Nahrungsumstellung belastet den Körper zusätzlich, er wird mit ausschließlich ballastreicher Nahrung nicht auf Anhieb fertig, was Magen- und Darmstörungen zur Folge hat. Es ist wie mit Medikamenten: Auf die richtige Dosierung kommt es an.

Ernährung ist auch ein Pfeiler bei der biologischen Krebsabwehr, die zahlreiche Ärzte auf ihre Fahne geschrieben haben. Sie haben sich zu einer Gesellschaft zusammengeschlossen. Informationen darüber können Sie anfordern bei: Biologische Krebsabwehr, Hauptstr. 20, 6900 Heidelberg.

Für das neue Jahr haben wir nur einen Wunsch: daß Jasmin wieder gesund wird. Diesen Wunsch teilen wir sicherlich mit vielen Eltern. Unser Appell an alle Mütter und Väter, die in der gleichen Lage sind wie wir: Meiden Sie kleine Krankenhäuser, denn diese Kliniken sind nicht darauf eingerichtet, Leukämie oder Krebs bei Kindern zu behandeln. Oft hapert es schon an der Betreuung, weil es keine ausgebildeten Kinderkrankenschwestern gibt, von Kinderonkologen ganz zu schweigen. Den Ärzten mangelt es an Erfahrung im Umgang mit diesen Krankheiten, sie sind keine Spezialisten hierfür. Notwendige, aber aufwendige Diagnoseeinrichtungen fehlen. Für Ihr Kind ist jedoch das Beste gerade gut genug.

Wir haben es mehrmals auf Peiper erlebt, daß dort das repariert werden sollte, was in anderen Krankenhäusern verpfuscht wurde, und das ging oft nicht mehr. Manchmal war in Gießen eine zweite Operation notwendig, kaum daß die Wunde vom ersten Eingriff verheilt war. Das sollten Sie sich und Ihrem Kind ersparen, zumal manche Chirurgen jeder medizinischen Errungenschaft abhold sind und Wunden immer noch klammern. Dabei ist meines Wissens nicht nur die Infektionsgefahr größer, sondern die Entfernung der Klammern ist zudem schmerzhafter als das Ziehen der Fäden, und mit dem Aufstehen und der Bewegung hapert es auch.

Lassen Sie Ihr Kind in ein onkologisch-hämatologisches Zentrum einweisen oder wenden Sie sich an die nächstgelegene Universitäts-Kinderklinik. Sicher, manchmal lassen sich zwei-, dreihundert Kilometer Fahrt nicht vermeiden, aber das ist ein Kind den Eltern wohl wert, zumal die Kassen die Fahrtkosten übernehmen. Ob Vater oder Mutter − ein Elternteil sollte den ganzen Tag über bei dem Kind sein. Soweit mir bekannt ist, existieren überall dort Elternvereine, wo es Kinderkrebsstationen gibt. Diese Vereine stellen den Eltern gegen eine geringe Gebühr Zimmer und Unterkünfte zur Verfügung − in Gießen sogar kostenlos. Auch diese Aufwendungen werden bei Vorlage einer entsprechenden ärztlichen Bescheinigung, daß die Betreuung des Kindes durch einen Elternteil aus medizinischen und psychologischen Gründen notwendig war, von den Krankenkassen in aller Regel voll übernommen; eine Verpflegungspauschale wird ebenfalls gezahlt.

Dennoch: Krebs ist eine teure Krankheit − nicht nur für die Kassen oder Krankenversicherungen, auch für die Eltern. Neben all dem Leid kommt auch noch eine enorme finanzielle Belastung auf alle Betroffenen zu, die niemand erstattet. Allein die täglichen Mehrkosten für Verpflegung schlugen bei uns mit zwanzig bis dreißig Mark zu Buch, dazu Mitbringsel und was der Dinge mehr sind.

Jasmin ist noch zu klein, um zu verstehen, welche Krankheit sie hat, aber größere Kinder fragen, wollen wissen, warum sie in der Klinik sind. Ins Krankenhaus, so ihre Vorstellung, muß man, wenn man sich etwas gebrochen hat oder zur Operation. Oft haben die Kinder keine Beschwerden, die sie mit einer Krankheit in Verbindung bringen, nach eigenem Dafürhalten fehlt ihnen nichts. Für die Eltern erhebt sich da häufig die Frage: Was sage ich meinem Kind? Wie sage ich es meinem Kind? Hier möchten wir Ihnen einen Leitfaden an die Hand geben. Lassen Sie Ihr Kind den nachstehenden Text lesen. Er enthält alle notwendigen Informationen, klammert Einzelheiten in der Behandlung jedoch bewußt aus, um dem Kind nicht den Mut zu nehmen.

Tun Sie es auch nicht. Sagen Sie also nicht: Du mußt noch ein Vierteljahr in der Klinik bleiben, benutzen Sie ruhig das schwammige „noch einige Zeit". Es klingt nicht so hart, zumal „Zeit" für Jüngere ohnehin ein abstrakter Begriff ist. Wenn Ihr Sohn oder

Ihre Tochter punktiert werden muß, ist es wahrlich kein Trost, wenn Sie sagen: „Es wird ja nur noch dreimal gemacht." Falsch ist es aber auch, wider besseres Wissen zu behaupten: „Es war das letztemal." Selbst frommen Lügen kommen die Kinder auf die Spur. Darunter leidet dann das Vertrauen zu den Eltern, das jetzt so wichtig ist. Mit Trost und positiven Worten läßt sich manche harte Wahrheit umschiffen.

„Wird mir morgen wieder Blut abgenommen?"

„Du hast heute alles hinter dir. Jetzt lassen dich die Ärzte und Schwestern in Ruhe, du brauchst keine Angst mehr zu haben."

Den meisten Kindern – von Vierzehnjährigen und älteren ist nicht die Rede – reicht das. Morgen, das ist noch weit weg, sie wollen ihre augenblickliche Angst loswerden, sie nicht konservieren wie Erwachsene, denen es im Bewußtsein dessen, was kommt, bereits vor dem nächsten Tag graut.

„Bekomme ich morgen wieder den Injektionsautomaten?"

„Ich weiß es nicht, da muß ich erst den Arzt fragen."

Natürlich wissen Sie es – Sie haben geschwindelt. Und welche Ausrede benutzen Sie morgen? Dieselbe? Das wird Ihnen nicht geglaubt, zumindest auf Dauer nicht. Sie werden als Mutter oder Vater unglaubwürdig – eine bedrückende Erfahrung für das kranke Kind, das psychischen Beistand braucht, und zwar mehr denn je. Wählen Sie Umschreibungen oder eine sanfte Wahrheit, bringen Sie eine Belohnung ins Spiel, mildern Sie schlechte Nachrichten durch positive Bemerkungen ab, doch versuchen Sie nicht, Ihr Kind auszutricksen, um es zu beruhigen. Der momentane Erfolg schlägt bei der Länge der Therapie ins Gegenteil um, das Kind hält dann selbst die Wahrheit für gelogen.

„Bekomme ich morgen wieder den Injektionsautomaten?"

„Ja, aber ich bin bei dir und paß auf. Und weil du heute so tapfer warst, bringe ich dir morgen eine Überraschung mit." Kinder können sich noch richtig freuen. Eine Überraschung, was mag das sein? Ein Spielzeug, ein Buch, eine Kassette? Die Gedanken kreisen um die Überraschung, das kommende schlimme Erlebnis wird verdrängt. Es ist ja erst morgen, und dann ist ja auch noch der Vater oder die Mutter da, um Beistand zu leisten. Aber wie kann die Überraschung aussehen? Das beschäftigt Ihr Kind mehr als der Injektomat, der erst einmal wieder weg ist.

Diese Anregungen mögen genügen, denn wir wollen Ihnen keinen psychologischen Ballast aufladen. Stellen Sie sich vor, Sie wären selbst so krank wie Ihr Kind. Natürlich wollen Sie die Wahrheit wissen über Ihren Zustand und die Behandlung, aber nicht schroff und kalt, als wären Sie eine Maschine, die repariert werden muß, nein, menschlich, einfühlsam, mitfühlend. Halten Sie es auch so bei Ihrem Kind, „salben" Sie die zarte Psyche mit Aufmunterungen und Streicheleinheiten, schmusen Sie ganz ungeniert mit Tochter oder Sohn, wenn sie oder er in den Arm genommen werden möchte.

WAS DU ÜBER KREBS UND LEUKÄMIE WISSEN SOLLTEST

Die Klinik, in der Du behandelt wirst, ist wahrscheinlich eine Universitätsklinik, selbst eine kleine Stadt in der Stadt. In einem Haus wie etwa der Augenklinik werden nur Augenkrankheiten behandelt, in der Hals-, Nasen-, Ohrenklinik eben nur Erkrankungen von Hals, Nase oder Ohren. Die Ärzte, die dort arbeiten, sind Spezialisten. Das Fachgebiet der Augenärzte sind beispielsweise die Augen. Man nennt diese Spezialisten „Fachärzte".

Natürlich sind auch die Ärzte, die in der Kinderklinik arbeiten, Fachärzte. Und weil sie Kinder behandeln und deren Krankheiten besonders gut kennen, werden sie Kinderärzte genannt. Leider gibt es viele Kinderkrankheiten, und so haben sich auch die Spezialisten ein besonderes Gebiet ausgesucht, denn jede Klinik ist noch einmal in Stationen unterteilt. Die Station, auf der Du Dich befindest, hat eine eigene Bezeichnung oder einen Namen, den Du sicherlich kennst. Wie Du haben die anderen Kinder, die hier behandelt werden, Krebs oder Leukämie.

Die Ärzte und Schwestern tun alles, damit Du wieder gesund wirst, aber Du mußt Geduld haben. Diese Krankheiten gehen nicht so schnell weg wie Fieber, Masern oder Husten. Auch die Medikamente sind anders und so stark, daß Dir davon sogar die Haare ausfallen. Das ist aber nicht so schlimm, weil die wieder nachwachsen, sobald Du bestimmte Medizin nicht mehr bekommst. Ärger ist da schon der Katheter oder, wie die Ärzte sagen, die Infusion. Dieser Stich durch die Haut tut weh, doch was wie Quälerei aussieht, hilft Dir in Wahrheit, denn nun kann alles über den Katheter erfolgen. Zum Blutabnehmen mußt Du nicht mehr gepiekst werden, die Medizin wird über den Katheter gegeben, und auch ein Tropf kann einfach daran angeschlossen werden. Auch Ärzte stechen nicht gern – der Katheter erspart Dir Spritzen und Schmerzen. Sicher ist es übel, gestochen zu werden, aber ist es nicht besser, den einen Stich zu ertragen, als eine Woche lang mehrmals am Tag eine Spritze zu bekommen? Ist Dir eine Klassenarbeit in der Woche nicht lieber als drei täglich?

Daß Dein Körper aus Zellen besteht, deren Zahl schier unbegreiflich ist, weißt Du vielleicht. Bei Krebs und Leukämie ist es so, daß die Zellen plötzlich nicht mehr so funktionieren, wie sie sollten. Warum die Zellen verrückt spielen, muß noch genau erforscht werden, doch wie das funktioniert, weiß man.

Stell Dir vor, Du hast ein Huhn, das jeden Tag brav sein Ei legt. Die Eier werden bebrütet, und eines Tages schlüpfen daraus Küken. Sie folgen der Mutter, und die Henne zeigt ihnen, wie man das Futter aufpickt, nach Würmern scharrt und welche Tiere Feinde sind. Bei Leukämie sieht das so aus: Dein Huhn legt weiter jeden Tag ein Ei, aber die meisten sind rund. Sie brauchen auch nicht bebrütet zu werden, denn die Küken aus den runden Eiern schlüpfen noch am selben Tag. Sie scharen sich um die brütende Mutter und warten, denn sie haben ja nichts von dem gelernt, was ein Huhn eigentlich wissen muß. Die Henne brütet und brütet, und wenn aus den eiförmigen richtigen Eiern ihre niedlichen Kinder schlüpfen, gibt es schon viele Küken aus den Kugel-Eiern, die einfach um das Nest herumstehen. Sie sind dumm und haben nichts gelernt, behindern die anderen Küken und drängen sie in eine Ecke. Schließlich sind es so viele, daß die dumm herumstehenden Küken im eigenen Stall keinen Platz mehr finden und den ganzen Hühnerhof überschwemmen. Sie tun nichts, aber ihre Masse ist so groß, daß die richtigen Küken nicht mehr zum Futter finden.

Übertragen wir das jetzt auf den Körper, sieht das so aus: Das Nest ist das Knochenmark, wo diese Blutzellen gebildet werden, der Hühnerhof ist der gesamte Mensch. Die unfertigen Zellen breiten sich im Knochenmark aus und gehen dann ins Blut. Gelernt haben sie nichts, lungern nur so herum und behindern die normalen Zellen bei der Arbeit. Diese Nichtsnutze können so zahlreich auftreten, daß man von „Leukämie" spricht.

Auch bei Krebs spielen Zellen verrückt, aber diesmal keine Blutzellen, sondern Körperzellen. Jede Zelle „weiß", wann und wie oft sie sich teilen muß, doch der Krebs trickst sie aus. Nehmen wir als Beispiel wieder das Huhn – Dein Huhn.

Du weißt, daß es bei Menschen und Tieren zwei Geschlechter gibt – Mann und Frau, Hengst und Stute, Hahn und Henne. Nur wenn der Hahn die Henne befruchtet hat, schlüpfen aus den Eiern Küken, die später selbst Hähne oder Hennen werden. Nun zu Deinem Huhn.

Plötzlich legt es am Tag nicht ein Ei, sondern drei. Zwei davon sind eckig, doch die Henne bemerkt es nicht. Als aufmerksame

Glucke brütet sie alle drei aus, doch aus den eckigen Eiern schlüpfen keine normalen Hühner, sondern Vögel, die Hühnern nur ähnlich sehen. Sie sind gierig, schnappen den anderen Hühnern und Küken das Futter weg und wachsen sehr schnell. Nehmen wir an, die normalen Hühnerküken brauchen ein Jahr, um erwachsen zu werden, so sind die Küken aus den eckigen Eiern schon nach wenigen Monaten Hähne und Hennen. Die gierigen Hähne befruchten nun nicht nur die gierigen Hennen, sondern auch die anderen Hühner, so daß sie fortan nur noch eckige Eier legen. Zurück zum Körper. Dieser Stall voll mit Hühnern, die nur noch eckige Eier legen – das ist ein Tumor oder Krebs.

Du hast jetzt so viel von Zellen gehört, daß ein paar Erklärungen dazu nötig sind. Eine Zelle ist nicht eine Art Backstein, sondern ein lebendes Gebilde – ein Baustein des Körpers, aber eben kein Stein. Wären wir Menschen klein genug, um in einer solchen Zelle einen Besuch zu machen – wir kämen aus dem Staunen nicht heraus. So eine Zelle ist eine winzige Fabrik mit einem eigenen Kraftwerk, Mini-Computer, Telefonverbindung zu anderen Zellen, Fuhrpark und Abfallbeseitigungsanlage. Wie groß ein Millimeter ist, kannst Du am Lineal ablesen. Die meisten Zellen sind so klein, daß Du fünfzig davon nebeneinander legen müßtest, um einen Millimeter Länge zu erreichen, bei Blutzellen wären es noch viel mehr. Manche dieser Winzlinge – die Nervenzellen – senden dabei Fortsätze aus, die bis zu einem Meter lang sein können. Stell Dir das einmal vor!

Nun ist Zelle nicht gleich Zelle, denn jede erfüllt mit anderen zusammen eine bestimmte Aufgabe. Die Zellen sind wie die Fachärzte Spezialisten. So muß eine Leberzelle eine Arbeit tun, die eine Hautzelle nicht kann, und umgekehrt ist das natürlich auch der Fall. Und so verschieden, wie die Aufgaben sind, so unterschiedlich ist auch die Lebensdauer der Zellen. Nervenzellen werden so alt wie der Mensch, Oberhaut- und Blutzellen erneuern sich innerhalb weniger Tage und Wochen, die meisten anderen Zellen teilen sich insgesamt dreißigmal, also etwa alle zwei, drei Jahre. Wenn Du Dich nach dem Baden abrubbelst, wirst Du auf der Haut kleine dunkle Röllchen finden – das sind abgestorbene Hautzellen.

Krebs bewirkt nun, daß die Zellen sich nicht alle zwei bis drei Jahre teilen, sondern sehr viel schneller. Diese entarteten Zellen können nicht mehr die Arbeit tun, die die gesunden Zellen gelernt haben, im Gegenteil, sie behindern ihre früheren Geschwister und stehlen ihnen die Nahrung. Das verhindern die Medikamente, die

Du bekommst. Sie greifen Zellen an, die gerade dabei sind, sich zu teilen, und vernichten sie. Leider können die Medikamente keinen Unterschied machen zwischen gesunden Zellen und entarteten Zellen. Auch gesunde Zellen, die sich schnell teilen – etwa die, die für den Haarwuchs verantwortlich sind –, leiden also darunter. Dir fallen die Haare aus, doch die wachsen wieder, keine Angst.

Ein Tumor besteht nicht aus zwei oder drei Zellen, sondern aus etlichen. Es ist klar, daß die sich nicht alle zur gleichen Zeit teilen – die Kirschen am Kirschbaum sind ja auch nicht alle am gleichen Tag rot und reif. Damit auch jede kranke Zelle bei der Teilung erwischt wird, mußt Du die Medizin länger bekommen. Anders als Krebs ist Leukämie eine Erkrankung des Knochenmarks und damit auch des Blutes, das zum größten Teil im Knochenmark produziert wird.

Blut ist nicht einfach ein roter Saft, sondern erfüllt eine Menge Aufgaben, die unterschiedliche Zellen übernehmen. Ein Tröpfchen so groß wie ein Stecknadelkopf enthält die schier unvorstellbare Zahl von fünf Millionen roten Blutkörperchen, sechs- bis achttausend weiße Blutkörperchen und 200.000 bis 300.000 Blutplättchen. Dieser Stecknadelkopf enthält einen Kubikmillimeter Blut, ein Erwachsener hat etwa sechseinhalb Liter. Vielleicht kannst Du einmal ausrechnen, wie viele rote und weiße Blutkörperchen und Blutplättchen im Körper vorhanden sind.

Die roten Blutkörperchen werden hauptsächlich im Knochenmark produziert und leben etwa hundert Tage. Um ständig für Nachschub zu sorgen, werden in unseren Knochen in jeder Minute 170 Millionen neue rote Blutzellen gebildet – so sieht das als Zahl aus: 170.000.000. Die Hauptfunktion der roten Blutzellen ist der Transport von eingeatmetem Sauerstoff in alle Körperteile und der Rücktransport von Kohlendioxid, das wir ausatmen.

Von den weißen Blutkörperchen gibt es mehrere Sorten. Sie werden im Knochenmark produziert, in der Milz und den Lymphknoten und im Bindegewebe. Sie sind die Polizisten des Körpers und sorgen dafür, daß eingedrungene Krankheitskeime vernichtet werden.

Die Blutplättchen leben nur sieben bis elf Tage und sorgen für die Einleitung der Blutgerinnung. Wenn Du Dich einmal verletzt hast, bilden die Blutplättchen eine Art Propf und verschließen die Wunde, damit Du nicht verblutest.

Bei Leukämie ist es so, daß im Knochenmark weiße Blutkörperchen gebildet werden, die unvollständig sind und für ihre Arbeit nicht taugen. Anstatt Jagd auf Keime zu machen und sie aufzufressen, lungern sie nur herum und stehen den gesunden Polizisten im Weg, gleichzeitig werden die roten Blutkörperchen weniger. Der Körper bekommt nicht mehr ausreichend Sauerstoff zugeführt und kann sich nur noch sehr schlecht gegen Krankheiten wehren. Damit er wieder richtig funktionieren kann, müssen die unreifen weißen Blutzellen vernichtet werden — eben durch Medikamente und durch Bestrahlung. Bestrahlung tut nicht weh.

So, nun weißt Du über die Krankheit Bescheid und hast vielleicht auch etwas über Deinen Körper gelernt. Zu sagen ist noch, daß manche Medikamente Übelkeit hervorrufen, aber auch gegen das Brechen gibt es Mittel, die Du bei Bedarf bekommst.

Übrigens: Die Ärzte und Schwestern der Station, auf der Du behandelt wirst, sehen es gern, wenn Deine Mutter oder Dein Vater bei Dir ist. Sie schicken Deine Eltern auch nicht weg, wenn Du Medizin bekommst oder wenn Dir Blut abgenommen wird. Vater und Mutter können auch mitgehen, wenn Du geröntgt wirst, zum Ultraschall oder zur Bestrahlung mußt. Angst brauchst Du vor den großen, fremden Maschinen nicht zu haben: Sie tun alle nicht weh und sind im Prinzip riesige Fotoapparate, mit denen die Ärzte in Deinen Körper hineinsehen können. Es ist tatsächlich wie beim Fotografen, denn auch beim Röntgen zum Beispiel mußt Du ruhig sitzen oder stilliegen.

Du mußt übrigens nicht den ganzen Tag im Bett verbringen, sondern kannst herumlaufen und andere Kinder besuchen, im Kindergarten oder im Spielzimmer spielen und basteln, lesen, fernsehen oder Kassetten hören, malen und puzzeln. Langweilig wird es Dir also nicht werden. Und soo lange mußt Du ja auch nicht in der Klinik bleiben, denn wenn es Dir gutgeht, darfst Du zwischendurch immer mal wieder nach Hause. Darauf kannst Du Dich jetzt schon freuen.

5. Januar 1984, Donnerstag

Kontrolluntersuchung mit Blutabnahme.

Wir sind sehr deprimiert. Seit heute wissen wir, daß der Kampf noch längst nicht gewonnen ist. Der Tumor hat sich zwar verkapselt, aber seine Ausscheidungen, die im Blut und im 24-Stunden-Sammelurin nachweisbar sind, haben sich gegenüber dem Beginn der Therapie nicht oder kaum gemindert. Uns wird eine weitere Operation nicht nur nahegelegt, sondern dringend empfohlen. Und noch etwas erfahren wir: Anfangs hatte Jasmin Metastasen im Knochenmark. Zwar sind keine mehr feststellbar, aber das bedeutet wenig. Eine Knochenmarktransplantation ist unumgänglich. Um zu ermitteln, ob und wer als Spender von uns dreien in Frage kommt, soll Renate, Kyra, Jasmin und mir in der Blutbank Blut abgenommen werden.

Wir sind wie vor den Kopf geschlagen. Auf häufige Zwischenuntersuchungen hatten wir uns innerlich eingestellt, nun stehen wir wieder fast am Anfang. Es wird eine schlimme Nacht.

10. Januar, Dienstag

Blutabnahme bei Renate, Kyra, Jasmin und mir.

24. Januar, Dienstag

Kontrolluntersuchung mit Blutabnahme.

27. Januar, Freitag

Blutabnahme bei Renate, Kyra, Jasmin und mir.

31. Januar, Dienstag

Kontrolluntersuchung mit Blutabnahme.

2. Februar, Donnerstag

Vier Wochen hatten wir Zeit, uns zu einer Entscheidung durchzuringen — wir haben uns für die Operation entschieden. Viermal wurde Jasmin untersucht und Blut abgenommen, zweimal wurden

Renate, Kyra und ich zur Ader gelassen, um einen geeigneten Knochenmarkspender zu finden. Die Chance, innerhalb der Familie fündig zu werden, beträgt nur 25 Prozent, dennoch scheint unsere Große die Voraussetzungen zu erfüllen.

Am 25. 1. wurde Mikro vier Jahre alt, am 30. 1. hatte Renate Geburtstag. Zum Jubeltag der Kleinen hatten wir ein paar Kinder eingeladen, er wurde auch ein wenig festlich gestaltet, doch die Feier hielt sich in Grenzen.

Der ursprüngliche Operationstermin wurde vom 1. 2. auf den 3. 2. verschoben. Gegen 11.30 Uhr ist Renate mit der Kleinen in die Klinik zur Vorbereitung gefahren. Blutabnahme, messen, wiegen.

Als ich nach Büroschluß auf die Station komme und Jasmins geliebte Krieg-der-Sterne-Figuren mitbringe, freut sie sich wie ein Schneekönig. Sie ist durchaus nicht niedergeschlagen, denn wir haben ihr gesagt, daß sie keinen Piepser und keine Medikamente bekommt, von denen ihr übel wird. Das beruhigt sie.

Wir sind da weit nervöser, aufgeregt und unruhig. Eine solche Operation ist nun mal keine Kleinigkeit. Innerlich haben wir uns darauf vorbereitet, aber wer bleibt als Eltern da schon gelassen?

Um 18.00 Uhr bekommen wir die Nachricht, daß wir mit Min nach Hause können – die Chirurgen haben vergessen, sie auf den OP-Plan zu setzen. Dr. Berthold ist verärgert über diese Gedankenlosigkeit, doch obwohl er alle Hebel in Bewegung setzt, ist nichts zu ändern – kein Termin im OP mehr frei. Neuer Termin: 6. 2. 84.

5. Februar, Sonntag

Heute um 15.30 Uhr sind wir wieder auf Peiper eingetroffen. Die junge Narkoseärztin, die uns später aufsucht, ist sehr nett und macht einen gewissenhaften Eindruck. Professor Schwemmle, ein anerkannter Kinderchirurg, operiert Mikro wieder. Wir haben Vertrauen zu ihm und seinem Team.

Min darf noch etwas Leichtes essen und trinken, bevor sie einen Einlauf bekommt.

Am Abend bin ich noch lange wach. Ich wünschte, es wäre schon vierundzwanzig Stunden später, und bete, daß morgen alles gutgeht.

6. Februar, Montag

Renate hat Kyra für die Schule zurechtgemacht, dann fahren wir in die Klinik. Gegen acht Uhr sind wir da. Jasmin hat etwas zur Beruhigung bekommen. Sie blickt uns nur kurz an und schläft zufrieden weiter. Die Operation ist für zehn Uhr angesetzt, um 8.30 Uhr bekommt Min ein Beruhigungszäpfchen. Quälend langsam vergeht die Zeit, die Warterei zerrt an den Nerven.

Um 9.30 Uhr wird Jasmin wach, möchte aus dem Bett heraus und spielen. Wir können sie hinhalten, aber sie merkt, daß etwas nicht stimmt. Zwanzig Minuten später bekommt sie die obligatorische Beruhigungsspritze in den linken Oberschenkel. Zu viert müssen wir unseren armen Wurm festhalten, dann geht es zum OP. Zusammen mit einer Schwesternschülerin fahren wir das Bett aus dem Zimmer.

Es geht mit dem Aufzug in den Keller, durch Katakomben und unästhetische Gewölbe, halb Abstellraum, halb Rumpelkammer. Ein unterirdischer Gang folgt, wieder per Lift nach oben, dann eine Art Wartesaal vor dem OP, so trist wie eine Müllkippe, ein Bettenverschiebebahnhof, bei dem Grau die vorherrschende Farbe ist, „aufgelockert" durch kalte Edelstahlflächen. Säcke mit schmutziger Kleidung stehen herum, Reinigungsgerät. Und dazwischen huschen durchgeschwitzte Chirurgen in sterilem Grün mit blutverschmierten Einmalhandschuhen und blutbefleckten Kitteln und Schürzen hindurch. Selbst mutige Charaktere lernen hier das Fürchten.

Wir müssen warten, ein Mann, der aufrecht in seinem Bett sitzt, ebenfalls. Jasmin ist kaum zu beruhigen, sie schreit und schleudert ihren Schnuller weg. Weinend wendet sich Renate ab. Dann kommt der Chirurg, nimmt Min auf den Arm und legt sie in ein Gitterbettchen. Ich gehe nach, so weit ich darf, sie wird weggefahren. „Papa, Mama!" ruft sie weinend und voller Angst. Nie bin ich mir so hilflos vorgekommen wie in diesem Augenblick. Ich fühle mich beschissen.

Wir fahren nach Hause. Renate schmiert ein paar Brötchen. Kamillentee besänftigt den rebellierenden Magen ein wenig, essen können wir nichts.

Um zwölf Uhr sind wir wieder in der Klinik. Warten. Wenige Minuten vor vierzehn Uhr kommt Dr. Berthold, mit dem wir uns vor der Heimfahrt noch unterhalten hatten. Er hat der Operation beigewohnt, konnte allerdings nicht bis zum Ende dabeibleiben, weil er zurück in die Ambulanz mußte. Wir sind dankbar, daß er uns informiert, zumal er Positives zu berichten weiß. Der Tumor konnte entfernt werden, die rechte Nebenniere wurde ebenfalls wegoperiert und ein Lymphknoten. Fast wider Erwarten ist die rechte Niere nicht befallen, die Leber ebenfalls ohne Metastasen. Komplikationen gab es nicht.

Wie Ölgötzen sitzen wir in dem leeren Zimmer, lauschen auf Stimmen und Geräusche, das Klingeln des Telefons im Schwesternzimmer.

Gegen 14.30 Uhr halte ich es nicht mehr aus und mache mich auf zum OP-Vorraum. Ein paarmal verlaufe ich mich, lande mit dem Aufzug im falschen Stockwerk, doch dann bin ich dort, wo ich hinwill. Warten. Blutverschmierte Ärzte schlendern pfeifend vorbei, niemand beachtet mich. Per Zufall entdecke ich Mins Bett hinter einer sich automatisch öffnenden Doppelflügeltür. Die mitgenommene Schmusedecke auf dem weißen Laken ist unverkennbar.

Endlich wird Mikro aus dem Aufwachraum herausgeschoben, der dem OP-Trakt angegliedert sein muß. Ich begrüße sie freudig, rede mit ihr. Sie scheint mich zu hören, denn sie öffnet kurz die Augen, ein Lächeln des Erkennens zeichnet sich auf ihrem Gesicht ab.

Eine angehende Medizinerin oder Assistenzärztin, eine Schwesternschülerin und ich legen sie gemeinsam in das gewohnte Bett. Min hat einen Nasenschlauch und einen daran befestigten Beutel für den Magensaft, ferner eine Plastikröhre, die im Schnitt befestigt ist und Blut aus der Wunde in eine Flasche ablaufen läßt. Daß ich dabei bin, scheint Min sehr sicher zu machen.

Trotz Rumpeln und Holpern des Bettes schläft sie sogar dann noch, als auf Peiper eine Schiene angelegt, ein Tropf angehängt und sie umgezogen wird. Professor Schwemmle hat den alten Schnitt erneut benutzt, mußte ihn aber ein wenig zur rechten Seite hin verlängern. Man sieht die Naht, denn sie wurde nicht verbunden, sondern mit einem Sprühverband versiegelt.

Die Ärzte wollen die noch anhaltende Betäubung dazu nutzen, um das Knochenmark zu punktieren. Renate ist mit ihrer Kraft am Ende, also begleite ich Jasmin ins Untersuchungszimmer. Am Morgen beim Gang zum OP hatte ich verdammte Angst, und ich wäre wohl nicht mitgegangen, wenn es nicht meine Tochter gewesen wäre, doch als es soweit war, war ich drauf und dran, mit in den OP zu gehen. Nun bin ich wesentlich ruhiger.

Trotz der Wunde muß die Kleine auf den Bauch gelegt werden. Ein untergelegtes Kissen wirkt stützend, dennoch sagt Min: „Au,

131

mein Bauch tut weh." Sofort gibt Dr. Hering ihr ein Mittel über die Kanüle in die Vene. Sie wird ruhig.

Ganz darauf konzentriert, Min zu helfen, halte ich ihren Kopf und streichle sie, rede ihr gut zu. Das lenkt mich natürlich auch ab. Eher beiläufig registriere ich, daß der Arzt eine Art Folterinstrument auspackt und das Becken oberhalb der Pobacken regelrecht anbohrt, ein kurzer Schlag darauf – es ist geschafft. Die Kleine hat nicht einmal gezuckt, die sonst übliche örtliche Betäubung konnte entfallen. Zu dritt bringen wir Jasmin in ihr Bett zurück.

Überwachungsgeräte benötigt sie nicht. Herzschlag, Puls und Atmung sind normal. Gott sei Dank, daß alles so gut ausgegangen ist.

7. Februar, Dienstag

Den Tag über hat Jasmin viel geschlafen. Da sie Mittel zur Ruhigstellung in üblicher Dosierung fast wegsteckt wie nichts, können wir uns vorstellen, daß sie eine ordentliche Dosis bekommen hat, die noch nachwirkt.

In der Hoffnung, daß sie heute schon leichte Kost bekommen darf, habe ich ein paar Fruchtquarkspeisen mitgebracht, aber ich lasse sie notgedrungen in der Tüte. Min darf noch nichts essen und trinken, dennoch hat sie weder Hunger noch Durst. Sie wird über den mit Glukose angereicherten Tropf versorgt. Am Abend hat sie leicht erhöhte Temperatur, doch das ist kein Grund zur Besorgnis, wie wir erfahren. Noch benötigt sie die Dränage und den durch die Nase geführten Magenschlauch.

Obwohl er schon Feierabend hat, sucht uns Dr. Berthold noch auf. Er hat in der Knochenmarkprobe Zellen gefunden, die auf Metastasen und Krebseinwirkung hindeuten. Die Gefahr, daß diese Partikel über die Blutbahn in den Körper gelangen und neue Tumoren bilden, sehen wir auch als Laien ohne ärztliche Aufklärung. Die einzige Alternative heißt Knochenmarktransplantation. Dr. Berthold erklärt uns Details.

Durch eine sehr hoch dosierte Ganzkörperbestrahlung wird Jasmins eigenes Knochenmark zerstört, sie bekommt Knochenmark von Kyra. Ohne körpereigene Abwehrstoffe – für einige Wochen – kann jede Infektion tödlich ausgehen. Durch eine sterile Umgebung soll das verhindert werden. Weit problematischer ist trotz aller Untersuchungen auf Identitätsfaktoren das Verhalten des Transplantats. Abstoßreaktionen des Körpers sind nicht zu erwarten, im Gegenteil, das Spenderknochenmark wehrt sich gegen den Empfängerkörper. Tritt das ein, sind die Ärzte nahezu machtlos. Erfolgsquote: 80 %, auf Dauer 50 %. Überlebenschance für Kinder mit Neuroblastom: 5 %.

Wieder stehen wir vor einer schweren Entscheidung, ich suche nach Auswegen. Es gibt keinen. Mein Gedanke, Knochenmark von Mikro einzufrieren, das transplantierte bei Abstoßreaktionen zu zerstören und das eigene – trotz Metastasen – wieder zuzuführen, um ihr wenigstens eine vorläufige Überlebenschance zu geben, ist Theorie. Eine zweite Bestrahlung dieser Art würde sie nicht überleben, meint der Arzt.

Die Transplantation mit dem verbundenen Aufbau des Spenderknochenmarks erfordert etwa sechs Wochen stationärer Behandlung. In Gießen wird dieses Verfahren nicht durchgeführt, wahrscheinlich kommt eine Klinik im süddeutschen Raum in Betracht, München, Ulm. Entfernungen sind kein Problem, aber was sollen wir tun?

8. Februar, Mittwoch

Wie gestern habe ich leichtverdauliche Quarkspeisen mitgebracht, aber Jasmin darf noch nichts essen und trinken. Erst muß sich der Darm entleert haben.

Die Dränage ist am Mittag entfernt worden. Als ich komme, hat sich der Chirurg Mikro noch einmal angesehen und entschieden, daß auch der Nasenschlauch nicht mehr gebraucht wird. Eine Schwesternschülerin, die Min seit Montag intensiv betreut, zieht ihn heraus. Mikro ist ganz glücklich, daß sie ohne Behinderung – der Schlauch war mit einem Pflaster am Bett fixiert – den Kopf drehen und sich aufsetzen kann. Sofort fühlt sie sich um fünfzig Prozent besser. Schmerzen an der Wunde oder im Bauch hat sie nicht, auch die Temperatur hat sich wieder normalisiert.

Sie weiß, daß sie erst etwas zu sich nehmen darf, wenn sie auf dem Topf war. Mehrmals versucht sie es, doch es klappt nicht.

Zu Hause in der Mittagspause habe ich fast eine halbe Stunde lang mit Dr. Bertram in Stuttgart telefoniert. Er rät uns zur Knochenmarktransplantation. Eine Gewähr für eine endgültige Heilung ist das allerdings nicht. Neuroblastom ist eine der schlimmsten Krebsarten überhaupt. Wie Dr. Berthold nannte auch Professor Lampert eine Überlebensquote von fünf Prozent.

Nach Auffassung von Dr. Bertram sind die süddeutschen Kliniken führend, was die Knochenmarktransplantation betrifft; eventuell kommt München oder Ulm in Frage. Er will Jasmin dann auf jeden Fall besuchen − als Mensch, nicht als Arzt.

9. Februar, Donnerstag

In der Erwartung, daß Jasmin heute etwas essen darf, besorge ich ihren geliebten Käse und ein Gläschen Babykost − Birne mit Apfel. Natürlich gibt es auch eine kleine Überraschung zum Spielen. Dabei habe ich außerdem den tragbaren Fernseher. Sie ist nach wie vor allein in der 5, und ein wenig Abwechslung tut ihr sicherlich gut.

Mich haut es fast um, als ich auf die Station komme. Mikro sitzt am Tisch im Flur, wo das Essen serviert wird, der Tropf ist ab. Renate ist bei ihr, beide winken mir fröhlich zu. Es ist einfach unglaublich. Erst Montag ist Min operiert worden, und nun springt sie herum wie am Sonntag, als wir kamen. Fast kommt es mir vor, als hätte sie während der Zwangsbettruhe Kraft und Lebensmut gespeichert und aufgetankt. Fidel, wie sie ist, vergessen selbst die sonst vorsichtigen Ärzte, daß die Wunde noch frisch ist. Herzlich und wohl auch ein wenig stürmisch umarmt Dr. Berthold Jasmin, berichtet Renate, erst als Min das Gesicht verzieht, wird ihm ihr Zustand bewußt, und er setzt sie vorsichtig ab. Der Kleinen hat das sicherlich weh getan, doch es ist schön, zu wissen, daß unsere Ärzte keine Gesundheitsroboter sind, sondern Menschen, denen Gefühle nicht fremd sind. Daß es Min so gut geht, ist sicherlich auch der Kunst von Professor Schwemmle zu verdanken. Begnadete Chirurgen wie ihn kann es nicht genug geben.

Mittlerweile liegen die Auswertungen und Ergebnisse der Gewebespezialisten vor. Mit den Chirurgen sind sie sich darin einig, daß der Tumor restlos entfernt wurde. Wie die Proben und Präparate ergaben, enthielt die abgekapselte Wucherung noch aktive Krebszellen.

Wir sind nun doch froh, daß wir der Operation zugestimmt haben.

10. Februar, Freitag

Heute morgen wird Jasmin von der ganzen Familie im Bett überrascht. Unsere am letzten Freitag abgenommenen 40 Kubikmillimeter Blut pro Person sind durch bakterielle Verunreinigungen — vermutlich im Labor — unbrauchbar geworden. Dr. Berthold hat uns für sieben Uhr auf Peiper bestellt, um jeden von uns noch einmal zur Ader zu lassen für das *Crossing match,* die Kreuzprobe, die für die Knochenmarkübertragung wichtig ist. Anders als bei einer Bluttransfusion kommt es dabei vor allem auf die Identität der Leukozyten und anderer Faktoren an.

Schwester Erika und Schwester Lilo sind bei Min. Sie ist grantig, weil das Bett gemacht werden soll und sie noch schlafen will, doch sie ist hellwach, als sie Renate, Kyra und mich sieht. Daß wir einen großen Pieks bekommen sollen, stimmt sie fast ein wenig schadenfroh, aber zusehen will sie nicht. Da ich Kyra anschließend in die Schule fahren muß, müssen wir schnell wieder weg. Min weint, als wir gehen.

Am Abend ist sie wieder gutgelaunt und heiter. Eckhardt albert mit Mikro herum. Er sitzt im Rollstuhl, hat sie auf dem Schoß und fährt sie auf dem Gang hin und her, Renate sieht zu. Als ich eintreffe, geht es ab ins Zimmer. Die Tüte, die ich dabeihabe, verspricht das gewohnte Essen, und sie hat recht.

In den letzten Wochen haben wir unsere Ernährung bewußter gestaltet, zum Teil umgestellt und vermehrt auf Produkte aus dem Reformhaus zurückgegriffen. Nun muß ich notgedrungen wieder den Fraß der Imbißbuden kaufen. Pizza-Baguette scheint mir im Vergleich zu Pommes frites und Bratwurst noch harmlos zu sein. Min schmeckt es jedenfalls, obwohl sie fetttriefende Kartoffelstäbchen erwartet hat.

11. Februar, Samstag

Kurz vor acht Uhr bin ich bei Jasmin. Sie ist wach, ich hebe sie aus dem Bett. Frühstücken will sie nicht, nur den Kakao trinken, den ich mitgebracht habe. Während ich ein wenig Zeitung lese, vertreibt Min sich mit ihren Krieg-der-Sterne-Figuren die Zeit, dann wird es ihr langweilig. Zusammen spielen wir im Kindergarten, zwischendurch fährt sie ein bißchen mit dem Dreirad. Warm angezogen, spazieren wir über den Balkon und schnappen frische Luft. Ich schlage vor, daß wir uns die Säuglinge auf der Frühgeborenenstation Bessau im 5. Stock ansehen. Auch mein Patenkind Alexander, der Sohn von meiner Schwester Alrun und ihrem Mann Christian, wurde dort hochgepäppelt. Vom umlaufenden Balkon aus hat man Einblick in alle Zimmer. Jasmin ist von den winzigen Babys in ihren Wärmebettchen begeistert.

Schon ist es Zeit fürs Mittagessen. Es fällt zu Jasmins Zufriedenheit aus, und sie langt ordentlich zu. Während wir gemeinsam überlegen, was wir nach der Mittagsruhe unternehmen wollen, erscheint Schwester Elo und fragt, was wir davon halten, bis Sonntagabend nach Hause zu gehen – Dr. Hering erlaubt es.

So schnell waren wir noch nie weg, zwanzig Minuten später stehen wir vor der Wohnungstür. Renate und Kyra sind genauso überrascht und erfreut wie Min und ich. Es ist ein bißchen wie Weihnachten.

12. Februar, Sonntag

Die vierundzwanzig Stunden zu Hause haben uns und vor allem Jasmin gutgetan – kein Vergleich zu einem Tag im Krankenhaus.

Opa, der Min in der Klinik besuchen wollte, kommt mit Thomas auf einen Sprung vorbei. Am Nachmittag wird es allmählich Zeit, die Kleine auf die Rückkehr vorzubereiten. Sie hat Furcht vor einem Piks, doch als wir ihr versichern, daß es heute weder eine Spritze noch Medizin gibt, macht ihr der Gedanke an Peiper keine Angst mehr. Was wir ihr verschweigen: Morgen bekommt sie wieder einen Katheter und drei Tage Chemotherapie.

Gegen 16.00 Uhr fährt Renate mit ihr los und ist vier Stunden später wieder zurück. Jasmin hat noch gespielt und ist schon um 19.30 Uhr eingeschlafen. Die fehlende Mittagsruhe hat sich bemerkbar gemacht.

13. Februar, Montag

Jasmin schläft wie ein Murmeltier, als ich eintreffe, und ist kaum wachzubekommen. Die Infusion ist an der linken Hand angebracht worden, der Arm ist wie üblich geschient. Der Tropf läuft über den IVAC, sie bekommt am Tag 2.000 ccm, also alle vier Stunden eine neue Halbliterflasche, im gleichen Rhythmus eine Calciumspritze. Ärzte und Schwestern sind so human, Min den verhaßten Pieper zu ersparen. Ganz langsam wird innerhalb von zehn Minuten das Calcium in einen Kathederstöpsel injiziert – per Hand.

Wichtigstes und aggressivstes Mittel ist wohl Holoxan mit 470 mg pro Flasche, die gleiche Menge Uromitexan ist im Tropf. Der Name läßt darauf schließen, daß das Medikament eine Schutzfunktion für Blase und Nieren hat, doch das kann auch täuschen. Da Holoxan den Elektrolytenhaushalt durcheinanderbringt, wird der Infusion auch noch Kalium und Magnesium zugesetzt.

Min hat über den Schlauch ein Anti-Brechmittel eingespritzt bekommen. Es wirkt, allerdings hat es den Nebeneffekt, müde zu machen. Renate sagt, daß sie fast den ganzen Nachmittag über geschlafen hat, und auch jetzt merkt man an den kleinen Augen, daß sie Mühe hat, wach zu bleiben, dennoch beginnt sie zu futtern. Schon im Verlauf des Tages hat sie ziemlich gegessen, und nun zeigt sie sich auch nicht als Kostverächter. Wir sind froh, daß sie nicht nur die fetten Kartoffelstäbchen ißt, sondern auch Sauerkraut, und dazu Molke trinkt – beides aus dem Reformhaus und reich an den für den Körper so wichtigen rechtsdrehenden Milchsäuren.

14. Februar, Dienstag

Min hat eine schlimme Nacht hinter sich. Nicht nur, daß um 22.00 Uhr und um sechs Uhr die Calciumspritze und der Flaschenwechsel an der Reihe waren, auch der Katheter mußte neu gesetzt werden. Noch in der Nacht hat der diensthabende Arzt die Infusion in die rechte Hand legen müssen, am Morgen taugte auch dieser Katheter nichts mehr.

Vermutlich durch die Unachtsamkeit einer Schwesternschülerin beim Waschen hat sich der Schlauch gelöst. Als Renate kam, schlich Mikro wie ein geprügelter Hund über den Gang, mit Rändern unter den Augen, wohl wissend, daß sie wieder an den Tropf mußte und der schmerzhafte Piks vom Stationsarzt noch bevorstand. Bei Dr. Hering saß der Katheter auf Anhieb, aber für die Kleine war es – wie für uns – eine verdammte Quälerei, die nicht hätte sein müssen. Wieder war es Renate, die das hautnah erlebte.

Solche Torturen, verursacht durch Gedankenlosigkeit und Routine, müssen wirklich nicht sein, denn das Los der auf Peiper behandelten Kinder ist ohnehin schwer genug.

Wie es scheint, hat Jasmin die Quälerei am Abend schon wieder vergessen, doch ob sie das auch verarbeitet hat, muß sich noch herausstellen. Es widerstrebt uns auch, nachzufragen und die schlimmen Erlebnisse wieder in ihr Gedächtnis zurückzurufen.

Einmal mußte Jasmin brechen, dennoch ißt sie. Sie hat wieder das Anti-Brechmittel bekommen, trotzdem wirkt sie wacher als gestern. Interessiert sieht sie sich die „Sesamstraße" im 3. Programm an. Derart abgelenkt, schmunzelt sie sogar, während Schwester Gaby Calcium spritzt.

15. Februar, Mittwoch

Jasmins Katheter hat wieder nicht gehalten. Am Morgen hat sie einen neuen bekommen, diesmal in den rechten Fuß. Erst versuchte sie, mit dem Arzt zu feilschen, wurde dann theatralisch und wollte, wie Renate sagte, noch einmal ihren lieben Fuß streicheln, und schrie und wehrte sich, als nichts half. Hoffentlich muß sie nicht noch einmal gestochen werden.

Als ich komme, zeigt Min fröhlich ihre freien Hände. Renate hatte den Fußkatheter angeregt, denn wir wissen aus Erfahrung, daß sie das am wenigsten belastet. Diesmal bringe ich eine komplette warme Mahlzeit mit, doch sie findet keinen rechten Anklang. Nach ein paar Bissen mag Jasmin nicht mehr, und sie flüstert Raphael ins Ohr, ihr ein paar Brote zu bringen. Sie kommen auch, bleiben aber unberührt liegen — kein Wunder, denn sie hat zuvor eine Dose Fisch gegessen. Heute mußte sie sich nicht übergeben, Calciumspritzen bekommt sie auch nicht mehr.

Seit gestern liegt Zdenka bei uns. Eigentlich hätte sie Pause bis zum 27. 2., weil dann der neue Block beginnt, aber man hat sie bei der Routineuntersuchung nicht mehr nach Hause gelassen. Vorigen Donnerstag hatte sie bei der Entlassung einen Hb-Wert von 9,5, jetzt nur noch von 5,6. Ihre Leukos sind heute auf 200 abgesunken, bleich und dünn liegt sie im Bett, hat Leibschmerzen und will absolut nichts essen. Sie wiegt noch 24 Kilogramm — heute hat sie Geburtstag, sie wird elf. Renate hat ihr ein kleines Geschenk mitgebracht, die anderen Kinder auf Peiper haben ihr auf Veranlassung von Frau Ott, der Kindergärtnerin, etwas gebastelt oder gemalt, dennoch ist es ein trauriger Geburtstag. Ihre Oma ist da, doch Krankenhaus und ihr Zustand lassen keine rechte Freude aufkommen.

Es schmerzt uns in der Seele, das Mädchen so leiden zu sehen. Wir aktivieren Ärzte und Schwestern, weil wir ein paar Erfahrungswerte haben – Glucosetropf usw. –, aber sie ist eine stille Dulderin. Das ist bei Krebs nicht gut, diese Schicksalsergebenheit.

Auch unsere gleichaltrige Große liegt im Bett, allerdings zu Hause. Sie ist stark erkältet. Hustensaft und andere Chemie lassen wir im Schrank und versuchen statt dessen, die Abwehrkräfte zu stärken. Auch ohne Antibiotika wird der Körper mit solchen Infektionen gemeinhin fertig.

16. Februar, Donnerstag

Seit gestern sind wir uns durchaus nicht mehr so sicher, daß die Knochenmarktransplantation das Nonplusultra ist. Renate hat einige Informationen bekommen, die nicht vom Personal stammen, aber nachdenklich stimmen, und auch ich habe in der Firma ehemalige „Peipers" getroffen, deren Sohn an der seltenen Leukämie litt. Auch hier wurde ein solcher Eingriff erwogen, scheiterte aber daran, daß er keine Geschwister hatte. Seit fünf Jahren ist er ohne Beschwerden und hatte keinen Rückfall. Wir sind skeptisch geworden.

Jasmin hat die Behandlung bisher recht gut verkraftet. Professor Lampert staunt, daß sie immer noch Appetit und bisher kaum gebrochen hat. Nun ja, Erdbeerkuchen mit Sahne, den Renate quasi als zweites Frühstück mitgebracht hat und den Min gerade verputzt, als große Visite angesagt ist, ist zu dieser Morgenstunde auch nicht jedermanns Sache.

Holoxan ist abgesetzt worden, doch Tabletten bekommt Min noch – Magnesium, Kepinol und Collestin.

Wahrscheinlich werden morgen die Fäden gezogen. Das sollte schon gestern oder heute geschehen, doch da die Medikamente den Heilungsprozeß verzögern können, wartet man etwas länger.

17. Februar, Freitag

Heute ist Jasmin quengelig und verstimmt. Essen will sie nichts, dann doch ein Brötchen, aber es ist ihr zu hart, also wird es wieder weggelegt. Sie hat mehrmals gebrochen und nicht geschlafen. Ausgerechnet während der Mittagsruhe wurden ihr die Fäden gezogen. An Schlaf war nicht mehr zu denken, und nun ist sie übermüdet und grantig. Sie weiß, daß sie morgen nach Hause darf, doch sie will schon heute. Uns wäre nichts lieber als das, aber bis zum nächsten Nachmittag muß Urin gesammelt werden.

Renate hat Dr. Berthold einige Dinge gefragt, was die geplante Knochenmarktransplantation betrifft. Ich habe nachgelesen, daß bei Strahlenmengen von mehr als 500 rem bei Ganzkörperbestrahlungen jede Rettungsmöglichkeit erfolglos bleibt und Knochenmarkübertragungen umstritten sind, dann steht aber auch wieder dort unter Strahlenreaktionen, daß es sich um unvermeidliche, meist rückbildungsfähige Bestrahlungsfolgen nach Behandlungen mit Röntgenstrahlen, Radium und Isotopen bei Geschwulstkrankheiten handelt. Strahlenschäden, weiß das Nachschlagewerk im gleichen Atemzug zu berichten, sind heute eigentlich nur noch bei Reaktorunfällen und Atombombenangriffen zu befürchten.

Über 1.000 rem sind die Norm bei dem, was Min bekommen soll, Teilkörperbestrahlungen, sagt Dr. Berthold, betragen bis 6.000 rem. Wahrscheinlich müssen wir nach Tübingen, doch vor Mai ist damit wohl nicht zu rechnen. In dieser Zeit wird Min nicht nur untersucht werden, sondern muß auch noch mehrmals auf Peiper zurück, um mit Holoxan behandelt zu werden. Schon Montag soll erneut ein Knochenszintigramm gemacht werden.

Die Souveränität von Dr. Berthold läßt uns wieder zweifeln, was nun richtig ist.

18. Februar, Samstag

Wie gewohnt ist heute mein Tag. Natürlich haben wir uns nach denen erkundigt, die wir kennen, doch alles weiß man auf Peiper auch nicht, weil viele nur in die Ambulanz kommen. Nilofah ist gestorben. Das trifft uns sehr, denn wir mochten sie und haben mit ihren Eltern gelitten, die sich rührend um sie gekümmert haben. Nilo hat 1984 nicht mehr erlebt.

140

Jasmin vertreibt meine düsteren Gedanken. Sie sprüht vor Lebensfreude, und sie weiß, daß es heute nach Hause geht. Aufgedreht, wie sie ist, kann sie nicht schlafen. Auch ich ertappe mich dabei, daß ich immer öfter auf die Uhr sehe. Bis 16.00 Uhr müssen wir warten, weil der Sammelurin von 24 Stunden benötigt wird. Min muß nicht.

Gegen 15.00 Uhr frage ich sie, ob sie noch einmal auf den Topf muß – nein. Als ich ihr sage, daß wir danach vielleicht nach Hause dürfen, schreit sie förmlich nach dem Nachtgeschirr – und preßt einige Kubikmillimeter aus der Blase. Da die Gesamtmenge mittlerweile ausreicht und für die nächsten Stunden ohnehin kein Tropfen mehr zu erwarten ist, haben die Schwestern ein Einsehen. Wir brausen nach Hause.

20. Februar, Montag

Knochenszintigramm.

24. Februar, Freitag

Kontrolluntersuchung mit Blutabnahme.

5. März, Montag

Rosenmontag, doch nach Karneval ist uns nicht zumute. Jasmin muß heute wieder zur stationären Behandlung in die Klinik. Renate will um zehn Uhr oben sein.

Kurz davor ruft sie mich an, ihr ist übel, ständig muß sie brechen. Sie schafft es nicht bis zum Krankenhaus. Mein Vorgesetzter gibt mir frei, ich fahre vom Büro nach Hause, hole Min ab und starte mit ihr in die Klinik. Renate will kommen, sobald es ihr etwas besser geht.

Mikro ist keineswegs jämmerlich, sondern guter Dinge. Das ändert sich auch nicht, als wir auf Peiper sind. Mit großem Hallo wird sie begrüßt. Zimmer 5 wird uns zugewiesen, schon werden ein

Bett und ein Nachtschrank für sie hereingeschoben. Ein Junge liegt dort, den wir nicht kennen. Michael ist sechs Jahre alt – Leukämierückfall.

Wir müssen ins Labor – Fingerpiks. Das geht nicht ohne Tränen und Schreien ab, doch dann ist alles wieder gut. Raphael wiegt und mißt sie, eine afrikanische Ärztin, die uns schon bekannt ist, hört Herz und Lunge ab, prüft Reflexe, sieht in Hals und Ohren. Die übliche Untersuchung, harmlos wie Pulsmessung. Dann müssen wir das Zimmer räumen. Bernd aus Bayern wird für ein paar Tage stationär aufgenommen, wir wandern in die 6.

Jasmin ist fit und aufgekratzt. Nach dem Essen tollt sie ausgelassen herum, wir puzzeln ein wenig. Kurz vor 15.00 Uhr trifft Renate ein, und dann ruft uns Dr. Hering ins Behandlungszimmer. Zu fünft halten wir Jasmin fest, als ihr der Katheter am linken Fuß gesetzt wird, trotzdem bin ich hinterher durchgeschwitzt. Min hat sich total verausgabt, sie schläft noch auf dem Behandlungstisch ein. Wieder bekommt sie drei Tage lang Holoxan, hinterher zwei Tage wässern.

Gemeinsam bringen wir sie ins Bett, ich fahre wieder ins Büro.

6. März, Dienstag

Fastnachtsdienstag. Wir haben nur bis zwölf Uhr gearbeitet, so daß ich mittags schon zu Hause bin. Ich bereite ein Hähnchen in Folie zu, einen gemischten Salat aus Gurke, Tomaten, Kopfsalat und saurer Sahne und Pommes frites, die ich im Backofen mache. Kyra bekommt ihr Teil, dann fahre ich mit dem Löwenanteil der Mahlzeit in die Klinik.

Jasmin macht sich mit Heißhunger über den Salat her, ißt zwischendurch Hähnchen und trinkt mit Behagen frisch ausgepreßten Orangensaft. Die Kartoffelstäbchen beachtet sie kaum, und darüber sind wir nicht einmal böse. Nach dem Essen spielen wir zusammen.

Bei Min liegt Diana. Sie ist genauso alt und neu auf Peiper. Vor zehn Tagen ist sie operiert worden – am Kopf. Ein Tumor im Kleinhirn ist entfernt worden, dazu mußte ein Stück Schädelknochen entfernt werden. Heute sind ihr die Fäden gezogen worden, die Wunde ist gut verheilt.

Wie Dianas Mutter sagt, soll der Krebs einige Nervenbahnen umschlossen haben, die möglicherweise bei der Entfernung der

Wucherung in Mitleidenschaft gezogen wurden. Die Kleine hat Mühe, zu laufen und ihre Bewegungen zu koordinieren, ihr Mund ist schiefgezogen, und die Augäpfel sind verdreht wie beim Schielen. Eine Krankengymnastin soll Diana helfen, den alten Zustand wiederherzustellen. Zerstörte oder abgestorbene Nervenzellen werden nicht mehr ersetzt, aber andere Gehirnpartien − das weiß man − übernehmen diese Aufgaben. Noch steht nicht fest, ob man Chemotherapie, Bestrahlung oder eine Kombination von beiden anwendet.

Wir geben ein paar Ratschläge und Hinweise, wie Krankheit und Klinikaufenthalt besser zu bewältigen sind, denn wir haben mittlerweile fast ein Jahr lang Erfahrung. Es ist auf Peiper eine Selbstverständlichkeit, sich gegenseitig zu helfen.

7. März, Mittwoch

Kurz vor Feierabend ruft mich Kyra im Büro an. Sie hat vorher mit Renate telefoniert − drei Portionen Pommes werden im Krankenhaus verlangt. Natürlich besorge ich die Kalorienbomben, kaufe für Jasmin und uns aber auch noch bekömmlichere Sachen. Dabei habe ich auch eine Thermoskanne mit Suppe, die ich auf die schnelle in meiner Mittagspause zu Hause gekocht habe.

Zu meiner Überraschung ist die 6 voll belegt: Diana aus dem Siegerland ist mit ihrer Mutter wieder für ein paar Tage auf Peiper − nun haben wir zwei Dianas im Zimmer. Wie immer, wenn man Bekannte auf der Station trifft, fällt die Begrüßung sehr herzlich aus. Man ist dort eben eine große Familie, vereint durch das Schicksal der Kinder.

Die beiden Dianas sind dankbare Abnehmer der mitgebrachten Pommes, Min stürzt sich mit Begeisterung auf die Suppe. Mit sichtlichem Behagen löffelt sie zwei Teller leer − und bricht alles wieder aus. Ihrer guten Laune tut das keinen Abbruch.

Unsere Hoffnung, daß der Katheter bis zum Ende der stationären Behandlung hält, hat sich nicht erfüllt. Am Morgen war der Fuß sehr stark angeschwollen, so daß ein neuer Katheter erforderlich wurde. Vorgestern wollte Min den Piks unbedingt an einer Hand haben, heute soll es der andere Fuß sein. Dr. Hering erfüllt ihr diesen bescheidenen Wunsch.

Dr. Berthold hat Renate schon gesagt, daß der kleine Körper vor der Tortur der mit der Knochenmarktransplantation verbundenen

Bestrahlung eine vierwöchige Pause benötigt. Professor Lampert wird bei der Visite noch deutlicher. Eine Holoxanbehandlung steht noch an, dann ist Schluß, weil auch die Wirksamkeit des Medikaments erschöpft ist.

8. März, Donnerstag

Da Jasmin gestern wenig von ihrer Mahlzeit hatte, habe ich ihr erneut ein Süppchen gekocht und mitgebracht. Das Holoxan-Gemisch ist gegen einen normalen Tropf ausgetauscht worden, doch das Zellgift steckt natürlich noch im Körper. Sie hat den Tag über kaum etwas gegessen, von dem Süppchen löffelt sie. Mikro ist guter Dinge und muß sich nicht übergeben.

Das Medikament zeigt Wirkung. Bei Min begannen die Haare zu sprießen, sie sah aus mit ihren Stoppeln wie ein Igelchen, nun fallen sie wieder aus. Glücklicherweise nimmt sie das nicht so ernst und lacht über ihre Glatze.

Diana 1 bekommt Cortison und ist kaum satt zu kriegen, Diana 2, der der Gehirntumor entfernt wurde, hat Probleme mit Blase und Darm. Das vegetative Nervensystem scheint doch in Mitleidenschaft gezogen zu sein. Ständig glaubt sie, Wasser lassen zu müssen, mit dem Stuhlgang tut sie sich dagegen schwer, sie hat Bauchschmerzen. Ein rektal gegebenes Mittel soll Abhilfe schaffen, ein kurzer Darmschlauch, in den After eingeführt, soll Blähungen abbauen. Beides geht nicht ohne Geschrei ab, doch hinterher sagt sie, daß es ihr besser geht.

9. März, Freitag

Die Kanüle mußte wieder erneuert werden und steckt nun in der linken Hand. Freudig zeigt Min ihre freien Füße, doch die Hand versteckt sie unter der Decke. Es war wohl weniger eine Schwäche der Vene als ein Versagen von Mensch oder Material. Am Morgen, als Renate kam, war das Laken im Bett feucht, weil ein Stöpsel am Schlauch nicht ganz dicht war. Beim normalen Tropf wäre das sicherlich aufgefallen, doch der IVAC ist nicht nur ein simpler Tropfenzähler, sondern auch eine Art Pumpe, die eben pumpt, egal, wohin. Vielleicht war die Verbindung nicht ganz festgesteckt, vielleicht hatte der Verschluß nicht die nötige Festigkeit. Einige Stöpsel haben wir schon in der Vergangenheit als untauglich für den IVAC entlarvt.

Am Vormittag hat sich Renate mit Frau Dr. Kaufmann unterhalten über die Knochenmarktransplantation und das, was uns in Tübingen erwartet. Min wird wohl sechs Wochen dort zubringen müssen, die Reaktion des Körpers ist identisch mit der Chemotherapie – Übelkeit, Erbrechen, Appetitlosigkeit, Haarausfall. Positives weiß die Oberärztin auch zu berichten. Seit zehn Jahren arbeitet sie auf Peiper, und nur zweimal ist es bisher vorgekommen, daß die Faktoren zwischen Spender und Empfänger so übereinstimmen wie bei Kyra und Jasmin. Die Erfolgsquote beträgt achtzig Prozent.

Dr. Berthold will demnächst mal nach Tübingen fahren, um einige Details in Erfahrung zu bringen, die auch für uns interessant und wichtig sind.

10. März, Samstag

Eigentlich wäre heute mein Tag, aber ich wache mit Halsschmerzen auf. Irgendein Virus steckt in mir, jedenfalls wäre es unverantwortlich, so Peiper zu betreten. Renate springt ein und fährt los.

Ich bleibe noch ein paar Stunden im Bett. Wärmflasche, Halstabletten, heiße Zitrone und Tee helfen mir, mich aufzurappeln. Dick angezogen, schleiche ich in die Küche und koche einen Eintopf, weil Min den gern ißt.

Am Nachmittag kommen beide nach Hause. Ist es Einbildung, oder fühle ich mich tatsächlich besser? Ich will nicht krank werden, und ich will die Kleine nicht anstecken.

Zwei Tage später weiß ich, daß mein Körper die Abwehrschlacht gewonnen hat.

19. März, Montag

Kontrolluntersuchung mit Blutabnahme.

24. März, Samstag

Frau Voltz ruft an: Ihr Mann ist gestorben. Ich bin erschüttert. Erst vor ein paar Tagen habe ich noch mit ihm in der Klinik telefoniert. Er war zuversichtlich, keine Spur davon, aufzugeben.

Willi Voltz ist nur acht Jahre älter als ich. Ich habe ihn als optimistischen, fröhlichen Menschen kennengelernt, dem ich als Anfänger in der Schriftstellerei manchen Tip verdanke.

Der Kampf gegen den gemeinsamen Feind Krebs hat uns in den letzten Monaten zusammenrücken lassen, wir hatten engen Kontakt miteinander. Und nun soll er auf einmal nicht mehr da sein. Ich habe nicht nur einen berühmten Schriftsteller-Kollegen verloren, sondern einen Freund.

Die Schreibmaschine bleibt heute verwaist. Auch ein SF-Autor kann sich nicht auf die Zukunft konzentrieren, wenn ein lieber Mensch auf der Erde gestorben ist.

26. März, Montag

Es ist fast auf den Tag genau ein Jahr her, daß Jasmin ins Krankenhaus mußte und wir Peiper kennenlernten. Der dritte und letzte Holoxan-Block ist an der Reihe. Min hat geweint, als Renate ihr sagte, daß sie wieder in die Klinik muß.

Die Stecherei war heute besonders übel. Mehrere vergebliche Versuche, den Katheter in Hand- oder Kopfvenen zu setzen, dann, als Mikro durch die Wirkung von Neurocil eingeschlafen war, gelang es am Fuß.

Das Anti-Brechmittel wirkt zugleich wie ein starkes Schlafmittel. Jasmin hat ganz kleine Augen, als ich nach Büroschluß komme, die Pupillen sind so winzig wie Stecknadelköpfe. Trotzdem hält sie sich aufrecht, ißt und trinkt. Bisher war ihr noch nicht einmal übel.

Von den Schwestern wissen wir, daß sich beim Personal fast so etwas wie Furcht breitmacht, wenn unsere Kleine auf die Station muß und im Behandlungszimmer den Katheter bekommt. Mittlerweile verunsichert das auch den Arzt, denn er weiß ja, was ihn erwartet. Natürlich sind auch die Adern arg in Mitleidenschaft gezogen und vernarbt, aber es ist wohl auch eine Nervensache. Früher gab es nur einen Stich, und der saß — beim gleichen Mediziner. Da ein Stationsarzt immer in Übung bleibt, kann er seine handwerklichen Fähigkeiten kaum verlernt haben.

Renate kommt erst gegen 22.00 Uhr nach Hause. Der Katheter hat nicht gehalten, der IVAC verspritzte das Giftgemisch aus dem Tropf. Da Renate noch am Bett saß, bemerkte sie es sofort. Der Arzt vom Dienst wurde alarmiert, ein alter Bekannter – Dr. Bauer. Wir kennen ihn noch von Peiper her, seit einem knappen Jahr ist er nebenan auf der Herzstation. Der andere Fuß wird genommen, und der Piks sitzt auf Anhieb.

27. März, Dienstag

Heute hat Jasmin kein Neurocil bekommen, dennoch muß sie nicht brechen und ist munter. Gestern hat sie sich Birnen gewünscht, und die habe ich natürlich dabei. Sie schmecken ihr.

Wie immer war ich in der Mittagspause zu Hause, aber ich bekam kaum einen Bissen hinunter. Just zu dieser Zeit wurde Willi Voltz beerdigt. Ich habe nicht die Kraft gehabt, ihm die letzte Ehre zu erweisen, obwohl es mich förmlich dazu gedrängt hat. Der plötzliche Tod der Schwiegermutter ist noch zu frisch im Gedächtnis.

Zu viele Begräbnisse habe ich schon erlebt, und meist ging es um Menschen, die ich schätzte und mochte. Ich kenne Leute, die Trauerfeierlichkeiten regelrecht absolvieren, die die Anzahl der Kränze und der Tränen bewerten, die punkten, welcher Geistliche die meisten Schneuzer und die größte Rührseligkeit hervorruft. Ich hasse das, weil ich nicht abgebrühter, sondern dünnhäutiger geworden bin. Ich hätte es kaum durchgestanden, dabeizusein, Willi Voltz unter die Erde zu bringen.

28. März, Mittwoch

Die Holoxan-Wirkung hat ihren Höhepunkt erreicht. Jasmin muß ständig brechen, dennoch ißt sie von den Weintrauben, die ich mitgebracht habe. Eine Viertelstunde bleiben sie im Magen, dann muß sie sich übergeben und würgt, bis Blut kommt. Wir lassen ihr ein paar Tropfen Neurocil geben.

Jennifer, die kleine Amerikanerin, die bei Min lag, durfte nach Hause. Wir kennen sie, sie hat Leukämie. Nun ist unsere Kleine allein auf der 5. Es sind nur wenige Bekannte da, und auch die Zahl der Kinder ist überschaubar.

Die Schwiegermutter hat heute Geburtstag. In der Mittagspause fährt Renate zum Friedhof, um der Oma ein paar Blümchen zu bringen. Als sie zurückkehrt, sieht sie sich vor vollendete Tatsachen gestellt. Während sie weg war, hat man Min zur Ultraschalluntersuchung gebracht. Zwar nahm Mikro das relativ gelassen hin, weil sie das inzwischen kennt und weiß, daß es schmerzlos ist, dennoch ärgern wir uns über diese Instinktlosigkeit.

29. März, Donnerstag

Ab Mittag wird gewässert. Jasmin geht es durchwachsen, ein Tag ohne Besonderheiten.

30. März, Freitag

Wieder so ein lediger Krankenhaustag, der sich zäh dahinschleppt und nicht enden will. Allmählich haben wir die Klinik satt. Auch Min will nach Hause, doch bis morgen muß sie noch am Tropf bleiben.

31. März, Samstag

Ich verbringe wieder den Tag bei Jasmin, wir spielen, basteln und hören Kassetten. Die Stunden ziehen sich wie Kaugummi, dann endlich kommt der Tropf ab. Genug gewässert, ab nach Hause. Peiper ade!

Wir haben uns endgültig für die Knochenmarktransplantation entschieden. Dieser Entschluß ist uns nicht leichtgefallen. Jede erreichbare Information haben wir aufgenommen, gewissermaßen geistig sortiert in das gute oder schlechte Töpfchen; jeden fach-

und sachkundigen Arzt haben wir gefragt, gelöchert, mit ihm gefeilscht um Daten, Prognosen, Erfolgschancen, haben ihn in Diskussionen verwickelt. Alles und jeder hat ein wenig zu unserer Entscheidungsfindung beigetragen, und trotzdem haben wir mit uns gerungen. Ein wichtiger Grund für uns, ja zu sagen, war der bisherige positive Verlauf. Noch immer klingen mir die Worte im Ohr: „Es wäre ein Wunder, wenn Jasmin es schafft."

Bis jetzt hat sie es geschafft. Aber können Ärzte, Pharmazeuten, Biochemiker und Mediziningenieure Wunder vollbringen? Das kann wohl nur einer, der, zu dem wir gebetet haben. Die, die gehandelt und ihr Wissen eingesetzt haben, waren Gottes Werkzeuge, gute Werkzeuge ganz ohne Frage, Menschen, die besessen sind davon, anderen zu helfen, für die Arzt nicht Beruf, sondern Berufung ist, die weder Feierabend noch Acht-Stunden-Tag kennen, wenn es gilt, für die kranken Kinder da zu sein. Leider trifft man diese Samariter unserer Tage viel zu selten, doch auf Peiper scheint das die Regel zu sein.

Professor Dr. Lampert hat uns die Transplantation nahegelegt, Frau Dr. Kaufmann ebenso, und sie nannte die Übereinstimmung der bekannten Faktoren des Immunsystems einen Glücksfall. Diese Identität bei Kyra und Jasmin kann sie mit über zehnjähriger Praxis als Onkologin an zwei Händen abzählen. Dr. Berthold hat uns zugeredet, doch er war ehrlich genug, uns auch über Risiken zu informieren. Am meisten gefürchtet wird die Abstoßreaktion.

Jasmins Knochenmark, *das* Immunsystem an sich, wird durch Bestrahlung und Medikamente zerstört. Im Prinzip kann dadurch ein harmloser Schnupfen tödlich sein, auf der anderen Seite kann ihr Körper — im Gegensatz zum Organtransplantat wie Herz oder Niere — keine Abwehr gegen das Spendermaterial organisieren. Es ist so, daß sich das gespendete Knochenmark als eigentliches Immunzentrum gegen den Empfängerkörper zur Wehr setzt — eine Abstoßreaktion mit umgekehrten Vorzeichen, aber eben noch schlimmer als bei einer Organübertragung. In diesem Fall sind die Mediziner ziemlich machtlos. Erfolgschance immerhin: 75 bis 80 Prozent. Bei der Knochenmarktransplantation gibt es — trotz eindeutiger Identität der Faktoren — noch nicht jene absolute Sicherheit wie bei Blutgruppen- und Rhesusfaktorbestimmungen.

Hoffnung, Min die Transplantation ersparen zu können, schöpften wir eigentlich aus einem seriösen, von dpa veröffentlichten Bericht, der wiederum auf einem Artikel des britischen Medizinfachblatts „The Lancet" beruhte. Danach hat ein englischer

Arzt eine Methode gefunden, die vornehmlich beim seltenen, dafür um so tückischeren Neuroblastom angewendet wird – jenem Krebs also, gegen den wir kämpfen. Das Verfahren leuchtet auch uns Laien ein. Gentechnologisch gewonnene Antikörper, die Krebszellen erkennen und sich daran anheften können, werden mit winzigen magnetischen Kügelchen markiert, die dem aus der Hüfte entnommenen kranken Knochenmark beigefügt werden. Mit Magneten lassen sich dann die markierten Krebszellen entfernen und herausfiltern.

Als ich das las, war ich wie elektrisiert und habe – es war ein Samstag – Dr. Berthold zu Hause angerufen. Er wußte von diesen Versuchen und nannte auch die Zeitspanne, wann die Erprobung in das Stadium der allgemeinen Praxistauglichkeit treten wird bzw., wann sich nach klinischen Tests der Erfolg zeigt: in drei Jahren. So viel Zeit haben wir natürlich nicht.

Ein wenig beruhigend für uns war, daß Dr. Berthold informiert war und auch den Originaltext kannte, andererseits zerstörte sein Urteil all unsere Illusionen, wie eine wie bei uns geplante Knochenmarktransplantation dennoch zu umgehen wäre. Er bezeichnete es als die letzte Möglichkeit mit allen Unwägbarkeiten eines neuen Verfahrens, wenn kein geeigneter Spender zur Verfügung steht. Das sahen wir ein, denn er argumentierte nicht akademisch, sondern als Fachmann, der sich verständlich machen kann, zugleich auch als Mensch, der Anteil nimmt, der mit uns um unser Kind kämpft.

Die Ärzte auf Peiper haben mir und wohl auch Renate etwas vermittelt, das wir beide – aus schlechter Erfahrung heraus – kaum noch akzeptieren konnten und wohl auch nicht wollten, nämlich, daß der Arzt ein Freund und Helfer sein kann. Er ist es nicht immer, oft genug ist er der *Gott in Weiß.*

Unsere Ärzte zeigten sich stets als Partner, und das rechnen wir ihnen hoch an.

Wieviel leichter ist doch der Umgang miteinander, wenn man informiert ist und bei allen Abstrichen, die zu machen sind, den gleichen Kenntnisstand hat wie der Mediziner.

Ich habe auch Dr. Bertram zu Rate gezogen, der nun in Stuttgart tätig ist. Er hat mich fast beschworen, der Transplantation zuzustimmen, und beteuert, es bei einem eigenen Kind ohne zu zögern sofort durchführen zu lassen. Auch sein Urteil war für uns wichtig. Er war es, der vornehmlich mir die Hiobsbotschaften überbracht hatte, und er hatte sich nie vor einer Auskunft gedrückt. Nun trägt er für Jasmin keine Verantwortung mehr, profitiert weder von Erfolg noch Heilung und nimmt dennoch an ihrem Schicksal Anteil. Auch deshalb unsere Zustimmung.

5. April, Donnerstag

Kontrolluntersuchung mit Blutabnahme.

12. April, Donnerstag

Kontrolluntersuchung mit Blutabnahme.

26. April, Donnerstag

Kontrolluntersuchung mit Blutabnahme.

27. April, Freitag, bis 2. Mai, Mittwoch

Vorbeugend und zur Überbrückung der Zeit bis zur Transplantation muß Jasmin Endoxan-Tabletten einnehmen. Das geschieht zwar hier zu Hause, dennoch hat es die Dosis in sich.

9. Mai, Mittwoch

Dr. Berthold hat alles in die Wege geleitet. Unser Ansprechpartner in Tübingen ist Dr. Dopfer, den Dr. Berthold bereits besucht hat. Wir haben mittlerweile – Dr. Berthold hat uns die Telefonnummern seines Kollegen gegeben – mit Dr. Dopfer telefoniert. Heute nun hat er Zeit, und wir machen uns auf den Weg nach Tübingen.

Nach knapp drei Stunden Autobahnfahrt sind wir in der Stadt. Ich habe mir vorher die Karte angesehen, alle wichtigen Strecken und Abzweigungen herausgeschrieben und den Zettel ins Auto gelegt. Alles klappte wie geplant, nur in Tübingen selbst irrten wir mangels ausreichender Beschilderung gut fünfzig Minuten von Krankenhaus zu Krankenhaus, bis wir die Kinderklinik fanden.

Dr. Dopfer ist ein sympathischer junger Arzt, der wie sein Chef, Professor Dr. Niethammer, dem wir kurz vorgestellt werden, einen sehr guten Eindruck auf uns macht. Es gibt nur eine Handvoll Transplantationszentren dieser Art in der Bundesrepublik, und davon nehmen nicht alle Kinder auf. In Tübingen sind etwa 60 Transplantationen durchgeführt worden, zwanzig pro Jahr. Auch hier gibt es so etwas wie eine Warteliste, wobei schwere Fälle je nach Dringlichkeit bevorzugt werden. Jasmin ist das erste Kind mit Neuroblastom, bei dem in Deutschland eine Knochenmarkübertragung durchgeführt werden soll. Weltweit sind es kaum mehr als dreißig.

Dr. Dopfer nimmt sich viel Zeit für uns und beantwortet offen und bereitwillig unsere Fragen. Eine, die uns ganz besonders am Herzen liegt, haben wir schon Dr. Berthold gestellt, nämlich die, ob es möglich ist, Jasmin eigenes Knochenmark zu entnehmen, nach der englischen Magnetmethode zu reinigen und in flüssigem Stickstoff zu konservieren, um es bei einem Mißerfolg zu retransplantieren. Die Antwort des Arztes fällt ähnlich aus wie die von Dr. Berthold: Die Strahlendosis, mit der Jasmins eigenes Knochenmark zerstört wird, ist so hoch, daß der Körper sie nur einmal aushält. Sollte Kyras Knochenmark wider Erwarten den Empfängerkörper nicht annehmen, müßte eben dieses Knochenmark erneut zerstört werden, damit Min ihr eigenes zurückbekommen kann. Diese neuerliche Strahlenbelastung würde sie jedoch nicht überleben. So eine Art Notfallschirm gibt es zu unserem Leidwesen also nicht.

Einige Fragen, mit denen wir in Gießen Verblüffung und ein wenig Ratlosigkeit ausgelöst haben, kann Dr. Dopfer aus dem Handgelenk heraus beantworten. Für ihn ist dieses Wissen quasi sein täglich Brot, er ist souverän, und man merkt, daß er weiß, wovon er spricht.

Ausführlich nennt er die Risiken. Durch die Vernichtung von Jasmins Knochenmark ist ihr Körper seines Immunsystems beraubt. Sie kommt dann für vier Wochen in ein keimfreies Zelt, und Dr. Dopfer vermerkt nicht ohne Stolz, daß man in Tübingen noch kein Kind durch eine Infektion in diesen Zelten verloren hat. Man kann Infektionen, wenn sie eintreten sollten, in gewissem Umfang mit Medikamenten bekämpfen und auch die Abstoßreaktion mit pharmazeutischen Mitteln — in Grenzen — unterdrücken.

Die hochdosierten Strahlen zerstören natürlich nicht nur das Knochenmark, sondern sollen auch noch verbliebene entartete Zellen vernichten. Allerdings gibt es keine absolute Sicherheit, daß es nicht − vielleicht erst nach Jahren − doch noch zu einem Rückfall und zu einem neuen Neuroblastom kommt. Regelmäßige Kontrollen und periodische Untersuchungen in Tübingen sind auch nach der Transplantation unerläßlich.

Arg in Mitleidenschaft gezogen wird das gesunde Gewebe. Besonders angegriffen werden die Schleimhäute, und Jasmins Mund wird wohl wieder so zerfressen werden wie bei Beginn der Chemotherapie, auch der Verdauungstrakt, Magen und Darm, bekommt etliches ab. Daß die Eierstöcke erheblichen Schaden nehmen und Min keine Kinder bekommen wird, haben wir uns schon gedacht. Nach Aussage von Dr. Dopfer werden sie im besten Fall noch genügend Hormone produzieren, um eine ganz normale Pubertät einzuleiten. Daß sich Mediziner in dieser Hinsicht allerdings irren können, wissen wir von Peiper. Ein ehemals leukämiekrankes Mädchen, das obligatorisch ebenfalls bestrahlt wurde, sollte auch nie Mutter werden − nun ist sie schwanger.

Linsentrübungen können auftreten, die durch eine Augenoperation mit Einsatz künstlicher Linsen behoben werden müssen, allergische Hautreaktionen und, und, und. Ich habe abgeschaltet, um diese Horrorvisionen nicht alle behalten zu müssen.

Die Menge des Knochenmarks richtet sich nach dem Gewicht des Empfängers. Min wiegt 15 Kilo, sie bekommt 300 ml, die Kyra vermutlich unter Vollnarkose aus dem Becken abgesaugt werden. Unsere Große verfügt nach dieser Entnahme noch über ein voll intaktes Immunsystem, das mit jeder Infektion fertig wird. Sie kann allerdings Knochenschmerzen haben und wird noch drei bis sieben Tage stationär aufgenommen und beobachtet nach dem Eingriff.

Für Jasmin ist die Übertragung recht einfach. Bei Blutverträglichkeit wird das Mark lediglich etwas zentrifugiert, um die Flüssigkeitsmenge zu reduzieren, ansonsten werden die Blutbestandteile abgesondert, und sie bekommt die Spende über einen Tropf in einen Dauerkatheter an der linken Brustseite. Dieser Dauerkatheter wird unter Vollnarkose direkt in eine Ader unter der Haut gelegt. Man erspart so dem Kind die ewige Stecherei und kann jederzeit Medikamente injizieren oder Blut abnehmen.

Der gesamte Aufenthalt für Min wird in Tübingen rund drei Monate dauern, weil man erst etwa hundert Tage nach der Transplantation sagen kann, ob der Verlauf positiv oder negativ ist. In Gießen sprach man von sechs Wochen.

Zusammen mit Dr. Dopfer fahren wir in die Medizinische Klinik, wo die beiden sterilen Zelte stehen. Sie gehören zur internistischen Abteilung, sind aber eine Station in der Station, die von ausgesuchtem Personal betreut wird. Wir müssen sterile Folien über unsere Schuhe streifen und uns auf eine besonders desinfizierte Matte stellen, bekommen sterile Kittel und gelangen erst in eine Art Vorraum, wo wir uns die Hände desinfizieren müssen. Erst danach dürfen wir zu den Zelten aus Plastik.

Sie sind etwa fünf Quadratmeter groß und beinhalten neben dem Bett eine — wie ich vermute — chemische Toilette, ein prallvolles Medikamentenregal, Telefon, eine Menge Spielsachen und andere Utensilien. Radio und Fernseher stehen draußen vor dem Zelt. Ein Kind hält sich darin auf, es macht einen munteren Eindruck. Wir begrüßen es und seine Mutter, die neben dem Zelt sitzt. Ein direkter Kontakt zwischen Mutter und Kind ist nicht möglich, lediglich über eingelassene armlange Handschuhe können Handreichungen erfolgen.

Einmal pro Tag geht eine Schwester in besonderer Ausrüstung — selbstverständlich steril — in das Zelt, um sauberzumachen. Die Spielsachen gehören dem Kind, und es ist laut Dr. Dopfer problemlos, Jasmins eigenes Spielzeug zu sterilisieren, egal, ob aus Plüsch oder Plastik. So soll dem Kind in der fremden Umgebung wenigstens eine gewisse Vertrautheit durch liebgewordene Dinge geschaffen werden.

Neben dem Raum mit den Zelten gibt es ein weiteres Zimmer, in dem Jasmin vorbereitet wird. Dort bleibt sie während der Bestrahlung, weil es sich um eine keimarme Zone handelt. Ein steriler Krankenwagen bringt sie von hier in die Strahlenklinik und zurück. Vorher ist ein Block mit vielen Tabletten an der Reihe, um sie selbst gewissermaßen zu sterilisieren — Haut, Darmflora usw.

In mehr als zwei Stunden hat uns Dr. Dopfer alles gezeigt und uns Rede und Antwort gestanden. Einige schlimme Sachen haben wir gehört, aber unsere Angst ist eigentlich geringer geworden, denn wir wissen nun, was uns erwartet. Die Furcht vor einer unbekannten Medizinmaschinerie ist weg, alles geht menschlich zu. Die Schwestern sind nett und hilfsbereit, die Ärzte zugängliche Partner und keine verschlossenen Geheimniskrämer. Ein wenig von der Herzlichkeit, gepaart mit Sicherheit, die Dr. Dopfer ausstrahlt, ist

154

auf uns übergesprungen. Wir wissen uns und Min in Tübingen in guten Händen.

Einen festen Termin kann uns Dr. Dopfer noch nicht geben, aber wir wollen telefonisch in Kontakt bleiben.

10. Mai, Donnerstag

Kontrolluntersuchung mit Blutabnahme.

30. Mai, Mittwoch

Kontrolluntersuchung mit Blutabnahme.

8. Juni, Freitag

Kontrolluntersuchung mit Blutabnahme.

12. Juni, Dienstag nach Pfingsten

Heute müssen wir mit Jasmin und Kyra (die untersucht werden soll), in Tübingen sein, als Transplantationstermin ist der 6. Juli 1984 festgelegt worden. Diese Terminplanung ist nicht ganz einfach, müssen doch eine Menge Disziplinen unter einen Hut gebracht werden – Chirurgen, Onkologen und Kinderärzte, Internisten, Narkoseärzte, Histologen und was weiß ich.

Trotz einiger Staus auf der Autobahn kommen wir recht gut voran und sind gegen Mittag in der Kinderklinik. Wir werden auf Station H aufgenommen, dem Gegenstück zu Peiper. Die Kapazität ist etwas geringer als in Gießen, aber ansonsten ähnlich, wenn auch das Gebäude wesentlich älter ist. Es gibt einen Elternverband, der für die Mütter und Väter Zimmer angemietet hat, ein Spielzimmer mit einer Kindergärtnerin und zwei Stationsärzte. Dr. Dopfer muß sich als PR-Manager betätigt haben, denn jeder scheint unseren

Namen zu kennen. Zwei freundliche Schwestern zeigen uns sofort Jasmins Zimmer und rollen ein Bettchen herein, dann sind wir erst einmal bis 15.00 Uhr entlassen, um uns zu stärken.

Nach dem Essen in einer gemütlichen Gaststätte bummeln wir noch etwas durch die malerische Altstadt Tübingens. Pünktlich sind wir wieder zurück im Krankenhaus.

Dr. Dopfer hat Dienst in der Ambulanz und kommt immer mal wieder auf einen Sprung herauf. Eine junge Ärztin informiert sich anhand des mitgebrachten Therapiestatus', den Dr. Berthold zusammengestellt hat, über Mins Krankheitsverlauf und stellt dann Fragen nach Impfungen, Kinderkrankheiten und was der Dinge mehr sind.

Später bespricht Dr. Dopfer mit mir den Behandlungsplan. Die mehrmalige Ganzkörperbestrahlung erfolgt nicht einmal am Tag, sondern dreimal. Er hat das Protokoll zusammen mit Professor Niethammer ausgearbeitet. Die Strahlendosis ist genauso hoch wie bei der ursprünglich vorgesehenen einmaligen Tagesbestrahlung und ebenso wirksam, doch die Nebenwirkungen wie Übelkeit und Erbrechen sind geringer. Das für heute geplante Röntgen wird auf morgen verschoben, wir sind erst einmal entlassen zusammen mit Min.

Die hilfsbereite Stationsschwester hat uns ein nahe gelegenes Gasthaus empfohlen, in dem wir uns ein Zimmer für die Nacht nehmen. Morgen sollen wir um acht Uhr in der Klinik sein.

13. Juni, Mittwoch

Renate geht mit den Kindern die hundert Meter zur Klinik zu Fuß, während ich mit dem Auto losfahre und erst einmal einen Parkplatz suche. Als ich im Krankenhaus eintreffe, haben die Mädchen beide bereits das EKG hinter sich. Es geht zur Sonographie, also zum Ultraschall bei Min. Wieder wird das Herz untersucht, werden die Kurven aufgezeichnet. Zurück auf Station H.

Jasmin wird geholt, weil sie einen Katheter bekommen soll. Renate geht mit. Ich höre unsere Mikro schreien und jammern. Bevor sie zurück sind, schickt mich die Stationsschwester zur Anmeldung auf die Verwaltung. Ich bekomme einen Mietvertrag für das Zimmer, in dem Renate wohnen wird. Kostenpunkt pro Tag ohne Verpflegung: 8,60 DM. Einmalgebühren: Bettwäschebenutzung

3,70 DM. Endreinigung: 19 DM. Verwaltungsgebühr: 20 DM. Zurück zur Kinderklinik.

Jasmin hat mittlerweile einen Katheter und einen Tropf, sie spielt mit der Kindergärtnerin im Spielzimmer, ein paar kleinere Kinder sind auch noch da. Ich kümmere mich um Min, sie ist eigentlich recht fröhlich. Renate ist mit Kyra zur Untersuchung. Als die beiden wieder auftauchen, drückt mir die Stationsschwester einen Zimmerschlüssel und einen Stadtplan in die Hand, damit ich die Koffer ausladen kann. Ich brause los, einmal in eine falsche Straße, und finde dann auf Anhieb das Haus, in dem die Räume für die Eltern angemietet sind. Berauschend ist die Einrichtung nicht, aber es läßt sich darin aushalten. Das Zimmer liegt ebenerdig, eine Terrassentür führt in ein kleines Gärtchen mit ein paar Quadratmetern Wiese. Es gibt für jede Etage mit je vier Zimmern eine kleine Küche mit Kühlschrank und Kochplatte, Dusche und WC getrennt. Auch eine Waschmaschine ist vorhanden. Den mitgebrachten Fernseher kann Renate benutzen. In Mins Zimmer steht ein stationseigenes Gerät, das möglicherweise der Elternverein angeschafft hat. Das gibt es in Gießen nicht.

Als ich zurückkomme, ist nur noch Kyra da, Renate ist mit Jasmin zum Röntgen. Es ist fast zwölf Uhr, also gehe ich los, um einen Happen zu essen zu holen. Bei meiner Rückkehr ist unsere Große immer noch allein, doch kurz darauf stößt der Rest der Familie zu uns. Beide Mädchen bekommen Stationsessen, wir schlingen den Imbiß in uns hinein — natürlich müssen wir etwas an unsere Töchter abgeben.

Das Timing klappt ausgezeichnet, kein Leerlauf, keine Wartezeiten, kein Ausharren in Räumen mit hustenden, prustenden anderen Kranken. Einer der Stationsärzte taucht auf und spritzt Jasmin Jod. Es lagert sich in der Schilddrüse ab und verhindert so, daß die radioaktive Lösung, die später für das Knochenszintigramm verabreicht wird, dort hingelangt und gespeichert wird.

Kyra hat bereits alles hinter sich, so daß ich die Woche Urlaub, die ich vorsorglich eingetragen habe, gar nicht benötige. Wir können heute schon wieder zurück. Bei unserer Großen ist nur eine Routineuntersuchung gemacht worden — messen, wiegen, abhören, abklopfen. Das ist eigentlich eine Arbeit, die ein Assistenzarzt erledigen kann, doch wer macht sie? Ein ausgewachsener Professor. Mit Kennerblick bemerkt er sofort, daß Kyras Schilddrüse leicht vergrößert ist — ein Erbteil von mir. Also doch nicht nur Routine, obwohl es schnell ging. Daß unsere Große zur Ader gelassen wurde, versteht sich fast von selbst.

Schlag 12.55 Uhr taucht ein Radiologe mit einem Blei- oder Stahlbehälter auf, der Min über den durch den Tropf freigehaltenen Katheter das radioaktive Material injiziert. Das geht nicht ohne Geschrei ab, zu viert müssen wir Min festhalten. Der Arzt erklärt, daß das Präparat brennt, und er spritzt ganz langsam, um die Ader möglichst wenig zu reizen. Zwei Stunden Wartezeit sind obligatorisch, damit sich das Mittel verteilen kann. Es reichert sich besonders dort an, wo Krebszellen im Knochen sind. Punkt 15.00 Uhr soll das Szintigramm gemacht werden, ein Sanitätswagen steht rechtzeitig bereit und bringt Renate und Jasmin zur Strahlenklinik.

Wir sind verblüfft, wie perfekt die Organisation ist und wie patientenfreundlich zugleich. In Gießen ging das so: Zur Strahlenklinik laufen (sie ist allerdings wesentlich näher), warten, radioaktive Injektion, zurück zu Peiper, nach zwei Stunden wieder zum Strahlenbunker, warten. Ob eine gewisse Bevorzugung damit zusammenhängt, daß Jasmin das erste Kind mit Neuroblastom ist, das ein Transplantat erhalten soll? Denkbar wäre es, denn selbst Nullachtfünfzehn-Sachen werden von Spezialisten gemacht. Uns kann das nur recht sein, denn für unser Kind ist das Beste gerade gut genug, und wir wissen uns in guten Händen.

Kyra und ich verabschieden uns von den beiden, knapp zweieinhalb Stunden später haben wir die rund 310 km hinter uns gebracht und sind wieder in Gießen.

Nach 18.00 Uhr telefoniere ich noch einmal mit Renate. Min hat sich bravourös gehalten. Beim Szintigramm, bei dem sie sonst immer mit Medikamenten ruhiggestellt werden mußte, lag sie still wie ein alter Hase – ohne Beruhigungsmittel. Eine andere Mutter, die Renate den Weg zum Zimmer zeigen sollte, mußte vorzeitig weg. Renate wird sich ein Taxi nehmen. Hungern und dursten muß sie nicht – schon gestern habe ich einige Lebensmittel eingekauft und im Zimmer deponiert, die schnell zuzubereiten sind. Zum erstenmal schläft Jasmin in der Klinik.

14. Juni, Donnerstag

Ich gehe wieder ins Büro, Kyra in die Schule und anschließend in den Hort. Im Betrieb ist man erstaunt, daß ich schon zurück bin. Am frühen Abend telefoniere ich mit Renate. Zeit zum Nachdenken blieb ihr am Morgen nicht. Zuerst wurden Proben von Speichel, Urin und Stuhl genommen, danach Knochenszintigramm. Anschließend stand die Zahnklinik auf dem Programm.

Mins Gebiß wurde einer gründlichen Inspektion unterzogen, weil bei der Chemotherapie naturgemäß auch die Zähne in Mitleidenschaft gezogen werden, doch es gab keine Beanstandung – bis auf den Zahn, der bei einem Sturz etwas abbekommen hatte. Er wurde geröntgt, zeigte sich aber intakt. Hätten sich Eiterherde gezeigt, wären die entsprechenden Zähne gezogen worden.

Den Nachmittag bis 18.00 Uhr, als Min wieder in der Klinik sein mußte, hatten sie zur freien Verfügung. Sie sind herumspaziert und dann zu Renates Unterkunft gegangen, wo Min ein bißchen im Gärtchen spielte. Klar, daß sich Krankenhaus viel besser ertragen und aushalten läßt, wenn man einige Stunden Urlaub davon bekommt. Und Tübingen ist ein schönes Städtchen, überschaubar wie Gießen, aber romantischer mit seinen verwinkelten Gassen, die bergauf und bergab führen.

15. Juni, Freitag

Bei uns zu Hause läuft alles seinen gewohnten Gang, außer, daß ich auch Hausmann bin.

Wie gestern rufe ich Renate auf Station H an. Heute war erneut das Knochenszintigramm an der Reihe, Augenklinik – dort war alles in Ordnung. Und dann wird ihre Stimme unsicher, weinerlich. Als ich besorgt nach dem Grund frage, schluchzt sie und berichtet, daß bei Jasmin eine Hepatitis festgestellt wurde, die die Transplantation in Frage stellt. Jeder Arzt wußte je nach Mentalität etwas dazu zu sagen: ansteckend, nicht so schlimm, sehr infektiös, Übertragung nur durch Blut und Speichel, ansteckend auch zusätzlich durch Stuhl und Urin. Professor Dr. Nissen, der auch Kyra untersucht hat, hält eine Leberpunktion für unumgänglich, um festzustellen, ob das Gewebe geschädigt ist. Ich erschrecke, als Renate die Risiken nennt, die Professor Nissen erwähnt hat. Der Eingriff ist mit einer Operation vergleichbar, da die Gallenblase oder eine Ader angestochen werden kann. Sie ist in Panik, ich versuche sie zu beruhigen und will mich hier erkundigen.

In heller Aufregung rufe ich Dr. Berthold zu Hause an, doch unser besessener Arzt arbeitet noch in der Klinik. Dort erreiche ich ihn auch. Schon nach zwei Sätzen weiß er Bescheid. Da mir bekannt ist, daß es bei der Hepatitis, also Leberentzündung, zwei Arten gibt, braucht er mir nicht erst lange die Unterschiede zu erklären. So, wie es aussieht, hat Min Typ B, der in letzter Zeit auch auf Peiper vermehrt aufgetreten ist und vermutlich durch eine Bluttransfusion übertragen wurde. Seiner Meinung nach ist das kein Hinderungsgrund für die Transplantation, zumal die Infektion vornehmlich über das Blut erfolgt. Die Ansteckungsgefahr, die von Urin und Kot ausgeht, ist relativ gering, auch die Speichel-bzw. Tröpfcheninfektion ist nicht so dominant wie bei Hepatitis A. Dr. Berthold macht nicht in Zweckoptimismus, denn das hätte ich herausgehört, nein, er ist zuversichtlich und seiner Sache sicher, das spüre ich ganz deutlich. Meine Aufregung legt sich ein wenig, ich kann wieder sachlicher denken.

Als ich Renate erneut anrufe, ist sie ebenfalls ruhiger. Von meiner anfänglichen Reaktion, daß Kyra und ich uns ins Auto setzen und nach Tübingen kommen, will sie nichts wissen, sie wirkt gefaßt. Mittlerweile hat sie mit Dr. Dopfer gesprochen, und der hat ihr im Prinzip dasselbe gesagt wie mir Dr. Berthold. Da letzterer auch die Risiken einer Leberpunktion geringer einstuft, ist Renate doch etwas beruhigt. In Tübingen – so mein Empfinden – bereitet man die Eltern eben auf alle möglichen Eventualitäten vor.

16. Juni, Samstag

An langes Schlafen ist nicht zu denken. Kyra, die sonst an diesem Tag frei hat, muß um halb zehn in der Schule sein, ich folge eine halbe Stunde später. Projektwoche – Schüler und Lehrer zeigen, was sie in den fünf Tagen, als Gruppen aus allen Klassen sich zu Projektgruppen zusammengeschlossen haben, gemeinsam erarbeitet haben. Für mich ist es ein interessanter Rundgang, aber mehr als eine gute Stunde kann ich nicht abzwacken. Ein paar Sachen muß ich noch einkaufen, kochen und die liegengebliebene Hausarbeit erledigen.

Telefonat mit Tübingen. Auch Renate wurde Blut abgenommen, Kyra scheint ohne Befund zu sein in bezug auf Hepatitis. Renate hat sich wieder gefangen, denn in der Klinik ist heute Ruhetag, was Jasmin angeht. Beide haben diese Pause zur Erholung genutzt. Montag soll die Leberpunktion durchgeführt werden – unter Narkose. Diese Betäubung wollen die Ärzte auch für eine Knochenmarkpunktion nutzen.

Uns beiden erscheint es zweckmäßig, daß ich mir auch Blut abnehmen lasse, um das Ergebnis schon dabeizuhaben, wenn ich mit Kyra nach Tübingen komme.

Kurz entschlossen rufe ich in der Medizinischen Poliklinik an, verlange den Arzt vom Dienst und trage ihm meine Absicht vor. Ein wenig erstaunt erkundigt sich der Mediziner nach meinen Gründen. Ich lege sie ihm dar (wahrscheinlich glaubt er meine Schilderung nicht so ganz), worauf er den umständlichen Ablauf schildert, bis das Ergebnis zu Papier gebracht und versandbereit ist. Angesichts von zehn Tagen Dauer zwischen Aderlaß und schriftlichem Befund verzichte ich auf eine Blutabnahme, zumal mir der Doktor empfiehlt, das vor Ort, also in Tübingen, machen zu lassen. Ein wenig wehleidig teilt er mir mit, daß Hepatitis die Berufskrankheit der Ärzte ist.

Davor will ich den Mediziner, der der Stimme nach diesen Beruf ergriffen hat, weil seine Abiturnote im Durchschnitt kaum schlechter als eins war, natürlich bewahren, denn wo kommen wir hin, wenn wir alle, die den Numerus clausus geschafft haben, mit ordinären Viren außer Gefecht setzen?

17. Juni, Sonntag

Kyra und ich kommen gut miteinander aus und leidlich zurecht. Alles klappt ganz gut, und eigentlich ist sie selbständiger, als Renate es wahrhaben will. Ich lege ihr nicht die Kleider für den nächsten Tag zurecht, sehe nicht nach, ob alles im Tornister ist, und trotzdem klappt alles. Und sie läuft auch nicht wie ein Gammler herum.

Früher als sonst telefoniere ich mit Renate. Sie überrascht mich mit der Nachricht, daß lieber Besuch da war — Dr. Bertram. Und er kam nicht allein aus Stuttgart, sondern in Begleitung seiner Frau. Wir kennen sie — es ist Christiane, die Min als angehende Kinderkrankenschwester auf Peiper betreut hat. Über drei Stunden sind die beiden geblieben, Frau Bertram hat Jasmin eine selbstgebastelte Puppe mitgebracht, die unsere Kleine gleich ins Herz geschlossen hat.

Der Krankenhausbetrieb geht seinen Gang, aber da Jasmin nicht therapiert wird, läßt man sie in Ruhe. Wieder haben sie die Zeit zu einem Ausflug genutzt und die Klinikmauern hinter sich gelassen.

Bewußt vermeiden wir, von morgen zu reden — jeder will den anderen schonen. Natürlich sind wir beide nervös, doch nicht total mit den Nerven herunter. Die beruhigenden Auskünfte von Dr. Berthold und zwei Tage Zeit, über alles in Ruhe nachzudenken, haben ihre Wirkung nicht verfehlt.

18. Juni, Montag

Wichtigster Tagespunkt: Anruf in Tübingen.

Ein großes Aufgebot hat sich um Jasmin gekümmert: Professor Dr. Nissen, Dr. Dopfer, ein Arzt von Station H, ein Anästhesist, seine Assistentin, eine Narkoseschwester, zwei andere Helferinnen und ein Ultraschallspezialist. Das Zimmerchen in der Kinderklinik reichte kaum aus, um Geräte und Experten aufzunehmen.

Als erstes hat Min eine Beruhigungsspritze in den Po bekommen. Sie wird etwas schläfrig, doch ihr Mundwerk steht keine Sekunde still. Der Narkosearzt sagt, daß dem keine Bedeutung beizumessen ist und die Betäubung trotzdem wirkt, und er behält recht. Als er Mikro die Maske mit Lachgas überstülpt, wehrt sie sich nicht.

Professor Nissen übernimmt die Leberpunktion. Zuvor hat er Renate erklärt, daß das Instrument eine Besonderheit darstellt. Anders als eine Spritze drückt das Gerät das Gewebe nicht zurück und zersticht auch nicht einfach die Zellen, sondern entnimmt eine Probe wie ein Erdbohrer. Das reicht Renate. Sie bekommt noch mit, daß Professor Nissen das Ultraschallgerät als Kontrolle benutzt, um exakt zu stechen, dann geht sie hinaus. Eine nervenzermürbende Warterei beginnt, in der jede Minute zur Ewigkeit wird.

Endlich, nach einer knappen halben Stunde, ist alles vorbei. Professor Nissen hat die Leber punktiert, Dr. Dopfer das Knochenmark. Da Min auf dem Rücken lag und das innere Organ durch die Gewebeentnahme verletzt war, mußte Dr. Dopfer die Probe aus dem vorderen Beckenknochen nehmen.

Kaum, daß Min ihre Sinne wieder beisammen hat, sagt sie zu Renate: „Ich will keine Narkose, du hast ausgesehen wie eine Puppe." Klarer Fall, ihr kam der Bewegungsablauf durch das beeinträchtigte Wahrnehmungsvermögen hölzern vor.

Der Anästhesist bleibt noch gut eine Stunde nach Mins Erwachen bei ihr. Erst als er sicher ist, daß es zu keinen Komplikationen kommen kann, darf Mikro auf die Station zurück. Man hat ihr für vierundzwanzig Stunden strenge Bettruhe verordnet und einen Verband aus elastischen Binden angelegt. Noch läßt sich nicht sagen, ob nicht doch eine Ader verletzt wurde. Alle paar Minuten sehen Renate und die Schwestern nach, ob der Verband nicht blutig wird. Für den Notfall stehen Ärzte bereit, entsprechende Blutkonserven sind angefordert worden und können sofort gegeben werden. Beides erübrigt sich.

Ich kann nachempfinden, was Renate an diesem Tag durchgemacht hat, allein die Schilderung regt mich schon auf. Uns beiden – nein, uns allen wünsche ich trotzdem eine ruhige Nacht.

19. Juni, Dienstag

Gute Nachricht: Die Gewebeprobe hat ergeben, daß die Zellen in Ordnung sind, Dr. Dopfer nennt Jasmins Leber „jungfräulich". Es bestehen prinzipiell keine Bedenken, die Transplantation trotz der B-Hepatitis zum vorgesehenen Zeitpunkt vorzunehmen.

Ganz ohne Aufregung ging es dennoch nicht ab. Als Min Blut abgenommen werden sollte (über den Katheter), versuchte sie, das zu verhindern. Auf dem Rücken liegend, schnellte sie sich mit Beinen und Po durchs Bett. Sie trug noch den Verband, und die vierundzwanzig Stunden waren noch lange nicht um. Glücklicherweise kam es zu keinen Komplikationen.

Bei meinem Anruf steht sie neben dem Telefon, sie darf – langsam – laufen, und sie hat schon wieder Oberwasser. Nach einigen Fragen, die ich ihr stelle, verlangt sie, ich solle ihr endlich mal Kyra geben.

Heute ist das letzte Knochenszintigramm gemacht worden. In all den Tagen hat Jasmin Jodinjektionen bekommen, um die Schilddrüse zu schützen.

Ab Freitag muß Kyra in Tübingen sein, vorher wird nicht mit der Bestrahlung begonnen. Die umsichtigen Ärzte wollen vermeiden, daß unserer Großen auf der Fahrt etwas zustößt, denn wäre Mins Knochenmark erst einmal angegriffen und zerstört, müßte sie ohne einen Spender sterben.

Ich werde mir drei Wochen Urlaub nehmen, damit jeder von uns bei einem der Mädchen sein kann, die nach der Transplantation wahrscheinlich in verschiedenen Kliniken liegen.

20. Juni, Mittwoch

Ein Brief mit Postzustellungsurkunde und allen amtlichen Zutaten sorgt bei mir für Verwirrung. Nach einem Beschluß vom 15. 6. 1984 des Tübinger Amtsgerichts, Abteilung Vormundschaftsgericht, ist das Kreisjugendamt Tübingen als Ergänzungspfleger bestellt mit dem Aufgabenbereich, der Prüfung und erforderlichenfalls Erteilung der Zustimmung zur Vornahme einer Knochenmarktransplantation von Kyra Klee als Spenderin zugunsten ihrer Schwester Jasmin Klee, da die gesetzlichen Vertreter von Kyra und Jasmin, ihre Eltern, sich insoweit in einem Interessenkonflikt bei der Wahrnehmung der Interessen von Spender und Empfänger der Transplantation befinden. Ende der juristischen Argumentation. Es gibt noch Vor- und Nachsätze, und ein Passus lautet: Das Verfahren bleibt nach § 96 Kost. Ordn. gerichtskostenfrei. Geschäftswert: DM 3.000, – .

Ich weiß jetzt zwar, was unser Kampf um Min dem Staat wert ist, und ich sehe auch, daß die Justiz sehr schnell reagiert hat, aber ich weiß nicht, wie der Inhalt des Schreibens zu deuten ist. Haben wir als Eltern überhaupt noch Entscheidungsbefugnis? Kann das Jugendamt die Transplantation verbieten, die die Mediziner als einzige Chance sehen?

Die Ärzte haben Renate über diesen juristischen Akt schon informiert. Er soll uns vor einer Strafverfolgung schützen, falls wider Erwarten nicht alles nach Plan verläuft, ansonsten ist es ohne Bedeutung, was unsere Entscheidung zur Transplantation betrifft.

Jasmin, die auf die F verlegt wurde, befindet sich noch immer auf der Infektionsstation. Dort werden wir sie morgen besuchen.

21. Juni, Donnerstag (Fronleichnam)

Um halb neun fahren wir in Gießen los und sind nach einem Tankstop gegen 11.15 Uhr an der Klinik. Stauungen gab es nicht, und die langsamen Brummis, die bei ihren Rennen untereinander oft die Überholspur blockieren, haben Fahrverbot.

Renate und Jasmin sind überrascht, daß wir schon da sind. Min, die gerade ihr Mittagessen verputzt, hat vor lauter Freude plötzlich keinen Appetit mehr. Sie fragt nach Kyra, die draußen wartet. Als ich ihr das sage, ist sie nicht mehr zu halten. Renate zieht sie schnell an, und ab geht es ins Freie — Urlaub vom Krankenhaus bis 18.00 Uhr.

Nach der zweiten stürmischen Begrüßung machen wir uns auf in die nahe Altstadt, um etwas zu essen. Wir entscheiden uns für ein Restaurant vis à vis vom Schloß, in dem sich gut speisen läßt. Allein rund zwanzig Maultaschengerichte stehen auf der Speisekarte.

Die geplante Schloßbesichtigung wird lediglich zu einem kleinen Spaziergang, da der Bau geschlossen ist, weil er gerade restauriert wird.

Wir laufen zum Auto zurück und fahren zu Renates Unterkunft, die Kyra noch nicht kennt. Die Mädchen spielen draußen, während wir die Koffer auspacken. Der Schrank faßt kaum die Kleider, denn für unsere Große und für mich habe ich Sachen für acht Tage mitgebracht, damit nicht ständig gewaschen werden muß. Nun, da wir alle wieder zusammen sind, kommt — zumal es warm und sonnig ist — fast so etwas wie Ferienstimmung auf. Die Sorgen werden verdrängt, wir lachen viel, obwohl wir eigentlich nichts zu lachen haben.

Auf der Infektionsstation liegen Kinder, die Masern und Windpocken haben. Masern hatte Min noch nicht, allerdings ist sie dagegen geimpft, gegen Windpocken hat sie Antikörper gebildet, doch ist die Gefahr gegeben, daß diese Viren zu einer Gürtelrose führen, die die Onkologen fürchten wie die Pest. Wir haben das auf Peiper erlebt.

Wir verstehen, daß Jasmin von Station H auf F verlegt wurde, aber wir sind alles andere als glücklich darüber, denn eigentlich ist es unsere Kleine, die vor weiteren Infektionen geschützt werden muß. Zwar liegt sie allein in einem Kämmerchen, und man hat sogar das Schlüsselloch zugeklebt, um Keime abzuhalten, doch eine Garantie ist das nicht.

Es gibt keinen umlaufenden Balkon, durch den Schwestern und Ärzte das Zimmer verlassen und nach einer Wartezeit in die Station zurückkehren können. Wann immer jemand den Raum betreten will, in dem ein Kind mit einer ansteckenden Krankheit liegt, wird eine Klingel betätigt — ein Zeichen dafür, daß alle anderen Türen geschlossen werden. Die Rückkehr erfolgt über den Hauptgang, und erst dann kann sich das Personal durch Abklopfen und Luftzirkulation grob entkeimen.

17.45 Uhr macht sich Renate mit Min auf den Weg zur Klinik. Min murrt und jammert nicht, denn sie weiß, daß wir alle da und auch morgen wieder zusammen sind.

22. Juni, Freitag

Kurz vor acht macht sich Renate auf den Weg zur Klinik, Kyra und ich bleiben noch ein Stündchen liegen. Wir haben abgesprochen, daß wir nachkommen, wenn Renate und Jasmin bis zwölf Uhr noch nicht zurück sind.

Viel anfangen kann man in dem Zimmer nicht, es wird uns bald langweilig, und so marschieren wir nach elf Uhr los zur Kinderklinik. Auf Anhieb finden wir den richtigen Weg. Es sind zu Fuß etwa zehn, zwölf Minuten. Kyra wartet vor dem Krankenhaus.

Bei Jasmin und Renate ist Herr Rau im Zimmer, ein Sozialarbeiter, der sich um die Belange der kranken Kinder und ihrer Eltern kümmert. Er ist ein ganz patenter Mann, hilfsbereit und nett. Da er die meisten Ärzte kennt, nutzt er seine Verbindungen, um uns mit Informationen zu versorgen, denn im Augenblick hängen wir etwas in der Luft. Dr. Dopfer ist in Urlaub, und die Stationsärzte von H und F wissen nicht Bescheid.

Herr Rau sagt, daß Professor Dr. Niethammer wieder im Haus ist, und er meint, daß er vielleicht noch auf Station H ist. Ich mache mich auf die Suche, aber er ist dort schon wieder weg. Eine freundliche Schwester alarmiert ihn über Piepser – er will zur Station F kommen.

Ich gehe zurück, gemeinsam warten wir auf der Terasse vor der Infektionsstation. Als Professor Niethammer kommt, bittet er uns Eltern in sein Zimmer. Ganz offen sagt er, daß der Termin am 6. Juli nicht eingehalten werden kann.

Er merkt, wie betroffen wir sind, und erläutert uns die Gründe. Noch am Morgen hat er mit einem Kollegen in München telefoniert, der – so verstehe ich es – ein Spezialist in Sachen Leber und tangierender Gebiete ist. Jasmins Hepatitis ist nicht der Grund für die Verschiebung der Knochenmarktransplantation, sie kann auch trotz der Infektion stattfinden. Die Terminverlegung erfolgt in erster Linie zum Schutz des Personals, das in und bei den sterilen Zelten Dienst tut. Sie müssen Min oft Blut abnehmen und untersuchen, und da ist die Ansteckungsgefahr riesengroß, denn niemand dort ist gegen Hepatitis B geimpft.

Das sollte schon vor einiger Zeit geschehen, doch unter dem Personal gab es fast einen Aufstand, weil ein bekannter Virologe die These aufgestellt hatte, daß dieser amerikanische Impfstoff Aids überträgt, jene Immunschwäche, die zum Tod führt und erstmals bei Homosexuellen festgestellt wurde. Außerdem kann diese Impfung laut Professor Niethammer zur chronischen Hepatitis führen, die dann in eine Leberzirrhose übergeht, die von den Ärzten nicht geheilt werden kann. Auch diese Erkrankung führt zum Tod. In gewisser Weise können wir die Weigerung der Schwestern und Pfleger verstehen.

Mittlerweile hat sich die Aids-Theorie als Irrtum herausgestellt. Da einer Impfung nun nichts mehr im Wege steht, soll sie umgehend nachgeholt werden, wahrscheinlich auch bei uns.

Unsere Unterhaltung dauert über eine halbe Stunde. Als nächstmöglichen Termin nennt uns Professor Niethammer den 16. Juli. Er sagt, daß wir nach Hause fahren können und in telefonischer Verbindung bleiben, dann begleitet er uns nach draußen, wo die Kinder auf der Wiese vor der Klinik gewartet haben. Mit gemischten Gefühlen verabschieden wir uns von dem hochqualifizierten Arzt, der nach eigener Aussage vor seiner Tätigkeit in Tübingen schon das Transplantationszentrum in Ulm mitaufgebaut hat. Zwanzig Kinder können jährlich in Tübingen behandelt werden, etwa sechzig sind es bisher.

Wir wissen nicht, ob wir lachen oder weinen sollen. Lachen deshalb, weil wir daheim noch ein paar Tage Kraft für die vor uns liegenden schweren Wochen tanken können, weinen, weil jeder Tag Wartezeit die Gefahr in sich birgt, daß sich ein neuer Tumor entwickelt. Innerlich hatten wir uns auf diese Zeit im Krankenhaus eingestellt, uns regelrecht darauf programmiert, zu trösten, zu streicheln und immer da zu sein, auch wenn es über die eigene Kraft geht, bei der einen oder anderen Prozedur dazubleiben, stark zu sein, dem Kind Mut zu machen und ihm zuzulächeln, selbst wenn einem in Wahrheit zum Heulen zumute ist.

Da ich berüchtigt dafür bin, Strecken wie nach Tübingen durchzufahren, ohne Rast zu machen, billige ich den Entschluß meiner Familie, vor der Abfahrt noch essen zu gehen. Vollgestopft kehren wir ins Zimmer zurück und machen uns ans Packen. Zwei Ladungen voll Sachen habe ich nach Tübingen transportiert, nun muß alles in einer Fuhre bewältigt werden. Obwohl unser Opel Rekord ein Raumwunder ist, muß ich die Fähigkeiten eines Staplungsexperten entwickeln, um alles unterzubringen. Im Auto sieht es aus, als würden wir auswandern. Sogar auf dem Boden vor dem Beifahrersitz und auf der Rückbank stapeln sich Taschen und Tüten. Noch einmal zurück zur Station H, um den Zimmerschlüssel abzugeben, dann wenden wir gegen siebzehn Uhr Tübingen den Rücken.

23. Juni, Samstag

Noch am gestrigen Abend habe ich die Eltern informiert. Sie waren sichtlich überrascht, wußten aber auch nicht, ob sie unsere Rückkehr positiv oder negativ werten sollten. Glücklich über den Aufschub sind sie ebensowenig wie wir.

Auch Dr. Berthold nicht. Zwar hat er heute keinen Dienst, aber der Unermüdliche ist dennoch in der Klinik, wo ich ihn telefonisch erreiche. Sicherlich kann er seinen Kollegen in Tübingen nichts vorschreiben, doch seine Stimme klingt enttäuscht, fast ein wenig unmutig darüber, daß der Termin verschoben wurde, schließlich bangt er mit uns um Jasmin.

Hepatitis B ist in Gießen kein Thema mehr, zumindest alle, die auf Peiper Dienst tun, sind geimpft, sagt Dr. Berthold. Wahrscheinlich war es der Arzt nicht, der mir gestern in Tübingen auf der Station F Blut abnahm, um herauszufinden, ob ich von Min angesteckt wurde. Er war dankbar, daß ich nach dem Herausziehen der Nadel selbst mit einem Tupfer die Einstichstelle abdrückte, so daß er mit meinem Blut nicht in Berührung kam.

Nach Dr. Bertholds Aussage wird die Impfung erst nach etwa einem halben Jahr voll wirksam, dennoch ist das, was man in Tübingen tun will – impfen – keine Farce. Aus medizinischen Nachschlagewerken weiß ich, daß die Inkubationszeit 40 bis 200 Tage beträgt bei Hepatitis B.

Ich frage Dr. Berthold, was wir – speziell bei gemeinsam benutztem Geschirr – tun können, um uns vor einer Infektion zu schützen.

Mir ist bekannt, daß zahlreiche Bakterienarten trotz ihrer Aggressivität ausgesprochene Spezialisten sind, denen schon ein Temperaturunterschied von ein paar Grad die Lebensgrundlage entzieht, doch dieser Virentyp gehört nach Aussage unseres Arztes nicht dazu, im Gegenteil, die Art ist ziemlich resistent und robust.

Nach seiner Aussage reicht es aus, wenn Gläser, Teller, Tassen und Bestecke in der Geschirrspülmaschine gereinigt werden. Neben der Temperatur von 65 Grad Celsius und dem doch recht scharfen Reinigungsmittel sorgt vor allem die mechanische Reinigung durch die pulsierenden Wasserstrahlen für die nötige Hygiene. Also werden wir in Zukunft alles im Schrank lassen, was nicht spülmaschinenfest ist.

Da wir wissen, daß übliche Desinfektionsmittel nur in begrenztem Umfang Viren vernichten können, uns zugleich aber auch bekannt ist, daß es Sprays gegen Hepatitis B-Viren gibt, rufen wir in der nahe gelegenen Apotheke an — und stellen damit den Inhaber vor Probleme. Er verspricht, nachzuschlagen und ein solches Mittel, falls nicht vorhanden, umgehend zu besorgen. Und siehe da, eine halbe Stunde später kann ich das Spray abholen. Mit 19,10 DM ist Sagromed HBV nicht gerade billig, aber wirksam. Nach dem Aufdruck sind die Viren eine Stunde nach Anwendung keine Krankheitserreger mehr.

Wir benutzen es vorbeugend, weil nicht völlig auszuschließen ist, daß die Erreger auch über Stuhl, Urin und Speichel ausgeschieden werden. In Zukunft müssen wir ständig darauf achten, daß niemand aus demselben Glas trinkt wie Jasmin oder einen Happen von ihrem Teller ißt. Obst, das sie angebissen hat, müssen wir wegwerfen, denn meines Wissens sind auch unsere Papageien nicht vor einer Hepatitis gefeit. Selbstverständlich sorgen wir uns um die Kinder weit mehr als um die Vögel, doch umbringen wollen wir die Tiere natürlich auch nicht.

Renate hat davon gehört, daß ein Kind, das nach einer Transplantation nach Hause zurückkehrt, noch extrem infektionsanfällig ist, und manche Humanmediziner sind der Überzeugung, daß alle Haustiere und sogar Zimmerpflanzen aus der Wohnung verbannt werden müssen. Professor Niethammer teilt diese Meinung so nicht, denn Keime aller Art umgeben uns ständig, und es ist einleuchtend, was er sagt. Eins werden wir dennoch auf jeden Fall tun, nämlich den Kot der Papageien durch einen Parasitologen untersuchen lassen. Sollte sich herausstellen, daß einer von ihnen krank ist oder Mikroorganismen in sich hat, die auf einen Menschen übertragbar sind, werden wir die Vögel meinem Bruder Bodo in Pflege geben.

Dr. Bertram habe ich über die unvorhergesehene Rückkehr informiert. Er hatte vor, Jasmin zusammen mit seiner Frau heute zu besuchen, und auch Dr. Berthold muß umdisponieren, weil er schon eine Fahrt nach Tübingen fest geplant hatte. Kann es menschlichere Ärzte geben?

26. Juni, Dienstag

Telefonat mit Tübingen. Professor Niethammer muß ziemlich im Streß sein, denn unser Gespräch dauert kaum länger als zwei Minuten. Der 16.7. steht noch als Transplantationstermin im Raum, man hat mit der Impfung des Personals begonnen, aber eine konkrete Zusage kann er nicht machen. Ich soll Montag noch einmal anrufen.

28. Juni, Donnerstag

Kontrolluntersuchung mit Blutabnahme in Gießen.

2. Juli, Montag

Mein Versuch, Professor Niethammer zu erreichen, scheitert zweimal, weil er in einer Besprechung ist. Nach 14.00 Uhr habe ich ihn endlich an der Strippe. Diesmal ist er nicht so unter Zeitdruck. Er erkundigt sich nach Jasmins Befinden und ist zufrieden, daß sie munter und fidel ist. Eine endgültige Entscheidung ist bisher nicht gefallen, doch er vermerkt sich die Sache noch einmal dick auf seinem Terminkalender. Professor Niethammer bittet mich, an alle Grüße auszurichten und noch einmal Freitag nachzufragen.

4. Juli, Mittwoch

Kontrolluntersuchung mit Blutabnahme in Gießen.

6. Juli, Freitag

Professor Dr. Niethammer ist an diesem Tag verreist, aber er hat seiner Sekretärin eine Nachricht hinterlassen. Aufnahme in der Kinderklinik Tübingen am 17.7., Umsiedlung in die Medizinische

Klinik, wo die sterilen Zelte stehen, am 29.7., Transplantationstermin am 3.8. Wieder gilt es, sich darauf einzustellen, aber wir sind zugleich froh, daß die Ungewißheit endlich vorbei ist.

9. Juli, Montag

Jasmin muß noch einmal Endoxan einnehmen bis zum 12.7.84.

13. Juli, Freitag

Kontrolluntersuchung mit Blutabnahme in Gießen.

17. Juli, Dienstag

Das Auto ist vollgepackt bis unters Dach, als wir kurz nach neun starten. Mir ist flau im Magen, weil ich weiß, was uns in den kommenden Wochen erwartet, nur die Kinder sind fröhlich. Jasmin ist sogar recht ausgelassen, obwohl sie das Fahrtziel kennt. Der Umstand, daß sie die Station dort nach dem Mittagessen für einige Stunden verlassen konnte, hat ihr wohl den Krankenhausaufenthalt sehr erleichtert.

Stau am Frankfurter Kreuz. So benötigen wir etwas mehr als drei Stunden, bis wir in Tübingen sind. Für Jasmin ist ein Zimmer in der Infektionsstation F reserviert worden. Wegen der größeren Freiheiten und der offenen Türen wäre uns H lieber gewesen, doch wir akzeptieren die Entscheidung der Ärzte.

Der Raum auf F ist erst desinfiziert worden und stinkt nach Aussage der Schwestern noch bestialisch. Vor achtzehn Uhr braucht Min dort nicht einzuziehen, da noch gelüftet wird. Das ist uns nur recht. Wir treffen Herrn Rau, den Sozialarbeiter, mit dem ich wegen der Zimmerbeschaffung vor ein paar Tagen telefoniert habe. Dort, wo Renate vorher gewohnt hat, ist alles belegt. Herr Rau will versuchen, uns in einem Haus ein Zimmer zu beschaffen, das der Tübinger Förderverein krebskranker Kinder gemietet hat. Eine Mutter, die bis Samstag bleibt, muß noch gefragt werden, ob sie mit der Umquartierung in ein anderes Zimmer einverstanden ist. Herr Rau, der nicht Angestellter der Universität oder der Stadt Tübingen ist, sondern vom Elternbeirat bezahlt wird, will alles arrangieren, während wir essen gehen.

Gegen 14.15 Uhr sind wir wieder in der Klinik. Die Mutter zieht zu einer anderen Frau, wir können in den Raum einziehen. Da das naturgemäß etwas dauern kann, erledige ich erst die Formalitäten auf der Verwaltung. Erneut muß ich das schon bekannte Anmeldeformular ausfüllen, dann kaufe ich zehn Essensmarken, die uns berechtigen, in der Kantine zu essen. 5,80 DM kostet ein Kärtchen. Relativ preiswert für ein Mittagessen, zumal die Mahlzeiten abwechslungsreich und die Portionen groß sind. Morgen allerdings werden wir doch woanders essen — Pellkartoffeln und Quark stehen auf dem Plan, und das ist überhaupt nicht mein Fall.

Nach den Formalitäten — auch für das Zimmer muß eine Anmeldung ausgefüllt werden — holen wir das Auto aus dem Parkhaus, und Herr Rau dirigiert uns zu unserem Quartier, hilft uns, das Gepäck auszuladen. Mit dem Aufzug geht es in den 2. Stock, doch als wir das Treppenhaus verlassen, sind wir verblüfft, denn wir befinden uns zu ebener Erde. Etwa ein Dutzend Häuser, breite Wege, bepflanzte Beete, Sandkasten. Des Rätsels Lösung: Wir befinden uns auf einer Wohnebene, die über einem Parkhaus errichtet wurde. Selbst Bäumchen wachsen hier.

Die untere Ebene des Hauses, in das wir einziehen, beherbergt neben Küche, Toilette und Abstellraum eine Eßecke und ein Wohnzimmer. Im darüberliegenden Stockwerk befinden sich Bad mit Toilette und zwei Zimmer, wir bekommen den Raum eine Etage darüber. Eine Abstellkammer gehört dazu. Daß die Wände schräg sind und das Mobiliar spärlich ist, stört uns wenig. Schrank, Tisch und Stühle fehlen, Betten sind da. Die beiden Schlafstellen kosten je zehn Mark pro Nacht und Person.

Wir wohnen mitten in der Altstadt. Im Haus sind Apotheke, Wäscherei, Supermarkt und zahlreiche kleinere Geschäfte, zur Post und einem uns schon bekannten guten Restaurant sind es zwei Minuten Fußweg, zur Klinik kaum fünf. Wir sind mit unserer Unterbringung zufrieden.

Der gute Geist des Hauses ist eine junge Frau aus Rumänien, die mit ihrem kleinen Sohn Adrian hier wohnt. Schon fünf Monate sind sie hier — als Touristen, denn Leukämie ist in ihrer Heimat gleichbedeutend mit Tod. Es fehlen Behandlungszentren und geeignete Medikamente, um diese Kinder zu behandeln und zu heilen.

Am Abend lernen wir die beiden anderen Mütter kennen, die hier wohnen, und natürlich kommen wir ins Gespräch. Markus' Mutter — er hat Leukämie und ist zweieinhalb Jahr alt — ist selbst Krankenschwester und hat viel mit krebskranken Erwachsenen zu tun. Sie sagt, daß sie seit der Krankheit ihres Sohnes einen ganz anderen Kontakt zu den ihr anvertrauten Patienten hat.

Eine Riesenbürde hat die Mutter von Tobias zu tragen. Das Herz des zwölfjährigen Jungen ist durch die Zytostatika so geschädigt, daß er im Herzzentrum Großhadern bei München untersucht werden soll. Hier in Tübingen geht man davon aus, daß eine Herztransplantation erforderlich ist. Ein wahrhaft teuflischer Reigen.

18. Juli, Mittwoch

Jasmin hat auch heute mittag noch einmal Ausgang, und wir nutzen die freie Zeit, um uns ein paar schöne Stunden zu machen und um unsere nächste Umgebung zu erkunden.

Am späten Nachmittag kehren wir zu unserer Wohnung zurück, um einen Happen zu essen. Min und der kleine Adrian aus Rumänien verstehen sich prächtig und spielen miteinander.

Der Vorsitzende des Fördervereins krebskranker Kinder Tübingen e. V. taucht auf und bringt einen Teppich und ein Schränkchen fürs Badezimmer. Auch mit ihm kommt sofort ein persönlicher Kontakt zustande, denn das gemeinsame Schicksal schafft auf Anhieb eine Vertrautheit zwischen Menschen, die sich fremd sind, die ich früher nie für möglich gehalten hätte.

Sein neunzehnjähriger Sohn ist nach einem Rückfall vor knapp einem Jahr gestorben, doch er gerät regelrecht ins Schwärmen, wenn er von seinem Jürgen erzählt, der — das merkt man deutlich — in seinem Herzen noch weiterlebt. Keine Spur von Verbitterung klingt an, nur das Bemühen, anderen helfen zu wollen, wann immer es geht.

Unsere Unterhaltung dauert bestimmt länger als eine Stunde. Im Verlauf des Gesprächs wird uns klar, warum jede Übernachtung zehn Mark kostet: Die monatlichen Kosten für Miete, Strom und Umlagen betragen zwischen 1.800 und 2.000 DM.

19. Juli, Donnerstag

Wie gestern ist Renate auch heute früh allein in die Klinik gegangen, ich bin um zehn Uhr bei Jasmin, nicht ohne Kyra versprochen zu haben, daß Renate oder ich in einer Stunde wieder zurück sind, damit unsere Große nicht ständig allein ist.

Zum meiner Überraschung ist Min nicht an einen Tropf angeschlossen, wie wir gedacht haben, weil sie bis zum Operationstermin nüchtern bleiben muß, nein, sie sitzt quietschvergnügt im Bett und spielt. Schon zwischen elf und zwölf Uhr erwarten uns die Chirurgen. Natürlich wollen wir beide bis dahin bei der Kleinen bleiben, so daß Kyra allein die Zeit totschlagen muß.

Dr. Dannecker, der Stationsarzt der F, benötigt für den Eingriff noch eine Unterschrift, und wir nutzen die Gelegenheit, um noch einige Informationen einzuholen, zumal der junge Mediziner mittlerweile das Behandlungsprotokoll kennt. Von einer anderen Mutter, die hier mit uns wohnt, weiß ich, daß es zwei Arten von Dauerkatheter gibt.

Dr. Dannecker erklärt uns den Unterschied. Der eine, mit einer Membrane versehen, wird unter die Haut gelegt und kann dort länger als ein Jahr bleiben. Der Träger kann während dieser Zeit unbesorgt herumlaufen und sogar schwimmen gehen, ohne befürchten zu müssen, sich ständig über diese künstliche Öffnung im Blutkreislauf zu infizieren. Bei einer Injektion wird dann nur noch die Haut durchstochen.

Jasmin bekommt einen sogenannten Verweilkatheter, der dann gelegt wird, wenn die Behandlungszeit absehbar ist und nur mehrere Wochen beträgt. Der Ausläufer dieser Röhre endet im Herzkammervorhof, und man wählt zwischen diesem Abschnitt und der chirurgischen Einsetzungsstelle einen möglichst großen Abstand, um zu verhindern, daß Keime über dieses „Ventil" in den Körper eindringen können, ohne daß der Organismus Gelegenheit hat, einen breiten Verteidigungsring mit tiefgestaffelter Abwehr aufzubauen. Die Mikroorganismen können sich also nicht sofort über den ganzen Blutstrom verteilen, sondern müssen erst einige Zentimeter „überwachtes" Gebiet durchqueren, so daß der Körper Gelegenheit hat, sie zu vernichten. Etwa eine halbe Stunde wird der rein chirurgische Eingriff dauern.

Wir sind nicht mehr ganz so aufgeregt wie vor der ersten oder zweiten Operation, zumal es auch keine Operation im eigentlichen Sinn ist, doch die tatenlose Herumsitzerei zerrt an den Nerven.

Endlich kommt eine Schwester und ruft uns, aber es geht nicht zum OP, sondern zur Sonographie. Mins Nieren werden noch einmal mittels Ultraschall untersucht, dann wieder zurück ins Zimmer. Warten. Endlich, gegen 12.30 Uhr, sollen wir losgehen. Auf eigenen Wunsch machen wir uns zu Fuß auf den Weg, Min ist guter Dinge.

Wir sind erst einige hundert Meter gegangen, als uns eine junge Ärztin zurückholt. Der Termin ist verschoben, neuer Zeitpunkt 13.30 Uhr. Gemeinsam gehen wir zurück, ich eile zu unserer Unterkunft, um Kyra zu informieren. Begeistert ist sie nicht, doch sie versteht unsere Situation. Im Geschwindschritt geht es zur Station F – Renate und Jasmin sind weg. Die Chirurgen haben umdisponiert.

Mehr rennend als gehend mache ich mich auf zur Chirurgie. Achter Stock, Raum 2, wurde mir als Ziel genannt. Der Aufzug hat das Tempo eines störrischen Esels und bringt Besucher auch nur bis in die siebte Etage. Ich stürme die Treppe hinauf – von den beiden auf der OP-Ebene keine Spur. Ein freundlicher Mensch in Lindgrün und mit Mundschutz nimmt sich meiner an. Man erinnert sich und schickt mich in die Kinderchirurgie – wie Renate, die dort warten soll. Jasmin kann ich nicht mehr sehen, sie ist schon im sterilen Bereich. Sie hat, wird mir gesagt, „e bißle g'schrien" wie alle Kinder, aber dann wirkte die Narkose.

Ich irre im 2. Stock durch die Station „Kinderchirurgie", doch von Renate keine Spur. Mittlerweile war Schichtwechsel, niemand hat sie gesehen. Ich bitte eine hilfsbereite Schwester, auf F anzurufen, aber dort ist sie nicht eingetroffen, also marschiere ich zur Eingangshalle. Dort sitzt sie wie ein armer Sünder auf der Bank. Verdammt, es ist schlimm, wenn das jammernde Kind einfach weggebracht wird, ohne daß man helfen kann – und ich war noch nicht einmal da. Min wußte sofort, was ihr bevorstand, als sie die Grünkittel sah, sagt Renate.

Wir wechseln den Standort und beziehen Position in einer zugigen trostlosen Halle, in der Rotkreuzler auf ihren Einsatz warten und in die die Rettungswagen zurückkehren. So verpassen wir es auf keinen Fall, wenn Jasmin zur Kinderklinik zurückgebracht wird, denn dafür wird ein Krankenwagen eingesetzt, der hier startet.

Quälend langsam verstreicht die Zeit. Ich habe heute noch nichts gegessen, aber Hunger habe ich nicht. Mehr schlecht als recht hokken wir auf einem Gestell, mit dem Tragen durchs Krankenhaus gefahren werden. Wann immer sich die Tür öffnet, die von der Klinik in diese Halle führt, sind wir wie elektrisiert, mehrmals werden wir genarrt, als leere Bahren in die Einsatzfahrzeuge zurückgerollt werden.

Nach 15.00 Uhr mache ich mich auf, um den Pförtner zu bitten, im Wachraum der Chirurgie nachzufragen, ob Jasmin mittlerweile dort ist. Ohne etwas erreicht zu haben, kehre ich zurück — es gibt keinen Pförtner. Nun macht sich Renate auf den Weg zur OP-Ebene, nachdem wir Verhaltensmaßregeln vereinbart haben.

Gegen halb vier trifft ein Krankenwagen mit der Ärztin von der F ein — es ist soweit, Min kann zurück. Da der Wagen nicht für alle Platz hat, bitte ich die Medizinerin, Renate zu informieren, daß ich mich zu Fuß auf den Rückweg mache. Obwohl ich noch etwas zu trinken besorge, bin ich früher im Zimmer als die Sanitäter. Und dann wird Min hereingebracht. Man merkt ihr die Nachwirkungen der Narkose noch deutlich an. Ein Tropf ist schon an den Dauerkatheter angeschlossen, im linken Handgelenk steckt noch der für die Betäubung benötigte Katheter. Er hat fatale Ähnlichkeit mit einer Badewannenmischbatterie.

Ein IVAC steht schon bereit, ein Diffusor wird hereingebracht und angeschlossen, ferner ein tragbares Kontrollgerät für Herz und Puls. Eine Schwester mißt ihn sofort — 124. Blutdruckkontrolle, der Vernebler wird eingeschaltet. Min, kaum halbwach, beschwert sich darüber ebenso wie über den Umstand, daß Renate ihr nach dem Messen der Temperatur den Schlüpfer nicht richtig angezogen hat. Sie sagt, daß jeder von uns drei Augen, zwei Nasen und zwei Münder hat — sie ist noch benebelt. Ich helfe einer Schwester, die Narkosekanüle herauszuziehen — Renate sieht weg.

Während der Narkose ist noch einmal das Knochenmark punktiert worden, der Eingriff selbst hat fast eine Stunde gedauert. Bis zum Hals ist Jasmin mit der orangefarbenen, eingetrockneten Desinfektionsflüssigkeit beschmiert, mehrere blaue Flecken zeigen, daß der Anästhesist Probleme hatte, eine Ader zu finden, in der der Katheter endlich hielt. Dennoch klagt Min nicht über Schmerzen.

So allmählich fällt die Spannung von mir ab, ich bin hungrig und todmüde. Da Renate schon vorher ein paar Happen gegessen hat, bleibt sie in der Klinik, während ich zu unserer Unterkunft gehe. Renate kommt früher als sonst zurück, Mikro schläft schon. Alle Werte sind beruhigend, die Operation ist komplikationslos verlaufen.

176

20. Juli, Freitag

Renate war wieder vor mir im Krankenhaus. Als ich eintreffe, hat Jasmin bereits gefrühstückt und grinst mich spitzbübisch an. Sie hat ein Baguette verschluckt, erklärt sie mit hintergründigem Lächeln. Des Rätsels Lösung: Dort, wo die Kupplung zwischen dem Schlauch vom Tropf und vom Schlauch des Verweilkatheters ist, ist ein steriles Tuch um die Verbindungsstelle als zusätzlicher Keimschutz gewickelt und mit Pflaster verklebt worden. Da das Tuch Handtuchformat hat, ist daraus ein kleines Päckchen geworden, das durchaus Ähnlichkeit mit einem Stück Stangenweißbrot hat.

Dramatisch wird es, als das Tuch gewechselt wird. Obwohl ihr niemand weh tut, wehrt Min sich aus Leibeskräften, auf Streicheln und Zureden reagiert sie nicht. Erst als Ärzte und Schwestern nach getaner Arbeit das Feld räumen, beruhigt sie sich. Wenig später geht auch Renate, um einzukaufen, Geld abzuheben und um Wäsche zu waschen.

Der Tropf und der Dauerkatheter stören die Kleine so gut wie überhaupt nicht, denn sie hat Arme und Beine frei, kann also essen und spielen.

Es macht Spaß, bei Min zu sein. Sie ist ausgeglichen und fröhlich, ausgesprochen gutgelaunt, nichts tut ihr weh. Mit Vorlesen, Kassettenhören und Kneten aus Plastilin vertreiben wir uns die Zeit, Mikro malt und bastelt mit Legosteinen. Gemeinsam naschen wir von dem getrockneten Mischobst, das ich mitgebracht habe. Außer dem Messen von Puls, Blutdruck und Fieber bleiben wir unbehelligt. Eine erste Körperreaktion auf den Eingriff zeigt sich: Temperatur 38,4 C um 16.00 Uhr, doch Min wirkt fit. Gegen 18.30 Uhr löst Renate mich ab, ich räume die Stellung, nicht ohne sie auf die erhöhte Temperatur hinzuweisen.

Renate ist nicht zum Waschen gekommen, weil ab sechzehn Uhr ständig Mitglieder des Vereins krebskranker Kinder Tübingen eintrafen, die heute ihre Versammlung in dem angemieteten Haus abhalten wollen, in dem wir wohnen. Pausenlos − bis zu meiner Rückkehr − werden Tische, Lampen, Bilder, Betten und andere nützliche Dinge herangeschafft und abgeladen.

Da der Wohnraum, der uns als Wohnzimmer, Treffpunkt und Kommunikationszentrum dient, voll belegt ist, versammeln wir Bewohner uns in der Küche, zwei Mütter, die woanders untergebracht sind, stoßen noch zu uns. Auch später, als sich die Versammlung aufgelöst hat, setzen wir unseren Meinungsaustausch fast bis Mitternacht fort. Es tut gut, sich mit anderen Betroffenen über unser gemeinsames Problem zu unterhalten, denn regionale Unterschiede zwischen Gießen und Tübingen gibt es offensichtlich nicht − das ergibt sich jedenfalls aus dem Gespräch.

21. Juli, Samstag

Ich will die Frühschicht antreten, doch Renate geht. Sie sorgt sich, weil Jasmin gestern abend so eine Art Schüttelfrost hatte, Zittern, das vielleicht vom Nervensystem kommt, eventuell aber auch eine Reaktion auf die Medikamente sein kann, die zur sogenannten Katheterpflege genommen werden. Zum einen ist das ein Mittel, das Blutablagerungen, also die Bildung von Gerinnseln im Katheter verhindern soll, zum anderen ein Präparat, das vorbeugend gegen eingedrungene Keime gegeben wird.

Direkt vor unserer Unterkunft ist heute ein Straßenfest, bei dem Künstler ihre eigenen Arbeiten ausstellen und verkaufen. Kyra und ich bummeln kurz über diesen „Intellektuellen-Flohmarkt", und wir erstehen beide ein paar Kleinigkeiten, die Min Freude machen und die ich neben Obst und anderen Sachen mitnehme in die Klinik.

Jasmin ist springlebendig, kein Fieber, keine Medikamentenallergie. Das Mittagessen (sie kann unter drei Menüs wählen) schmeckt ihr. Schlimm wird es wieder, als das sterile Tuch gewechselt wird, weil ein anderer Tropf angehängt wird. Ärztinnen und Schwestern in keimfreien Kitteln, mit Mundschutz und sterilen Einmalhandschuhen werden tätig. Mikro regt sich auf und wehrt sich, als ginge es wieder in den OP. Als die harmlose Prozedur vorbei ist, ist sie schweißgebadet, und als die Weißkittel endlich verschwinden, ist sie wieder ganz die fröhliche Jasmin.

Wieder tauschen Renate und ich die Rollen. Ich bleibe, sie geht, um noch einzukaufen und um endlich zu waschen. Bereits gestern hat sie sich beim Hausmeister Marken besorgt, mit denen Waschmaschine und Trockner ihn Betrieb genommen werden können. Das erste Gerät arbeitet für 1,50 DM, das zweite für 2,50 DM, Waschpulver und Weichspüler müssen selbst gestellt werden.

Der fünftägige Endoxan-Block (drei Dragees pro Tag), den Min vor unserer Abreise nach Tübingen noch hinter sich bringen mußte und der auch jeden Morgen Übelkeit und Erbrechen hervorrief, scheint in seiner Wirkung abzuklingen. Mikro hat wieder mehr Appetit, und schon um drei Uhr fragt sie, wann es Abendessen gibt. Den Hunger zwischendurch bekämpft sie, indem sie zwei ordentliche Portionen vom mitgebrachten Rote-Bete-Salat verdrückt und Trockenobst und Müsliriegel knabbert.

Um 18.00 Uhr löst mich Renate ab, sie ist zwei Stunden später ebenfalls zurück, weil Jasmin schon schläft. Es war ein Tag ohne Probleme, was den Ablauf betrifft. Die Sorgen bleiben.

22. Juli, Sonntag

Es hat sich eingespielt, daß Renate um 7.30 Uhr geht, um elf Uhr sind Kyra und ich in der Klinik. Unsere Große wartet auf der Terrasse vor der Station. Da Renate das Mittagessen ausfallen lassen will, gehen Kyra und ich in eine Gaststätte und kehren anschließend zum Krankenhaus zurück.

Dr. Dannecker, der Stationsarzt, hat Sonntagsdienst. Der Wechsel des sterilen Tuchs gestaltet sich heute nicht mehr ganz so dramatisch wie gestern. Ein kleines Bonbon: Jasmin darf mit dem IVAC und dem Tropf, der sie kaum behindert, auf die Terrasse. Ein halbes Stündchen lang sitzen wir draußen zusammen, es ist sehr warm. Renate und Kyra gehen dann zurück zur Wohnung, ich bleibe bei Min.

Proben der Knochenmarkpunktion hat Dr. Dannecker gesehen. Er sagt, daß er davon ein wenig versteht, doch ein Ergebnis kann er nicht nennen, das muß einem Spezialisten wie Professor Niethammer vorbehalten bleiben, den er auch fragen will. Der Grund: Das Präparat enthielt relativ wenig brauchbare Zellen, der Hauptbestandteil war Blut. Nach seiner Aussage liegt das nicht am Arzt, der die Punktierung durchführt, und auch nicht daran, wie der Patient liegt, sondern es ist eine Erfahrung, daß bei Kindern, die schon länger mit Zytostatika behandelt werden, leicht Blut in die Nadel schießt und so der Knochenmarkanteil reduziert ist.

Da es mir obliegt, die Eltern täglich telefonisch auf dem laufenden zu halten, übernimmt Renate die „Spätschicht" um 17.30 Uhr. Morgen und übermorgen kann Min noch einmal draußen die Sonne genießen, ab Mittwoch beginnt die Bestrahlung. Hoffentlich trifft nicht wieder ein Kind mit einer akuten Infektion auf F ein. Die ganze Zeit über hatten wir jemanden mit Masern auf der Station. Jedesmal, wenn das Zimmer betreten wurde, hallte die Alarmglocke durch die Station – alle Türen zu, nächstes Klingeln – Entwarnung. Ob unter diesen Umständen eine – für Jasmin nötige – keimarme Umgebung geschaffen werden kann, wage ich zu bezweifeln.

23. Juli, Mittwoch

Heute vormittag habe ich erst einmal die Bilder im ganzen Haus aufgehängt, die die Mitglieder des Fördervereins am Freitag mitgebracht haben. Kurz nach elf sind Kyra und ich in der Klinik, wir beide essen auch dort, doch das Häppchen, das Kyra zu sich nimmt, läßt mich darüber nachdenken, ob es überhaupt sinnvoll ist, ihr derartige Mahlzeiten zu kaufen.

Jasmin ist fit, doch Renate wirkt bedrückt. Übermorgen soll laut Professor Niethammer mit der Bestrahlung begonnen werden, Essen und Trinken werden keimfrei gemacht, auch Mins Zimmer wird jedesmal sterilisiert, wenn sie mit einem sterilen Sanka zur Strahlenklinik gefahren wird, doch die Umgebung ist alles andere als keimfrei – wir bleiben auf der F. Grund: Station H hat nicht die Einrichtungen, um Geschirr und Nachttöpfe zu sterilisieren, und die Mannschaft in der Medizinischen Klinik, die die Zelte betreut, ist zahlenmäßig zu klein, um dreimal am Tag den Raum keimfrei zu machen.

Das paßt uns ganz und gar nicht, denn wenn Mins Knochenmark erst einmal zerstört ist, bedeutet eine Infektion Lebensgefahr. Dr. Dannecker ist über diese Lösung ebenfalls nicht glücklich, denn F ist nun einmal eine Infektionsstation, kein Zimmer hat eine Keimschleuse oder kann über einen Balkon verlassen werden. Auch einer der Stationsärzte von H, den Renate zu Rate zieht, beurteilt die Sache mit gemischten Gefühlen, dennoch besteht seiner Meinung nach kein Anlaß zu übertriebener Sorge. Die Bestrahlungsphase ist, was die Blutwerte betrifft, nicht kritischer als während der Chemotherapie. Diese Information beruhigt uns ein wenig.

Wie gewohnt leiste ich Jasmin Gesellschaft, die recht übermütig ist. Am Nachmittag besucht uns Herr Rau. In seiner Begleitung befinden sich zwei Schwestern, die zum Zeltteam gehören. Sie wollen sich mit Min bekannt machen, damit sie später nicht nur fremde Gesichter sieht – eine nette Geste. Mehr noch – menschliche Anteilnahme, etwas, das eigentlich weit über das berufliche Interesse hinausgeht. Die beiden sehen, daß Mikro gerne etwas aus Plastilin knetet, und schon überlegen sie, ob sich auch Knetmasse sterilisieren läßt. Die Methoden sind Gas und Dampf.

Vorsorglich haben die Schwestern schon Schlafanzüge für Mikro besorgt, um sie zu sterilisieren und keimfrei einzuschweißen. Sie empfehlen uns, Spielsachen und wenigstens ein Kuscheltier schon morgen oder übermorgen in die kurz MED genannte Klinik zu geben, um diese Sachen zu sterilisieren, damit Min sie benutzen kann.

Beide teilen die Meinung der Ärzte, daß Jasmin während der Bestrahlung nicht sonderlich gefährdet ist. Überrascht sind sie, daß Min dreimal am Tag in die Strahlenklinik muß, und sie vermuten, daß der letzte Termin bereits von der MED aus wahrgenommen wird.

Am Abend ruft Dr. Bertram noch Renate auf F an. Zuvor hat er sich durch fast alle Stationen fragen müssen, denn er hat natürlich angenommen, daß Min auf der H liegt. Er würde Mikro gern noch besuchen, bevor sie in die MED kommt, doch da sie wahrscheinlich am Samstag verlegt wird und er erst an diesem Tag frei hat, wird es wohl nicht klappen. Auf jeden Fall will er am Freitag noch einmal mit uns telefonieren.

24. Juli, Dienstag

Kyra und ich brechen wieder gemeinsam auf, Renate will mit ihr in der Kantine essen. Es gibt Hähnchenschenkel und Pommes frites – nicht unbedingt mein Fall. Die Geduld unserer Großen wird auf eine harte Probe gestellt – sie muß von 10.45 Uhr bis 12.45 Uhr auf der Terrasse warten.

Auf der Station probt man schon für den Ernstfall. Wer zu Jasmin ins Zimmer oder wieder heraus will, muß klingeln, damit die anderen Türen geschlossen werden. Schwestern, die den Raum betreten, tragen einen Mundschutz. Beim Roten Kreuz ist bereits ein steriler Krankenwagen bestellt. Um sieben, zwölf und siebzehn Uhr wird er Mikro und Renate in die Strahlenklinik bringen, während des Transports über den Gang muß die Kleine einen Mundschutz tragen. Das noch in Gießen verabreichte Endoxan hat ihre Leukos unter 1.500 gedrückt.

Die Katheterpflege läßt auf sich warten, endlich, kurz nach zwölf, ist es soweit. Eine junge Assistenzärztin und Schwester Lieselotte rücken mit umfangreicher Ausrüstung an. Beide tragen Mundschutz und streifen andere Kittel über, Renate und ich folgen ihrem Beispiel, selbst Min bekommt einen Mundschutz. Ziemlich vermummt stehen wir am Bett, Jasmin schreit aus Leibeskräften, denn auch das Pflaster, das die Stelle schützt, an der der Schlauch durch Haut und Gewebe in den Körper geführt wird, muß erneuert werden.

Renate und ich haben Mühe, Min festzuhalten. Sie schnellt sich hoch und zur Seite, strampelt und zappelt, obwohl ihr niemand weh tut. Die Wunde ist recht gut verheilt und wird noch einmal desinfiziert, dann wird sie erneut keimfrei verschlossen. Endlich, nach gut zwanzig Minuten, ist die Prozedur beendet. Jasmin ist durchgeschwitzt, und auch uns steht der Schweiß auf der Stirn.

Mikros Brüllen verstummt, sie schluchzt noch, weil sie sich nach eigener Aussage erst ausweinen muß. Wir trösten sie, wischen Schweiß und Tränen ab und fahren ihr mit einem feuchten Waschlappen über das verschwitzte Gesicht. Kaum, daß die Tränen versiegt sind, ist sie schon wieder zu Späßen aufgelegt.

Ich bleibe bei Min, bis Renate vom Essen zurück ist, und kehre anschließend mit Kyra in unsere Wohnung zurück. Diesmal habe ich einige Einkäufe zu tätigen und mache mich auch an die Zubereitung einer Mahlzeit für den Abend. Selbstgekochtes schmeckt eben doch besser.

25. Juli, Mittwoch

Um 5.30 Uhr klingelt der Wecker, ich bin sofort hellwach. Renate bleibt noch ein halbes Stündchen liegen und steht dann auf. Ich biete ihr an, sie zu begleiten, doch sie will unsere bewährte Regelung beibehalten. Um 12.30 Uhr, also nach der zweiten Bestrahlung, soll ich sie ablösen. Ich schlafe noch einmal ein, werde aber immer wieder wach und habe wirre Träume.

Um 10.45 Uhr bin ich in der Klinik — viel zu früh. Ab heute ist es obligatorisch, zu klingeln und sterile Kittel zu tragen. Daß man sich die Hände desinfiziert, ist eine Selbstverständlichkeit und geschieht automatisch. Am Morgen kam es zu einer Begebenheit, die fast so etwas wie Heiterkeit hervorrief: Die Sanitäter standen schon auf dem Gang bereit, doch die Schwester hatte vergessen, Mikro zu wecken.

Jasmin geht es nicht sonderlich gut, die hohe Strahlendosis selbst nach der ersten Bestrahlung macht ihr zu schaffen, sie bricht und spuckt. Ich kehre noch einmal in die Wohnung zurück, weil ich eine gestern gekaufte Kassette vergessen habe, anschließend esse ich in der Kantine. Die Mahlzeit ist nicht übel, aber sie liegt mir wie ein Stein im Magen, obwohl der Teller nicht leer wird.

Ich warte auf der Terrasse, sehe, wie Min und Renate mit den Sanitätern F verlassen. Warten. Kurz nach halb eins sind sie zurück, ich eile mit Mundschutz und keimfreiem Kittel ins Zimmer. Renate will wiederkommen, bevor die dritte Bestrahlung beginnt.

Min hört sich noch begeistert die Kassette an, doch sie muß sich dreimal übergeben und würgt ein paar Schlückchen Mineralwasser, die sie getrunken hat, mitsamt der Magensäure aus. Erschöpft schläft sie ein, nach dem Aufwachen bricht sie noch zweimal. Essen will sie nicht.

Viertel vor fünf kommt Renate, wenig später die Sanitäter. Jasmin wird in keimfreie Tücher verpackt und bekommt auch einen Mundschutz wie wir, Frau Dr. Schnee nimmt den Tropf, dann geht es im Krankenwagen zur Strahlenklinik. Renate und ich fahren beide mit.

Das Strahlengerät sieht aus wie ein breiter Ausleger mit einem großen Kameraverschluß, der Arm ist um 360 Grad drehbar. Min wird in einen Recarositz auf einem Podest gebettet, dann schrauben wir eine Scheibe vor den Sitz. Der Ausleger, dessen Strahlungsöffnung nach unten zeigt, wird um neunzig Grad gedreht, so daß die Strahlen seitlich direkt auf Min treffen. Wir verlassen den Bunker und gehen nach nebenan in den Kontrollraum. Kameras überwachen Min und zeigen sie auf zwei Monitoren. Über eine recht simpel wirkende Tastatur wird das Gerät in Gang gesetzt.

Ich spüre Angst in mir aufsteigen, gemeine, kreatürliche Angst. Jasmin sitzt ganz still in dem Sessel, jammert und zetert nicht und nuckelt gedankenverloren an ihrem Schnuller. Sie spürt nichts, die Behandlung schmerzt nicht, doch ich weiß, daß vernichtende Strahlen auf sie herniederprasseln, 120 rad, aktiviert durch ein paar Tastenbewegungen.

Die Mutter von Markus, der Leukämie hat, hat erzählt, daß der Kleine mit 2 rad bestrahlt wird. Mich schreckt es, wie einfach dieses Vernichtungsinstrument bedient werden kann.

Nach zwei, drei Minuten schaltet das Gerät ab, aber die Prozedur ist noch nicht vorüber. Die andere Seite muß noch bestrahlt werden, der Sessel wird gedreht, die Scheibe ebenfalls. Der gleiche Ablauf wie vorher, dann geht es zurück auf die Station. Schon wieder muß Jasmin würgen. Sie weiß nicht, daß die fünf Minuten in dem Recarositz für ihre Übelkeit verantwortlich sind.

26. Juli, Donnerstag

Renate, die schon früh aus dem Haus gegangen ist, kommt kurz vor neun Uhr zurück. Ihr ist übel, migräneartige Kopfschmerzen plagen sie. Ich springe ein, sie will mich am Mittag ablösen.

Jasmin schläft, wird aber munter, als ich ein paar Minuten im Zimmer bin. Sie hat am Morgen Neurocil gegen den Brechreiz bekommen und bisher alles im Magen behalten. Min reagiert etwas langsamer als sonst und ist träger, aber das kenne ich bereits. Präparate gegen Übelkeit wirken gleichzeitig als Beruhigungsmittel.

Beim Mittagessen entwickelt sie einen recht guten Appetit. Da noch reichlich auf dem Essenwagen ist, bringt Schwester Karin mir auch einen Teller mit Maultaschen und Kartoffelsalat.

Um 11.45 Uhr erinnere ich an die Katheterpflege, weil in einer Viertelstunde die Sanitäter kommen, doch in Eile will die junge Ärztin nichts machen, weil die Sorgfalt unter Zeitdruck leidet. Schwester Lieselotte wechselt lediglich den fast leeren Tropf, und dann geht es zur Strahlenklinik. Wieder begleitet uns Frau Dr. Schnee, die seit gestern morgen auf den Beinen ist, Nachtdienst absolvierte und Schichtende erst am Nachmittag hat.

Gestern habe ich gebetet, daß Min gesund wird. Ich weiß nicht, ob mir das die Angst vor der Strahlenklinik genommen hat oder ob es einfach das elterliche Pflichtgefühl ist, dem eigenen Kind beizustehen – und wenn es nur durch die bloße Anwesenheit geschieht. Routiniert erledigen wir die nötigen Handgriffe wie Scheibe anschrauben, Sessel einstellen etc. Die Radiologen kommen sich fast ein wenig überflüssig vor.

Gut, daß Min noch so klein ist, sonst würde sie sich vielleicht nicht so gelassen dem Strahlenbombardement aussetzen. Immerhin haben wir versucht, ihr alles kindgerecht zu erklären. Sie bringt es auf einen kurzen Nenner: „Ich bekomme Blut von meiner lieben Kyra, und dadurch werde ich wieder gesund."

27. Juli, Freitag

Heute haben wir wieder die bewährte Schichtteilung übernommen. Da wir morgen von der F Abschied nehmen, habe ich für zwei Schwestern, die sich besonders um Jasmin bemüht haben, Blumen besorgt, die anderen bekommen morgen als Dankeschön Torte.

Kyra und ich essen in der Klinikkantine, sie geht zurück, um noch einmal über den Markt zu schlendern, ich löse Renate ab.

Min hat wieder Neurocil bekommen und noch nicht einmal gebrochen, im Gegenteil, sie sprüht vor Lebensfreude, ißt und trinkt und treibt Aerobic im Bett. Da der Schlauch vom Tropf zum Verweilkatheter führt, der unter der Schlafanzugjacke verborgen ist, sieht es aus, als würde sie ferngesteuert.

Am Vormittag hat man nicht nur das Pflaster gewechselt, sondern auch die Fäden gezogen. Schlitzohrig gesteht Jasmin, daß es nicht weh getan hat, aber sie hat einfach mal geschrien.

Kurz vor fünf geht es erneut in die Strahlenklinik – Frau Dr. Schnee begleitet uns wieder. Jasmin nimmt die Sache wie zuvor recht gelassen hin und scherzt sogar, liegt dann während der Bestrahlung aber völlig ruhig. Wir erfahren die Termine von morgen: 8.00 Uhr und 15.00 Uhr. Und wer ist als Arzt dabei? Frau Dr. Schnee.

Später, als Renate Mikro betreut, ruft Frau Bertram auf der Station an. Sie schaffen es morgen vormittag nicht, uns zu besuchen, da sie selbst Besuch bekommen, dennoch wollen wir zusammen ein Gläschen trinken. Um 19.00 Uhr sind sie in Tübingen an der Kinderklinik.

28. Juli, Samstag

Für heute abend habe ich ein paar Getränke besorgt, und für die Schwestern Torte, um 11.30 Uhr bin ich in der Klinik. Renate ist doch sichtlich mitgenommen, denn Min hat heute morgen eine weit höhere Dosis bekommen als in den Tagen vorher und mußte länger unter dem Gerät liegen. Schon gestern ist ein wenig geübt worden, wie sie sich mit dem Katheter auf den Bauch legen soll. Das Neurocil verhindert Brechen, aber Jasmin schläft erschöpft fast bis zu meinem Eintreffen.

Renate hat schon alles zusammengepackt. Ich hole den Wagen aus dem Parkhaus, verstaue alles und warte dann im Auto, um hinter dem Krankenwagen herzufahren. Vor der Strahlenklinik streife ich den mitgebrachten sterilen Kittel und den Mundschutz über und gehe mit zur Bestrahlung.

Diesmal muß Min auf einer Bahre liegen. Auf das „Objektiv" des Geräts werden sechs bis acht Zentimeter dicke Bleiblöcke gelegt, die speziell für Mikro angefertigt wurden. Als Schattenbilder fallen sie auf Kopf, Hals und Lungen von Jasmin, und diese Partien schützen die Bleibarren auch vor den Strahlen. Anschließend wird in Rückenlage bestrahlt, danach speziell noch einmal die vorher abgedeckten Rippen, allerdings mit geringer Tiefenwirkung von vielleicht zwei Zentimetern Eindringtiefe. Aufsättigung nennen das die Ärzte. Diesmal betrug die Gesamtdosis 1.320 rad.

Von der Strahlenklinik geht es zur MED auf die Station A 2h, ich fahre wieder hinterher. Das Ritual, das nun abläuft, kennen wir von unserem Besuch her: keimfreie Schuhüberzüge, andere sterile Kittel, neuer Mundschutz, Händedesinfektion. Jasmin wird sofort in das sterile Zimmer gebracht, doch ins Bett darf sie noch nicht.

Ihr ganzer Körper wird mit einem Hautdesinfektionsmittel abgewaschen, der Mund und der Rachen werden mit Betaisodona desinfiziert, keimtötende Tropfen werden in Ohren und Nasenlöcher geträufelt, ein anderes Mittel mit ähnlicher Wirkung wird in die Augen getropft. Min bekommt einen sterilen Schlafanzug an und kann sich endlich hinlegen und ausruhen. Auch die Schwester hat über ihren Kittel einen anderen gezogen, sie arbeitet mit Mundschutz und sterilen Handschuhen. Als erstes Spielzeug erhält Jasmin ihren mit Gas keimfrei gemachten Pandabären Tao Tao zurück, der wie ihre anderen Sachen in sterile Folie eingeschweißt ist.

Kurz nach drei Uhr mache ich mich auch den Heimweg und informiere Dr. Berthold in Gießen über Mins Befinden. Er hat Dienst und ist in der Klinik. Es freut ihn, daß sie die Behandlung bisher relativ gut überstanden hat, kann aber nicht versprechen, ob er uns wie geplant besuchen kann, da er derzeit ziemlich überlastet ist.

Wie verabredet treffen um 19.00 Uhr Dr. Bertram und seine Frau ein, die ich von der Kinderklinik abhole und zu unserer Unterkunft bringe. Renate stößt erst gegen 21.00 Uhr zu uns. Sie hat sich von der MED zu Fuß auf den Rückweg gemacht, dann die Orientierung verloren und ist zur Klinik zurückgegangen, wo sie sich ein Taxi nahm. Jasmin hat Fernseher und Telefon im Zimmer, Opa hat sie schon angerufen.

Mit der Familie Bertram erleben wir ein paar angenehme und unterhaltsame Stunden. Dr. Bertram hat ein Verzeichnis für Ärzte mitgebracht, in dem über die Wirkung der Medikamente Informationen aufgeführt sind. Sagromed HBV-Spray ist gegen Hepatitis-Viren so unwirksam wie etwa das wesentlich billigere Sagrotan, und einer Geschirrspülmaschine trotzen diese zähen Erreger auch.

Es ist fast Mitternacht, als die Bertrams aufbrechen. Mit dem Versprechen, uns noch einmal zu besuchen, bevor sie Ende August in Urlaub fahren, verabschieden wir uns voneinander.

29. Juli, Sonntag

Renate ist noch müde, also trete ich die Frühschicht an. Auf der Isolierstation hat man einen anderen Rhythmus, waschen dauert länger, weil die Pflege intensiver ist; Besucher sollen erst um zehn Uhr kommen. Ich bin um 9.15 Uhr da und laufe auch prompt der Putzfrau in die Arme, die noch mit der Bodenreinigung beschäftigt ist.

Jasmin sitzt vergnügt in einem Sessel und blättert in einem Bilderbuch, aus dem sie mir sogleich vorliest. Der Schlauch, der vom Tropf zum Katheter geht, ist gut zwei Meter lang, so daß sie auch bis zur mobilen Zimmertoilette kommt. Es ist kein Chemikalienklo, wie ich dachte, sondern es enthält einen Beutel, der nach jeder Benutzung entfernt wird. Urin wird gesammelt, aber Jasmin muß dazu nicht auf den Topf, sondern es wird eine mir sonst nur bei Männern bekannte Betturinflasche benutzt, deren Hals so verändert ist, daß sie von Mädchen und Frauen gebraucht werden kann.

Alles ist anders, als wir es bisher in der Klinik kennengelernt haben – wir können dem Personal so gut wie keinen Handgriff abnehmen. Der Tropf ist nicht die sonst übliche Flasche, sondern ein Beutel mit einer roten Lichtschutzfolie. Er enthält unter anderem Vitamine, von denen einige lichtempfindlich sind. Diese Vitaminzufuhr erfolgt deshalb, weil Mins Mahlzeiten sterilisiert werden und danach kaum mehr sind als inhaltsloser Ballast für Magen und Darm.

Die Infusionspumpe ähnelt dem IVAC, hat aber eine andere Schlauchführung und gibt nicht einzelne Tropfen ab, also nur eine ungefähre Menge in Millilitern pro Stunde, sondern dosiert exakt in ml – 56 sind es bei Min in jeder Stunde. Am Tropfständer ist eine Art Meßlatte angebracht. Damit kann man den Venendruck messen, was wiederum Auskunft über den Flüssigkeithaushalt des Körpers gibt. Diese Dinge sind uns völlig unbekannt.

Als ich Jasmin frage, ob sie schon gefrühstückt hat, verneint sie und meint, sie könnte es auch verschlafen haben. Das ist jedoch nicht der Fall, denn um zehn Uhr wird am Bett serviert: Milch, Rosinenbrot, Diätmargarine, Marmelade und ein Ei. Vielleicht war es einmal wachsweich, nach dem Sterilisieren ist es allerdings steinhart.

Nach dem ersten Bissen muß Min würgen und spuckt Brot und Schleim in die Einmalbrechschale, die ich ihr rasch hinhalte. Ich rechne mit weiterem Brechreiz, doch es bleibt bei diesem ersten Mal. Über Geschmack läßt sich bekanntlich nicht streiten, doch mein Fall wäre es nicht − mit Genuß ißt Jasmin abwechselnd Ei und Marmeladenschnitte.

Die Schwester und der Pfleger, die heute Dienst haben, haben uns auch gestern betreut. Schwester Esther beweist viel psychologisches Einfühlungsvermögen. Tropfen in Ohren und Nase mag Min nicht, also kann sie Wattestäbchen benutzen, die mit der Desinfektionsflüssigkeit getränkt sind, das mit den Augentropfen mache ich.

Den Wechsel des Tropfs zum Messen des Venendrucks und den regulären Tropfaustausch, weil der andere Beutel leer ist, läßt Min sich ohne Widerstand und ohne Murren gefallen, doch sie schreit und zappelt, als das Pflaster des Katheters gewechselt wird. Auch hier verhält sich Schwester Esther sehr geschickt, und unsere wehrhafte Mikro läßt sich von uns zwei das gefallen, wozu sonst vier Leute nötig sind.

Dann taucht der Stationsarzt auf und hört Min ab, später, beim Mittagessen, besucht uns auch Professor Niethammer. Er wirkt recht zufrieden, weil Jasmin eifrig ihre Suppe löffelt und fit ist. Meine Frage, ob ein Strahlenkater zu erwarten ist oder deutliche Nachwirkungen der Bestrahlung, verneint er. Allerdings wird es der Kleinen deutlich schlechter gehen, wenn sie ab morgen hochdosierte Zytostatika bekommt.

Tagsüber muß Mikro fünfzehn Tabletten einnehmen, dazu noch zwei verschiedene Säfte, auch in der Nacht wird sie geweckt und bekommt diverse Medikamente. Wolfgang, 20 Jahre alt und neben Min der einzige Patient der A 2h − er ist im Zelt −, bekommt sogar 60 Tabletten am Tag.

Auch hier betreibt man Katheterpflege. Min bekommt vorsorglich eine Injektion in den Katheter, die gegen Pilzinfektionen wirkt. Man weiß, daß dieses Präparat nicht immer gut vertragen wird und als Gegenreaktion Fieber hervorruft. Sollte das eintreten, wird das Mittel abgesetzt.

Gegen 14.00 Uhr löst mich Renate ab. Auch für sie wird es ein relativ ruhiger Tag.

30. Juli, Montag

Wir haben die gestrige Einteilung beibehalten. Jasmin ist munter. Eine Injektion hat sie in den Katheter bekommen, gerade erhält sie ein Präparat in 100 ml Kochsalzlösung. Appetit hat sie keinen, lediglich ein Schluck Pfefferminztee wird getrunken.

Mehrmals muß sie würgen und brechen, doch es ist nicht so schlimm, weil Neurocil gegeben wird. Ein wenig lenkt sie auch das Fernsehprogramm ab, vor allem, als die Kompressen gewechselt werden, die den Katheter schützen.

Bei der Benutzung der Zimmertoilette, so erfahre ich, sind einige Besonderheiten zu beachten. Der Urin soll möglichst in der Flasche aufgefangen werden, die Hand, die den Po abwischt, soll in einem sterilen Handschuh stecken, der zusammen mit dem gebrauchten Toilettenpapier in einen Depositenbeutel kommt, der zum Abfall gegeben wird.

Daß Mins Stuhl recht dünn ist, liegt wohl mit an dem Tropf und den flüssigen Mitteln Moronal und einem anderen Präparat, von denen sie mehrmals täglich je 5 ml einnehmen muß.

Das Mittagessen ist wie üblich mit 120 Grad C heißem Dampf sterilisiert worden. Manches verändert sich dadurch etwas im Geschmack oder in der Farbe, extrem ist es jedesmal beim Pudding. Er sieht aus, als wäre er schon einmal gegessen worden. Jasmin läßt alles unberührt, nicht einmal die Suppe probiert sie.

Schwester Brigitte, die ihren Dienst am Mittag antritt, kennen wir bereits. Zusammen mit einer Kollegin hat sie uns schon einmal auf der F besucht. Um halb drei kommt Renate. Sie hat in der Kinderklinik weitere Schlafanzüge besorgt, die noch sterilisiert werden müssen, und sie hat auch mit Dr. Dopfer gesprochen, der aus dem Urlaub zurück ist. Er hat von der Diskussion wegen der Terminverschiebung gewußt, und er war nicht nur unglücklich darüber, sondern auch verärgert und betroffen.

Ich mache mich auf den Heimweg, das Auto stelle ich im Parkhaus an der Strahlenklinik ab. Früher war dort nie etwas frei, in den Semesterferien, findet man dort zu jeder Tageszeit einen Platz. Zwar sind noch rund fünfzehn Minuten zu laufen bis zur Wohnung, doch dafür bezahle ich auch nur eine Mark. Tübingen ist ohnehin ein teures Pflaster, und ich sehe nicht ein, daß ich täglich acht bis zehn Mark für Parkgebühren berappe.

Renate kommt um 21.15 Uhr nach Hause. Mikro war immer noch wach, doch eine Schwester wollte ihr noch eine Geschichte vorlesen.

Eine Begebenheit am Rande: Am Vormittag wurde ich von Jasmins Bett in die Aufnahme gerufen, weil noch ein paar Dinge zu regeln wären. Aus der Isolierstation heraus- und wieder hereinzukommen, ist ja auch ein Klacks: Aus dem Zimmer in den Vorraum, Mundschutz wegwerfen, Kittel aus, vor der Station Schuhüberzüge in den Abfall, bei der Rückkehr einen neuen Schuhüberzug anziehen, damit auf ein markiertes Rechteck treten, balancierend die andere Hülle überstreifen, zurück in den Vorraum, neuen Mundschutz umbinden, Hände waschen und desinfizieren, hinein in den Kittel, Arm- und Halsverschlüsse schließen, Bänder umbinden und zurück zu Min. Und warum der ganze Aufwand?

Die beiden Damen, die kaffeetrinkend die Zeit totschlugen, konnten nicht glauben, daß Gießen, also der Ortsname, auch im Firmennamen meines Arbeitgebers enthalten ist, dabei habe ich das Formular selbst ausgefüllt. Ja, unsere tüchtigen Verwaltungsangestellten verstehen es, von so banalen Problemen wie Krebs und Transplantation abzulenken.

31. Juli, Dienstag

Wenige Minuten vor neun bin ich bei Jasmin. Schwester Inge und Schwester Brigitte haben Dienst — wie gestern auch. Sie bitten mich, im Vorraum zu warten. Mikro bekommt noch Augen-, Ohren- und Nasentropfen, aber direkt, weil sich gezeigt hat, daß mit den Wattestäbchen kein optimaler Effekt zu erzielen ist. Es geht nicht ohne Geschrei ab. Kaum hat die Kleine die Sache hinter sich, ist sie wieder friedlich und guter Laune. Gefrühstückt hat sie allerdings nicht.

Nach anfänglichem Gezeter läuft dann der Wechsel der Katheterabdeckung ohne Komplikationen ab. Wir spielen beide bis elf.

Zwischendurch wird Min unruhig, weil die Schwestern ein anderes Infusionsgerät bringen, eine mächtige Spritze einspannen, den üblichen Tropf abklemmen und den anderen Schlauch anschließen. Es gelingt uns, Mikro zu beruhigen, denn das mir unbekannte Zytostatika brennt nicht in den Adern, und der Infusor sieht anders aus als der Pieper, obwohl er nach dem gleichen Prinzip arbeitet.

Kurze Zeit später muß Jasmin sich übergeben. Sie trägt nur einen Bademantel, weil ihr Schlafanzug beim Wasserlassen feucht geworden ist und die sterilisierten noch nicht trocken sind. Es wird für mich ein wenig problematisch, sie mit diesem Kleidungsstück auf die Toilette zu setzen, den zum Katheter führenden Schlauch so zu halten, daß er nirgendwo hängt, eingeklemmt wird, sie sich daraufsetzt oder ich darauf trete, gleichzeitig muß ich die Brechschale halten. Die Krankengymnastin, die sich zu uns ins Zimmer gesellt hat, verzichtet angesichts dieser Umstände darauf, längere Gespräche zu führen, und begnügt sich damit, sich namentlich vorzustellen. Am Nachmittag will sie noch einmal wiederkommen.

Auch Dr. Link, der Stationsarzt, war am Morgen sehr rücksichtsvoll. Er hat Min nur kurz untersucht, ohne sie zu quälen. Da sie öfter hustet — wahrscheinlich ihr typischer Krankenhaushusten —, soll später noch einmal ihre Lunge geröntgt werden.

Die Übelkeit, die Jasmin beherrscht, wird immer schlimmer. Dann soll sie Tabletten nehmen. Sonst macht sie das ganz prima und ohne zu murren, aber diesmal will sie absolut nicht. Ich verstehe das und handle mit der Kleinen eine halbe Stunde Frist aus, doch Fiebermessen unter der Zunge muß sein — sagt Schwester Brigitte. Mein Angebot, rektal zu messen, akzeptiert sie nicht. In gewisser Weise ist das verständlich, weil dadurch die Gleichwertigkeit der Daten verfälscht wird, doch kann selbst ein kundiger Laie ausrechnen, welche Aftertemperatur der im Mund oder unter der Achsel entspricht. In ihrer Verfassung regt sich Jasmin auch über Kleinigkeiten auf, würgt, hustet, spuckt — das Fieberthermometer kann sie nicht im Mund behalten.

Ich sehe das ein, und ich erkenne auch, daß Min die Tabletten im Augenblick auf keinen Fall im Magen behalten würde, also empfehle ich der Kleinen, erst einmal die flüssigen Medikamente einzunehmen. Sie will nicht. Ich stecke in der Zwickmühle, weil ich weiß, daß Mikro das Zeug nehmen muß, andererseits wäre es Unsinn, ihr nun etwas einzuflößen, das sie in den nächsten Minuten ohnehin wieder ausbricht. In eins der Medikamente kommt Neurocil. Ich verstehe nicht, warum sie es nicht gleich am Morgen vorbeugend bekommen hat, denn man weiß doch, wie die Zellgifte wirken, und später wirkt Neurocil kaum noch. Gegen die Zytostatika und die Bestrahlungen, die Min bekommen hat, kann dieses Anti-Brechmittel nicht mehr als ein Hustentee sein, was die Gegenanzeigen betrifft.

Nach langem Hin und Her schluckt Jasmin die Säfte – und bricht sie wieder aus. Schwester Brigitte beharrt darauf, daß die Temperatur gemessen wird und die Medikamente genommen werden. Das verdammte Fiebermessen kann ich hinausschieben, das andere nicht. Min ist völlig aus dem Häuschen, naßgeschwitzt, und sie tritt, schreit und schlägt um sich, wann immer sich jemand dem Tropf nähert.

Ein Gläschen Moronal tritt sie Schwester Brigitte aus der Hand, der orangefarbene Inhalt ergießt sich über die Bettdecke. Schwester Brigitte zieht die Emulsion in eine Spritze auf und spritzt sie Mikro mit Mühe und Not in den Mund. Sie hat das Präparat kaum im Magen, als es schon wieder herauskommt.

Die Schwestern wollen es ohne mich versuchen und bitten mich aus dem Zimmer. Ich warte im Vorraum, höre Min ein paarmal brüllen, dann ist es geschafft. Tabletten und Säfte hat sie eingenommen, müde und erschöpft liegt sie im Bett. Bevor ich ihr über das verschwitzte Gesicht fahren und sie streicheln und trösten kann, muß ich zur Brechschale greifen. Alles würgt sie heraus.

Nun sieht auch Schwester Brigitte ein, daß es sinnlos ist, Jasmin die Mittel einzutrichtern. Nach Rücksprache mit Dr. Link spritzt sie ein Medikament in den Schlauch, erschöpft schläft Min ein. Später gesteht mir Schwester Brigitte, daß sie Jasmin gegenüber ein schlechtes Gewissen hat, doch die Therapie hat Vorrang.

Gegen 13.30 Uhr trifft Renate ein. Ich schildere ihr kurz, was sich am Vormittag ereignet hat, und ziehe ab. Wie immer kaufe ich noch ein und koche das Abendessen. Es ist unsere Hauptmahlzeit, denn mittlerweile ist es so warm geworden, daß man mittags kaum einen Bissen hinunter bekommt.

1. August, Mittwoch

Renate will heute den ganzen Tag bei Jasmin bleiben. Da Kyra in den letzten Nächten sehr stark gehustet hat, will Dr. Dopfer sie untersuchen. Für 10.30 Uhr haben wir einen Termin bei ihm.

Er hört Kyra gründlich ab, sieht auch in Hals und Ohren, ohne etwas feststellen zu können. Sicherheitshalber wird noch einmal die Lunge geröntgt — bei Min war die Aufnahme ohne Befund. Dr. Dopfer lacht, als ich sage, daß wir eine Familie von Simulanten sind.

Da von unserer Großen keine Eigenblutkonserve gemacht wurde, ruft er bei der Blutbank an und verlangt für Freitag um acht Uhr eine hepatitisfreie, bestrahlte Konserve, anschließend telefoniert er mit der Kinderorthopädie, auf der Kyra aufgenommen wird. Morgen um 16.00 Uhr soll sie dort sein, vorher sollen wir noch die Unterlagen bei Dr. Dopfer abholen. Ich nehme an, daß er uns dann auch weitere Details über die Transplantation sagen will. Auf jeden Fall verspricht er Kyra, daß sie auch in Zukunft einen Bikini tragen kann.

Während Kyra allein nach Hause geht, fahre ich noch schnell in die Klinik, um nach Jasmin zu sehen und um Renate etwas zu essen zu bringen. Schwester Esther und Richard haben Dienst. Ich mag die beiden sehr, denn sie sind nett und hilfsbereit und verstehen es auch gut, mit kleinen Kindern umzugehen.

Min schläft, quengelt jedoch, als Renate sie aufweckt und ihr die Säfte verabreicht. Die Kleine hat noch nicht gebrochen und fast den ganzen Morgen geschlafen. Da sie sich nicht nur wehrt, sondern sich auch immer fürchterlich aufregt, hat sie Valium zur Beruhigung bekommen. Ihre Leukozyten sind auf 300 gesunken, übermorgen werden sie wohl unter hundert gefallen sein.

Während Renate draußen vor der Station einen Happen ißt, bleibe ich bei Jasmin. Bis sie wieder einschläft, muß ich ihren Fuß kraulen. Sie bekommt nicht mehr mit, daß Schwester Esther etwas in ihren Katheterschlauch spritzt. Es handelt sich um ein harntreibendes Mittel, da Mikros Urinmenge heute zu gering war.

Renate und ich besprechen noch, wer wem morgen und übermorgen zur Seite steht, dann mache ich mich auf den Heimweg. Ich will mit Kyra essen gehen und noch ein wenig mit ihr bummeln, denn sie liebt es, durch die Altstadt zu streifen und sich bei Trödlern und Straßenhändlern umzusehen.

Kyra hat ein paar Streicheleinheiten nötig, und wir bemühen uns, Jasmin nicht allzusehr in den Vordergrund zu rücken. Vielleicht vergessen wir auch manchmal, daß unsere Große mit ihren elf Jahren noch ein Kind ist. Zwar gibt es bei jedem Einkauf Mitbringsel für sie — mal eine Kleinigkeit zu naschen, dann ein Buch, ein Heft oder Kleidung —, aber eben doch etwas, das gekauft ist. So wie zu Hause ist es jedenfalls nicht.

In den letzten Tagen hat Kyra einen Teil ihres Taschengelds geopfert, um mit Jasmin zu telefonieren – vergeblich. Auch heute hat sie es dreimal versucht. Beim erstenmal schlief Min, beim zweiten Anruf wurde sie gewaschen und beim dritten Telefonat weigerte sie sich beharrlich, den Hörer in die Hand zu nehmen. Kyra war tieftraurig, wollte sich auch nicht trösten lassen und hat sich in der Toilette eingeschlossen und geweint.

Nach ihrem obligatorischen Abendbummel ist sie wieder ganz vergnügt und berichtet begeistert von Straßenmusikanten und einem Jongleur, den sie getroffen hat. Nun aufgeschlossener, ist sie meinen Erklärungen zugänglicher und versteht auch Mins Verhalten. Früher in Gießen ist Jasmin auch nie ans Telefon gegangen, wenn es ihr schlechtging oder es ihr speiübel war.

2. August, Donnerstag

Auch Renate will mit Kyra noch einen Stadtbummel machen, sie gegen 16.00 Uhr in die Kinderorthopädie bringen und vorher die Untersuchungsergebnisse bei Dr. Dopfer abholen. Ich fahre also in die MED und bin kurz vor zehn dort.

Jasmin ist in keiner sonderlich guten Verfassung, die hochdosierten Zytostatika zeigen Wirkung. Links im Mund hat sie eine offene Stelle, die brennt – vor allem wenn sie von der bitteren Kaliumflüssigkeit trinken muß. Sie soll sich mit einem medizingetränkten Wattestäbchen die schmerzende Schleimhaut betupfen. Schreiend lehnt sie ab. Erst als ich ihr gut zurede und Schwester Inge es vormacht und sagt, daß es geschmacklos ist, versucht sie es vorsichtig. Sie ist angenehm überrascht, daß es tatsächlich nicht nach Medizin schmeckt und sofort kühlt und lindert. Mit Ach und Krach kann ich Mikro dann überreden, sich von mir eine Spritze mit der Mineralienlösung in die intakte Mundhälfte spritzen zu lassen.

Dann bekommt Min verschiedene Injektionen in den Katheter. „Nein, das will ich nicht, dann muß ich wieder schlafen!" wehrt sie ab. Den Zusammenhang hat sie also schon erkannt, denn auch diesmal ist Valium dabei, damit sie sich nicht ständig übergeben muß.

Schon im Halbschlaf nimmt sie ohne Murren ihre Tabletten ein, der Injektomat pumpt die letzte Dosis Melphalan in ihren Körper. Als ich ihr eine halbe Stunde nach der Tablettengabe die Säfte einflöße, habe ich Mühe, sie halbwegs wach zu bekomen, genauso geht es mir, als ich sie eine Stunde nach der Zytostatikainjektion wecke, damit sie Wasser läßt. Das erscheint mir notwendig, damit der Urin nicht zu lange in der Blase bleibt und es dort zu einer unerwünschten Konzentration des Zellgifts kommt, so daß das Harnsystem angegriffen und geschädigt wird. Nach Melphalan wurde Lasix gespritzt, ein Präparat, das die Wasserausscheidung fördert und zugleich Nieren und Blase schützt.

Schwester Brigitte mißt Puls, Blutdruck und Temperatur bei der schlafenden Jasmin − letzteres unter der Zunge. Als sie weggerufen wird, halte ich das Thermometer, und da ich kein Laie mehr bin, nehme ich es der Kleinen aus dem Mund, als es auf der gleichen Stelle stehenbleibt und nicht weiter steigt. Als ich der Schwester das Ergebnis sage − 37,5 Grad − ist sie ungläubig, also biete ich ihr an, selbst zu messen. Sie tut es und mißt − 37,5. Nun erklärt sie mir auch den Grund für ihr Mißtrauen: Der Puls ist relativ hoch, und da es einen gewissen Zusammenhang zwischen Herzschlag und Temperatur gibt, erschien ihr diese zu niedrig. Sie sagt mir ferner, daß diese vermeintliche Pedanterie nötig ist, um eine beginnende Infektion sofort zu erkennen und mit Antibiotika bekämpfen zu können, denn Mins Organismus ist wehrlos geworden gegen Keime. Insgeheim leiste ich ihr Abbitte, denn mittlerweile weiß ich noch andere Details: Ein elektronisches Fieberthermometer wie auf Station H kann hier nicht benutzt werden, weil es sich nicht sterilisieren läßt, rektales Fiebermessen scheidet aus, weil der Darm verletzt werden kann, was wiederum zu einem Abszeß führen könnte.

Mich wundert allmählich in Sachen Vorsicht und Vorbeugung nichts mehr auf der A 2h. Wäre ich Lieferant von sterilen Einmalhandschuhen, würde ich an dieser winzigen Station ein Vermögen verdienen, von Desinfektionsmitteln und anderen Sachen gar nicht zu reden. Als ich am Nachmittag Schwester Esther frage, in welchen Behälter ich die von Jasmin benutzten Einmalbrechschalen werfen kann, weil ich nicht wegen jeder Kleinigkeit das Personal belästigen will, werde ich aufgeklärt: Selbst Erbrochenes geht nicht sofort in den Abfall, sondern wird zuvor sorgfältig gewogen und notiert.

Bis gegen 14.00 Uhr schläft Jasmin. Kaum ist sie wach, muß sie wieder würgen, spucken und brechen. Es ist verständlich, daß sie zum Spielen keine Lust hat, also hören wir uns zum x-tenmal eine Kassette an und sehen fern. Dr. Link und Professor Dr. Ostendorff sehen sich Min noch einmal an, und sie gestattet dem Chef der A 2 großzügig, noch einmal ihre Lunge abzuhören. Professor Ostendorff geht ganz behutsam zu Werk und lobt Jasmin, daß sie so gut mitmacht, aber er selbst ist eben auch prima. Verhältnismäßig jung, bestimmt ein ausgezeichneter Arzt, doch kein „Gott in Weiß". Wie er uns verrät, hat sein acht Monate alter Sohn auch einen solchen Bären bekommen, wie ihn Jasmin hat, nur, setzt er schmunzelnd hinzu, kann dieser damit noch nicht viel anfangen.

Es ist der Tag der Anrufe. Dr. Dannecker von der F ruft an, wünscht uns alles Gute und kündigt an, daß er uns in Kürze besuchen will. Später ist Dr. Berthold am Apparat. Eingehend erkundigt er sich nach Jasmins Befinden, ist erleichtert darüber, daß sie kein Fieber hat und bestellt Grüße an die ganze Familie. Zu seinem Bedauern läßt ihm die Situation in Gießen keine Zeit, morgen nach Tübingen zu kommen, obwohl er es fest eingeplant hatte. Dritter im Reigen ist Opa. Wir wollten das Geburtstagskind selbst anrufen, um zu gratulieren, nun tun wir es halt von der Klinik aus. Auch der Schwiegervater freut sich, daß es keine ernsthaften Komplikationen gibt.

Renate, die mittlerweile gekommen ist − es ist 17.30 Uhr − erlebt nur noch den Schluß eines kleinen Dramas, weil Jasmin sich absolut nicht mit der Hautdesinfektionsflüssigkeit waschen lassen will. Wieder verhält sich Schwester Esther recht geschickt und „vergißt" ein Bein. Min posaunt das triumphierend hinaus und freut sich diebisch über das zerknirschte Gesicht der Schwester, die ihren scheinbaren Fehler natürlich sofort korrigiert.

Zwei Sprays werden dann benutzt, vorwiegend für die Analgegend und die Achselhöhlen, die Keimbrutstätten. Das findet Mikros Beifall ebensowenig wie das anschließende Eincremen, das aber nötig ist, um die Haut vor Schäden zu bewahren, die durch die Bestrahlung und die Desinfektion entstehen. Wenn ich das richtig verstanden habe, kann die Haut ohne diese spezielle Salbe abblättern wie trockene Borke. Dann wird gefeilscht, was zuerst an der Reihe ist − Augen-, Ohren- oder Nasentropfen. Renate hat Mins Lamentieren schon gehört, als sie die A 2 betrat − und die A 2h liegt ganz am Ende. Noch einmal bekommt Mikro Valium und schläft prompt ein. Renate und ich fahren zu unserer Unterkunft zurück.

Kyra wirkte sehr gefaßt, als sie für eine Nacht das Zimmer in der Kinderorthopädie bezog. Gott sei Dank hat sie nur bei ihrer Geburt ein Krankenhaus von innen gesehen.

3. August, Freitag

Um sechs Uhr stehen wir auf. Wir sind übereingekommen, beide zu Kyra zu gehen. Kurz nach halb sieben sind wir in der Kinderorthopädie. Kyra liegt allein im Zimmer und ist schon wach. Sie hat ganz gut geschlafen, nur in der Nacht wurde sie mal geweckt — Puls, Blutdruck usw., eben Krankenhausalltag. Für Min ist das längst Routine, für Kyra ist das alles neu. Aufgeregt ist sie nicht, ich seltsamerweise auch nicht.

Um 7.30 Uhr rollen zwei Schwestern Kyra mit ihrem Bett aus dem Zimmer zum OP, der auf gleicher Ebene liegt. Renate begleitet sie, ich will auch mit, doch Renate meint, daß ich besser zum Auto gehen soll, bevor es abgeschleppt wird. In der Eile habe ich es auf dem reservierten Parkplatz eines Arztes abgestellt. Es ist noch da.

Gegen acht Uhr ist Renate zurück. Sie konnte bei Kyra bleiben, bis der sterile Bereich erreicht wurde. Der Anästhesist hat sie dann — unsere Große hörte mit gespitzten Ohren zu — über alle möglichen und unmöglichen Risiken der Narkose aufgeklärt. Das war psychologisch ungeheuer geschickt. Um neun Uhr rechnet der Narkosearzt damit, daß Kyra aufgewacht ist und in die Kinderklinik auf Station H transportiert werden kann. Wir wissen mittlerweile, daß bei Eingriffen der Termin regelmäßig zu früh genannt wird und beschließen, gegen 9.15 Uhr auf der Kinderorthopädie zu sein.

Fast eineinhalb Stunden Zeit sind totzuschlagen. Wir bummeln über den Markt und sehen uns im Frühstücksfernsehen Olympia an. Pünktlich um Viertel nach neun sind wir wieder im Krankenhaus, doch wir erleben eine Überraschung — die Punktionen haben nur eine halbe Stunde gedauert, Kyra ist schon auf der H. Renate macht sich auf zur Kinderklinik, ich zur MED.

Jasmin befindet sich schon im Zelt, zugedeckt bis zum Hals. Sie ist nackt, die sterilen Schlafanzüge sind ausgegangen, und ein Nachthemd, das ihr ein paar Nummern zu groß ist, wollte sie nicht anziehen. Ich begrüße sie per Handschlag, indem ich eine Hand in einen der vier eingelassenen Handschuhe stecke.

Professor Ostendorff kommt vorbei. Min ist durch die kombinierte Strahlen-/Zytostatikatherapie doch ziemlich angeschlagen, dennoch ist der Arzt recht zufrieden mit Mikros Gesamtzustand.

Kurz darauf taucht Dr. Link auf. Zusammen mit Dr. Dopfer hat er — jeder die Häfte — einhundert Punktionen bei Kyra gemacht. Die so wichtigen Knochenmarkzellen sind in solch hoher Konzentration vorhanden, daß die Mediziner ganz begeistert sind. Das

Konzentrat wird erst noch im Labor gefiltert und aufbereitet; es enthält wesentlich mehr Zellmaterial als das Minimum beträgt.

Für Jasmin wird es Zeit, die Tabletten zu nehmen – fünf Stück jeweils im Abstand von sechs Stunden, dazu jedesmal zwei Säfte mit je 5 ml. Min sträubt sich, wehrt sich, ihr ist speiübel, die Brechschale legt sie nicht aus der Hand. Ich versuche es mit gutem Zureden, mit Streicheleinheiten, mit List und mit Strenge – nichts hilft.

Entnervt überlasse ich Schwester Brigitte das Feld und gehe aus dem Zimmer, in dem das Zelt steht. Irgendwie komme ich mir feige und gemein vor, aber Mikro braucht diese Medikamente unbedingt. Ist es da nicht besser, daß ein Fremder sie zwingt und nicht ihre Eltern?

Ich höre Min ein paarmal „Papa, Papa!" schreien. Verdammt, das geht unter die Haut – mein Kind ruft mich und erwartet Hilfe von mir, und was tue ich? Nichts. Endlich geht die Tür auf, doch es ist nicht vorbei – dreimal hat Jasmin ihre Tabletten ausgebrochen. Dr. Link verordnet Valium. Schwester Brigitte will es ihr geben, nachdem Min die Säfte genommen hat. Nun wird es mir doch zuviel mit der Quälerei. Höflich, aber mit Nachdruck bitte ich die Schwester, zuerst das Beruhigungsmittel in den Schlauch zu spritzen. Es wird auch so gemacht, Min, schon müde, schluckt ihre Medikamente und schläft ein.

Um die Mittagszeit herum wird der erste Beutel mit dem Knochenmarkkonzentrat gebracht. Der gut zwei Meter lange Schlauch vom Tropf zum Katheter wird gegen eine recht kurze Leitung ausgetauscht und der Beutel unter die Zeltdecke gehängt. Langsam, ein wenig zähflüssig, rinnt das Transplantat durch Schlauch und Katheter in Mins Körper. Sie merkt es nicht, weil sie schläft.

Ein ganz eigenartiges Gefühl überkommt mich beim Anblick dieses durchsichtigen Beutels mit Plasma. Der rote Inhalt wirkt so ordinär wie eine normale Blutkonserve, doch es ist ein besonderer Stoff, etwas, das neues Leben schenkt. Das Personal ging ganz selbstverständlich mit diesem Plastikbeutel um, mir kommt er wie ein Schatz vor, unendlich kostbar. Ich weiß auch nicht, was ich erwartet habe – eine gewisse Feierlichkeit vielleicht, gemessene Schritte, Übervorsichtigkeit beim Transport und bei der Anbringung. Man ist gewissenhaft, doch man merkt die Routine.

Gedankenverloren betrachte ich, wie Tropfen auf Tropfen seinen Weg durch den Schlauch nimmt. Diese Minuten lassen sich nicht beschreiben. Ich empfinde es fast so, als wäre der Plastikbeutel ein lebendes Organ, ein neues Herz, das kraftvoll schlägt, um diesem kleinen Körper im Bett ein neues Leben zu schenken.

Gegen 14.00 Uhr kommt Renate. Jasmin schläft noch, noch sind die Zellen des ersten Säckchens nicht durchgelaufen. Renate macht ein paar Fotos, denn den Beginn des neuen Lebensabschnitts wollen wir im Bild festhalten.

Kyra war noch benommen, als Renate kam, und auch sie sah mehrere Augen und Nasen, als Renate sich über sie beugte. Inzwischen ist sie wieder bei sich, gegen die Schmerzen hat sie gleich ein Mittel bekommen. Sie wollte Renate gar nicht weglassen.

Als ich zu ihr komme, hat sie mit Übelkeit zu kämpfen – die Nachwirkungen der Narkose. Ihre linke Hand ist geschient und mit einem Tropf verbunden. Die Punktionen sind links und rechts über den Po-Backen und nehmen jeweils die Fläche einer Streichholzschachtel ein. Die Schmerzen sind erträglich im Liegen – bedingt durch die Medikamente –, aber Hinsetzen bereitet ihr ziemliche Pein.

Als es mit dem Brechen schlimmer anstatt besser wird, frage ich eine Schwester, ob man ihr nicht etwas dagegen geben kann – eine schwache Dosis Valium etwa, da ich weiß, daß Neurocil jetzt nicht mehr hilft. Sie fragt den Arzt, kommt zurück und mißt den Blutdruck – 50 zu 80. Der Arzt kommt selbst und verordnet zusätzlich zum Tropf Eiweiß intravenös, um den Blutdruck zu stabilisieren, da das zugeführte Wasser aus dem Blut sonst gleich ins Gewebe geht. Der niedrige Blutdruck ist nämlich der Grund für Kyras Übelkeit. Später kommen noch einmal Dr. Dopfer und Professor Niethammer zu ihr, die sie beide loben.

Da es auf Station H keine Klingel gibt, um nach der Schwester zu läuten, besorge ich Kyra noch eine Glocke, damit sie Hilfe herbeirufen kann. Tatsächlich ist aber der Brechreiz eine Stunde später verschwunden.

Seit gestern ist unser Haus voll. Melanies Mutter ist da, die wir bereits von der H kennen, und die Mutter von Markus. Er liegt mit einer Lungenentzündung auf der F.

4. August, Samstag

Wir machen Splitting – Renate geht zu Kyra, ich zu Jasmin. Das Waschen am Morgen mit der Desinfektionslösung und das anschließende Eincremen hat ganz gut geklappt, aber bei den Tropfen für Augen und Ohren ging der Tanz schon los. Eine Steigerung kam bei der Katheterpflege und dem Wechsel der sterilen Mulltupfer, und ganz arg wurde es dann bei der Einnahme der Tabletten. Wieder wehrte sich Min verbissen, und wieder wurden welche erbrochen. Es scheint, als hätte sich bei ihr eine Assoziation Tabletten ist Brechen ins Gehirn eingebrannt, doch auch zwischendurch muß sie sich noch übergeben.

Unsere arme Kleine schläft eine gute Stunde. Ein Beutel Thrombozytenkonzentrat wird ihr zugeführt. Als sie aufwacht, sehen wir uns im Fernsehen die Kinderstunde und Olympia an, zum Spielen hat sie keine rechte Lust, auch Kneten mag sie nicht. Immer wieder betätigt sie den Hebel, mit dem sich das Kopfende des Bettes elektrisch verstellen läßt und legt sich hin, weil ihr das Sitzen zu anstrengend ist.

Die Vorbehandlung zeigt Wirkung, die ersten Haare gehen aus, die Lippen sind rauh und rissig. Ihre Körpertemperatur ist jedoch in den letzten Tagen stabil geblieben und bewegt sich so um 37,5 Grad. Appetit hat sie keinen, nur Durst, doch fast alles, was sie trinkt, würgt sie wieder heraus.

Das Vorbereitungszimmer, in dem Mikro vorher lag, ist bereits gestern desinfiziert worden. Vermummt und mit einer Gasmaske auf dem Kopf hat Schwester Esther den Raum und sein Inventar keimfrei gemacht, anschließend wurden sogar die Türritzen mit Klebeband versiegelt.

Am Nachmittag ruft unser guter Dr. Berthold auf der Station an und erkundigt sich nach dem Befinden von Jasmin und Kyra. Er ist beruhigt, daß alles ohne Komplikationen verlaufen ist, wundert sich jedoch darüber, daß wir nur noch Schuhüberzüge tragen und sterile Kittel, aber keinen Mundschutz mehr benötigen. Warum das so ist, habe ich mir erklären lassen. Dort, wo das Pflegepersonal an der Manipulationseinheit arbeitet, ist das Zelt offen und hat eine Art Schleuse. Ein Aggregat mit etwa zwei Quadratmetern Ansaugfläche saugt die Luft an und damit auch Viren, Bakterien und Pilze, die durch diese Öffnung dringen, gleichzeitig entsteht im Zelt selbst ein Unterdruck, der für eine sehr keimarme Umgebung in jenem Teil sorgt, in dem Mins Bett steht.

Mikro war heute recht schwierig, und ich bin froh, als Renate um achtzehn Uhr meinen Platz einnimmt. So muß ich nämlich die jetzt fällige Tablettenration nicht verabreichen.

5. August, Sonntag

Wir machen das gleiche Splitting wie gestern. Als ich zu Jasmin komme, ist Professor Ostendorff schon da, sieht sich die bisherigen Werte und Aufzeichnungen an und untersucht Min kurz durch die bewegliche Manipulationseinheit. Mikro hat Fieber − 39,1 und einen leicht erhöhten Blutzuckerwert. So nebenbei bekomme ich mit, daß der Chef der A 2 telefonisch auf dem laufenden gehalten werden will.

Vorbeugend bekommt Jasmin intravenös Antibiotika und ein fiebersenkendes Mittel in den Schlauch, ferner zusätzlich einen Saft, der schleimlösende Wirkung hat. Da Min immer noch mit der Brechschale dasitzt, ordnet Professor Ostendorff an, daß sie etwas gegen die Übelkeit bekommt, aber es ist weder Neurocil noch Valium, da beide auch beruhigen. Über eine halbe Stunde feilsche ich mit Jasmin, bis sie endlich wenigstens den Saft probiert. Sie ist überrascht, wie gut er schmeckt, und trinkt das zu einem Viertel gefüllte Glas aus.

Um sie abzulenken, schalte ich den Fernsehapparat ein − es läuft „Die Sendung mit der Maus", dennoch ist Min so aggressiv wie selten zuvor. Bei der Katheterpflege werden Schwester Brigitte und ich fast wahnsinnig, weil die Kleine immer wieder versucht, die in sterilen Handschuhen steckenden Hände der Schwester wegzuschlagen oder festzuhalten. Zu meinem Entsetzen versucht sie, das Thermometer zu zerbrechen, reagiert wütend auf das Messen von Puls und Blutdruck. Das Einnehmen der Tabletten und der beiden Säfte gleicht einer Raubtierdressur. Und immer noch bricht sie, essen mag sie nicht. Ehrlich gesagt: Wäre ich an ihrer Stelle, würde ich − Verstand hin, Verstand her − auch nicht alles einfach hinnehmen.

Entnervt und mit gemischten Gefühlen sitze ich da und versuche, sie ein wenig aufzuheitern, nehme sie auf den Schoß − die Zeltfolie ist zwischen uns − und streichle sie mit meinen Händen, die in Gummihandschuhen stecken. Unser gequältes Kind kuschelt sich an mich, doch es ist ein steriles Schmusen, weil der Hautkontakt fehlt.

Schwester Brigitte hat Verständnis für Mins Verhalten. Alles kommt da zusammen: Die neue Umgebung, die fremden Gesichter, das Eingesperrtsein, die aggressive Therapie; fast nichts funktioniert wie auf einer anderen Station, das Aufwecken zweimal in der Nacht, um je eine Handvoll Tabletten zu nehmen, und dazu noch das Fieber. Es ist ein Dauerstreß für ein Menschlein in ihrem Alter, denn nicht einmal durchschlafen kann Min. Streng ist Schwester Brigitte nur, wenn es um die Einhaltung der Behandlung geht, und da — das erkenne ich immer deutlicher — ist jedes Detail wichtig.

Das Fieber geht etwas herunter, eine neue Blutprobe ergibt, daß der Zuckerspiegel normal ist. Möglicherweise befand sich noch etwas Glucose im Katheter und hat die Werte verfälscht. Im Labor wird Mins Blut förmlich seziert, weil man herausfinden will, ob es sich um eine Infektion handelt oder ob das Fieber eine oft zu beobachtende Reaktion des Körpers auf die Transplantation ist.

Gestern ist mit einem mobilen Röntgengerät noch einmal Jasmins Lunge kontrolliert worden — kein Befund. Die Sache war ein wenig kompliziert, da Min das Zelt ja nicht verlassen durfte. Sie mußte sich dicht an die Stirnseite stellen, ich bekam eine Bleischürze umgehängt und mußte die in ein steriles Tuch gewickelte Bildplatte durch die eingelassenen Armhandschuhe hinter Mikros Rücken halten, nachdem die Schwester sie mir durch die Schleuse gereicht hatte.

Als Renate gegen 17.30 Uhr kommt, wird bei Min gerade mit der Abendwäsche begonnen. Der ganze Körper wird mit der Desinfektionsflüssigkeit abgerieben, die beiden Sprays, eincremen. Morgens und abends wird diese Prozedur durchgeführt einschließlich Augen-, Ohren- und Nasendesinfektion.

Kyra kann schon aufstehen und ein wenig herumgehen, der Tropf ist ab, doch die Schmerzen sind noch nicht ganz weg. Recht bedrückend empfindet Kyra das Krankenhaus schon, besonders aber Station H.

Bei ihr im Zimmer liegt ein Junge, der etwa zwölf, dreizehn Jahre alt ist. Unsere Große empfindet Mitleid mit ihm, ohne zu wissen, daß er nicht mehr lange zu leben hat. Wir waren erschüttert, als uns die anderen Mütter berichteten, daß die Ärzte in seinem Fall machtlos sind. Hoden, Darm und Blase sind ihm wegoperiert worden, er hat zwei künstliche Ausgänge, nun wollen ihn die Mediziner hochpäppeln, damit er die wenigen Monate, die ihm noch bleiben, zu Hause in der vertrauten Umgebung verbringen kann.

Auf dem Weg zurück in unsere Unterkunft habe ich Mutti noch angerufen und zu ihrem 60. Geburtstag gratuliert. Wie der Schwiegervater hat sie auch nicht gefeiert, uns allen ist Jasmin im Moment wichtiger.

6. August, Montag

Um zehn Uhr bin ich auf der A 2h, Renate ist bei Kyra. Schwester Brigitte hat Dienst und Hans-Dieter, ein Pfleger, den ich zum erstenmal sehe. Heute ist Putztag. Montag, Mittwoch und Freitag ist Jasmins Zelt an der Reihe, Dienstag, Donnerstag usw. das Zelt, in dem Wolfgang sich aufhält.

Schwester Brigitte beginnt, sich nach der chirurgischen Händedesinfektion zu vermummen. Ein neuer Mundschutz, zwei Paar sterile Handschuhe übereinander, sterile Kopfhaube über der anderen Kopfhaube. Über den frischen Kittel zieht sie eine sterile Hose, darüber einen langen sterilen Kittel. Schuhe aus, die blauen sterilen Schuhüberzüge an, rein in die Schleuse, neue sterile Schuhüberzüge an, ein Paar sterile Handschuhe streift sie ab. Mit sich führt sie eine Edelstahlschüssel — steril — mit Desinfektionsflüssigkeit und Einmaltüchern. Und dann geht es los. Alles, was sich im Zelt befindet, die Folie, das Bett und der Boden, werden abgewischt, Quadratzentimeter für Quadratzentimeter wird gereinigt und keimfrei gemacht. Gut eineinhalb bis zwei Stunden dauert die Prozedur, gegen die ein Hausputz die reinste Pfuscherei ist.

Nach anfänglichen kleinen Meinungsverschiedenheiten haben Schwester Brigitte und ich ein gutes Verhältnis zueinander. Sie versteht, daß ich für Jasmin Partei ergreife, ich akzeptiere, daß es hier besondere Regeln im Rahmen der Therapie gibt, die befolgt werden müssen.

Noch im Zelt gibt sie Mikro die Tabletten, aufgelöst und auf eine Spritze aufgezogen. Wir beide sind übereingekommen, daß es für den Magen und auch für Mins Psyche besser ist, wenn sie nicht fünfmal etwas einnehmen und dazu trinken muß. Zeternd und widerstrebend schluckt Min das Gemisch. Obwohl wir ihr gut zugeredet und ihr gesagt haben, daß sie dann noch einmal alles einnehmen muß, würgt sie und bricht. Ich weiß nicht, ob es diese Automatik war, der Antitablettenreflex oder eine Machtprobe — die nächste Dosis, ebenfalls in den Mund gespritzt, bleibt im Magen, auch die Säfte.

Mittlerweile bekommt Jasmin das Medikament gegen Übelkeit in den Schlauch. Wie Schwester Brigitte bin ich der Meinung, daß der Brechreiz inzwischen zum Großteil psychologisch bedingt ist, und ich stimme ihr zu, die Einmalbrechschalen hochzustellen, um sie aus Mins unmittelbarem Gesichtskreis zu entfernen.

Um 13.00 Uhr kommt Schwester Esther, die Frühschicht geht

eine halbe Stunde später. Allmählich glaube ich ein System zu erkennen. Während letzterer die Versorgung der Patienten und der Zelte obliegt, erledigt die Mittagsschicht mehr das Drumherum, und dazu gehört das Sterilisieren von Gläsern usw. Alles, was ins Zelt gebracht wird, ist steril und wird dort erst ausgepackt. Auf der A 2h hat man eine Liste, in der aufgeführt ist, welche Lebensmittel vom Inhalt und der Verpackung her steril sind. Alle oder fast alle Dosengetränke wie Cola etc. erfüllen diese Bedingung, doch wird die Büchse als solche noch eine Viertelstunde in ein Desinfektionsbad gelegt, damit sie auch äußerlich keimfrei ist.

Kurz nachdem das Zelt gereinigt ist, passiert Min ein Malheur: Sie muß Wasser lassen, und als sie drückt, kommen auch ein paar Spritzer dünnflüssigen Stuhls, dann, ohne Vorankündigung, bricht sie. Gemeinsam wechseln wir von außen das Molton-Laken und versprühen eifrig Kodan.

Jasmin hat noch Fieber. Sie will schlafen, als noch einmal die Lunge geröntgt werden muß. Widerwillig und recht wacklig auf den Beinen kommt Min nach vorn – die gleiche Prozedur wie am Samstag. Knapp zehn Minuten später – Min schläft – ist die Röntgenassistentin wieder da, weil das Bild nichts geworden ist. Wir müssen Jasmin wecken und haben Mühe, sie zu bewegen, erneut aufzustehen. Auch für sie ist die Sache nicht unproblematisch, denn sie muß darauf achten, daß sich der lange Schlauch nicht verheddert oder sie hängenbleibt und sich den Katheter herausreißt. Diesmal klappt die Aufnahme.

Am Nachmittag ist große Besprechung. Professor Ostendorff, Dr. Dopfer und Dr. Link konferieren fast eine Stunde miteinander, anschließend sehen sie sich Jasmin und Wolfgang kurz an. Als ich Dr. Dopfer frage, wann Kyra entlassen werden kann, antwortet er: „Wann sie will." Das ist Musik in meinen Ohren.

Als uns Susanne besucht, die mit Min immer ein wenig Gymnastik machen will, damit die Muskeln nicht verkümmern und die Lungen beansprucht werden, zeigt ihr die Kleine die kalte Schulter. Huldvoll gibt sie der Bewegungstherapeutin jedoch einen neuen Termin, wann sie kommen kann: morgen um die Mittagszeit. Die junge Frau entschwindet wieder.

Renate löst mich gegen 16.30 Uhr ab. Sie hat die Ärzte noch einmal auf Kyras merkwürdigen Husten angesprochen und eine erneute Untersuchung veranlaßt; die Stirnhöhlen wurden geröntgt – ohne Befund.

Da Kyra mittlerweile wieder gut zu Fuß ist, marschiere ich

spornstreichs auf die H, um sie mitzunehmen. Dr. Klingebiel, einer der Stationsärzte, und Schwester Helga sind zwar ein wenig überrascht, als ich verkünde, was Dr. Dopfer gesagt hat, doch Einwände haben sie nicht, Kyra ziehen zu lassen. Für unseren Hausarzt in Gießen gibt mir Dr. Klingebiel noch eine Mitteilung mit und verschreibt unserer Großen ein Eisenpräparat, um den Knochenmarkverlust schnell zu egalisieren, dann sind wir entlassen.

Kyra freut sich natürlich, weil sie damit nicht gerechnet hatte, in Windeseile sind ihre Sachen gepackt. Sie hat, wie sie sich ausdrückt, auch bereits vom Krankenhaus die Nase voll. Eins steht ihr allerdings noch bevor: Am Freitag, wenn wir wieder zu Hause sind, soll unser Hausarzt die Fäden ziehen. Sie ist also, was ich bis dato nicht wußte, genäht worden.

7. August, Dienstag

Für uns ist es ein geschichtsträchtiges Datum — der 14. Hochzeitstag, doch nach feiern steht uns nicht der Sinn. Wie immer in den letzten Tagen gehe ich zuerst zu Jasmin. Das Fieber ist gesunken, die Temperatur pendelt um 37,6. Probehalber wird die fiebersenkende Tablette weggelassen.

Mins Mund ist mit der blauen Desinfektionsflüssigkeit eingepinselt, die wir auch von Gießen kennen, wie gestern und vorgestern creme ich ihr die Lippen ein. Daß sie die Salbe nicht sofort abwischt, beweist, daß sie sie wirklich braucht. Jasmin trägt ein grünes Haarnetz. Es ist ihr viel zu groß, doch es verhindert, daß die Haare, die büschelweise ausgehen, im Bett und auf dem Kopfkissen herumliegen und jucken und piksen.

Sie schläft viel und hat kaum Interesse, fernzusehen oder zu spielen. Ihre Thrombowerte sind nach der Zuführung recht gut. Zwar werden sie in den nächsten Tagen wieder sinken, doch hält der positive Effekt noch an.

Schwester Esther nimmt mit sterilen Watteträgern rund ein Dutzend Proben von der inneren Zeltwand, von der Toilette, vom Zeltboden, von den eingelassenen Handschuhen, vom Zimmerboden usw. Sie werden im Labor untersucht zur Kontrolle, ob Personal und Putzfrau auch wirklich gründlich gereinigt und desinfiziert haben.

Den Kampf gegen Tabletten und Säfte hat Min immer noch nicht aufgegeben, aber immerhin sagt sie jetzt, ob sie sie in der

Spritze aufgezogen haben will oder ob sie sie so nimmt; allerdings setzt sie ihre Entscheidung nicht ganz freiwillig in die Tat um.

Die Krankengymnastin hält Wort. Sie läßt ein steriles Gummiband und einen keimfreien Ball ins Zelt geben. Mit Desinteresse und barschen Worten versucht Mikro, die junge Frau zu vertreiben, doch die überlistet Min und bringt sie dazu, wenigstens ein paarmal den Ball zu werfen und zu fangen, dann allerdings streikt Jasmin. Als sie die Haube abnimmt, sehe ich, daß sie kaum noch Haare auf dem Kopf hat.

Herr Rau hat aus dem Urlaub eine Karte geschickt, Dr. Berthold hat ebenfalls geschrieben. Die Karten muß ich Min zweimal vorlesen und auch zeigen, denn ins Zelt kann ich sie natürlich nicht geben.

Am Nachmittag erlebt Min eine Überraschung: Renate hat Kyra mitgebracht – das gibt eine freudige Begrüßung. Jasmin strahlt, obwohl es ihr gar nicht gutgeht. Ihr Gesicht ist angeschwollen, und die angegriffene Mundschleimhaut macht ihr so zu schaffen, daß sie den Schnuller in der Hand behält, ohne ihn zu nehmen. Sie bekommt Erythrozyten zugeführt.

Gegen Abend steigt das Fieber wieder auf 39,2, nach einer Tablette sinkt es auf 37,6. Darüber ist sogar die Schwester verblüfft.

8. August, Mittwoch

Ich verbringe meinen vorerst letzten Tag bei Jasmin, Kyra und ich wollen morgen zurückfahren und nächsten Freitag wiederkommen. Nach Auskunft von Dr. Link brauchen wir uns keine übertriebenen Sorgen zu machen. Der Pilz, der in der Rachenspülflüssigkeit nachgewiesen wurde, wird gezielt bekämpft, seine Ausbreitung ist nicht nur eingedämmt, sondern sogar zurückgedrängt. Auch den Erreger, der das Fieber verursacht, kennt man. Mit drei verschiedenen Antibiotika soll er – da ist der Arzt sicher, daß es gelingt – unter Kontrolle gebracht werden. Es handelt sich um Keime, die Min in ihrem Körper selbst mit ins Zelt brachte. Es ist ein Erfahrungswert, so der Stationsarzt, daß Patienten, die längere Zeit im Krankenhaus verbracht haben, Erreger in sich tragen, die relativ resistent sind, aber man ist hier darauf eingestellt, auch solchen Mikroorganismen beizukommen. Dennoch schlägt man nicht einfach mit der chemischen Keule drauflos, sondern dosiert sorgfältig nach Alter und Gewicht.

Überhaupt sind Vorbeugung und Früherkennung das A und O. Routinemäßig werden Schleimhautabstriche und Blutuntersuchungen durchgeführt, heute morgen hatte Mikro Durchfall, und gleich gingen Stuhl- und Urinproben ins Labor.

Damit Jasmin wenigstens etwas ißt und in den Magen bekommt, habe ich Butterkekse mitgebracht und sterilisieren lassen. Schwester Brigitte, die wieder Mins Zelt reinigt, schwärmt so überzeugend davon, wie gut Kekse schmecken, daß die Kleine ausruft: „Papa, die Brigitte will meine Kekse essen!" Wir Erwachsenen haben Mühe, unsere Heiterkeit nicht zu deutlich zu zeigen.

Wie gewohnt beim Putzen verabreicht Schwester Brigitte die Medikamente im Zelt. Als sie Jasmin das Gläschen mit der blauen Flüssigkeit für die Munddesinfektion gibt, nimmt die es, holt sich eine Brechschale, sieht Schwester Brigitte an – und schüttet den Inhalt in die Schale. Sie sagt nichts dabei, zeigt keinen Triumph – Mikros lautlose Rache gegen Zwang und Klinik. Schwester Brigitte nimmt es gelassen hin und beurteilt selbst Mins abwehrendes Gestrampel und Gezeter positiv als Muskel- und Lungentraining.

Als die Kekse endlich sterilisiert sind, schläft Min, trotzdem werden sie ins Zelt gegeben. Schon nach kurzer Zeit wird Jasmin wieder wach. Sie hat – völlig ungewohnt – das Bett naßgemacht. Richard bringt neues, steriles Bettzeug, einen neuen Einmalschlüpfer und eine frische Einlage dafür – beides natürlich ebenfalls keimfrei.

Mittlerweile ist die Krankengymnastin wieder bei uns. So gut es geht, helfe ich dem Pfleger dabei, das Laken zu wechseln und das Bett frisch zu beziehen. Das geht nicht in zwei Minuten, denn unsere Arme stecken in den Plastikhüllen mit den darin eingelassenen, austauschbaren Gummihandschuhen. Klapprig und zitternd sitzt Jasmin während dieser Zeit auf einem Hocker. Als sie wieder ins Bett krabbelt, wird ihr aus dem Katheterschlauch Blut abgenommen. Die Bewegungstherapeutin sieht ein, daß unter diesen Umständen selbst der Versuch sinnlos wäre, mit Min zu arbeiten. Zwei sterilisierte Luftballons und ein keimfreier Strohhalm kommen ins Zelt. Die Ballons soll Mikro aufblasen, mit dem Halm soll sie in ihrem sterilisierten Sprudel herumblubbern.

Professor Ostendorff, Dr. Dopfer und Dr. Link treffen gegen 15.00 Uhr wieder auf der Station zu einer Lagebesprechung zusammen. Ich erfahre, daß Min per Tropf täglich 1.500 Kalorien zugeführt werden. Das erscheint mir relativ hoch, doch ist diese Menge notwendig, damit der Körper neues Gewebe aufbauen kann. In etwa wird sie ihr Gewicht halten.

Renate und Kyra treffen etwa zur gleichen Zeit ein wie die Ärzte und bleiben bei Min, ich fahre zurück in die Wohnung. Eine Stunde später taucht unsere Große verärgert dort auf. Sie hat wieder einen ihrer seltsamen Hustenanfälle bekommen, und da hielten die Mediziner es für zu riskant, sie selbst mit einem Mundschutz beim Zelt zu lassen. Dr. Dopfer hat sie dann mitgenommen zur Kinderklinik, in der ich vorher war und den Wohnungsschlüssel abgegeben habe.

9. August, Donnerstag

Kurz nach zehn Uhr fahren wir los. Ich setze Renate vor der Klinik ab, gehe aber nicht mehr hoch auf die Station, um Min und mir den Abschiedsschmerz zu ersparen.

Ideales Reisewetter ist es nicht, es regnet, kurz hinter Tübingen beginnt es, wie aus Eimern zu gießen. Die Sicht ist schlecht, mehr als 90 km/h sind nicht zu verantworten. Erst als wir Karlsruhe passiert haben, hört der Regen auf, die Fahrbahn ist trocken. Gegen 13.45 Uhr sind wir endlich zu Hause.

Dort ist alles in Ordnung, der Schwiegervater hat sich wieder einmal als Hausverwalter bewährt. Nach dem Sichten des Postbergs kaufe ich ein paar Lebensmittel ein und bereite uns eine schnelle Mahlzeit zu. Telefonisch informiere ich Opa, Mutti und Dr. Berthold, daß wir wieder da sind.

Um 19.00 Uhr Anruf in Tübingen. Auf der A 2h war der Teufel los — wegen Jasmin. Sie sollte Fieber messen, tat es auch, doch nicht lange genug. Als sie das Thermometer erneut in den Mund schieben mußte, zerbiß sie es einfach. Dr. Link wurde alarmiert, der sofort nachsah, ob sie noch Plastiksplitter im Mund hatte. Mit Spritzen saugten Renate und eine Schwester die Quecksilberkügelchen auf. Dr. Dopfer, der ebenfalls auftauchte, konnte Renate etwas beruhigen: Das giftige Schwermetall in den verwendeten Thermometern ist modifiziert und geht im Körper keine Verbindung ein, wird also in unveränderter Form wieder ausgeschieden.

Ich kann mir vorstellen, daß Renate fast durchdrehte. Mir ging es ja schon so, als Min nur versuchte, das Thermometer zu zerbrechen.

Bei der Zufuhr von Antibiotika hat Min wieder so eine Art Schüttelfrost bekommen und selbst im Schlaf heftig gezuckt, wie ich es zuvor auch schon beobachtet hatte. Erst eine Stunde, nachdem die Präparate durchgelaufen waren, ließ die Reaktion auf die Medikamente nach. Eine Allergie ist es allerdings nicht, da die Haut nicht mit Quaddeln oder Pusteln reagiert.

10. August, Freitag

Für mich beginnt wieder der gewohnte Alltag im Büro. Thomas holt Kyra ab, die den Tag beim Schwiegervater verbringt. Beim Opa darf sie sich aussuchen, was es zum Mittagessen gibt, meins ist Konserve.

Unser Hausarzt hat heute bis 18.00 Uhr Sprechstunde, das paßt mir ganz gut, denn Kyra sollen die Fäden gezogen werden. Durch eine Besprechung komme ich erst um 17.30 Uhr aus dem Betrieb, die Zeit, um Kyra beim Opa abzuholen, habe ich nicht mehr. Ich rufe Thomas an und bitte ihn, unsere Große nach Hause zu bringen. Er tut es. Naßgeschwitzt treffe ich mit Kyra zehn vor sechs in der Praxis ein. Natürlich erkundigt sich unser Arzt, wie es Jasmin und Renate geht und wie Kyra alles überstanden hat.

Die Fäden links lassen sich problemlos entfernen, es tut ein bißchen weh, doch es ist erträglich. Rechts wird es schwieriger, der Arzt, der dort genäht hat, hat nicht so gute Arbeit geleistet. Der Faden geht tiefer durchs Gewebe und hat das Fleisch zusammengezogen. Es gibt regelrechte Wundränder, die Stelle ist angeschwollen. Mit Schere und Pinzette und so vorsichtig wie möglich zerschneidet unser Doktor die Knoten und zieht die Fäden. Kyra hat starke Schmerzen, die Tränen laufen ihr übers Gesicht, sie umklammert meine Hand.

Endlich ist es geschafft, die Wunden werden desinfiziert und verpflastert. Unser guter Hausarzt hat die Fäden aufgehoben, steckt sie in eine leere Schachtel und überreicht sie Kyra als Trophäe. Als kleinen Trost darf Kyra sich ein paar Gummibärchen nehmen — viermal muß sie ins Glas greifen, bis unser Doktor zufrieden ist. Um Kyras seltsamem Husten zu Leibe zu rücken, der wahrscheinlich vom Nasen-, Rachenraum ausgeht — die Untersuchung der Lunge ergibt keine abnormen Geräusche —, verschreibt er eine Salbe und ein Inhalationsgerät. Es geht nach Hause — um 18.30 Uhr ist verabredet, daß ich Renate anrufe.

Jasmin hat wieder für Furore gesorgt und das zweite Thermometer zerbissen. Schwester Brigitte, die das Zelt reinigte, hat vergeblich nach den zwei Thermometerenden gesucht, andererseits ist es unwahrscheinlich, daß Mikro sie verschluckt hat – sie bleiben verschwunden. Bei aller Aufregung, die Min verursacht hat – ihr Ziel hat sie erreicht: Die Temperatur wird fortan bei ihr unterm Arm gemessen – ein Novum auf der A 2h.

Mins Fieber erreicht Höchstwerte von über 40 Grad, Hautverfärbungen, vor allem an der rechten Schulter, wo ein Pflaster die Haut stark gerötet hatte und die nun heller wird, zeigen an, daß das neue Knochenmark seine Arbeit aufgenommen hat. Ich glaube, daß die beiden Mädchen die gleiche Blutgruppe haben, aber selbst wenn das nicht der Fall ist – Jasmin wird in Zukunft Kyras Blutgruppe haben, denn die Erythrozyten, die roten Blutkörperchen, werden im Knochenmark gebildet.

Jasmin hat ein Granulozytenkonzentrat bekommen, weiße Blutkörperchen, die das Knochenmark produziert; Milz und Lymphknoten stellen Lymphozyten her, im Bindegewebe gibt es Zentren, die Monozyten bilden. Alle drei Arten sind Leukozyten, die der Abwehr von Krankheiten dienen. Mins Leukos sind noch nicht meßbar – erst ab 100 pro mm^2 Blut.

Die Granulozyten machen Jagd auf Keime im Körper, unterstützen also die Antibiotika-Gaben. Renate sagt, daß ihre Lebensdauer acht Stunden beträgt. Min ist noch immer schlapp und schläft viel, mit der Einnahme der Tabletten, aufgelöst und in eine Spritze aufgezogen, gibt es kaum noch Probleme, nur essen will sie nichts. Auch ihr Speichel ist noch immer schleimig und zäh, über Schmerzen im Mund klagt sie kaum.

Da es der Krankengymnastin nicht gelingt, Jasmin zu körperlicher Betätigung zu bewegen, ist sie mit Renate übereingekommen, daß diese ein paar Plastikmusikinstrumente und eine Mundharmonika kauft. Es könnte gelingen, Mikro zu überlisten, denn Musik macht sie gerne, so daß auf diesem Weg ein Lungentraining erschlichen werden kann.

Kyra und ich fahren zu Mutti. Sie wird bis Donnerstag bei der Oma bleiben, Bodo will sie dann abends bringen, weil wir Freitagmittag nach Tübingen fahren.

Natürlich gibt es viel zu erzählen, und ich muß unzählige Fragen beantworten, denn Telefonate sind nun einmal ein schlechter Ersatz für ein persönliches Gespräch, und ich habe auch Fotos dabei.

Den ganzen Abend über bin ich unruhig, denn mir macht Mins hohes Fieber Sorgen. Um 22.30 Uhr halte ich es nicht länger aus und rufe auf der A 2h an. Schwester Inge hat Dienst, sie kann mich beruhigen. Um 21.00 Uhr hatte Jasmin 38,5, sie wirkt ruhiger als in der Nacht davor und macht den Eindruck, daß sie nicht mehr so vom Krankheitsbild geprägt ist, also die körperliche Schwäche allmählich überwindet. Mir fällt ein Stein vom Herzen.

Es wird 3.30 Uhr, als Mutti, Bodo und ich endlich ins Bett gehen.

11. August, Samstag

Kurz vor zwölf Uhr verabschiede ich mich von Kyra, Mutti und meinem Bruder, um nach Gießen zurückzufahren. Ich habe noch ein paar Einkäufe zu tätigen und hausfrauliche Pflichten zu erfüllen, denn alles liegt und steht noch so wie bei unserer Rückkehr aus Tübingen.

Eine Maschine voll Buntwäsche ist zu waschen, Schuhe und Kleidungsstücke sind einzuräumen, die Blumen in den Zimmern und auf dem Balkon müssen versorgt werden. Am Nachmittag kommt Opa mit Horst und Thomas vorbei; auch sie wollen ausführlich wissen, wie es in Tübingen war. Ihr Besuch dauert bis 18.00 Uhr.

Eine halbe Stunde später rufe ich Renate an. Sie bestätigt, was Schwester Inge gesagt hat. Mittlerweile ist man dazu übergegangen, Benuron nicht erst zu geben, wenn die Temperatur hochschnellt, sondern schon vorbeugend. Als fiebertreibend hat sich das Medikament gezeigt, das gegen Pilzbefall wirkt, denn immer dann stieg die Quecksilbersäule auf über 40 Grad an.

Auch heute hat Mikro Granulozyten bekommen. Renate hat die Musikinstrumente gekauft und zum Sterilisieren gegeben, Montag kann Min darauf Krach machen.

Auf meine entsprechende Frage sagt Renate, daß sie ganz gut zurechtkommt. Da sie nicht schon in aller Frühe zu Jasmin kann, hat sie am Morgen Zeit, um ein paar Besorgungen zu machen oder etwas zu essen zu holen. Kein Wort davon, wie kräftezehrend es ist, den ganzen Tag neben dem Zelt beim kranken Kind zu sitzen. Ich weiß aus eigener Erfahrung, wie das an den Nerven zerrt, wie aufreibend das ist. Man traut sich kaum, die A 2h zu verlassen, um auf dem Gang ein Brötchen hinunterzuschlingen, weil Min just in diesen zwei, drei Minuten vielleicht wieder den Beistand von Vater oder Mutter braucht.

Die junge Rumänin hat gestern geheult wie ein Schloßhund. Adrian, ihr kleiner Sohn, hatte schon Probleme mit dem Laufen, bevor wir wegfuhren. Er muß Tabletten nehmen, die er bisher noch nicht bekommen hat. Wir haben die Mutter beruhigt, weil Min nach Zytostatika auch manchmal wacklig auf den Beinen war, doch gestern ist der Kleine stationär in der Klinik aufgenommen worden. Man hat eine Lumbalpunktion gemacht, das Ergebnis steht noch nicht fest. Ich glaube nicht, daß der Junge einen bleibenden Schaden davongetragen hat, dennoch fühle ich mit seiner Mutter. Es muß schlimm sein, in einem fremden Land auf sich allein gestellt zu sein.

Ich komme mir allein in der Wohnung ein wenig verloren vor, vermisse schmerzlich, daß Renate und die Kinder nicht bei mir sind und ich nicht bei ihnen sein kann. So mache ich mir einen Happen zu essen und schlage die Zeit mit Olympia im Fernsehen tot, nachdem ich mit Kyra telefoniert habe. Erst um drei Uhr früh bin ich müde genug, um ins Bett zu finden.

12. August, Sonntag

Ich schlafe lange. Sonderliche Aufgaben erwarten mich nicht, ich muß nicht einmal kochen, sondern lediglich ein paar Kartoffeln schälen; Braten und Gemüse hat Mutti mir gestern mitgegeben.

Ohne festen Ablieferungstermin habe ich den Auftrag für ein Perry Rhodan-Taschenbuch vorliegen. Sonst hat es mich in jeder freien Minute an die Schreibmaschine getrieben, jetzt habe ich keinen Nerv dazu, obwohl wir das Honorar gerade im Augenblick gut brauchen könnten. Tübingen ist ein teures Pflaster, und wir führen zwei Haushalte.

Im letzten Jahr war ich oft froh, arbeiten zu können, denn es lenkt doch ein wenig ab, zumal ich auch an meinem Beruf und meiner Firma hänge, diesmal ist mir das Büro eher lästig, ich wäre mit Kyra lieber bei Renate und Jasmin. Irgendwie fühle ich mich trotz Telefon abgeschnitten vom Geschehen, isoliert, weit weg von dem Ort, wo es um Mins Zukunft geht. Als sie noch auf Peiper lag, war ich täglich auf der Station und konnte jederzeit in zehn Minuten dort sein, nun benötigte ich mehr als zwei Stunden, um zur Klinik zu kommen.

Jasmin wird ja nicht wegen einer Grippe in Tübingen behandelt – es geht um ihr Leben. Und es geht ja nicht alles reibungslos. Die

Übertragung des Knochenmarks war fast banal, ohne Operation, einfach per Tropf, aber was vorausging, war schlimm. Nicht umsonst sprechen die Ärzte von einer Transplantation, denn es ist wirklich mit einer Organübertragung vergleichbar. Während ich im Büro zeitweise mit Banalitäten behelligt werde, kämpfen die Ärzte um Min. Ich bete, daß sie es schafft und daß auch Renate diese psychische Strapaze heil übersteht.

Auch heute schläft Jasmin fast den ganzen Tag, von kleineren Wachperioden abgesehen. Das Fieber hält sich mit 38,5 in Grenzen. Mikro bekommt wieder Granulozyten. Renate fragt, wie es der Familie geht und was Kyra macht, doch da gibt es nicht viel zu berichten – alles geht seinen gewohnten Gang.

Wenig später telefoniere ich mit unserer Großen, die sich bei meiner Mutter ganz wohl fühlt. Oma ist ja auch ein geduldiger Spielkamerad – sieben Partien Mensch-ärgere-dich-nicht mußte sie hintereinander über sich ergehen lassen.

Mein Zeitvertreib am Abend ist erneut das Fernsehen mit Olympia. Ich habe den Sport total allmählich satt, doch ich kann mich nicht dazu aufraffen, etwas anderes zu tun als passiv in die Glotze zu starren. Der neue Tag ist schon fast zwei Stunden alt, als ich mich endlich hinlege.

13. August, Montag

Die Arbeit hat mich wieder mit ihren Klauen gepackt. Der Vormittag ist im Nu vorbei, die Zeit bis zum Feierabend kommt mir unwahrscheinlich kurz vor.

Als ich Renate anrufe, klingt sie erschöpft und niedergeschlagen. Bei örtlicher Betäubung ist Jasmin heute im Zelt von Dr. Link punktiert worden, um zu sehen, ob und wie das Knochenmark angewachsen ist – vor zehn Tagen erfolgte die Transplantation. Der Erfolg ist eher bescheiden und gibt keinen Anlaß zum Jubeln.

Flecke auf der Haut, an Bauch und Händen weisen auf Abstoßreaktionen hin. Um das aufzufangen, soll Min Cortison bekommen, des weiteren erhält sie per Tropf vier verschiedene Antibiotika und ein Medikament gegen Pilzbefall neben ihren Tabletten und Säften. Das, was wir für eine positive Reaktion hielten, nämlich die Hautverfärbung, ist also das genaue Gegenteil. Dr. Dopfer sagt, daß diese Abstoßreaktion bei Mikro recht früh eingetreten ist.

Min ist noch matt und schläft ohne große Unterbrechungen, mit musizieren hat sie nichts im Sinn. Selbst als sie punktiert wurde, hat sie sich nicht gewehrt, und das will bei ihr etwas heißen. Die Temperatur ist auch ohne fiebersenkendes Mittel heruntergegangen und bleibt unter 38. Sie bekommt wieder Granulozyten, die — so Hans-Dieter von der A 2h — auf eigenartige Weise gewonnen werden: Das Blut des Spenders wird aus dem Schlauch kommend zentrifugiert, so daß sich diese Leukoart in einem Behälter sammelt, während das Blut mit seinen anderen Bestandteilen in den Körper des Spenders zurückfließt.

Die Abstoßreaktion stelle ich mir so vor, daß das neue Knochenmark, das ja Erys, Leukos und Thrombos produziert, Antikörper herstellt, die gegen Jasmins eigenes Blut wirken.

Ich verliere mich nicht weiter in Spekulationen, sondern rufe Dr. Berthold an, um seinen Rat einzuholen. Essen kann ich im Augenblick ohnehin nichts, doch Renate braucht dringend eine Aufmunterung, etwas, das ihr Hoffnung gibt.

Unser unermüdlicher Dr. Berthold ist wie erwartet um 18.30 Uhr immer noch in der Klinik — und er nimmt der Prognose tatsächlich etwas von ihrer Düsterkeit. Frank und frei gesteht er, mit der Materie aus eigener Erfahrung nicht so vertraut zu sein wie die Kollegen in Tübingen, doch er stellt mir gezielte Fragen nach Medikamenten und Blutwerten, um mir eine möglichst exakte Auskunft geben zu können, aber da muß ich passen. Mich beruhigt allein schon seine Aussage, daß diese frühe Abstoßreaktion viel besser in den Griff zu bekommen ist als eine späte. Dann nämlich haben es die Mediziner mit Zellen zu tun, die sich langsam teilen, und in diesem Stadium einzugreifen, ist wesentlich schwieriger und problematischer. Um mir Einzelheiten sagen zu können, will er jedoch gleich noch einmal mit Tübingen telefonieren und mich zurückrufen.

Das tut er auch, doch wie ich mir gedacht habe, erreicht er dort niemanden mehr. Morgen vormittag will er Informationen einholen, und wir verbleiben so, daß ich ihn vor zwölf Uhr anrufe.

Noch einmal telefoniere ich mit Renate und sage ihr, was ich von Dr. Berthold weiß und daß ich sie morgen zur Mittagszeit darüber informiere, was er in Erfahrung gebracht hat. Renate wirkt gefaßter als vorhin — wenn alles schwarz aussieht, kann Grau eine ganz schön helle Farbe sein. Es kommt bei ihr eben alles zusammen — das pausenlose Wachen neben dem Zelt, gegessen und getrunken hat sie den Tag über noch nichts, die heutige Diagnose und dann

Mins Zustand. Hände und Mund schmerzen, am Hals löst sich die Haut — vermutlich die Folge der Kombination Bestrahlung/Waschen —, und Po und Achseln sind stark gerötet als Reaktion auf das Treibgas des Desinfektionsmittels.

Kyra ruft an. Sie erkundigt sich, wie es Min geht, und erzählt, was sie tagsüber so getrieben hat. Dann feilscht sie mit mir, ob sie baden kann. Ich habe Bedenken und möchte es noch etwas hinausschieben, weil die Nahtwunden rechts vielleicht noch eine Infektionsquelle sein können, aber sie schlägt mich breit. Einschränkend und als Voraussetzung für ein Bad soll Oma, die ja nicht unerfahren ist, die Stellen ansehen und mit Sprühpflaster behandeln. Das bietet einen gewissen antiseptischen Schutz, und wenn es brennt und beißt, muß das Plantschen in der Wanne ausfallen.

Kurz vor 20.00 Uhr ruft mich Renate von einer Telefonzelle aus an, weil sie noch etwas auf dem Herzen hat, das sie vorher nicht sagen konnte und wollte. Eine Schwester, die sie vorher noch nicht gesehen hat und die ich auch nicht kenne, hat Jasmin gewaschen. Wie immer klappte das ganz gut, doch als sie den Mund spülen sollte, streikte Min. Der Griff der Pflegerin wurde daraufhin fester, Mikro, auf Abwehr eingestellt, ließ sich das nicht gefallen. Wacklig auf den Beinen, stieß sie sich zweimal leicht den Kopf am Toilettendeckel an und bekam Nasenbluten. Dessenungeachtet bespritzte sie die Schwester, die daraufhin Jasmin das Zeug über den kahlen Kopf goß und einfach wegging.

Schockiert stand Renate da. Im ersten Augenblick wußte sie sich keinen anderen Rat, als die nasse, zitternde Min, die immer noch aus der Nase blutete, ins Bett zu schicken. Schwester Brigitte, die hereinkam und das blutende Kind sah, nahm Renate teilnahmsvoll in den Arm und drückte sie stumm.

Als Renate ihre Fassung wiedergewonnen hatte und die Schwester zur Rede stellte, entschuldigte die sich und tat es hinterher noch mehrmals — ihr waren einfach die Nerven durchgegangen. Beim nächstenmal, so versprach sie, würde sie in einem solchen Fall die Zähne zusammenbeißen und durchatmen. Gemeinsam mit Schwester Brigitte überzog sie das mit Blutflecken benetzte Bett neu.

Was Renate in diesen Minuten durchgemacht hat, kann ich deutlich nachempfinden, zumal das, was vorher geschah und gesagt wurde, alles andere als erfreulich war. Immerhin merke ich, daß sie nun schon ein wenig Abstand dazu gewonnen hat, aber es tut ihr auch gut, sich alles von der Seele zu reden. So etwas kann man eigentlich nicht mit den Eltern besprechen, und selbst der Partner bringt nur dann das nötige Verständnis dafür auf, wenn er auf eigene Erfahrungen zurückgreifen kann. Ich weiß, wovon Renate redet, und es gibt ihr Auftrieb, daß Kyra und ich Freitag wieder in Tübingen sind − für diesen Tag habe ich schon einen halben Tag Urlaub beantragt.

Die Entgleisung der Schwester ist kaum zu entschuldigen, zugleich wissen wir, daß Min kein angepaßter Patient ist. Es gibt fast nichts an und in dem kleinen Körper, das nicht angegriffen ist, dennoch setzt sich Min zur Wehr, ihre Psyche ist noch intakt, der Geist vermag es immer noch, die Muskeln zu beherrschen.

Jasmin ist ein Phänomen. Wenn es ihr gutgeht und sie nicht gepiesackt wird, ist sie blendender Laune, ein kleiner Sonnenschein, der Ärzte und Schwestern im Handumdrehen für sich gewinnt und zum Liebling der Station wird. Geht es ihr dagegen schlecht und sie wird malträtiert, wird sie giftig und kämpft.

Was ich heute erfahren habe, beschäftigt mich noch lange, erst gegen 1.30 Uhr finde ich ins Bett. Hoffentlich kann Renate besser schlafen.

14. August, Dienstag

Dr. Berthold hat Wort gehalten und am Morgen in Tübingen angerufen. Er ist informiert, als ich mit ihm am Vormittag telefoniere.

Es sieht nicht so düster aus, wie es gestern den Anschein hatte. Knochenmark ist angewachsen, doch die Ärzte hatten nach der von Kyra gespendeten Zellmenge wohl mehr erwartet. Eine Knochenmarktransplantation, die völlig reibungslos verläuft, ist eher die Ausnahme. So gesehen ist der Verlauf bei Jasmin nicht sehr ungewöhnlich, wenn auch das Fieber und die Infektion nicht die Norm sind. Daß die Temperatur sich oft im Rahmen hielt, liegt an einem fiebersenkenden Mittel, das über den Katheter gegeben wird. Alle Blutkonzentrate, die Min bekommt, haben die Blutgruppe 0, sind also neutral für den Empfänger. Dr. Berthold ist zuversichtlich, daß sowohl das Fieber als auch die Abstoßreaktion unter Kontrolle gebracht werden.

In der Mittagspause bin ich wie geplant zu Hause. Während mein Dosenfraß warm wird, berichte ich Renate, was ich in Erfahrung gebracht habe. Auch sie beruhigt es ein wenig, was Dr. Berthold mitzuteilen hatte, doch meine Frage an ihn, welche Blutgruppe die Konzentrate haben, findet sie fast amüsant. Sie verrät mir auch den Grund: Beide Mädchen haben ohnehin Blutgruppe 0. Nun ja. Da ich in Zeitdruck bin, wollen wir am Abend noch einmal telefonieren.

Das Telefonieren ist für Renate ein wenig mühsam, weil der Apparat im Zelt steht. Wenn sie den Hörer abnehmen will, muß sie zuerst in einen der eingelassenen Arm-Handschuhe schlüpfen und die Muschel fest ans Ohr pressen, um etwas zu hören, weil sich die dicke Plastikfolie zwischen Ohr und Hörer befindet.

Nach achtzehn Uhr rufe ich im Zelt an. Min geht es körperlich etwas besser, sie hat ein wenig ferngesehen, die Blasen im Mund sind kleiner geworden, Renate meint, daß die Flecken an ihrem Bauch an Intensität verlieren. Ein ganz merkwürdiges Aussehen haben Jasmins Handflächen: Es sieht so aus, als würde sie OP-Handschuhe tragen, die prall mit Wasser gefüllt sind. Zufällig ist Dr. Dopfer da, als eine Blase an der Hand aufgeht. Sofort macht er von der auslaufenden Flüssigkeit einen Abstrich.

Was wir nicht wußten: Min hat schon Cortison bekommen. Ob sozusagen vorbeugend von Anfang an wissen wir auch nicht, fest steht, daß die Dosis verfünffacht oder sogar seit gestern schon gegeben wird. Auf Peiper oder Station H hätte Renate das bestimmt mitgekriegt oder gefragt, doch auf der A 2h ist fast alles anders, unser Wissen und unsere Kenntnisse, das Ergebnis von eineinhalb Jahren leidvoller Erfahrung, helfen hier kaum weiter. Auch für unsere Ärzte in Gießen ist manches Neuland, einiges ist uns wiederum mittlerweile aus der Praxis bekannt.

Jasmin bekommt heute neben Granulozyten auch Erythrozyten, die für den Transport von Sauerstoff und Kohlendioxyd zuständig sind. Ich kann mir vorstellen, daß sie auch noch einmal Thrombozyten bekommt, denn die roten Blutplättchen existieren maximal nur elf Tage.

Gegen halb sieben ruft Kyra an und erkundigt sich nach Mins Befinden. Da sie selbst darunter gelitten hat, fragt sie natürlich, ob die Kleine immer noch so brechen muß – sie muß nicht.

Gestern hat unsere Große auf ein Bad verzichtet. Das Sprühpflaster brannte zwar nicht, doch als sie ihr lädiertes Hinterteil betrachtete, war ihr ein Sprung in die Wanne zu riskant, heute will sie es wagen.

Eigentlich war geplant, daß sie Freitag mitfährt nach Tübingen, aber da Jasmin noch nicht auf dem Damm ist, wäre die Wiedersehensfreude wohl recht einseitig. So überlasse ich ihr auf Renates Anraten hin die Entscheidung, ob sie mich begleiten oder lieber bei der Oma bleiben will.

15. August, Mittwoch

Ganz kostenlos war die Ersatzpflegschaft des Vormundschaftsgerichts für Kyra doch nicht. Eine Kostenrechnung der Gerichtskasse Tübingen über DM 5, – für Zustellungsauslagen liegt im Briefkasten. Ob die fünf Mark wirklich den Aufwand lohnen für Rechnung schreiben, verbuchen, Porto usw.?

Beim Einkauf nach Büroschluß sehe ich mich nach Lebensmitteln um, die ich Jasmin mitbringen kann – kleine Dosen mit Obst, Gemüse und Fertiggerichten. Dosen sind in der Regel Dauerkonserven, denen keine Konservierungsstoffe zugesetzt wurden. Dafür haben sie nur noch ein Minimum an Vitaminen und anderen, für den Organismus wertvollen Inhaltsstoffen, sind aber, was die Füllung betrifft, wohl steril. Diese Voraussetzung muß eine Konserve eigentlich erfüllen, die drei oder mehr Jahre haltbar ist. Ich rechne mit einer regelrechten Freßphase bei Mikro, wenn das Cortison erst einmal diese bekannte Nebenwirkung zeigt.

Jasmin schläft immer noch sehr viel, berichtet mir Renate später am Telefon. In der letzten Nacht sind einige der Blasen an den Handflächen aufgegangen, darunter schimmert neue Haut. Auch die Schleimhautschäden und -schwellungen klingen ab, der zähe Speichel, Schleim und nicht Spucke, hat sich ebenfalls in positiver Hinsicht verändert. Gestern konnte man bei Min Leukos in meßbarer Zahl feststellen: 200, heute 100. Gemessen an der Norm ist das natürlich mehr als bescheiden, doch es bestätigt die Voraussage der Ärzte und zeigt, daß sich auch das neue Knochenmark aktiv an der Vernichtung der Keime beteiligt, die Jasmin immer noch zusetzen. Obwohl sie Benuron jetzt regelmäßig bekommt, schwankt ihre Körpertemperatur noch auf relativ hohem Niveau – von über 38 bis über 39 Grad. Hunger hat sie schon, aber die Müdigkeit gewinnt immer wieder die Oberhand. Sie ißt so gut wie nichts, knabbert mal eine winzige Ecke von einem keimfreien Keks oder nagt ein Stückchen von einer sterilen Dosenfrucht ab.

Für Renate habe ich heute eine Überraschung parat. Wie abgesprochen starte ich Freitagmittag nach Tübingen, doch ich fahre nicht wie geplant am Sonntag zurück, sondern erst am Dienstag. Renates Freude ist unüberhörbar, und als ich ihr den Grund sage, ist sie gerührt.

Mein Chef kennt Renate, denn sie hat früher im gleichen Autohaus gearbeitet wie ich, und er nimmt intensiv Anteil am Schicksal unserer Kleinen. Immer wieder erkundigt er sich, wie es Mikro und auch Renate geht. Ich sage ihm, was sich in den letzten Tagen in Tübingen ereignet hat und wie fertig Renate war, als die Mediziner die Abstoßreaktion diagnostizierten, daß ich jedoch von Freitag bis Sonntag in Tübingen bin, um sie ein wenig zu entlasten. Er fragt, warum ich nicht noch ein, zwei Tage länger bleibe. Als ich ihm sage, daß ich nur noch elf Urlaubstage habe, die ich für besondere Fälle aufheben möchte, entscheidet er spontan, daß ich zwei Tage Sonderurlaub bekomme. Er ist eben ein prima Mensch und Vorgesetzter.

Kyra will bei der Oma bleiben und hofft auf sommerliche Temperaturen, damit sie ins Schwimmbecken kann. Nicht, daß sie mit Jasmin nichts im Sinn hat, aber ich habe ihr klargemacht, daß die Wiedersehensfreude wohl eine recht einseitige Sache wird, weil Min fast ununterbrochen schläft und ziemlich erschöpft ist.

16. August, Donnerstag

Renate hat eine schlimme Nachricht für mich: Jasmin hat Lungenentzündung bekommen, sie ist fix und fertig. Stockend und schluchzend erzählt sie, daß sie am Morgen mit der Nachricht empfangen wurde, daß Min in der Nacht über 40 Fieber hatte und daß man beim Röntgen der Lunge eine Entzündung festgestellt hat. Schwester Brigitte ist mit steriler Kleidung unplanmäßig im Zelt und versorgt den Katheter. Jasmin soll Sauerstoff bekommen, aber das Gerät funktioniert nicht, also wird ein Diffusor eingesetzt, der die Luft anfeuchtet. Stündlich wird Min aus dem Ohr Blut abgenommen, um den Gasaustausch im Blut zu ermitteln. Da die A 2h im Prinzip eine Erwachsenenstation ist, wurde in rasender Eile aus der Kinderklinik ein Notbesteck geholt.

Dr. Dopfer hat Renate berichtet, daß eine am Morgen hastig einberufene Ärztekonferenz in Erwägung gezogen hat, Jasmin aus dem Zelt zu holen und künstlich zu beatmen. Da das nur außerhalb des Zeltes auf einer Intensivstation geschehen kann, sollte sie in die Kinderklinik auf die F; dort war schon alles vorbereitet.

Mein Magen verkrampft sich zu einem Stein, ich werde fast wahnsinnig vor Angst. Das kann Min nicht schaffen, wenn sie aus dem fast keimfreien Zelt auf die Infektionsstation kommt – die Abstoßreaktion, das zerstörte Immunsystem, die Lungenentzündung. Ich will sofort losfahren, doch Renate hält mich zurück, weil sich die Situation etwas gebessert hat.

Seit Mittag atmet Jasmin ein wenig ruhiger, der Gasaustausch im Blut ist normal. Stündliche Blutabnahme ist nicht mehr erforderlich, der Kontrollrhythmus wird auf zwei Stunden ausgedehnt. Beide Ohren sind total zerstochen, sie geben kaum noch Blut her, deshalb werden sie vor jedem Stich mit Bienengift eingerieben. Erst jetzt erfährt Renate, daß die Nieren seit einiger Zeit nicht richtig arbeiten. Dann kommt eine Überraschung, die auch Ärzte und Personal verblüfft: Die Röntgenbilder, die am Nachmittag gemacht werden, zeigen eine Besserung, auch die Nierenwerte zeigen einen Trend in Richtung Normalisierung. Die Temperatur während des Tages lag zwischen 36 und 38 Grad, und wenn Mikro Schleim spuckt, ist fast kein Blut mehr dabei. Was für Erreger sich in der Lunge befinden, weiß man nicht genau – es können sowohl Pilze als auch Bakterien oder Viren sein.

Mir ist vor Aufregung und Sorge übel, mein Magen rebelliert, so daß ich gar nicht erst den Versuch mache, etwas hinunterzuwürgen. Für Renate muß der Tag die Hölle gewesen sein, ich durchlebe sie jetzt. Ich bete, daß Jasmin gesund wird.

17. August, Freitag

Im Büro sitze ich wie auf heißen Kohlen. Unter Aufbietung aller Konzentration gelingt es mir, die zuletzt erstellte Monatsbilanz zu prüfen, dann bitte ich meinen direkten Vorgesetzten, losfahren zu dürfen. Als er hört, was mit Jasmin ist, drängt er mich förmlich dazu.

Ich fahre noch einmal nach Hause, um meinen Koffer zu holen. Die Spülmaschine, die ich am Morgen angestellt hatte, bevor ich in den Betrieb fuhr, hat ihr Programm noch nicht beendet. Hastig versorge ich Tiere und Pflanzen. Mit einem Auge beobachte ich dabei den dämlichen Automaten, der dann auch endlich fertig ist.

Um zehn Uhr brause ich los. Renate hat gestern gesagt, daß ich langsam fahren soll, damit nichts passiert. Schwester Susanne, die ich heute kurz nach sieben auf der A 2h angerufen habe, berichtet, daß Mins Zustand sich nicht weiter verschlechtert hat und die Temperatur unter 40 geblieben ist in der Nacht, aber was heißt das schon?

Jedenfalls zockle ich nicht auf der Kriechspur dahin, doch ich fahre den Wagen auch nicht voll aus. Mit einem Autobahnschnitt von 160 km/h bin ich zweieinhalb Stunden später in Tübingen. Abschalten konnte ich unterwegs nicht, habe auch keine Rast gemacht. Immer wieder ging mir durch den Kopf, was alles passieren könnte, gleichzeitig mußte ich mich zwingen, dem Verkehr die Beachtung zu schenken, die er verdient, um heil ans Ziel zu kommen. Unter diesen Umständen kommt es mir ganz gelegen, daß Kyra nicht mit von der Partie ist. Zum einen hätten wir wohl kaum Zeit, uns richtig um sie zu kümmern, zum anderen wäre es eine psychische Belastung für sie, Mins Kampf und den der Ärzte um sie so drastisch vor Augen geführt zu bekommen.

Renate ist überrascht, als ich um 12.30 Uhr auftauche, sie hat erst am Nachmittag mit mir gerechnet. Der Kuß, die Umarmung, das Halten der Hände – es ist, als würde uns gegenseitig neue Kraft durchströmen, Hoffnung und innere Stärke verdoppeln sich. Wir können diese Situation auf einmal viel besser ertragen – gemeinsam.

Als ich Jasmin ansehe, erschrecke ich fast. Nicht deshalb, weil sie wieder kahl ist, nein, es ist einfach der erste Eindruck. Der Mund ist weit geöffnet, Zähne, Zunge und Lippen sind blau gefärbt von der Desinfektionslösung, eine dicke Cremeschicht bedeckt die Mundpartie. Das Gesicht ist aufgeschwemmt vom Cortison, die Hände sind bandagiert und mit Salbe eingerieben, zugleich hält sie sie merkwürdig abgespreizt. Der Atem ist flach, die Atemfolge kurz und schnell. Der Brustkorb hebt und senkt sich kaum, mit lautem Rasseln ringt sie nach Luft. Selbst draußen vor dem Zelt ist das deutlich zu hören. Handtellergroße Flecken sind dunkelrot und sehen aus wie verbrannt, die Haut dort schält sich. In den Armbeugen, unter den Achseln, am Po und den Genitalien ist Min wund. Das ist nicht mehr unsere fröhliche, lebenslustige Mikro von vor vierzehn Tagen, sondern ein Bild des Jammers, ein gequältes Häuflein Mensch, das dahindöst.

Bevor ich in Gießen abfuhr, habe ich noch kurz mit Dr. Berthold telefoniert. Er war bereits informiert und sagte mir auch offen, was er wußte. Dreihundert Leukos hat Min mittlerweile, weniger zufrieden war er mit den Nierenwerten. Für sich allein – als

Krankheit — geben die Ergebnisse keinen Anlaß zu ernsthafter Sorge, beim Zustand des gesamten Organismus ist die Funktion dieser Organe jedoch problematisch zu nennen. Optimismus verstrahlt er nicht, aber gedämpfte Zuversicht. Als ich ihn frage, ob eine kontinuierliche Zufuhr von Granulozyten nicht eine deutliche Besserung bringen würde, verneint er. Diese Leukos und auch Erythrozyten können nicht in beliebiger Menge gegeben werden, obwohl der Körper selbst quasi Unmengen davon produziert. Die Kombination Antibiotika/Granulozyten ist die einzige Aussicht auf Erfolg.

Genauso äußert sich auch Dr. Link, der mir gleich nach meinem Auftauchen auf der Station in Kurzform und für einen medizinischen Laien verständlich sagt, wie es aussieht. Neuer Leukowert: 400. Das wurde per Hand ausgezählt, nachdem die Maschine auf 600 kam, was uns allen natürlich lieber gewesen wäre. Die Sorge um Mikro kann er uns natürlich auch nicht nehmen, doch es ist beruhigend für uns, daß er Telefonbereitschaft hat und auch morgen wieder da ist.

Mehr oder minder bewußt bekommt Jasmin mit, daß ich da bin. Instinktiv legt sie sich so, daß Mund und Nase im Bereich des Diffusors liegen. Der Wassernebel scheint ihren Schleimhäuten gutzutun und auch den Stimmbändern. Wann immer sie wach wird und etwas will, spricht sie mit leiser, krächzender Stimme, die kaum verständlich ist.

Mich beunruhigt dieses geräuschvolle Atemholen, der Kampf um jeden Kubikzentimeter Sauerstoff. Renate sagt, daß es gestern noch wesentlich lauter und mühsamer war, dennoch habe ich Angst um Min. Mit der Uhr in der Hand messe ich ihre Atemzüge und komme auf 19 in fünfzehn Sekunden. Zum gleichen Ergebnis ist gestern ein Spezialist gekommen, nach dessen Aussage auch noch eine etwas höhere Frequenz vertretbar wäre, ohne daß mit dem Schlimmsten zu rechnen sei.

Auch heute ist wieder die Lunge geröntgt worden. Etwas ist dort erkennbar, doch man rätselt, welcher Kategorie der Erreger zuzuordnen ist. Mehr als Bakterien werden Viren und Pilze gefürchtet, und so bieten die Ärzte praktisch alles auf, was diesen Keimen den Garaus machen kann. Daß die Nieren darunter leiden, ist — so Dr. Berthold — kein Wunder, denn sie bekommt Medikamente ja gleich im Dutzend.

Der Rhythmus, Blut aus dem Ohr zu nehmen, um den Sauerstoffgehalt im Blut zu messen, wechselt von zwei auf drei Stunden.

Am Nachmittag stattet Dr. Dopfer Jasmin noch einen Besuch ab. Seine Erleichterung darüber, daß es Min bessergeht, ist unverkennbar. Letzte Nacht hatte er Anweisung gegeben, ihn sofort zu verständigen, falls ihr Zustand sich verschlechtern sollte. Innerlich immer in Bereitschaft, sofort zu starten, hat der Arzt entsprechend schlecht geschlafen.

Vermummt wie bei der Reinigung geht Schwester Brigitte ins Zelt, wäscht Jasmin, cremt sie ein und nimmt sich dabei besonders der wunden Stellen an; insgesamt dauert die Prozedur einschließlich Tabletteneinnahme über zwei Stunden. Alles geht ohne Komplikationen ab, nur als Brigitte ihr Mund und Rachen einpinselt, zeigt Min ihr im wahrsten Sinne des Wortes die Zähne und beißt sie in den Finger.

Renate hat viel zu erzählen, denn natürlich will ich Einzelheiten wissen. Obwohl unsere Unterhaltung mit gedämpfter Stimme geführt wird — auch, als die Klinikseelsorgerin hereinschaut —, bekommen wir von Jasmin von Zeit zu Zeit einen Anpfiff, leiser oder ganz ruhig zu sein. Sie selbst mag weder fernsehen noch eine Kassette hören.

Gegen neunzehn Uhr, als Mikro tief und fest schläft, verlassen wir die Klinik und gönnen uns ein Abendessen im Restaurant. Beide haben wir tagsüber so gut wie nichts gegessen, doch jetzt macht sich der leere Magen deutlich bemerkbar.

Das Haus, in dem sich unsere Unterkunft befindet, ist fast voll. Noch immer wohnt dort die junge Frau aus Rumänien mit ihrem Sohn Adrian, das andere Zimmer teilen sich Judiths Mutter und eine Türkin, deren Tochter ebenfalls ein Neuroblastom hat. Die Kleine ist noch in der Chemotherapie, doch sie hat bereits für Februar 1985 einen Termin zur Knochenmarktransplantation. Zwei von ihren älteren Brüdern sind als Spender geeignet.

Ich bete zu Gott, daß er seine schützende Hand auch weiterhin über Jasmin hält.

18. August, Samstag

Ich habe gestern abend noch Dr. Bertram angerufen. Er war sehr betroffen über das, was ich zu berichten hatte. Obwohl ich ihm als Laie nur unzureichende Informationen geben konnte, war er dankbar für das Telefonat und versprach, morgen — also heute —

selbst bei mir oder Renate auf der A 2h anzurufen. Ich habe ihm die Nummer vom Apparat im Nachbarzelt gegeben. Es steht leer und ist noch nicht sterilisiert worden, Renate und ich können also hinein. Bernhard, ein Junge in Wolfgangs Alter, liegt noch im Vorbereitungszimmer. Er kommt nächsten Freitag in das Zelt, das vom Hersteller den Namen „Life Island", Lebensinsel bekommen hat.

Das freudige Ereignis bei Bertrams hat sich mittlerweile eingestellt in Form eines Mädchens. Die Kleine kam letzten Sonntag zur Welt, heute ist Frau Bertram mit der Kleinen nach Hause gekommen. Die Geburt verlief glatt, das Kind ist gesund und hat Größe und Gewicht, wie es die Norm ist. Dr. Bertram war im Kreißsaal dabei, allerdings kam er sich als Arzt − nicht als Mann und werdender Vater − ein wenig merkwürdig vor. Sonst hat er im OP immer einen aktiven Part zu meistern, doch die Gynäkologen verdammten ihn zur Passivität.

Wie üblich übernehme ich die Frühschicht. Sonst, so Renate, hat Min immer gefragt, wo ich bin, diesmal fragt sie, wo Mutti ist. Beim Desinfizieren der Hände im Vorraum höre ich noch, wie Dr. Link „Auf Wiedersehen, Herr Berthold!" sagt. Also hat es unserem Doktor in Gießen auch keine Ruhe gelassen, zu erfahren, wie es Jasmin geht.

Meine erste Frage gilt natürlich den Werten. Bereitwillig nennt sie mir der Arzt. Die Nachttemperatur bei Min lag immer deutlich unter 40, die Nierenwerte haben sich leicht verbessert, und die Röntgenaufnahme der Lunge zeigte so gut wie nichts mehr. Leukos: 600.

Das sind erfreuliche Nachrichten, und auch Dr. Link scheint Genugtuung zu empfinden. Erfreut sagt er: „Die Talsohle scheint durchschritten zu sein." Zwar ist das keine offizielle Bestätigung dafür, daß Jasmin es geschafft hat, aber bei der vorsichtigen Ausdrucksweise der Mediziner ist das doch eine recht optimistische Formulierung. Der Pfleger und die Schwester, die heute Dienst haben, sah ich gestern zum erstenmal, Esther und Susanne haben an diesem Wochenende frei.

Temperaturmessung um zehn Uhr: 36,2. Das ist leichte Untertemperatur. Mikro zittert wie Espenlaub, obwohl ich sie fest in die Decke einpacke. Zähneklappernd und kaum verständlich ruft sie: „Papa, ich friere." Als ich frage, ob man nicht die Heizung fürs Zelt anmachen kann, lehnt der Arzt ab und erklärt auch, warum: Überhöhte Wärme erschwert die Atmung. Das leuchtet mir ein, denn da noch immer der Diffusor läuft, entstünde dann wohl eine Art feucht-warmes Dschungelklima, das selbst Gesunden zusetzt.

Mikro ist eingeschlafen. Anfangs hat sie noch Schüttelfrost, doch das Zittern legt sich dann. Wahrscheinlich sind auch die Funktionen der Schließmuskeln von den Medikamenten in Mitleidenschaft gezogen worden, denn Jasmin merkt nicht — im Gegensatz zu früher —, daß Urin und dünnflüssiger Stuhl abgehen, aber ich sehe es an dem gelben Fleck, der sich auf dem Laken ausbreitet.

Ich rufe die Schwester, damit sie das Bett neu bezieht. Min, die erschöpft mehr gedöst als geschlafen hat, schlägt die Augen auf — sie friert nicht mehr. Als ich die Decke zurückschlage, sehe ich, daß sie eins dieser netzartigen keimfreien Einmalhöschen mit einer Einlage trägt, gestern dagegen war es ein sterilisiertes Einmalwindelhöschen.

Natürlich frage ich, warum gestern so und heute so und erhalte von der Schwester zur Antwort, daß die Bündchen an den Beinen die arg in Mitleidenschaft gezogene Haut zusätzlich reizen und sich in dem plastikummantelten Höschen ein von Keimen bevorzugtes Kleinklima entwickeln kann, vor allem dann, wenn das Kind stundenlang nicht merkt, daß es etwas in die Windel gemacht hat. Lieber, so die Schwester, die Mikro das Zeug über den Kopf geschüttet hat, wechsele sie in solchen Fällen Laken und Bettbezüge. Mikro ist zwar nicht der Typ, der sich ungehemmt und mit Wollust im eigenen Dreck wälzt — im Gegenteil —, aber mir ist es recht.

Ganz so keimfrei geht es dann aber doch nicht zu, obwohl das Bettzeug steril ist, denn nur das Molton-Tuch wird gewechselt und nicht das Laken darunter, das vom dünnen Stuhl deutlich verfärbt ist. Demonstrativ besprühe ich den Fleck mit Kodan-Spray und beobachte, was sich weiter tut, denn auch der sterile Tupfer hat etwas abbekommen, der um das Kupplungsstücke des Katheters gewickelt ist. Er wird erneuert, und als ich anrege, den Schlauch mit Kodan zu besprühen, da er ebenfalls mit den Exkrementen in Berührung kam, wird meine Anregung sogleich in die Tat umgesetzt. Mein Grund: In Jasmins Darmausscheidung wurden Pilze festgestellt. Da sie den Schlauch in die Hand nimmt, wenn sie zur Toilette muß, und diese Hand auch wieder zum Mund führt, kann sie sich selbst ständig neu infizieren.

Keine Frage, das Pflegepersonal auf der A 2h ist extrem gründlich, genau und gewissenhaft, es ist weit besser informiert als andere, die einfach den Puls fühlen und Medikamente verabreichen, aber manche halten die erworbene Routine für das Maß aller Dinge. Das Fiebermessen unter dem Arm wird deshalb nicht gemacht, weil Verletzungsgefahr besteht — so jedenfalls wurde es Renate gesagt. Was aber ist mit dem Mund, dem Magen- und Darmtrakt, wenn ein Kind das Thermometer zerbeißt, wie Min es tat? Wäre ein Windelhöschen nicht doch hygienischer, weil da weder Laken noch das Deckbett benetzt wird? Die Matratze steckt in einem wasserfesten Plastikbezug, doch der wurde nach meiner Beobachtung noch nie desinfiziert, seit Min im Zelt ist. Auf der A 2h, so wurde Renate von Schwestern berichtet, waren bis dato nur zwei große sterile Höschenwindeln greifbar. Sollte dort der Hund begraben liegen?

Jasmin möchte etwas essen — Suppe. Wie immer hat die Küche Essen geliefert mit Suppe und Nachspeise, doch die Suppe, die unsere Kleine will, muß noch keimfrei gemacht werden. Ich weiß, wie lange das dauert, sie hat keinen solchen Zeitbegriff. Mehrmals fragt sie nach ihrer Suppe, dann schläft sie ein.

Dr. Bertram ruft an. Ich sage ihm, was ich weiß — Temperatur, Leukozahl, daß Min viel trinkt, sich selbst wieder setzt, obwohl sie noch klapprig ist, was das Röntgenbild zeigte und daß sie an ihrer Umgebung wieder deutlich Anteil nimmt. Er ist ein wenig erstaunt über diesen Wandel zum Besseren, obwohl er Min kennt, zugleich freut er sich sehr darüber, daß sie diese Klippe fast umschifft hat. Morgen mittag will er noch einmal anrufen.

Jasmin wird wach und hat — natürlich — keinen Appetit mehr. Unberührt geht die Suppe zurück. Was wesentlich erfreulicher ist: Sie bleibt wach — länger als zwei Stunden hintereinander, und sie hat Lust, sich im Fernsehen die *Sesamstraße* anzusehen. Konzentriert verfolgt sie die Sendung bis zum Schluß und lacht sogar mehrmals über eine Szene mit dem tolpatschigen Samson. Fernsehen ist für uns zwar nicht das A und O, aber daß sie überhaupt dafür Interesse zeigt, ist ein Fortschritt. In den letzten Tagen wollte sie den Kasten nicht einmal eingeschaltet haben, nun hat sie sogar die Ausdauer, eine halbe Stunde durchzuhalten.

Auch sonst zeigt sie eine für ihren Zustand bemerkenswerte Energie, richtet sich sogar manchmal selbst auf, um zu trinken, dann wieder helfe ich ihr. Auch die kleinste Bewegung ist wichtig als Muskeltraining, denn sie soll ja nicht als Tattergreis das Zelt verlassen.

Am späten Nachmittag übernimmt Renate meinen Platz bei einer verhältnismäßig lebensfrohen Min, die jetzt mit angegriffenen Stimmbändern und krächzender Stimme sogar wieder für Unterhaltung sorgt und plaudert.

19. August, Sonntag

Ich bin kaum auf der Station, als es auch schon wieder losgeht: Röntgen steht auf dem Plan. Zuvor hat mich Dr. Link, den ich auf dem Gang der A 2 treffe, in Stichworten über die neuesten Werte informiert. Leukos 400, Temperatur 37,5, in der Nacht weniger als 40. Er äußert sich ähnlich wie Dr. Bertram gestern. Die Laborwerte sind nicht unbedingt das Maß aller Dinge, wichtiger ist oft, wie der Patient sich selbst fühlt, wie er reagiert. In dieser Hinsicht bewertet Dr. Link es positiv, daß Jasmin für ihre Umwelt wieder Interesse zeigt, sich auf ein Gespräch einläßt oder lauthals protestiert, wenn sie etwas nicht will.

Sie ist wieder im Zelt versorgt worden und ziemlich k.o. Ich habe Mühe — und innerlich widerstrebt es mir —, sie für die Röntgenaufnahme zu wecken. Nach anfänglichem Widerstand kommt sie doch nach vorne — klapprig und zittrig, als wäre sie hundert Jahre alt. Lunge und Bauchraum werden geröntgt. Ich tippe auf die Leber, doch es geht um den Darm. Gut eine Viertelstunde später muß ich Min erneut aus dem Schlaf reißen — die Bauchraumaufnahme war unbrauchbar.

Die Bitte der Röntgenassistentin, mich aus dem Strahlenbereich zurückzuziehen, erinnert mich an schwarzen Humor, da Mikro stets und fast täglich die volle Dosis abbekommt. Mittwoch blieb ihr das erspart. Rückblickend betrachtet war diese Schonung vielleicht ein Fehler, denn eventuell wäre die beginnende Lungenentzündung schon auf den Röntgenbildern erkannt worden.

Allerdings wäre es absurd, den Ärzten eine Unterlassung oder was auch immer vorzuwerfen. Professor Ostendorff, der jetzt Urlaub hat, Dr. Link und Dr. Dopfer kümmern sich so intensiv um den Kassenpatienten Jasmin, als würden wir ihnen ständig Tausendmarkscheine zustecken. Apropos Geld: Der Gebührenordnung der Medizinischen Universitätsklinik Tübingen haben wir entnommen, daß die Knochenmarktransplantation mit DM 6.000,— zu Buche schlägt und die tägliche Versorgung im Zelt mit DM 900,—.

Jasmins Bauch ist aufgebläht, er weist ebenso wie die Fußsohlen rote Flecken auf, Masern nicht unähnlich. Sie sind ein sichtbares Zeichen für die unterdrückte, aber nicht ausgestandene Abstoßreaktion.

Die Luft im Bauch ist mit ein Grund dafür, weshalb der Darm geröntgt wurde. Überhaupt scheint heute der Verdauungstrakt im

Mittelpunkt zu stehen. Auch Dr. Dopfer taucht zweimal auf und hört Mins Darmgeräusche ab. Soviel ich mitbekomme, hat der Darm die Bewegungen eingestellt, mit der sonst der Nahrungsbrei durchgewalkt wird. Ein Medikament regt ihn wieder zu dieser Arbeit an.

Seit etwa drei Wochen hat Mikro nichts mehr gegessen, das Verdauungssystem muß also keine Feststoffe körpergerecht aufarbeiten und ausscheiden, sondern braucht nur noch die dem Tropf beigemengten lebenswichtigen Stoffe zu entziehen. Es fehlt also der erforderliche Ballast, der die Darmtätigkeit anregt.

Ich vermute, daß in Mins Körper noch existierende Mikroorganismen wie etwa die der Darmflora Toxine absondern, die Körper und Darm schädigen, wenn letzterer einfach ruht und so eine hohe Giftstoff-Konzentration erreicht wird. Das gleiche gilt wohl für Arzneimittelrückstände, die über Magen und Darm den Körper verlassen, sich jetzt aber ansammeln, da sie nicht oder nur sehr langsam zum After befördert werden.

Darmblutungen hat Jasmin schon gehabt, vielleicht immer noch. Im Stuhl, der heute im Gegensatz zu gestern nicht mehr breiig, sondern wäßrig ist, waren deutliche Blutbeimengungen, allerdings sprachen die Ärzte von Altblut, das also keiner frischen Verletzung entstammte.

Min hat Hunger und will von den Dosenpfirsichen probieren, die ich mitgebracht habe. Man weiß von Libbys-Konserven, daß ihr Inhalt keimfrei ist, das aufwendige Sterilisieren entfällt, sie wird einfach nur 15 Minuten in einem Tauchbad äußerlich entkeimt. In weiser Voraussicht habe ich das schon machen lassen, als ich kam, es kann also gleich serviert werden. Sie probiert ein Stückchen — und spuckt es gleich wieder aus. Selbst dieses süße Obst hat so viel Fruchtsäure, daß es in ihrem Mund brennt. Daß die Schleimhäute noch wund sind, zeigt allein der Umstand, daß sie ihre Schnuller schon längst nicht mehr nimmt.

Als Renate kommt, findet sie eine Jasmin vor, die mal wieder fernsehen will, die etwas verständlicher sprechen kann und die sich auch mal im Bett aufrichtet — winzige Fortschritte, die wir sorgsam registrieren, zeigen sie doch, daß es mit Mikro wieder bergauf geht.

Daß es mit dem Bettbeziehen auch anders geht, hat Uwe gezeigt: Als Min nicht nur etwas in die Hose, sondern auch ins Bett ging, wechselte er die Wäsche komplett aus — auch das Laken.

20. August, Montag

Bei meinem Eintreffen packt gerade die Röntgenassistentin ihre Sachen zusammen, Schwester Brigitte ist bei Jasmin im Zelt. Seit einigen Tagen wird der Kathetereingang in den Körper nicht mehr mit ein paar Kompressen und drei Pflasterstreifen abgedeckt, sondern durch eine elastische Binde gesichert. So wird verhindert, daß Min sich den Katheter versehentlich herausreißt. Zwar führt sie den Schlauch in der Regel mit, wenn sie das Bett verläßt, aber bei ihrem Durchfall hat sie es nun oft so eilig, zur Toilette zu kommen, daß sie alle Vorsicht vergißt.

Brav nimmt Min die aufgelösten Tabletten und die Säfte und läßt sich ohne Zetern die Augen- und Ohrentropfen geben, nur als der Mund gespült werden soll, streikt sie. Nach gutem Zureden tut sie es dann doch. Da ihr das Eincremen Linderung verschafft, fordert sie es sogar. Vor allem das Einmassieren der Salbe in die Fußsohlen genießt sie. Als ich Schwester Brigitte sage, daß sie das stundenlang machen kann, bekümmert sie das nicht, im Gegenteil, sie sagt: „Ich bin froh, daß ich Jasmin nicht nur immer piesacken muß, sondern auch mal etwas tun kann, was ihr gefällt. Das würde ich ohnehin lieber tun." Das finde ich nun wieder rührend. Keine Frage, sie hat sich in der letzten Zeit ganz schön gewandelt.

Dr. Link informiert mich darüber, daß punktiert werden muß. Der Arzt tritt an die Manipulationseinheit. Min wird unruhig, zappelt, schnellt sich mit dem Po hoch und flieht so förmlich zur anderen Bettkante in meine Richtung. Sie sucht bei mir Schutz, Schweiß bildet sich auf ihrer Stirn, ihre Augen verraten Angst, sie schreit.

Schwester Brigitte hält sie fest, und ich kann nicht mehr tun, als ihre Hand in meine zu nehmen, die in einem Gummihandschuh steckt. Mit einem Tuch tupfe ich ihre Stirn ab und rede auf sie ein, um sie abzulenken. Es gelingt mir nur unvollkommen. Sie zuckt zusammen und macht ihrem Schmerz Luft, als sie den Einstich der Betäubungsspritze spürt. Die Punktion selbst nimmt sie nicht wahr, ich bemerke keine Reaktion bei ihr. Dann ist alles vorbei, Min bekommt ein Pflaster und kann sich ausruhen.

Wenig später ist Visite, ein mir unbekannter Professor, Dr. Link und eine Ärztin kommen ans Zelt. Jasmin weiß, daß diese Crew nur guckt und ihr nichts tut. Als der Professor sagt: „Können wir bitte mal einen Fuß sehen?" hat Mikro ihn schon herausgestreckt, bevor Schwester Brigitte die Bettdecke zur Seite geschlagen hat, auch beim nächsten Fuß ist Min schneller.

Der Professor, ein feiner, integer wirkender Mensch, ist voll des Lobes über Mins Bereitwilligkeit und Mitarbeit, auf der anderen Seite begrüßt er es nachdrücklich, daß sie sich wehrt und immer wieder gegen alles ankämpft, was ihr zusetzt. Renate und ich sind davon überzeugt, das Jasmin es nur ihrem unbändigen Lebenswillen zu verdanken hat, daß sie bisher alle Torturen und Krisen so durchgestanden hat. Es ist schier unglaublich, welche Kraft Gott diesem fröhlichen Menschlein gegeben hat. Der weißhaarige Mediziner beurteilt dieses Sich-zur-Wehr-setzen ohne Einschränkung positiv als wichtigen Faktor zur Gesundung. Sinngemäß drückt er sich so aus, daß es besser ist, daß das Kind das Pflegepersonal drangsaliert und nervt, als in Apathie zu verfallen.

Obwohl Schwester Brigitte — sie ist seit 8.30 Uhr vermummt im Zelt — dort bis 12.30 Uhr herumwerkelt und saubermacht, schläft Min erschöpft ein. Sie hat wieder das Mittel gegen Pilz bekommen, das das Fieber auf 40,3 hochtrieb. Eine halbe Benuron-Tablette senkt die Temperatur auf 37,7.

Um 14 Uhr ist Jasmin wieder wach und bleibt es auch, gibt sich aber müde und ablehnend, als eine Vertretung der Krankengymnastin kommt. Durch nichts ist sie dazu zu bewegen, zu spielen oder etwas zu tun. Sicher ist es nützlich und wohl auch erforderlich, die Muskeln ein wenig zu trainieren, doch ich empfinde es als aufdringlich und als Zumutung dazu, Mikro animieren zu wollen. Die Ärzte haben erklärt, daß sie bei ihr die Zytostatika sehr hoch dosiert haben, ihr Zustand ist beklagenswert, und das Fieber schwächt zusätzlich. Ich weiß, wie erbärmlich ich mich nur bei einer fiebrigen Erkältung fühle, aber was ist das schon gegen das, was Min durchmacht? Einigermaßen fit, würde unser Aerobicfan ohnehin im Bett herumturnen.

Dr. Link hat sich um die Auswertung der Knochenmarkpunktion gekümmert und informiert mich über das Ergebnis. Die Zahl der Zellen liegt eigentlich unter dem, was man erwartet hat, dennoch ist er nicht unzufrieden, da es ausreichend sogenannte weiße Zellen gibt, Vorstadien der fertigen Zellen.

Da auf der A 2h fast alles neu und unbekannt ist, versuchen wir, so viel Informationen wie möglich zu sammeln, ohne den hier Beschäftigten durch pausenlose Fragerei auf die Nerven zu fallen. Mehr feststellend als fragend erkundigen wir uns bei Dr. Dopfer, ob eine zweite Transplantation überflüssig ist, denn wir haben erfahren, daß das nicht nur möglich, sondern auch machbar ist. Ein wenig verwundert über unser Wissen sagt er, daß keine weitere Zellübertragung notwendig ist.

Herr Rau ist aus dem Urlaub zurück und begrüßt mich. Dabei hat er eine italienische Familie aus Hagen, die sich die Zelte ansieht, weil eins ihrer Kinder nächsten Monat dort einziehen soll, wo Min jetzt seit drei Wochen ist.

Heute saß Mikro wieder auf meinem Schoß, um ein wenig zu schmusen, doch irgendwie ist es erbärmlich. Eine Plastikfolie von mehr als einem Millimeter Stärke ist zwischen uns, Hände in Gummihandschuhen streicheln sie. Meist hat sie von diesen sterilen Liebkosungen nach ein paar Minuten genug und geht ins Bett zurück.

Schwester Esther und Susanne – die Mittagsschicht – sind dabei, die „Lebensinsel" nebenan zu reinigen und zu präparieren, in die Bernhard am Freitag kommt. Selbst auf dem Dach wird geputzt und gewischt.

Renate hat Rosinenbrot mitgebracht und sterilisieren lassen. Jasmin ißt – eine Rosine.

21. August, Dienstag

Mein letzter Urlaubstag, heute muß ich zurück nach Gießen. Zusammen mit Renate fahre ich vor der Rückreise in die Klinik, um die neuesten Werte zu erfahren und um mich von Jasmin zu verabschieden. Min ist wach.

Aus medizinischer Sicht hat es keine Veränderung gegeben. Immer noch gibt es Fieberspitzen um 40, 400 Leukos. Dr. Link meint, daß es sicherlich einige mehr sind, aber die sind eben dort, wo sie gebraucht werden, und lassen sich daher im Blut nicht feststellen.

Eigentlich zieht mich nichts nach Hause, doch die Pflicht ruft. Kurz nach halb elf trete ich die Heimfahrt an. Merkwürdig, selbst im Urlaub haben sich die kleinen grauen Zellen oft mit meiner Arbeit beschäftigt, und länger als vierzehn Tage vom Schreibtisch wegzubleiben war undenkbar, jetzt würde ich am liebsten bis zu Mins Entlassung in Tübingen bleiben.

Renate und ich sind übereingekommen, daß ich am Wochenende in Gießen bleibe. In der Wohnung muß Ordnung gemacht werden, Wäsche waschen und bügeln, die Papageienvoliere muß gereinigt werden und was der Dinge mehr sind.

Auf der Autobahn komme ich recht zügig voran und bin gegen 13 Uhr am Ziel. Als ich im Zelt anrufe, nimmt zu meinem Erstaunen Min den Hörer ab. Ihre Stimme ist noch immer sehr angegriffen und schwer verständlich. Sie will Kyra sprechen, doch die ist noch nicht da, auch Renate nicht, die ihren Platz neben dem Zelt kurz verlassen hat. Ich bitte Jasmin, der Mutti zu sagen, daß ich gut angekommen bin. Sie verspricht es und legt auf.

Eine halbe Stunde später rufe ich noch einmal in Tübingen an, Renate ist am Apparat. Mikro hat vergessen, ihr etwas auszurichten, sie schläft. Am späten Nachmittag telefoniere ich erneut mit Renate – alles unverändert.

Um 20.00 Uhr bringt Bodo Kyra. Ich glaube, sie ist doch ganz froh, wenigstens einen von uns wiederzusehen, obwohl es ihr bei der Oma immer gut gefällt. Nachdem sie sich nach Mins Befinden erkundigt hat, entschwindet sie ins Kinderzimmer.

Die Ärzte haben Renate ein Merkblatt über die Verhaltensmaßregeln nach der Knochenmarktransplantation gegeben. Es enthält ein Dutzend grundsätzlicher Punkte, darunter auch den, daß alle Haustiere außer Fischen und Echsen in Pflege gegeben werden müssen, eventuell sogar die Zimmerpflanzen. Bodo ist bereit, die Papageien und auch die Gewächse zu betreuen, damit wir die Auflage der Ärzte erfüllen und die Wohnung in eine keimarme Umgebung verwandeln können.

22. August, Mittwoch

Kyras letzter Ferientag. Sie schläft noch, als ich aus dem Haus gehe. Als ich in der Mittagspause heimkomme, lungert sie immer noch im Schlafanzug herum. Sie gammelt noch einmal, ißt und nascht, was ihr gerade in den Sinn kommt. Ich lasse sie gewähren.

Nach Feierabend Anruf in Tübingen. Mins Leukos sind auf 500 gestiegen, ansonsten sind positive Ergebnisse kaum zu vermelden, es ist aber auch Gott sei Dank keine Verschlechterung eingetreten. Eine neue Erkenntnis: Nicht der Darm ist angegriffen, sondern der Magen. Diese Diagnose basiert unter anderem darauf, daß Jasmin sich am Morgen übergeben mußte und sich im Erbrochenen Blut befand. Mikro bekommt Maaloxan. Das Präparat gegen Magen- und Zwölffingerdarmgeschwüre und gegen Magenschleimhautentzündung ist uns gut bekannt: Renate nimmt es, ich nehme es und Bodo auch.

In den letzten Tagen bekam Min nur Granulozyten, heute auch Thrombozyten und Erythrozyten. Die Thrombos, die Blutplättchen, haben ein niedriges Niveau erreicht. Sie leben maximal 11 Tage und sorgen für die Einleitung der Blutgerinnung. Dennoch: Was dem Körper zugeführt wird, ist eigentlich ein Klacks gegen das, was er selbst zu leisten vermag − wären da nicht die Ganzkörperbestrahlung und die Medikamente, allen voran die Zytostatika.

23. August, Donnerstag

Die Schule beginnt wieder, Kyra steht mit mir auf. Als Morgenmuffel sind wir ein eingespieltes Team, alles funktioniert reibungslos. Nach dem Unterricht, der vermutlich nur zwei Stunden dauert, geht unsere Große in den Hort. Der Alltag hat uns endgültig wieder.

Wie verabredet wartet Kyra vor dem Schreibwarengeschäft in der Nähe unserer Wohnung. Der Hort schließt um 16.30 Uhr, ich habe eine halbe Stunde später Feierabend. Aus dem beabsichtigten Kauf für Hefte und Ordner wird nichts, weil die Pädagogen sich noch bedeckt halten. Die Klassenlehrerin ist die gleiche geblieben, und da sie weiß, was sich in den Ferien bei uns getan hat, erkundigt sie sich bei Kyra, was war und wie sie sich fühlt. Wahrheitsgemäß antwortet unsere Große, daß es ihr prächtig geht.

Auch Mikro scheint auf dem Weg zur Besserung zu sein. Zwar sind Mins Leukos wieder auf 400 gesunken, aber Renate sagt, daß Jasmin körperlich und geistig reger ist als in den letzten Tagen, die Temperatur pendelt sich − mit Benuron − unter 37 ein.

Nach wie vor bekommt Mikro Granulozyten, und täglich werden die Lunge und der Bauch geröntgt. Die Medikamente werden unverändert gegeben, und die Krankengymnastin versucht beharrlich, aber erfolglos, Min aus der Reserve zu locken und zu körperlicher Aktivität zu bewegen. Wäre ich an ihrer Stelle, ich hätte schon längst frustriert aufgegeben.

Unsere Kleine ist grantig und mag sich selbst nicht leiden. Ohne Fieber funktioniert das Gehirn wieder tadellos, sie dämmert nicht mehr einfach dahin, will spielen und sich betätigen, doch der Körper macht nicht mit, er ist noch zu sehr geschwächt, es fehlt ganz einfach die Kraft.

Die zugeführten Thrombos waren Gold wert. Offensichtlich haben sie die inneren Blutungen gestoppt, und auch die Luft im Bauch wird weniger, obwohl die Blähungen – so Dr. Link – nicht bedrohlich sind. Zwar ist der Stuhl nicht mehr flüssig, sondern breiig, dennoch kann Jasmin – im Gegensatz zu früher – nicht immer sagen, ob es nur ein Pups wird oder ob sie auf die Toilette muß, so daß manchmal auch etwas ins Bett geht, wenn sie kein Windelhöschen trägt.

Die Ablehnung dagegen hat sich als Farce herausgestellt, denn es wird genommen, was gerade da und steril ist: Schlafanzüge, Einmalhöschen mit Einlagen – und eben Windelhöschen.

24. August, Freitag

Ich glaube, es geht aufwärts – der zweite Tag ohne Fieber, 700 Leukos. Montag sollen erstmals die Granulozyten gezählt werden.

Sie machen 30 Prozent der weißen Blutkörperchen aus, Dr. Link hofft, daß es Anfang nächster Woche 1.000 Leukos sind. Wenn ich den Arzt bei meiner Abreise am Dienstag recht verstanden habe, sind 500 Granus die Voraussetzung dafür, daß Min das Zelt verlassen darf.

Die Hände sind, was die neue Haut betrifft, wieder völlig in Ordnung, jetzt gehen die Fingernägel ab. Letzte Nacht hat Jasmin einen verloren, der darunterliegende ist aber erst zur Hälfte nachgewachsen. Die Stelle ist äußerst sensibel.

Am Mittag wurden ihr Suppe und Pudding serviert, doch sie hat davon nichts angerührt, am Abend wollen es die Schwestern noch einmal mit Haferschleim oder einem anderen Brei versuchen.

Seit heute ist Bernhard im anderen Zelt. Sein Bruder ist älter als er und hat noch mehr leiden müssen als Kyra. Bei örtlicher Betäubung ist er hinten und vorne punktiert worden. Die Zellabstände bei Erwachsenen sind größer, die Konzentration ist also geringer, und das erfordert häufigeres Stechen. Renate meint, daß das Transplantat auch heller war als das von Kyra.

Das Elternhaus ist mittlerweile voll bis unters Dach – sechs Mütter mit drei Kindern. Bei Renate im Zimmer wohnt die Mutter von Tobias. Sie waren mittlerweile in Großhadern. Der Junge braucht ein neues Herz und ist auf die Warteliste gesetzt worden. Im Augenblick ist er wieder auf der H, weil sein Körper entwässert werden muß.

Was mag in Tobias' Eltern vorgehen? Die Hoffnung auf einen passenden Spender, das Warten darauf, daß jemand stirbt, damit das eigene Kind leben kann...

Und dann, nach der Operation, beginnt für den Jungen der gleiche Kampf wie bei Min – Abstoßreaktion, vielleicht auch Fieber, sterile oder keimarme Umgebung...O selig, o selig, ein Kind (noch) zu sein.

25. August, Samstag

Für mich ist heute Hausarbeit angesagt – aufräumen, waschen, Spülmaschine beladen und spülen per Hand. Das Mittagessen – Heringstip mit Pellkartoffeln – erfordert keinen großen Zeitaufwand, ist jedoch etwas anderes als Fertiggericht, Dosenfraß oder Kneipenessen.

Ich habe mit Inge Voltz telefoniert, der Frau meines verstorbenen, berühmten SF-Schriftsteller-Kollegen. Es war mir einfach ein Bedürfnis, wieder mal mit ihr zu sprechen, mit einem Menschen, für den Krebs kein Tabu ist. Sie hat alle Höhen und Tiefen dieser Krankheit ihres Mannes miterlebt und durchgestanden. Zweieinhalb Jahre hat dieser Kampf gedauert, den Willi Voltz trotz aller Zuversicht letztendlich leider verlor.

Jasmin kann immer noch nicht so, wie sie will. Unzufrieden mit sich selbst hat sie Renate regelrecht terrorisiert. Lag sie aufgedeckt, wollte sie zugedeckt werden, dann schob sie die Beine unter der Decke hervor und beschwerte sich prompt darüber, daß sie fror. Sie will trinken. Hinein in die Gummihandschuhe und etwas eingeschenkt. Kaum wird ihr das Glas hingehalten, hat sie keinen Durst mehr. So ging es den ganzen Tag, abgesehen von einer Schlafpause am Nachmittag. Das hat Renate natürlich ziemlich geschlaucht.

Schwester Esther, Susanne und Richard als Springer haben Dienst. Esther hat Mitleid mit Renate und bedauert, daß sie Min nichts Gutes tun kann wie etwa mal mit ihr spielen. Nun ist es wohl auch so, daß Jasmin Zytostatika und Bestrahlung in einer solchen Dosis bekommen hat, daß die Grenze der körperlichen Belastbarkeit erreicht war – etwas mehr von beiden hätte sie vermutlich umgebracht. Sie ist das erste Kind mit Neuroblastom in Deutschland, das so behandelt wird. Keinem Patienten im Zelt ging es bisher so schlecht wie Mikro.

Ihre Leukos sind auf 600 gefallen, die Temperatur am Morgen betrug 36,4 und kletterte bis fünfzehn Uhr auf 37 Grad. Renates Befürchtung, daß sie wieder etwas ausbrütet, scheint sich nicht zu bestätigen, der Wert bleibt bis zum Abend stabil.

Adrians mysteriöse Muskelschwäche hat sich noch nicht gebessert, aber die Ärzte hegen einen bösen Verdacht, nämlich den, daß Adrian in Rumänien sehr wohl gegen Leukämie behandelt worden ist und Vincristin bekommen hat, daß es sich nun um einen Rückfall handelt, der anders therapiert werden muß als eine Erstbehandlung.

Wenn die Bestrahlung für diese Art Lähmung verantwortlich ist, verschwindet sie wieder, wenn es am Vincristin liegt, kann sie bleiben. Letzteres wird gemunkelt, denn bei uns ist es undenkbar, daß ein Arzt ein Kind auf eigene Faust mit Vincristin behandelt und das sogar noch verschweigt, wenn er es an eine Klinik überweist, von Adrian liegen aber keine Unterlagen und Krankenakten vor. Ab Montag soll er täglich zur Gymnastik kommen.

26. August, Sonntag

Heute bin ich wieder als Hausmann aktiv, und ich schufte wie ein Berserker. Nach dem Bettenmachen geht es in die Küche. Während die Waschmaschine läuft und das Essen kocht, bügle ich ein paar Sommerhosen und Hemden für die kommende Woche, dann kommt der Magen zu seinem Recht.

Nach der Mahlzeit geht es weiter. Geschirr in die Spülmaschine, aufräumen, die ganze Wohnung staubsaugen. Prompt reißt der Keilriemen, der die Bürste des Klopfsaugers antreibt. Da jetzt keine Flusen mehr aufgenommen werden, bleibt mir nichts anderes übrig, als mit der Handkehrmaschine über die Teppichböden in den Zimmern zu fahren. Die Wäsche von gestern abnehmen und zusammenlegen, die von heute aufhängen. Am Abend ist noch eine Waschmaschine nur mit Jeans fällig, da diese nicht farbecht sind.

Es geht hinaus auf den Balkon. Die Blumen dort waren wochenlang sich selbst überlassen und sehen entsprechend aus. Mit der Schere schaffe ich Ordnung, dann sind die Zimmerpflanzen an der Reihe. Zum Schluß werden die Papageien gefüttert und ihre Voliere gereinigt — baden. Ich bin ziemlich geschafft.

Anruf in Tübingen. Jasmin nimmt den Hörer ab, doch sie mag

nicht mit mir reden, Renate übernimmt. Mins Stimme ist jetzt wieder verständlich, und ich höre, wie sie im Hintergrund ständig lamentiert. „Ich will eine Kassette hören, mach das Fernsehen an, ich will nach Hause."

Mikro ist immer noch schwierig, sie hat so etwas wie einen Zeltkoller und ziemliches Heimweh. Das ist nicht verwunderlich, denn so lange so streng isoliert war unser armer Wurm während der ganzen Behandlung noch nicht – Einzelhaft ohne Hautkontakt. Und dann dieser erbärmliche körperliche Zustand mit Schmerzen und Beschwerden. Es wäre sogar verständlich, wenn sie unter diesen Umständen die Einrichtung der Lebensinsel demolieren würde.

So nach und nach werden einige Schleier gelüftet, andere „Geheimnisse" offenbaren sich durch geschicktes Frageverhalten. Einige Reaktionen des Organismus' werden uns verständlich, als Renate erfährt, daß Jasmin auch im Zelt MTX bekommen hat. Dieses Zytostatika – aggressiv sind alle – greift vor allem das Harnsystem an und schädigt die Mundschleimhäute.

Jasmins Körpertemperatur bewegt sich unverändert um 37, die Leukos sind wieder auf 700 gestiegen. 200 davon sind Granus, 500 müssen es sein. Ob das bis Freitag der Fall ist? Meines Wissens können sich Leukos fast explosionsartig vermehren, doch ob das bei ihr so sein wird bei all den Medikamenten, die sie bekommt? Wie heilen die Wunden, wie viele Keime stecken noch in ihrem Körper, die vernichtet werden müssen?

Die restlichen neun Fingernägel werden wohl in den nächsten Tagen abgestoßen. Nach Renates Aussage ist das deutlich am Nagelansatz erkennbar. Gegessen hat Min bisher nichts. Neuerdings liefert die Küche für sie jeden Morgen Haferschleim oder -brei, doch er bleibt ebenso unberührt wie heute die Brühe mit Grießklößchen. Unter normalen Umständen hätte Jasmin da noch einen Nachschlag verlangt.

Ich hatte vor, Freitag nach Schulschluß mit Kyra nach Tübingen zu fahren und bis Montag zu bleiben, doch bei Mins Heimweh überlege ich mir, ob wir nicht einen Tag früher abreisen. Natürlich muß ich damit rechnen, daß Kyras und meine Anwesenheit genau den gegenteiligen Effekt hat, nämlich den, daß Mikro es überhaupt nicht mehr im Zelt aushält, aber das läßt sich nicht vorhersagen und muß ausprobiert werden.

Kurz vor halb acht ruft Renate noch einmal von der H aus an, wo sie Schlafanzüge besorgt hat. Sie ist dem Weinen nahe, schnieft auch verdächtig. Sie ist geschafft. Zum einen, weil Mikro aus dem

Zelt heraus will, zum anderen — und das ist der Hauptgrund dafür, daß sie sich nervlich überfordert fühlt — geht es um die Schwestern der A 2h. Nun, da Min wieder geistig rege ist, ist sie nicht mehr der angepaßte Patient, der alles stumm über sich ergehen läßt, nein, sie kämpft wieder. Ihr unbändiger Lebenswille ist nach langen Tagen der Apathie wieder erwacht — sie KÄMPFT. Gott muß mit diesem Menschlein sein, nur er kann einem Menschen die Kraft geben, nicht aufzugeben. Neuroblastom IV — Überlebenschance fünf Prozent, später die Diagnose: Wenn sie durchkommt, ist es ein Wunder.

Sie lebt, sie kämpft, und sie wehrt sich mit ihren Mitteln gegen eine Art Psychoterror, mit dem sie in eine Schablone gepreßt werden soll, die dem Arbeitsablauf der Station angepaßt ist. Mehr als ein halbes Dutzend Schwestern und Pfleger tun dort Dienst, und jeder hat seine eigene Methode. Und das Kind soll es jedem recht machen. Jasmin macht ins Bett und in die Hose, und zwar ganz bewußt, denn sie weiß, daß das Personal dann wieder aktiv werden muß. Für diese Art von Rache nimmt sie selbst Vorwürfe der Schwestern in Kauf.

Waschen am Abend. Die Schwester, die vorgestern noch mit Min spielen wollte, die ich eigentlich als freundlich und besonnen kenne, läßt die Kleine einfach stehen, als die sagt: „Geh weg!" Fast eine halbe Stunde lang bleibt Mikro unbeachtet — nackt, zitternd und frierend. Mins Aufforderung: „Wasch weiter, ich will ins Bett!" wird mit der Antwort abgeblockt: „Nein, du hast gesagt, ich soll weggehen."

Mundspülen steht auf dem Programm. Min streikt, doch als Renate das machen will, nimmt die Kleine den Becher und tapst auf wackligen Beinen zu ihr hin. Sie erreicht ihr Ziel nicht, brutal wird ihr das Gefäß entrissen mit der Order: „Hier vorne wird gespült!"

Gezwungenermaßen spült Jasmin dort auf einem Hocker sitzend, sieht die Schwester an — und macht in die Hose. Deren Ausbruch, warum sie nichts gesagt hat, da die Toilette doch gleich daneben ist, überhört Mikro geflissentlich.

Ich konnte nicht sofort aufschreiben, was Renate mir alles mitgeteilt hat, dazu war ich zu erregt, andererseits war ich drauf und dran, einen der Ärzte in Tübingen anzurufen, so aufgebracht war ich. Aufgewühlt, wie ich bin, finde ich erst weit nach Mitternacht ins Bett.

238

27. August, Montag

Schon am Vormittag habe ich vorab in Tübingen angerufen. Renates Stimmung hat sich normalisiert, sie wirkt gelöster. Auch Min scheint das moralische Tief der letzten Tage überwunden zu haben, sie nörgelt nicht mehr ständig herum. 800 Leukos, Temperatur ohne Benuron 36,7, ein Antibiotika ist abgesetzt worden. Das hört sich gut an.

Medizin ist schon eine besondere Kunst, das erfahren wir heute wieder einmal mehr. Dr. Dopfer meint, daß Jasmin vielleicht schon am Donnerstag in das keimfreie Zimmer umziehen kann. Renate, die überschlägig auf etwas mehr als 200 Granus kommt, fragt verwundert, wie das möglich ist, und Dr. Link erklärt, daß Mikros Leukos derzeit rund zur Hälfte aus den eigentlichen Freßzellen, den Granulozyten bestehen. Offensichtlich gelten die 30 Prozent nur für die Norm.

Jeder Tag, den Min früher aus dem Zelt kann, ist für ihre Psyche wichtig, doch ich wappne mich innerlich vor übertriebenem Optimismus.

Jasmin hat heute zum erstenmal bewußt etwas von dem Essen probiert und es mit verzogenem Gesicht zurückgehen lassen. Wahrscheinlich beeinflußt die Sterilisation doch den Geschmack der Mahlzeiten. Sie verlangte noch Melone, Joghurt, Molke und andere Leibspeisen, doch keimfreie Melone wäre bestenfalls Mus.

Ich richte Grüße aus von Dr. Westphal. In der Mittagspause habe ich hier in der Klinik angerufen, weil ich eine Bescheinigung für das Finanzamt brauche. Dr. Berthold hat vier Wochen Urlaub, Dr. Westphal vertritt ihn in der Ambulanz. Er will mir das benötigte Papier zusenden, und natürlich will er wissen, wie es Jasmin geht. In komprimierter Form schildere ich ihm, was sich bisher in Tübingen getan hat.

An diesem Abend fasse ich mich kürzer als sonst. Kolikartige Magen- und Darmkrämpfe setzen mir zu, die bereits im Büro begonnen haben. Derartige Schmerzen hatte ich noch nie, wie glühende Messer durchschneiden sie die Eingeweide.

Ich beende das Gespräch mit Renate, nachdem ich ihr versprechen mußte, daß ich unseren Hausarzt anrufe, falls das mit den Schmerzen nicht besser wird. Es wird immer ärger damit, in kurzen Abständen rasen die Schmerzwellen durch Bauch und Unterleib. Ich verkrieche mich im Bett und fühle nach einiger Zeit, daß die Wärme mir guttut. Ich darf jetzt nicht krank werden, hämmere ich mir ein und krümme mich im nächsten Moment. Dann, endlich, lassen die Schmerzen nach, vorsichtig stehe ich auf, und es geht. Wahrscheinlich habe ich instinktiv richtig gehandelt — auch der Körper ist ein Arzt.

28. August, Dienstag

Im Betrieb geht es heute hoch her, in mir auch. Einige Stunden verbringe ich mit dem Chef und dem Inhaber unserer Werbeagentur, weil die Weichen für die obligatorische Herbstausstellung gestellt werden müssen, ich leide unter Magenschmerzen und Durchfall und kämpfe dagegen an.

Als ich in Tübingen anrufe, erkundigt sich Renate besorgt, wie es mir geht. Ich beruhige sie, denn der Aufruhr des Verdauungstraktes hat sich weitgehend gelegt. Viel wichtiger ist mir, was sich vor Ort tut. Insgeheim hoffe ich, daß die Leukos trotz der Medikamente gestiegen sind — vielleicht auf 900 oder gar 1.000. Der Wert, den mir Renate durchgibt, haut mich fast um: 1.200. Eine solche Steigerung um 50 % habe ich nicht einmal im Traum erwartet. Donnerstag, spätestens Freitag, kann Min das Zelt verlassen.

Wahrscheinlich klinge ich Renate, die selbst vor Zuversicht sprüht, zu euphorisch, denn sie wirft ein, daß sich Jasmins Temperatur auf 37,7 erhöht hat, allerdings setzen die Ärzte nach und nach die Antibiotika ab oder verringern die Dosis, sie schleichen sich aus. Mir ist klar, das Mikros weiße Blutkörperchen morgen wieder auf 1.000 gesunken sein können, doch das wäre kein Beinbruch.

Urlaub habe ich schon angemeldet, doch Renate meint, daß es besser wäre, Donnerstag und Freitag dazusein und Sonntag zurückzufahren, als Donnerstagnachmittag zu kommen und bis Montag dazubleiben. Kyra soll Jasmin aus dem Zelt holen, denn die beiden haben sich doch gegenseitig sehr vermißt. Es soll auch ein bißchen Symbol sein für unsere Große, die sich tapfer geschlagen und die es quasi ermöglicht hat, daß Min nach den derzeitigen Erkenntnissen der Medizin eine reelle Chance hat, gesund zu werden.

29. August, Mittwoch

Gute Nachricht aus Tübingen: 1.200 Leukos, kein Fieber, Min ist relativ fit und schwärmt von Früchten, Speisen und Lebensmitteln, die sie essen will. Sie bleibt im Zelt, bis wir kommen, und kann mit unserem Auto auf die H fahren.

Mutti und Opa habe ich die frohe Kunde schon gesagt, jetzt geht es daran, die Wohnung ein wenig zu präparieren und Vorbereitung für die Fahrt zu treffen. Kyra ist wie ausgewechselt, räumt aus eigenem Antrieb auf, geht mir zur Hand und hilft beim Kofferpacken.

30. August, Donnerstag

Auf der Autobahn kommen wir zügig voran und sind 10.15 Uhr in Tübingen vor der MED. Für das Team der A 2h haben wir eine Drei-Liter-Flasche mit französischem Rotwein dabei und eine von mir verfaßte Gebrauchsvorschrift à la Medikamentenbeipack.

Renate entdeckt uns, als wir noch mit dem Anziehen der Kittel und der Desinfektion der Hände beschäftigt sind. Die innige Begrüßung fällt kurz aus, denn die Hauptperson wartet im Zelt auf uns – schon lange. Jasmin weiß, daß sie heute aus dem Zelt darf, wenn wir da sind. Ein paarmal hat sie schon nach uns gefragt und gesagt: „Papa ist ein Langschläfer." Sie weiß ja nicht, daß wir erst gut dreihundert Kilometer fahren müssen.

Kyra darf mit Kittel und Mundschutz zu Min und sie aus dem Zelt herausführen. Ein Triumphzug wird es zwar nicht, dazu ist Mikro noch zu schwach, aber zum erstenmal seit vier Wochen können wir sie richtig in die Arme schließen und sie drücken. Natürlich halten wir das im Bild fest.

Susanne hat Jasmin abgestöpselt, sie gibt uns auch ein bißchen das Gefühl, einen bedeutsamen Augenblick zu erleben, denn der Alltag auf der Station geht weiter. Hans-Dieter bereitet sich darauf vor, zu Bernhard ins Zelt zu gehen. Wir verabschieden uns vom Stationsarzt, für den ich fälschlicherweise Dr. Link hielt, aber der hatte nur Urlaubsvertretung auf der A 2h, wir schütteln Susanne die Hand und winken Hans-Dieter zu, der sich bereits die Hände desinfiziert hat.

Ich trage Min zu unserem Auto, mit dem wir zur Kinderklinik fahren. Was ich dabei empfinde, läßt sich nicht in Worte fassen.

Ganz sicher überwiegt die Freude, Triumph ist dabei, Erleichterung, Dankbarkeit – und Hoffnung. Verdrängt ist in diesem Moment, was Min, Renate und auch ich in den letzten Wochen durchgemacht und durchgestanden haben. Auch auf der H werden wir isoliert sein, doch gegen das Zelt ist das Gold, wir können Mikro wieder anfassen.

Die „Villa Kunterbunt" ist schon vorbereitet, ich treffe ein paar Minuten später als meine drei dort ein, weil ich noch einen Parkplatz suchen mußte. Das Tragen von Kittel und Mundschutz ist ebenso obligatorisch wie die gewohnte Händedesinfektion. Ein Vorraum dient als Keimschleuse, das Zimmer hat Bad und Toilette.

Matt ist unsere Min, schlapp und müde. Sie will gleich ins Bett. Ihrem Wunsch wird nachgegeben, Dr. Klingebiel, einer der Stationsärzte der H, gibt uns noch ein paar Verhaltensmaßregeln und beantwortet Fragen. An Jasmins Verweilkatheter wird wieder ein Tropf angeschlossen, hier bekommt sie sogar 1.600 Kalorien täglich.

Monika, die Kindergärtnerin der Krebsstation, besucht uns. Sie kennt uns alle, Kyra natürlich auch. Es gibt viel zu erzählen, Renate steht noch ganz unter dem Eindruck der A 2h. Während wir uns unterhalten, versorgt eine Schwester Mikro.

Die Kleine will schlafen, doch die Gespräche und die vielen Menschen in dem kleinen Raum stören sie. Ruppig, wie sie sein kann, wenn sie nicht auf dem Damm ist, jagt sie alle zum Teufel, Kyra und ich gehen auch. Renate will bis zum Abend bei ihr bleiben. Für sie als Mutter müssen die letzten vier Wochen schrecklich gewesen sein, und ich denke, sie hat es verdient, die nächsten Stunden auszukosten, unser Kind wieder anfassen und streicheln zu können, eben Hautkontakt zu haben.

Ich habe Lebensmittel und ein paar Getränke besorgt. Am Abend sitzen wir in gemütlicher Runde zusammen – Adrians Mutter, deren Sohn bei der Gymnastik kleine Fortschritte macht, die Mütter von Tobias und Melanie und eine junge Italienerin, deren Sohn ebenfalls auf der H behandelt wird und die hervorragend Deutsch spricht. Es ist fast Mitternacht, als wir zu unseren Betten streben. Da das Haus voll ist, beziehe ich ein Notquartier – mein Bett steht in einer fensterlosen Abstellkammer. Das macht mir nichts aus. An einem Tag wie heute hätte ich sogar im Schlafsack im Freien genächtigt.

31. August, Freitag

Renate geht um kurz vor acht los, ich komme mit Kyra drei Stunden später und bleibe bis gegen 17.30 Uhr bei Min, dann ist Renate wieder an der Reihe.

Dr. Dopfer schaut immer mal wieder herein, auch gestern hat er sich ein paarmal blicken lassen. Er sagt, daß die Medikamentenzahl je nach Bedarf allmählich verringert wird, nur bei der Frage nach dem Aufenthalt in der „Villa" kann er keine konkrete Aussage machen. Da kommt es nach meinem Dafürhalten nicht auf Leukozählerei an, sondern auf den Gesamtzustand des Körpers. Die heutigen Daten: 819 Leukos (das wurde wohl manuell ausgezählt, denn eine Maschine ist da wesentlich ungenauer), 35.000 Thrombos, Hb 10,2, die mittlere Temperatur liegt bei 37,4 also kein Fieber.

Der Ablauf hier ist ein Mittelding zwischen A 2h und Peiper bzw. H. Renate hat das schon im Griff, ich bin noch unsicher und stehle mit Augen und Ohren, um mich kundig zu machen. Gottlob ist es hier so, daß die Eltern wieder als Partner behandelt werden, andererseits sind die Schwestern uns natürlich in der Nachsorge transplantierter Kinder voraus. Auch hierbei gibt es selbstverständlich Besonderheiten und spezielle Medikamente, die uns unbekannt sind. Immerhin ist uns das Umfeld vertrauter − und die Geräte wie Vernebler, Injektomat und IVAC.

Schon gestern war eine Krankengymnastin da, und sie kommt auch heute dreimal. Sie versucht nicht, mit Jasmin herumzukaspern, sondern streicht über ihren Brustkorb und den Rücken in Höhe der Lungen, klopft mit sanften Fingern den Schleim los. Min gefällt das, sie ist dabei sogar eingeschlafen und kann gar nicht genug davon bekommen. Nur mit Mühe und dem Versprechen, wiederzukommen, kann die junge Frau das Zimmer verlassen. Ich muß weitermachen. Daß diese Arbeit kein Quatsch oder Beschäftigungstherapie ist, zeigt sich an vermehrter Schleimlösung und -absonderung, die durch ein Medikament noch unterstützt wird.

Fernsehen mag Min nicht, Musik nicht, zum Spielen hat sie keine Lust, und auch Bilderbücher lehnt sie ab. Von Zeit zu Zeit schläft sie, doch es ist nicht der Schlaf der Erschöpfung, sondern der Genesung. Und immer wieder will sie eingecremt werden − vom Kopf mit Ohren und Nase über Arme und Hände bis hin zu den Füßen. Natürlich tut ihr das gut, denn die Haut schält sich und schmerzt wohl auch, die Salbe kühlt und lindert zugleich, aber ihr

geht es sicherlich zugleich um die damit verbundenen Streicheleinheiten, die sie so lange vermißt hat. Hände mit richtiger Haut will
sie auf ihrer Haut spüren, Hände, die sie streicheln und liebkosen,
die warm sind und nicht kühl wie steriles Gummi. Sie genießt jede
Berührung, lacht mit immer noch heiserer Stimme, wenn es kitzelt.

Es ist der Tag der Besuche. Monika kommt wieder, Frau Dr.
Schnee und eine Schwester von der F. Dr. Bertram, der mit Frau
und Kind zurück in Stuttgart ist, erkundigt sich telefonisch nach
Mins Wohlergehen und will auch noch einmal vorbeikommen.
Herr Rau, der Sozialarbeiter, mit dem ich mich gestern lange unterhalten habe, sieht herein, und auch Schwester Helga, die Stationsschwester der H, überzeugt sich persönlich davon, daß es Mikro an nichts mangelt.

1. September, Samstag

Wir behalten die gestrige Einteilung bei. Bevor ich in die Klinik
gehe, kaufe ich für Jasmin noch Bananen und eine Melone. Beide
Früchte erfüllen zwei nötige Voraussetzungen: Sie sind gewissermaßen verpackt und haben kaum Fruchtsäure, die Mins immer
noch arg lädierte Schleimhäute angreifen können.

Mikro ist nicht mehr ganz so erschöpft wie gestern, sie nimmt
wieder mehr Anteil an ihrer Umgebung, schläft weniger und sieht
sich im Fernsehen „Tao Tao" an. Sie hat Lust, etwas zu essen. Kein
Wunder, denn sie bekommt immer noch Cortison, Bauch und vor
allem das Gesicht sind aufgeschwemmt. Vorsichtshalber frage ich
Schwester Helga, ob und was sie darf. Die Antwort verblüfft
mich: Bananen sind – auf Mins Schleimhäute bezogen – eine der
übelsten Obstsorten. Der Erfahrung nach setzt diese Frucht dem
Mund ziemlich zu, Wassermelone wird dagegen als angenehm kühl
und lindernd empfunden.

Jasmin möchte Melone, ich schneide sie an und teile die Scheibe
in Häppchen, doch als ich ihr die Würfelchen serviere, wehrt Min
heftig ab. „Nein, das brennt!" Vom Gegenteil ist sie nicht zu überzeugen, möchte gleich darauf aber Suppe und Würstchen essen.
Das kann die Station nicht liefern, ich habe es nicht dabei und weiß
aber gleichzeitig, daß Jasmin nur Gelüste äußert, die, würden sie
erfüllt, auf Ablehnung stoßen.

In gewisser Weise haben sich Mikros Werte stabilisiert: 850 Leukos, 65.000 Thrombos, doch der Hb-Wert liegt unter 10. Wahrscheinlich wird sie deshalb morgen Blut bekommen. Auch die Temperatur schwankt nur unwesentlich zwischen 37,0 und 37,6. Das ändert sich rapide, als sie das recht toxische Anti-Pilzmittel bekommt. Binnen kurzer Zeit sind es 38,9, Fiebertropfen senken die Temperatur wieder auf ein vertretbares Maß. Daß Min nicht mit heftigerem Fieber reagierte, liegt wohl daran, daß der Automat auf eine Injektionsdauer von mehreren Stunden eingestellt wurde. Es ist das letzt Mal, daß dieses Präparat gegeben wird.

Dr. Klingebiel hat gestern eigenhändig mit einem mobilen Gerät Mikros Lunge geröntgt, und offensichtlich ist das Medikament nun überflüssig. Mittlerweile ist ein verträglicheres Mittel mit gleichem Wirkungsspektrum auf dem Markt, aber da die Erfahrung damit, was Neben- und Wechselwirkung betrifft, noch nicht völlig ausgelotet werden konnte, greift man auf bewährte Arzneien zurück — so die Ärzte.

Pro Schicht ist eine Schwester eingeteilt, die sich vornehmlich oder ausschließlich um Jasmin kümmert. Zwei Prachtexemplare ihrer Zunft lerne ich heute kennen: Anne und Gaby. Sie informieren unaufdringlich, helfen, falls notwendig, und lassen mir gleichzeitig aber Handlungsspielraum, wenn es etwa darum geht, wie Min die Tabletten nimmt. Selbstverständlich ist deren Zahl und in etwa auch die Uhrzeit festgelegt, doch wissen die Eltern meist besser, wie das Kind dazu zu bewegen ist, die Medizin zu schlucken. Und das Personal wacht natürlich darüber, ob alles glattgeht, merkt auch, ob Mütter oder Väter Klinikerfahrung haben, und läßt ihnen in solchen Fällen im gewissen Rahmen freie Hand.

Min trägt ein Windelhöschen. Sie hat ihren Schließmuskel noch nicht wieder völlig unter Kontrolle, zumal der Stuhl fast flüssig ist. Als einmal Blut darin erkennbar ist, wird sofort ein Präparat in den Schlauch injiziert, um die vermutete Blutung der Darmschleimhaut zu stoppen.

Als Anne die nasse, mit Exkrementenspuren benetzte Windel wechselt, gehe ich ihr zur Hand. Da wir beide nicht geimpft sind und Hepatitis B auch durch Körperausscheidungen infektiös sein kann, tragen wir beide Einmalhandschuhe — sicherheitshalber, denn die Ansteckungsgefahr ist gering. Stumme Anerkennung ernte ich mit einem Trick, den ich auf der A 2h gesehen habe. Der Abfall — in diesem Fall das Einmalhöschen — wird zu einem Bündel geformt, über das dann der Handschuh abgestreift und so zur Verpackung wird. Anne kann also das Bündel nehmen und ohne besondere Schutzvorrichtungen nach draußen bringen. Auch hier wird gemessen, was Mikro trinkt, und es wird gewogen, was sie ausscheidet. Mit derlei Dingen hat unsere Kleine natürlich nichts im Sinn — ich muß ihr die Fußsohlen streicheln und immer und immer wieder eincremen, auch den Mund einpinseln.

Schwester Helga kommt. Der Blutzuckergehalt ist zu hoch. Es muß geprüft werden, ob eine Nierenfunktionsstörung vorliegt oder ob es mit der Zusammensetzung des Tropfs zusammenhängt. Min schreit, doch dann hat sie den Fingerpiks schon hinter sich. Die Glukosekonzentration wird, wie Renate später sagt, von 40 auf 20 % gesenkt, also lag es an der Infusion.

Später wechsle ich Jasmins Höschenwindel selbst und habe leichte Schwierigkeiten mit dem Klebeverschluß. Dr. Dopfer, der meine Bemühungen begutachtet, die dann doch zum Erfolg führen, rät mir schelmisch, noch ein Baby anzuschaffen, damit ich wieder in Übung komme. Als Kinderarzt und Vater von drei kleinen Söhnen hat er damit natürlich keine Probleme — die Routine macht's halt.

Letztendlich ist auch Min in dieser Hinsicht mit meinen handwerklichen Fähigkeiten zufrieden, denn ich spare nicht mit Salbe an Po und Blase, die noch immer durch die angewendeten Präparate blau gefärbt sind.

2. September, Sonntag

Damit Renate mal etwas länger schlafen kann, bin ich um acht Uhr bei Min. Schwester Anne ist bei ihr. Wie sie habe ich den Eindruck, daß Mikro heute besser aussieht, sie wirkt wacher und lebendiger als in den Tagen davor. Anne überläßt es mir, die Medikamente zu geben.

Im Mörser zerstoße ich die Handvoll Tabletten und ziehe sie mit einem Minimum an Pfefferminztee in einer Spritze auf. Jasmin will das Gemisch nicht nehmen, gegen die Einnahme der beiden Moranaldragees, die nicht oder nur sehr schwer zerkleinert werden können, wehrt sie sich mit Händen und Füßen. Selbst mein Versprechen, sie danach einzucremen, bringt keinen Sinneswandel. Mit Nachdruck, Feilschen und Ausdauer bringe ich sie nach einer Viertelstunde dazu, die zwei Tabletten zu schlucken. Und dann muß ich sie salben und cremen, vom Kopf bis zu den Füßen. Auch

246

am Schädel schält sich nun die Haut, das Gesicht ist deutlich heller als der Rest des Kopfes. Es sieht aus, als würde sie eine Maske tragen.

Noch zweimal muß ich mit Min einen Strauß ausfechten, weil zwei weitere Präparate mit zeitlicher Verschiebung gegeben werden müssen. Nach der Einnahme des schleimlösenden Medikaments klopfe ich ihre Lungen ab. Mikro genießt es, dann ist Maaloxan an der Reihe.

Nacheinander werden vier Präparate in großen 50 ml-Spritzen über den Injektomaten zusätzlich zum Tropf und seinen Beimischungen gegeben, darunter auch Cortison. Mikro merkt davon nichts, alles geht über den Katheter.

Katheterpflege ist angesagt. Dr. Dopfer übernimmt das. Er hat Nachtdienst gehabt und sieht müde aus, doch er meint, es wäre eine normale Nacht gewesen, er wäre nur etwas spät ins Bett gekommen. Ich halte das für Understatement.

Als ich ihn frage, ob er schon Laborwerte hat, grinst er mich an und sagt, daß er heute das Labor ist. Über den Katheter entnimmt er Min Blut, um es zu untersuchen. Um die zeternde Kleine abzulenken, erzählt er ihr, daß er sich auf einer Kinderrutschbahn fast das Hinterteil verbrannt hat, weil sie so schnell war. Einen Arzt, dem so der Schalk im Nacken sitzt, der so viel Optimismus, Zuversicht und Lebensfreude ausstrahlt und geradezu von einer überspringenden positiven Aura umgeben ist, habe ich noch nicht erlebt. Gleichzeitig weiß ich wie alle anderen Eltern auch, deren Kinder er betreut, daß er kein Berufsschelm ist. Er gibt sich locker, aber er macht nicht ständig in Euphorie. Wenn es ernst wird, ist ihm nicht mehr nach Späßchen zumute, und er setzt alles daran, bedrohliche Situationen abzuwenden und zu meistern. Dann wird der fröhliche Dr. Dopfer zu einem Mann, der um das Leben des Kindes kämpft, und wohl erst dann wird deutlich, welche Qualitäten er als Mediziner hat, denn er verfügt über ein immenses Wissen.

Überraschend für mich spritzt er in den Katheterschlauch das für das Knochenmark wichtige Vitamin B 12, wenig später erfahre ich die Analysenwerte: 1.100 Leukos, 28.000 Thrombos, der Hb-Wert liegt über 10. Min wird also kein Blut bekommen, sondern nur ein Blutplättchenkonzentrat. Fieber ist kein Thema mehr, denn Jasmins Temperatur hält sich in normalen Grenzen.

Ihren Gelüsten, etwas zu essen, habe ich Rechnung getragen und einen Beutel „Suppendrink" mitgebracht. Anne bereitet die Suppe zu, auch einen Haferschleim, doch Min lehnt beides ab. Allein der Anblick läßt Mikro aufschreien, daß die Speisen auf der Zunge brennen würden.

Jasmin nimmt wieder Anteil an ihrer Umgebung. Im Fernsehen sieht sie sich „Die Sendung mit der Maus" an, spielt, malt und betrachtet ein Bilderbuch, keine Spur mehr von Müdigkeit, im Gegenteil, sie setzt sich sogar an das Tischchen. Das ist natürlich ein enormer Fortschritt.

Um zwölf Uhr treffen Renate und Kyra ein. Wieder stehen Medikamente auf dem Programm, und Renate hat Mühe, Mikro dazu zu bewegen, sie zu nehmen. Kyra bleibt bei der Kleinen, während wir essen gehen. Unsere Große hat keinen Hunger, aber Min will Pommes frites mitgebracht haben. Sie bekommt sie, rührt sie jedoch nicht an.

Es heißt Abschied nehmen von Renate und Jasmin. Kurz nach vierzehn Uhr starten Kyra und ich. Bei Temperaturen um 30 Grad ist eine Autofahrt wahrlich kein Vergnügen. Da ich kein Saunafan bin, gebe ich dem Rekord auf der Autobahn etwas die Sporen. Trotz Tankstop und kurzer Pause sind wir zweieinhalb Stunden später wieder in Gießen.

Nun, da wir nicht pausenlos um Jasmin fürchten müssen, beginnt das Gehirn bereits mit der Verdrängung der schlimmen Tage. Es ist merkwürdig, daß mit der räumlichen Distanz auch der Abstand zu dem wächst, was sich in Tübingen tut. Nicht, daß mir nun gleichgültig wäre, was sich mit Min und Renate tut, ganz im Gegenteil, aber zu Hause muß ich ganz anders funktionieren als im Krankenhaus. In der Klinik besteht mein Alltag darin, bei Min zu sein, und das heißt auch, Blutwerte zu speichern, Medikamente zu kennen und zu geben, eincremen, auf den Topf setzen, Windelhöschen wechseln, Temperatur messen; ich bin zwar als Vater aktiv, gleichzeitig jedoch ein Hilfsrädchen im medizinischen Betrieb.

Daheim, im Büro, habe ich es mit völlig anderen Dingen zu tun – Leasing, Bilanz, Ertragsrechnung, alles dreht sich um Autos und Kunden, mit Leukos und dergleichen vermag hier niemand etwas anzufangen. Und dann, nach Feierabend, erwarten mich die Aufgaben einer Hausfrau: kochen, waschen, bügeln, saugen, Tiere füttern, Blumen gießen. Es sind Banalitäten zu Mins Krankheit und zu dem, was Renate durchmacht, doch ich kann die Wohnung deshalb nicht einfach zur Müllkippe verkommen lassen oder meinen Schreibtisch in ein Archiv für unerledigte Vorgänge verwandeln. Natürlich braucht mich Kyra, die ja auch noch ein Kind ist, aber unterschwellig habe ich das Gefühl, hier zum routinierten Funktionierer zu verkommen.

Am Abend ruft der Vater von Alexandra an; mit ihr und ihren Eltern hatten wir engen Kontakt auf Peiper. Er fragt, wie es Jasmin geht, und ich schildere ihm in Kurzform, was wir in den vergangenen Wochen erlebt und durchlitten haben. Man hört und spürt seine Betroffenheit, denn seiner Tochter, die wegen Leukämie behandelt wurde, geht es blendend. Zwar muß sie noch immer Tabletten nehmen und zur Untersuchung in die Kinderklinik, aber das ist weiter kein Problem. Er bittet mich, herzliche Grüße auszurichten, und wünscht uns inständig, daß die Behandlung Erfolg hat.

Ich bete dafür, aber auch für Renate, daß Gott ihr die Kraft gibt, das alles durchzustehen, ohne daß sie Schaden nimmt.

3. September, Montag

Der Tag war, wie Renate sich ausdrückt, durchwachsen. Min wollte essen, schreckte dann aber davor zurück, etwas in den Mund zu stecken. Ein Teil der Medikamente ist abgesetzt worden, andere werden nicht mehr über den Injektionsautomaten gegeben, sondern in geringerer Dosis in den Katheterschlauch gespritzt.

Die Krankengymnastin ist weiterhin aktiv, doch nun begnügt sie sich nicht einfach damit, die Lunge abzuklopfen, sondern sie bemüht sich, Mikro zu aktivieren, aber Jasmin will nicht. Psychologisch geschickt versucht die Therapeutin nicht, sich anzubiedern, sondern sie tut das Gegenteil und ärgert Mikro. Gereizt und quengelig, wie die Kleine ist, reagiert sie wie erwartet, strampelt und stampft wütend. Damit ist das eigentliche Ziel erreicht, nämlich Bewegung und Muskeltraining. Wenn man sich darauf versteht, ist es manchmal recht simpel, Kinder zu beeinflussen.

Min hat aber auch ruhige Phasen, die zeigen, daß es aufwärts geht mit ihr. Zwei Bilder hat sie gemalt, am Tisch gespielt und unter Monikas Anleitung und mit ihrer Hilfe eine Kasperlefigur aus Papier gebastelt. Vor zwei, drei Tagen wäre das noch undenkbar gewesen.

4. September, Dienstag

War gestern alles relativ normal und ruhig, was die Behandlung angeht, so ist das heute etwas anders. Positiv zu vermerken ist, daß die nächtliche Tablettengabe abgesetzt wurde. Bedingt durch den niedrigen Hb-Wert hat Min Blut bekommen, doch sie wird wohl auch noch mehrmals Thrombos bekommen.

Heute wurde wieder geröntgt, doch nicht in der „Villa", sondern in der Röntgenabteilung. Angetan mit sterilem Kittel und Mundschutz wurde Jasmin im Rollstuhl nach unten gefahren, auch EKG stand auf dem Programm.

Eigentlich drängt es mich, am Wochenende wieder nach Tübingen zu fahren, doch ich teile Renates Meinung, daß es wichtiger ist, die Wohnung für Mins Ankunft zu präparieren. Wir kommen überein, das Kinderzimmer neu zu tapezieren und den Teppichboden dort zu entfernen, weil die darunterliegenden Platten naß gewischt und leichter desinfiziert werden können. Auch die Decke im Kinderzimmer soll einen neuen Anstrich erhalten, ebenso wie Bad und Schlafzimmer. Zumindest telefonisch stehe ich mit unserer Familie in ständigem Kontakt, und so melden sich freiwillige Helfer: Mutti und Bodo, der Schwiegervater und Horst.

Jasmin ist — so Renate — ziemlich geschlaucht. Auch heute gaben sich die Besucher fast wieder die Klinke in die Hand, und einer davon war Schwester Brigitte von der A 2h. Ein sehr menschlicher Zug.

5. September, Mittwoch

Der Tag hat es mal wieder in sich gehabt für Renate. Ständig äußerte Jasmin Wünsche und sagte, auf was sie Appetit hat. Damit hielt sie Renate ständig auf Trab — mal war es etwas aus der Küche, dann mußte es vom Metzger, aus dem Supermarkt oder von einer Imbißbude sein. Frischkäse, Käse am Stück, Käse in der Pfanne geschmolzen, Fisch, Pommes frites, Suppe, Muscheln, Cocktailwürstchen — alles wird herangeschafft, doch gegessen wird nichts. Mikro sieht sich alles begierig an, riecht daran — und schreit los, weil sie nichts herunterbringt. Das Cortison bewirkt eine regelrechte Freßsucht, aber sie hat wohl auch tatsächlich Hunger. Wegen der steigenden Leberwerte — Leber und Nieren müssen ja eine Unmenge Gift verarbeiten – ist der Glukoseanteil im Tropf auf 10 % reduziert worden.

Jasmin muß zur Sonographie (Ultraschall), mehrere Diagnosegeräte werden miteinander gekoppelt. Der Grund dafür versetzt Renate in helle Aufregung: Eine Wasseransammlung im Herzen wird vermutet. Natürlich kommt ihr sofort das traurige Schicksal von Tobias in den Sinn, dessen Herz durch die Medikamente irreparabel geschädigt wurde, und sofort stellt sich die Frage, ob Mins Leidensweg weitergeht mit einer Herztransplantation, vorausgesetzt, es findet sich überhaupt ein Spenderorgan.

Gottlob ist das Ergebnis der Untersuchung positiver als der Verdacht. In der Herzspitze hat sich etwas Flüssigkeit angesammelt, doch da Mikro entwässernde Präparate bekommt, sind die Ärzte zuversichtlich, wieder eine Normalisierung zu erreichen. Die einzig positive Meldung: Die Leukos sind auf 1.500 gestiegen.

Seit Montag ist Professor Lampert wieder per Rad für die „Tour Peiper" unterwegs, begleitet von einem Troß Prominenter wie Dieter Kürten, der die Schirmherrschaft übernommen hat. Dabei sind auch Ulrike Meyfarth, Klaus-Peter Thaler, Didi Thurau, Dr. Jupp Kapellmann, Holger Obermann, Klaus Angermann, später stoßen noch Rosi Mittermaier, Christian Neureuther und Franz Georg Strauß dazu, der Sohn des bayerischen Ministerpräsidenten. Ich habe die Zeitungsberichte kopiert und werde sie Renate schicken, denn als ehemalige „Peipers" interessiert uns das natürlich.

Schon am zweiten Tag ist die 200.000-Mark-Spendengeldgrenze erreicht – wahrlich ein stolzer Erfolg. Gießen bzw. Station Peiper wird mit dem Geld auch andere deutsche Kliniken unterstützen und auch der Dachorganisation zur Behandlung krebs- und leukämiekranker Kinder eine größere Summe für Forschungszwecke zur Verfügung stellen.

6. September, Donnerstag

Auch heute hat Jasmin nichts gegessen. Sie hat sich geräucherten Heilbutt gewünscht, den Renate dann mitgebracht hat. Richtig gierig hat Min das Stück Fisch zerlegt, sorgfältig die Gräten entfernt und versucht, zu essen. Zweimal schob sie sich ein Stück in den Mund, und jedesmal spuckte sie es wieder aus, weil der Mund so schmerzte.

Die Schleimhäute und die Zunge sind immer noch sehr angegriffen und bluten manchmal ohne mechanische Reizung. Die Thrombos, die bei Blutungen mit als Dichtungsmittel fungieren, sind auf 32.000 gesunken, dagegen liegt der Hb-Wert mit über 15,0 im optimalen Bereich, und die Leukos vermehren sich fast explosionsartig. Der heutige Stand beträgt 1.900, weniger gut sieht es dabei mit den Leberwerten aus, denn sie steigen nach wie vor. Zwar ist aus medizinischer Sicht noch kein kritisches Stadium erreicht, doch die Ärzte beobachten die Entwicklung mit Sorge.

Jasmin tut ein Auge weh, gleichzeitig juckt es. In Anbetracht dessen, was die Bestrahlung und die hochdosierten Zytostatika anrichten können, geht man auf der H kein Risiko ein und ruft eine Augenärztin herbei. Die untersucht Min nach allen Regeln der Kunst, doch Jasmins Augen sind völlig in Ordnung. Vielleicht hat eine ausgefallene Wimper die Netzhaut gereizt, eventuell jucken auch die neuen Wimpern. Das ist zwar keine Diagnose, die die Ärztin stellt, aber Renate hat keine andere Erklärung dafür.

Kyra ist für morgen zur Geburtstagsfeier einer Freundin eingeladen, die wie ihre Geschwister und ihr Vater kürzlich an Windpocken erkrankt ist. Zwar ist das akute Stadium abgeklungen, dennoch habe ich Vorbehalte, unsere Große gehen zu lassen. Wenn ich mich recht erinnere, sind die Erreger von Windpocken und Gürtelrose Herpes-Viren, die identisch oder kaum modifiziert sind. Sowohl Jasmin als auch Kyra haben Antikörper gegen Windpocken, doch gegen Gürtelrose sind sie nicht immun. Sicherheitshalber rufe ich Dr. Westphal an. Er bestärkt mich in meiner Auffassung, abzusagen, um Jasmin nicht zu gefährden, gleichzeitig bittet er mich, in Tübingen Serum von Min anzufordern und Kopien der Statusberichte von Renate, Kyra und mir.

Derzeit wird in Gießen eine Art Register aufgebaut, die Kinder mit Hepatitis B und ihre Angehörigen umfaßt. Noch steht die Klinik in Verhandlungen mit dem Gesundheitsamt, doch alles deutet darauf hin, daß die Krankenkassen die Schutzimpfung bezahlen. Da die Kontraindikationen eigentlich nur in Form einer Formalinallergie bestehen, werde ich Kyra und mich impfen lassen — in Gießen, da wir nur am Wochenende in Tübingen sind.

7. September, Freitag

Renate ist nicht mehr als Nahrungsbeschaffer unterwegs, denn noch immer bringt Jasmin keinen Bissen herunter. Der Versuch, ihr Brei mit der Spritze praktisch über die kaputte Zunge hinweg direkt in den Rachenraum zu spritzen, bringt nicht viel, weil sie sich wehrt und einen Teil ausspuckt.

Ich habe es an mir selbst erlebt: Man rennt und tut alles, um die Wünsche des kranken Kindes zu erfüllen – vor allem, wenn es so leiden muß wie Jasmin –, aber es kommt der Tag, an dem die fürsorglichsten Eltern erkennen müssen, daß selbst dieses Engagement nicht weiterhilft. Es ist der Widerstreit zwischen Emotion und Verstand. Gott sei Dank überwiegt zumindest anfangs das Gefühl und damit die Menschlichkeit.

Min hat Blutplättchen bekommen, denn ihre Thrombos sind auf 12.000 abgesackt, leicht unter achtzehnhundert gesunken sind die Leukos, dagegen ist der Hb-Wert von 15,2 nahezu optimal. Stabilisiert haben sich die Leberwerte, die die Ärzte in den letzten Tagen mit Sorge erfüllten. Wie Renate sagt, weisen Mikros Augen eine deutliche Gelbfärbung auf. Daß es so schlimm ist, habe ich nicht gewußt.

Später telefoniere ich mit Dr. Bertram. Wir sprechen bestimmt eine Viertelstunde miteinander, und obwohl ich ihm nur das sagen kann, was Renate in Erfahrung gebracht hat, ist er zuversichtlich, daß der Kämpfer Min es schafft. Zugleich ist er davon überzeugt, daß auch die derzeit überforderte und durch das neue Knochenmark noch nicht ausreichend vom Körper unterstützte Leber in Kürze wieder bessere „Arbeitsbedingungen" bekommt. Auch was das Herz betrifft, sieht Dr. Bertram keine Probleme. Es ist bekannt, daß Adriblastin und ein anderes Zytostatika, dessen Namen er zwar nennt, den ich aber nicht behalten habe, vor allem in höherer Dosierung herzschädigend sein kann. Diese Präparate werden vornehmlich bei Leukämie eingesetzt, doch es müssen schon etliche Komponenten und eine gewisse Sensibilität zusammenkommen, daß sich eine so extreme Situation ergibt wie bei Tobias.

8. September, Samstag

Ich rief, und alle kommen. Bodo, Mutti, Opa und Horst wollen mir dabei helfen, einen Teil der Wohnung zu renovieren. Gestern abend habe ich noch zusammen mit Kyra Tapeten fürs Kinderzimmer ausgesucht und Farbe gekauft.

Ich habe ja gewußt, daß unsere Kinder viele Spielsachen haben, doch beim Ausräumen habe ich das Gefühl, Inventur in der Spielwarenabteilung eines Kaufhauses machen zu müssen. Wahre Berge stapeln sich im Wohnzimmer, -zig Quadratmeter Regalbretter müssen abgeschraubt werden. Selbst der Platz unter den Betten ist für Plastikfiguren bekannter Fernsehserien und für die elektrische Eisenbahn genutzt worden.

Während Mutti sich um das Essen kümmert und Spielsachen für Min abwäscht, nimmt Horst das Bad in Angriff, Papa, Bodo und ich kümmern uns um das Kinderzimmer. Decke weißen, tapezieren, den Teppichboden herausreißen, Dübellöcher spachteln und was eben dazugehört. Obwohl wir uns nur zum Mittagessen Zeit nehmen und so gut wie keine Pause machen, haben wir erst gegen neunzehn Uhr das Etappenziel erreicht.

Eine kleine Unterbrechung gibt es, als ich um halb sieben Renate anrufe. Jasmin gibt sich mal lieb, spielt, malt und bastelt ganz toll, dann wieder spuckt sie Gift und Galle. Vor allem, wenn sie die Tabletten einnehmen soll, wird sie böse, schlägt sogar nach Renate und versucht, sie zu beißen. Weder gutes Zureden und Versprechungen noch Drohungen beeindrucken die Kleine. Einmal trieb sie es so toll, daß Renate nervlich völlig geschafft war und das Zimmer für ein paar Minuten verließ. Sie konnte einfach nicht mehr.

Ich kenne solche Situationen. Man hat nicht mehr die Kraft — will sie wohl auch nicht haben —, um etwas mit aller Macht und sogar sanfter Gewalt durchzusetzen. Man will dem Kind helfen, es soll ja gesund werden, aber dazu muß man etwas gegen den Willen des Kindes tun. Dieser Interessenkonflikt ist eine solch starke psychische Belastung, vor allem, wenn es praktisch ununterbrochen und über längere Zeit geht, daß schwere körperliche Arbeit dagegen einfach und leicht ist. Muskeln erholen sich schnell wieder und werden stärker, ausdauernder, am Krankenbett eines Kindes tritt — psychisch — das Gegenteil ein. Die Seele und die Psyche lassen sich nicht trainieren, was sich in der Klinik tut, geht an die Substanz; selbst der Schlaf bietet keine ausreichende Regeneration, man ist geschafft, geistig erschöpft. Nur der Gedanke, beim Kind sein zu müssen, der Wille, nicht krank werden zu dürfen, verhindert einen Zusammenbruch und gibt Körper und Geist die Kraft zum Durchhalten, eine Kraft, die eigentlich gar nicht mehr vorhanden ist. Merkwürdig, welche Wirkung das einpeitschende Du-darfst-nicht-krank-werden auf den Organismus hat. Seit Mikro gegen Krebs behandelt wird, waren weder Renate noch ich ernsthaft krank.

Daß Min so heftig reagiert, kann ich verstehen. Wenn der Mund und die Schleimhäute so weh tun und trotzdem Tabletten geschluckt werden sollen, würde mich auch die Wut packen, und vielleicht hätte ich ebenso gehandelt wie sie.

Gegessen hat sie nichts. Die Suppe, die es mittags gab, ließ sie zwar alles andere als gleichgültig, sie roch daran, rührte und führte sogar einen Löffel voll zum Mund, doch dann ließ sie ihn enttäuscht und vor Schmerz schreiend wieder sinken, nachdem sie mit der Zungenspitze probiert hatte.

Die Leukos sind auf 1.450 gefallen, der Hb-Wert etwas über 14, Thrombos sind top, denn Min hat welche bekommen. Fast komme ich mir mit dieser Datenabfragerei schon ein wenig blöd vor, aber gerade das Blut gibt in vielen Dingen Aufschluß darüber, ob es bergauf geht oder nicht, unabhängig vom individuellen Empfinden, das oft nachhinkt, weil davon abhängig.

Kyra will natürlich noch mit der Mutti telefonieren, und dann kommt Papa an die Reihe, der nach Wochen auch mal wieder mit seiner Tochter sprechen möchte. Da Renate trotz aller Belastung recht aufgeräumt wirkt und von unseren heimischen Aktivitäten angetan ist, binden wir sie in unser Tun ein und verschaffen ihr so möglicherweise ein wenig Ablenkung.

Selbst wenn es nur Pseudoablenkung ist, so hat doch das Gehirn eine Möglichkeit, gewissermaßen zur Erholung auf diesen Nebenschauplatz auszuweichen. Was können wir nicht alles – subjektiv – falsch machen...

Nach dem Abendessen trennt sich die Runde. Meine Mitstreiter werden morgen alle wieder zur Stelle sein.

9. September, Sonntag

Papa und ich nehmen uns das Kinderzimmer vor, Horst und Bodo das Schlafzimmer. Mutti ist wieder für das Essen zuständig und kümmert sich erneut um Spielsachen von Jasmin, die sie gerne hat.

Wir sortieren nur Sachen aus Holz und Plastik aus, die abgewaschen werden können. Dabei handelt es sich sozusagen um eine Art Grundausstattung, mit der Min sich die Zeit vertreiben kann, wenn sie nach Hause kommt. Körbeweise verpacken wir das gereinigte Spielzeug und umhüllen es mit Plastikfolie. Etwas von der A 2h wird kopiert.

Das Einräumen der Möbel und das Anbringen der stark verminderten Regale kostet uns die wenigste Zeit, viel aufwendiger ist es, die Spielsachen grob zu sortieren und auf den Boden zu bringen. Renate will sie später einmal durchsehen, sortieren, reinigen und aussortieren. Über das Mittagessen hinaus bis zum Nachmittag sind der Schwiegervater und ich mit dem Kinderzimmer und Spielzeug beschäftigt, Mutti sogar noch länger.

Dann verstärken Papa und ich die Schlafzimmercrew. Zwei Tapetenbahnen sind noch zu kleben, als die Uhr 18.30 zeigt. Ich übergebe Rolle und Bürste und rufe in Tübingen an, um mich herum ein Chaos, in dem weitergearbeitet wird.

Renates Stimme klingt gelassen, ja fast heiter, und sie überrascht mich mit der Frage nach Jasmins Leukos. Optimistisch tippe ich auf 1.900, doch Renate lacht. „Mehr." „2.000." „Mehr." Hundert zusetzend, komme ich dann auf die Zahl 2.500, obwohl mir das schon unwahrscheinlich vorkommt, aber es geht weiter. Mikro hat – und das haut mich fast um – 4.000 weiße Blutkörperchen.

Von Dr. Bertram weiß ich, daß er heute Dienst und auch Nachtdienst hat, Dr. Dopfer auch schon wieder. Wie letzten Sonntag war er wieder sein eigenes Labor, und da er die Zahl nicht glauben konnte, hat er die Leukos zweimal ausgezählt – es blieben viertausend. Für dieses Ergebnis hat er nur eine plausible Erklärung, nämlich die, daß gestern das Blut nach der Katheterspülung entnommen wurde und verdünnt war. Die Thrombos liegen immer noch weit über dem Minimum, und mit 14,2 ist auch der Hb-Wert gut.

Das, was wir tun wollten, ist eigentlich getan, doch die Wohnung gleicht einem Schlachtfeld. Bodo nimmt die Papageien mit, Mutti Hemden und Hosen zum Bügeln. Beide wollen morgen noch einmal herkommen, um mir zu helfen.

10. September, Montag

2.200 Leukos meldet das Labor heute. Das klingt realistischer als das Ergebnis von gestern, aber für das Auf und Ab der weißen Blutkörperchen gibt es mannigfache Erklärungen.

Gravierende Neuigkeiten kann Professor Dr. Niethammer, der wieder aus dem Urlaub zurück ist, Renate auch nicht mitteilen, aber zwei positive Nachrichten hat er doch. Die Thrombozyten, die selbst nach Zuführung immer stark abgesackt sind, zeigen Stabilität, also ausreichende oder fast ausreichende Produktivität des Knochenmarks. Und erstmals zeigen die Leberwerte sinkende Tendenz. Wahrscheinlich spielt dabei auch eine Rolle, daß Jasmin per Tropf nur noch etwa 300 Kalorien am Tag bekommt.

Nach wie vor kämpft Min gegen Tabletten an und alles, was sie schlucken muß. Mins Gegenwehr trug Renate blaue Hände von der Munddesinfektionsflüssigkeit ein und Spritzer bis ins Gesicht von Maaloxan und Moronal.

Wie versprochen, kommen Bodo und Mutti nach Feierabend, um noch einmal zuzupacken. Mutti kümmert sich wieder hauptsächlich um Spielsachen und verpackt sie in Plastikfolie, ich nehme mich der Waschmaschine an und verwandle das Schlafzimmer wieder in einen begehbaren Raum, während Bodo sich mit gewohnter Gründlichkeit die Papageienvoliere vornimmt und dabei reichlich Sagrotan benutzt. Er reinigt alles und läßt nichts mehr im Käfig, selbst der astreiche Stamm, der den Vögeln als Sitz- und Klettermöglichkeit diente, landet – mit einem Desinfektionsmittel besprüht – im Müllcontainer.

Mutti und Bodo bieten an, nochmals zu kommen, aber ich denke, daß ich es jetzt allein schaffe, aus der Wohnhöhle wieder eine Wohnung zu machen.

11. September, Dienstag

In den letzten Tagen ist mir immer deutlicher bewußt geworden, was einer Hausfrau abverlangt wird und was eine berufstätige Frau leisten muß, die noch Haushalt und Kinder zu versorgen hat. Natürlich nehmen mir die Maschinen eine Menge Arbeit ab, doch es bleibt genug zu tun übrig.

Bis 21.30 Uhr bin ich Hausmann und anschließend geschafft, dennoch bin ich mit mir selbst unzufrieden. Zwar habe ich mich abgehetzt, doch ich habe nicht alles erreicht, was ich mir vorgenommen hatte. Unablässig treibe ich mich an, andererseits fühle ich mich ausgelaugt und unendlich müde, ohne schlafen zu können.

Auch Renate fühlt sich ausgelaugt. Selbst wenn Min fit wäre — allein die Isolation und der Mundschutz, den Renate ständig tragen muß, reichen schon aus, um die psychische Grenze der Belastbarkeit zu erreichen. Und eine Rolle spielt natürlich auch die lange Zeit in Tübingen, der ständige Einsatz ohne wirkliche Erholungsphasen.

Die hat Jasmin allerdings auch nicht. Heute hat Dr. Dopfer ihr gesagt, daß sie eine Sonde bekommen muß, wenn sie nicht ißt. Diesen Nasenschlauch fürchtet Mikro mehr als alles andere. In ihrer Not willigt sie ein, daß Renate ihr Brei in den nach wie vor angegriffenen Mund spritzt — drei Spritzen insgesamt. Welch eine Angst muß das Kind haben, daß es lieber diese schmerzhafte Prozedur über sich ergehen läßt, nur um nicht die verhaßte Sonde zu bekommen.

Die verminderte Kalorienzufuhr und das wochenlange Zwangsfasten zeigen bei Min Wirkung. Ihr Körpergewicht hat sich von etwas über 16 kg um rund zwei Pfund vermindert, die Leukos sind auf 2.000 gesunken.

Ich bete zu Gott, daß Min es schafft und es ihr bald bessergeht und daß Renate durchhält und alles unbeschadet übersteht.

12. September, Mittwoch

Noch immer fordern Teilrenovierung und der Alltag zu Hause ihren Tribut, die alte Ordnung ist noch nicht wiederhergestellt. Mehr als einen Zentner Spielsachen, Bücher und Hefte haben wir am Wochenende auf den Dachboden verfrachtet, und immer noch gibt es Sachen, die ins Kinderzimmer sollen und so keimfrei wie möglich gemacht werden müssen. Die Betten habe ich abgezogen und die Bezüge gewaschen, auch die Gardinen und Vorhänge von Bad, Kinder- und Schlafzimmer habe ich gewaschen und wieder aufgehängt, dazwischen Staub gesaugt und gekocht, aufgeräumt und per Hand gereinigt, was nicht spülmaschinenfest ist. Allmählich komme ich mir wie der sagenhafte Sisyphus vor, dennoch treibt es mich dazu, ständig etwas zu tun.

Zum Abendessen mache ich Hähnchen in Folie, Kartoffeln und Tomatensalat, doch schon als ich das Geflügel in den Herd schiebe, überlege ich mir, was ich in der Zwischenzeit tun kann. Manchmal ist das Gehirn wirklich unbarmherzig zum eigenen Körper.

Ich freue mich, übermorgen wieder bei Renate und Min zu sein, und ich sage es Renate. Sie sehnt uns ebenfalls herbei, zumal auch Jasmin Kyra und mich vermißt. Wenn man von denen getrennt ist, die man liebt, können zwei Wochen eine Ewigkeit sein.

Mikro hat heute erstmals regelmäßig gegessen – notgedrungen. Morgens, mittags und abends hat Renate wie gestern ihr Brei per Spritze gegeben. Das ging natürlich auch nicht ganz glatt und ohne Komplikationen ab, aber immerhin bekommen Magen und Darm wieder etwas zu tun.

Die Leberwerte haben sich erneut gebessert, dagegen ist bei den Thrombos ein Trend nach unten erkennbar. Auch die Leukos sind gefallen – auf 1.500. Es wird wohl noch eine Weile dauern, bis Jasmin die „Villa" verlassen darf.

13. September, Donnerstag

Heute sind aufräumen, kochen und Hausarbeit nur Nebensache, denn Kofferpacken steht auf dem Programm. Morgen mittag nach Schulschluß starten wir. Ich freue mich darauf, Renate und Jasmin wieder in den Arm nehmen zu können, Kyra geht es ebenso.

Letztes Telefonat mit Tübingen vor der Abreise. Renates Stimme klingt fröhlich, und auch Min kann es kaum erwarten, uns wiederzusehen. Dr. Dopfer hat ihr gesagt, daß sie nach draußen kann und im Park spazierengehen darf – mit Mundschutz –, wenn sie wieder ißt. Derart motiviert, läßt sich Mikro ein Süppchen zubereiten, probiert tapfer – und gibt von Schmerzen gepeinigt auf. Salz und Gewürze reizen die wunden Schleimhäute noch zu sehr, aber die Aussicht, nach mehr als sechs Wochen Eingesperrtsein aus der Isolation herauszukommen, wird Min wohl veranlassen, es ständig und immer wieder zu versuchen, zu essen. Es ist kein Problem, daß sie die „Villa" verlassen darf – sie wird vom Tropf abgestöpselt und der Katheter verschlossen.

Mit der Leber geht es weiter bergauf, und das liegt sicherlich auch an der ungeheuren Regenerationsfähigkeit dieses Organs. Förmlich abgestürzt sind die Thrombos. Gestern noch über 50.000, sind es heute nur noch gut 14.000. Jasmin bekommt ein Konzentrat.

Auf 1.800 angestiegen sind die Leukos, der Hb-Wert ist mit 12 und ein paar Stellen hinter dem Komma noch relativ gut.

Renate, die sich hauptsächlich mit Sommergarderobe eingedeckt hat, gibt mir eine Aufstellung von Kleidungsstücken durch, die ich mitbringen soll. Es handelt sich ausschließlich um Blusen und Pullover, also Sachen, die wärmen. Die kühle Witterung der letzten Tage hat also auch den Süden nicht verschont.

Da ich sicher bin, daß Renate ebenso wie mir Fertiggerichte, Fraß vom Schnellimbiß und was der kulinarischen Köstlichkeiten mehr sind, förmlich zum Hals heraushängen, habe ich Gulasch nach Art des Hauses gekocht und werde es mitnehmen nach Tübingen.

Auch mit den Eltern habe ich telefoniert und mich quasi abgemeldet. So ein Anruf dauert in der Regel fünfzehn bis zwanzig Minuten täglich, denn jeder will alles wissen, zumal sie mittlerweile von mir erfahren haben, welche Aussagekraft beispielsweise die Zahl der weißen Blutkörperchen hat.

Ganz ohne Hindernisse können wir nicht zu Jasmin. Zuerst muß ich mit Kyra in die Ambulanz, damit sie dort kurz unter die Lupe genommen werden kann. Es wäre ja auch fatal, wenn sie mit einer Infektion oder einer ansteckenden Krankheit zu Min ins Zimmer käme. Safety first!

14. September, Freitag

Um 12.45 Uhr fahren wir in Gießen ab. Bis kurz vor Heidelberg kommen wir zügig voran, dann ist es vorbei mit der schnellen Fahrt. Armee-Konvois, Baustellen, Staus mit Stillstand. Ohne Pause sind wir drei Stunden unterwegs.

Dr. Klingebiel sieht sich Kyra an, dann können wir zu Min und Renate. Es gibt eine freudige Begrüßung. Zu meiner Überraschung ist keine Isolation mehr erforderlich, kein Mundschutz, kein steriler Kittel. Es ist viel Besuch da, Min ist relativ fit und gutgelaunt. Hb 12,2, Leukos 2.100, Thrombos 135.000 nach der Gabe von gestern.

Dr. Dopfer ist begeistert. Am Morgen hat sie Brei per Spritze bekommen, mittags hat sie sogar mit dem Löffel 30 ml salzarme Suppe gegessen. Min hat schon eine kleine Sammlung von Playmobil-Tieren. Renate hat ihr die Flußpferde dazugekauft, Kyra bringt als Geschenk Pinguine mit, die noch angemalt werden müssen. Das ist ein großer Spaß.

Schwester Annette hat Dienst, Kyra bleibt bei Jasmin, während wir zum Essen gehen. Das dient nicht allein der Nahrungsaufnahme, sondern gibt uns zugleich die Möglichkeit, uns ungestört zu unterhalten. Telefonate sind dafür nur ein schlechter Ersatz.

Das Gulasch soll es als Abendessen geben. Min will unbedingt probieren. Obwohl es nicht scharf ist und ich es zudem mit Wasser verdünne, schreit sie beim ersten Versuch. Traurig sitzt sie davor, wegtun darf ich es nicht.

Während wir essen waren, war Professor Niethammer da, später sieht Herr Rau herein. Bis zum Nachmittag bleiben wir alle zusammen, kurz vor Ladenschluß trage ich mit Kyra die Koffer ins Elternhaus und kaufe noch ein paar Lebensmittel. Am Abend gibt es Gulasch mit Salzkartoffeln und Salat.

15. September, Samstag

Kurz nach acht Uhr bin ich in der Klinik. Jasmin sitzt am Tisch und spielt. Ich mache mit, wir kneten und beschäftigen uns mit den Tierfiguren. Eine Einmalbrechschale, die ich blau anmale, wird zum Schwimmbecken für die Pinguine.

Dann sind die Medikamente an der Reihe. Die Einnahme der Moronal-Dragees geht noch, Gezeter gibt es bei Moronal flüssig und Maaloxan. Mit Ach und Krach nimmt Min eine Spritze voll Brei. Später, beim Spielen, entspannt sie sich wieder, aber bei der schmerzlosen Katheterpflege stellt sie wieder an und wehrt sich wie wild gegen den harmlosen Mundschutz, den sie für ein paar Minuten aufsetzen soll. Der Chirurg besucht uns, der Mikro den Verweilkatheter gelegt hat.

Dr. Dopfer, der hereinsieht, wundert sich, daß wir aus dem Stau herausgekommen sind, weil die Verkehrsdurchsagen im Radio pausenlos melden, daß die Strecke zwischen Frankfurt und Stuttgart verstopft ist. Ich sage ihm, daß wir bereits gestern gekommen sind. Bevor er geht, droht er Min noch einmal mit der Sonde, wenn sie nichts ißt. Am Nachmittag will er noch einmal wiederkommen.

Die Vorstellung daran, daß Min einen Nasenschlauch bekommen soll, macht mir angst. 25 ml salzarmer Suppe mit ausgesiebtem Ei bringt Mikro mit einem Strohhalm herunter, dann ist Schluß. Das ist nun wahrlich nicht viel. Min ist damit einverstanden, daß ich ins Reformhaus gehe, um etwas zu essen zu kaufen, was nicht schmerzt.

Ich erstehe Weizenflocken und Kartoffelpüree, sause ins Elternhaus und schlinge ein paar Bissen hinunter, weil ich Jasmin nicht lange allein lassen will. Einen Happen Gulasch, Kloß und Gurkensalat nehme ich mit. Der Salat ist nur mit Dill und wenig Salz angemacht. Kyra kommt mit. Sie hat Playmobil-Zebras gekauft, die noch angemalt werden müssen. Unsere Kleine freut sich sehr darüber und spielt schön mit ihrer Schwester.

Vom Gulasch will Min essen. Ich verdünne es, sie probiert — und schiebt es schreiend weg. Der nächste Versuch — Weizenflocken mit Milch. Sie lösen sich in der Flüssigkeit restlos auf, doch sie will nicht, selbst mit dem Strohhalm nicht. Ich ziehe das Gemisch auf eine Spritze, doch auch das will sie nicht. Dreimal schlägt sie mir die Spritze aus der Hand, dreimal rühre ich den dünnen Brei neu an. Alles Zureden hilft nichts, ihre Gegenwehr wird immer heftiger. Bei einer Attacke gegen mich beginnen ihre Schleimhäute zu bluten. Ich gebe — vorerst — auf.

Min muß auf den Topf. Sie soll versuchen, Wasser zu lassen, weil sie seit 5.30 Uhr nichts mehr gemacht hat. Mit Händen und Füßen sträubt sie sich dagegen, brüllt und zetert. Endlich sitzt sie doch auf dem Topf — und Urin kommt: 400 ml.

Nachdem wir uns im Fernsehen die Kinderstunde angesehen haben, bereite ich den Kartoffelbrei zu. Mit Milch und Wasser rühre ich ihn absichtlich ganz dünn an und lasse Salz weg. Jasmin probiert — und schreit, weil die ziemlich flüssige Masse brennt. Quengelig, wie sie ist, starte ich nur noch einen Versuch — vergeblich.

Später wird sie wieder zugänglicher, ist lieb und spielt erneut mit Kyra. Am Nachmittag trinkt sie noch einmal ein wenig Suppe per Strohhalm und schwärmt vom Essen. Noch einmal biete ich ihr alles an, sie entscheidet sich für Gulasch — stark verdünnt. Vorsichtig führt sie ein Löffelchen zum Mund — und wirft ihn schreiend auf den Teller.

Als mich Renate um 18.00 Uhr ablöst, bin ich ziemlich geschlaucht. Zusammen mit Kyra kehre ich in die Wohnung zurück.

16. September, Sonntag

Renate geht um acht Uhr in die Klinik, ich bleibe noch im Bett und stehe um 9.30 Uhr auf. Als ich aus dem Bad zurückkomme, schläft das alte Murmeltier Kyra noch immer. Ich wecke sie, denn vor der Rückreise wollen wir ja noch zu Jasmin.

Mikros Laune ist durchwachsen, gegessen hat sie nichts. Wir plaudern ein bißchen, zum Spielen hat sie keine Lust. Gemeinsam sehen wir uns im Fernsehen „Die Sendung mit der Maus" an.

Schwester Annette serviert Suppe ohne Salz, wie sie sich Min gestern gewünscht hat — mit Nudeln. Heute nun mäkelt Jasmin daran herum, weil Nudeln angeblich im Mund brennen. Ohne probiert zu haben, geht die Brühe zurück. Annette macht das Hähnchen warm, das Renate gestern abend in Folie ohne Gewürze gebraten hat. Mikro bekommt ihren Teil, zieht die knusprige Haut ab, die sie so gerne ißt, löst das Fleisch sorgfältig von den Knochen und zerteilt die Fasern zu mundgerechten Streifen. Kaum ist sie damit fertig, schiebt sie den Teller zurück. Durch nichts ist sie dazu zu bewegen, wenigstens einmal zu versuchen, ob sie von dem Geflügel nicht doch etwas in den Magen bekommt. Schwester Annette, liebenswert und geduldig, bereitet Zwiebackbrei zu, den Mikro sofort mit lautem Geschrei ablehnt, obwohl er nicht einmal fertig ist.

Renate geht zum Essen in die Kantine, ich soll mit, habe aber keinen Hunger. Kyra tut sich am Hähnchen gütlich, ohne daß sich Jasmin von ihrer mampfenden Schwester anstecken läßt.

Annette will den Puls messen, dabei stellt Min sich an, als sollte ihr Blut abgenommen werden. Sie ist wirklich sehr verdreht.

Kurz nach zwölf Uhr fahren wir ab. Es wird eine lausige Fahrt mit Regen und Nebel, mehr als 90 km/h sind unverantwortlich. Hinter Karlsruhe wird das Wetter besser, die Fahrbahn ist trocken. Diesmal dauert die Fahrt mehr als dreieinhalb Stunden — ohne Pause.

Ich bin ziemlich erschöpft. Nachdem ich uns einen Imbiß zubereitet habe, rufe ich die Eltern an und packe für Kyra den Koffer, denn morgen geht sie auf Klassenfahrt. Nach dem Abendessen rufe ich in Tübingen an.

Min war den ganzen Tag über ungenießbar. Das änderte sich, als Annette demonstrativ die Sonde brachte. Schlagartig wurde Mikro ein liebes Kind, spielte mit dem dünnen Schlauch, setzte ihn sich auf den Kopf als eine Art Krone und fütterte ihre Plastiktiere damit. Sechs(!) Spritzen Brei hat sie am Abend genommen. Würde sie problemlos essen, könnte sie vielleicht schon am Wochenende zu Hause sein, denn das Blutbild zeigt vertretbare Werte, und die Abstoßreaktion ist unter Kontrolle. Am Montag soll sie Cortison nur noch in kleinsten Mengen bekommen.

Später ruft Dr. Bertram an. Wie üblich wird es eine längere Unterhaltung, bei der Min im Mittelpunkt steht. Unser guter Doktor ist recht zufrieden mit dem, was ich ihm sagen kann, und bittet mich, liebe Grüße auszurichten. Bei ihm zu Hause gibt es keine Probleme, Mutter und Kind sind wohlauf.

17. September, Montag

Im Gegensatz zu gestern herrscht strahlender Sonnenschein, als ich Kyra zur Schule kutschiere. Unter den Jungen und Mädchen, die dort mit ihren Eltern auf den Bus warten, herrscht Aufbruchstimmung, freudige Erwartung auf den Urlaub von der Schule und das, was sie in Schmitten im Taunus erwartet. Etliche haben wie Kyra einen Walkman dabei, andere gar einen kiloschweren Stereo-Radio-Recorder.

So frühreif sie auch sein mögen – es sind immer noch Kinder. Ein Junge hat sein Meerschweinchen mitgebracht, um erst im letzten Augenblick davon Abschied nehmen zu müssen; am liebsten würde er es mitnehmen. Auch Kyra fällt die Trennung nicht ganz leicht – ich merke es an ihrem Kuß und ihrer Umarmung. Die Koffer sind verstaut, der Bus fährt los, und Söhne und Töchter winken wie verrückt den zurückbleibenden Vätern und Müttern zu, die in dieser Hinsicht ihren Kindern kaum nachstehen. Für mich wird es eine einsame Woche werden so ganz allein in der Wohnung – selbst die Papageien, die mich sonst immer begrüßten und plapperten, sind weg. Fast fürchte ich mich ein wenig vor den stillen Räumen.

Nach Feierabend bereite ich mir eine warme Mahlzeit zu – kein Fertiggericht – und nehme mir dann die Küche vor, wasche Tisch und Arbeitsflächen ab und spüle per Hand, was sich in der Spülmaschine verformt. Während die Waschmaschine läuft, nehme ich trockene Wäsche ab und reinige Mins Arztsachen – Spielzeug und echte Spritzen, Tropfs und was der Dinge mehr sind. Schon oft genug ist es ihr so gelungen, den Klinikaufenthalt spielerisch zu bewältigen.

Gegen 18.40 Uhr ruft Kyra an. Sie erkundigt sich sogleich nach Jasmin, aber ich muß passen, weil ich noch keine neuen Nachrichten aus Tübingen habe. Die Klasse ist gut am Ziel angekommen, Kyra schläft mit vier anderen Mädchen – ihre Busenfreundinnen gehören natürlich dazu – in einem Zimmer. Das Wetter ist zwar durchwachsen, aber die Stimmung ist gut. Einen ersten Ausflug haben sie bereits gemacht, für morgen steht eine Tageswanderung auf dem Programm. Unsere Große wörtlich: „Allein der Gedanke daran läßt mich schaudern." So schlimm wird es wohl nicht sein, zumal ein wenig Bewegung unserem naschhaften Bücherwurm sicherlich nicht schaden wird.

Zwanzig Minuten später rufe ich zur verabredeten Zeit in der Kinderklinik an. Renate muß geholt werden. Sie ist kurz angebunden, fast ruppig. Obwohl ich dafür ja nun wirklich nichts kann, wirft sie mir quasi vor, daß Opa kurz vorher angerufen hat zu einer Zeit, als Mikro Medikamente bekam und geschrien hat – und sie tut es noch immer, weil der Mund blutet. Wie ein lästiger Fragesteller werde ich kurzerhand abgefertigt mit dem Bescheid, in einer halben Stunde nochmals auf der H anzuläuten. Ende des Gesprächs.

Ein wenig betroffen bin ich schon, aber nicht verärgert, sauer oder eingeschnappt, schließlich weiß ich, welcher Streß es ist, derzeit den ganzen Tag bei Min zu sein, überhaupt ein Kind zwölf Stunden lang im Krankenhaus zu betreuen. Selbst der nervenstärkste Mensch hält das auf die Dauer nicht aus, und ich weiß es.

Das anschließende Telefonat ist kaum ergiebiger als das erste. 2.600 Leukos, gibt Renate mir durch, sinkende Thrombos und keine Sonde, obwohl Jasmin mit essen nicht viel im Sinn hat. Ich bedränge sie nicht weiter und gebe mich mit dieser Auskunft zufrieden.

Eine Stunde später klingelt das Telefon – Renate ist am anderen Ende der Leitung. Sie ruft von der Zelle in der Klinik aus an. Unumwunden gibt sie zu, daß sie geschafft und mit den Nerven am Ende war, inzwischen hat sie sich wieder etwas gefangen. Der Tag hatte es, abgesehen davon, daß Mikro quengelig war, wieder einmal in sich. Eine erfahrene Schwester befestigte die Schlauchkupplung nicht richtig, der IVAC pumpte unbeirrt, das Tropfgemisch gelangte aber nicht in Mins Körper, sondern auf den Boden, und in der Katheterleitung bildete sich eine Art Luftbahn. Geistesgegenwärtig preßte Renate den Schlauch zusammen, damit die Luftblase nicht in Mikros Ader gelangte, und eine von ihr alarmierte Schwester rief einen Arzt, der die bedrohliche Situation entschärfte. Dann kam die Nachricht, daß Jasmins Blut nicht im Hauptlabor angekommen war, um die Leberwerte festzustellen. Im kleinen Labor wurden noch Leukos und Thrombos ausgezählt, dann war die Probe auf einmal weg.

Heute bekam Min ein Eisenpräparat in Tropfenform verordnet. Um die Kleine nicht mit der zusätzlichen Einnahme eines Präparats zu belasten – aus medizinischer Sicht bestanden keine Bedenken –, zog Renate die Tropfen zusammen mit den im Mörser zerstampften Tabletten auf und spritzte Min das Gemisch in den Mund. Und dann kam die Reaktion: Jasmin wurde fast wahnsinnig vor Schmerzen, der Mund brannte wie Feuer, sie schrie wie am Spieß.

Natürlich ließ Renate die Sache nicht auf sich beruhen. Als sie sich Mikros Mund und Rachen ansah, bemerkte sie nicht nur rotgefärbte, blasenartige Erhebungen, sondern auch Blutungen.

Eine herbeigerufene Schwester setzte sich mit dem zuständigen Arzt in Verbindung, der dann anordnete, die Tropfen abzusetzen und dafür Eisentabletten zu geben. Hellhörig geworden, argumentierte Renate, daß diese Tabletten möglicherweise Magenbluten hervorrufen könnten, denn es hatte sich ja gezeigt, daß ein solches Mittel für eine lädierte Schleimhaut zu aggressiv ist. Tatsächlich schloß sich der Mediziner – nochmals angerufen und zu Hause befragt – Renates Auffassung an. Morgen früh soll eine neue Entscheidung getroffen werden.

Tobias soll nächste Woche nach Großhadern – vielleicht zur Vorbereitung, vielleicht zur Überwachung. Wahrscheinlich bleibt er dort, bis ein geeignetes Herz transplantiert werden kann. Das ist schlimm, nicht nur für den Jungen, sondern auch für seine Eltern, nervenaufreibender wird aber die Warterei sein. Vater, Mutter und er selbst müssen eine schier unmenschliche Kraft aufbringen, um das durchzustehen und nicht zu verzweifeln.

Obwohl wir die Ärzte gebeten und bekniet haben, einen Termin für den kleinen Thomas zu machen, den wir von Peiper her kennen, der ein Geschwisterkind als Spender hat und nach dem Rückfall dringend transplantiert werden müßte, haben wir keinen Erfolg. Bis zum April nächsten Jahres sind die Zelte mit schweren Fällen ausgebucht. Nur wenn einer oder gar zwei der vorgesehenen „Kandidaten" ausfallen sollte, hätte Thomas eine Chance, früher behandelt zu werden als nach Ostern 1985. Entsprechend wurde auch Gießen informiert. Zweifellos wird unsere Klinik versuchen, woanders einen Platz für Thomas zu bekommen, aber es ist bitter, daß unser hochtechnisiertes Land nicht in der Lage ist, hier Abhilfe zu schaffen. April 1985 — bis dahin kann es für das auf die Warteliste gesetzte Kind bereits zu spät sein. Renate und ich sind nicht so abgebrüht, um das einfach wegzustecken.

18. September, Dienstag

Bevor ich mit Renate telefoniere, ruft Kyra an. Sie will wissen, wie es Jasmin geht, und erkundigt sich nach den Blutwerten. Die ganze Familie rechnet mit Leukos und Thrombos.

Bei unserer Großen stand heute die Tageswanderung auf dem Plan, doch sie war nicht so strapaziös, wie Kyra befürchtet hatte, im Gegenteil, sie hat ihr gut gefallen. So besichtigte die Klasse eine Burgruine. Das macht natürlich mehr Spaß, als einfach durch die Gegend zu laufen. Die Kindertomaten von unseren beiden Stöcken auf dem Balkon, die ich ihr heimlich in den Koffer gepackt hatte, hat sie gefunden, und sie haben Kyra ausgezeichnet gemundet. Morgen will sie wieder anrufen.

Schon als sich Renate mit Namen meldet, merke ich ihrer Stimme sofort an, daß es gute Nachrichten gibt, allein dieses eine Wort signalisiert mir, daß sie zufrieden ist — kein Vergleich zum Anruf gestern um diese Zeit.

Dr. Dopfer hat sich wieder als Leukozähler betätigt und registriert 4.000. Weiß der Kuckuck, wie er auf diese stolze Zahl kommt — vielleicht zieht er die weißen Blutkörperchen magisch an. Die Thrombos, die gestern bei 40.000 lagen, sind nicht weiter abgesackt, sondern haben sich stabilisiert und leicht verbessert auf 52.000.

Ihre Entstehung scheint im mystischen Dunkel zu liegen, denn der Neue Brockhaus nennt in seiner fünften, neubearbeiteten Auflage das Knochenmark als Produzenten von Riesenzellen, die zu Thrombozyten zerfallen, laut ADAC-Gesundheitsbuch sind es Zellen — was der Brockhaus bestreitet —, die in der Leber und in der Milz gebildet werden. Nach meiner Kenntnis ist der ADAC-Autor auf dem Holzweg, doch wie auch immer — das Ergebnis ist positiv.

Und dann wartet Renate mit einer faustdicken Überraschung auf: Heute morgen ist Min vom Tropf abgestöpselt worden, und sie durfte – mit einem Mundschutz und warm angezogen – in den Park. Mehr als eine halbe Stunde ließ das Wetter mit einsetzendem Regen nicht zu, aber anschließend fuhr Mikro mit einem Dreirad im Zimmer herum und trimmte sich. Zwar streikt sie noch beim Essen, doch Brei in der Spritze nimmt sie.

Noch während Renate und ich miteinander sprechen, holt Schwester Annette Min mit Mundschutz ans Telefon, aber Jasmin will nicht mit mir reden. Das kenne ich bereits und nehme es ihr nicht übel – Heimweh macht ihr zu schaffen.

Das Abstöpseln nach der Katheterpflege am Morgen soll beibehalten werden, abends wird der Tropf wieder angeschlossen und auf höhere Durchlaufgeschwindigkeit gestellt, so daß Min sich tagsüber frei bewegen kann.

Renate wirkt aufgekratzt, und auch ich freue mich unbändig, daß es weiter aufwärts geht, der Erfolg fast greifbar ist. Ich könnte die ganze Welt umarmen.

19. September, Mittwoch

Kurz bevor ich mit Renate telefoniere, kommen Mutti und Bodo. Die beiden wollen mir noch ein wenig zur Hand gehen.

Min macht weitere Fortschritte. Zwei Stunden war Renate mit ihr im Park, dabei hat Mikro nicht nur im Wagen gesessen, sondern ihn auch geschoben. Anschließend ist sie noch mit einem Dreirad im Zimmer herumgeflitzt. Sie ist wie verwandelt, lacht, macht Späßchen und ist wieder auf dem Weg, unsere alte, fröhliche Jasmin zu werden.

Gut einen Viertelliter Milch hat sie getrunken und – oh Wunder – einige Löffel von der Kartoffelsuppe gegessen, die ich gekauft hatte. Sogar ein Stück Kartoffel konnte sie schlucken, ohne daß es gebrannt hat. Das sind nun wirklich gute Nachrichten, die mein Herz höher schlagen lassen.

Renate meint, daß Min morgen vielleicht Blut bekommt, weil die Werte abgefallen sind: Hb 9,8, Thrombos knapp unter 40.000, Leukos 2.400.

Später ruft Kyra an. Bei der heutigen Tageswanderung hat sie sich zwei Blasen gelaufen, ist aber trotzdem ganz fidel. Als ich ihr von Min erzähle, freut sie sich, ärgert sich jedoch gleichzeitig darüber, daß sie nicht mit Jasmin spazierengehen konnte. Wir werden es nachholen.

20. September, Donnerstag

Wie gestern versprochen, habe ich salzarme Fertigsuppen gekauft und nach Tübingen geschickt. Vielleicht braucht Jasmin ja gar nicht mehr die reizarme Nahrung, aber wenn doch, soll sie auch da sein.

Auch heute hatte Min wieder Ausgang, hat Suppe gegessen und sogar Maultaschen. Natürlich hat sie keine großen Mengen verputzt, denn Magen und Darm müssen sich erst wieder an richtige Mahlzeiten gewöhnen, doch der Anfang ist gemacht.

Die Leukos sind auf 2.600 gestiegen, aber Hb-Wert und Thrombos sind weiter gesunken. Heute abend bekommt Mikro ein Blutplättchen-Konzentrat. So allmählich kristallisiert sich heraus, daß neben Leukos und Essen wohl hauptsächlich die Thrombozahl ein Kriterium dafür ist, wann Jasmin nach Hause darf. Die Menge der Blutplättchen muß – ein bestimmtes Limit vorausgesetzt – stabil bleiben. Zweihundert- bis dreihunderttausend pro Kubikmillimeter (Stecknadelkopfgröße) sind die Norm, doch Onkologen legen da andere Maßstäbe an und sind mit weit weniger zufrieden. In diesem Sinne äußert sich auch Professor Niethammer. Seiner Meinung nach besteht kein Grund zur übertriebenen Sorge. Um allen Eventualitäten vorzubeugen und um eine Kontrolluntersuchung durchzuführen, will Dr. Dopfer morgen eine Knochenmarkpunktion vornehmen.

Letzteres sagt Renate, ohne aufgeregt zu wirken, und auch ich bleibe eigentlich gelassen, dabei erinnere ich mich doch deutlich daran, als ich auf Peiper zum erstenmal bei der Prozedur dabei war und das Knirschen hörte, als das Gerät durch den Knochenmantel getrieben wurde. Dieses furchtbare Geräusch werde ich bis an mein Lebensende nicht vergessen, und trotzdem hat dieser Eingriff seinen Schrecken verloren. Ich erschrecke vor mir selbst, daß ich nicht betroffen bin, sondern das einfach akzeptiere, als wäre es Teil meines Alltags. Es geht um mein Kind, und ich reagiere und funktioniere fast schon wie ein Arzt, für den das Routine ist, aber es muß wohl sein. Eigentlich ist es schlimm, wie sehr sogar Eltern vom Ablauf im Krankenhaus beeinflußt werden.

Kyra ruft kurz vor halb acht an und fragt zuerst nach Jasmin. Erneut mißfällt ihr, daß ihre Schwester in den Park konnte, ohne daß sie dabei war. Sie selbst fühlt sich wohl, der Ausflug macht ihr Spaß, allerdings wird ihr Taschengeld knapp, und deshalb soll ich sie morgen anrufen. Auch von einer Dummheit, die sie begangen hat, berichtet sie mir: Zusammen mit ihren Freundinnen ist sie aus dem Fenster auf das vorgelagerte Flachdach geklettert, dafür hat sie die Klassenlehrerin mit dem Abschreiben der Hausordnung bestraft.

21. September, Freitag

Gestern habe ich mit Frau Dr. Kaufmann über die Impfung von Kyra und mir gegen Hepatitis B gesprochen, heute morgen hole ich die Rezepte in der Kinderklinik ab. Als ich das Gebäude betrete, überkommt mich ein ganz eigenartiges Gefühl. Alles ist so vertraut, mir kommt es fast vor, als käme ich von einer langen Reise nach Hause zurück.

Auf einen Sprung gehe ich zu Peiper hoch. Die Kinder und Mütter, denen ich begegne, sind mir unbekannt, auch beim Personal nur fremde Gesichter. Lediglich eine Schwester kenne ich, die mich auch sofort begrüßt und nach Jasmin fragt. Professor Lampert rennt gedankenverloren an mir vorbei, Frau Dr. Kaufmann unterhält sich kurz mit mir und erkundigt sich natürlich nach Min. Auch sie ist in Eile, denn sie muß in die Ambulanz, weil Dr. Berthold und Dr. Westphal Urlaub haben.

Als ich sie nach dem geplanten Transplantationszentrum in Gießen frage, macht sie mich mit Dr. Schulz bekannt, der jetzt auf Peiper tätig und der Fachmann auf diesem Gebiet ist. Wie Dr. Berthold war er zu Studienzwecken in den USA und hat sich dabei über eine Methode informiert, die auch hier eingesetzt werden soll.

Ausgehend von der Situation, daß nur in einem Viertel der Fälle ein passender Spender zur Verfügung steht, soll dem Kind eigenes, gereinigtes Knochenmark transplantiert werden. Im Prinzip gleicht es der von englischen Ärzten entwickelten Methode, von der ich gelesen habe, mit gentechnologisch gewonnenen monoklonalen Antikörpern zu arbeiten, um Krebszellen zu markieren. Anders als die Briten, die den Antikörpern magnetische Kügelchen zufügen und die kenntlich gemachten Tumorzellen herausfiltern mit Magneten, werden hier Freß- oder Killerzellen eingesetzt, die ausschließlich die entarteten Zellen vernichten und das Gewebe ungeschoren lassen, das gesund ist. Diese Behandlung wird in den USA schon praktiziert und ist klinisch anwendbar, hat also die Experimentierphase bereits hinter sich. Ein wichtiger Punkt: Es kommt zu keiner Abstoßreaktion.

Das bißchen Wissen über Krebs, Immunsystem und Transplantation, das ich mir angeeignet habe, erweist sich nun als nützlich, denn Dr. Schulz und ich unterhalten uns fast auf medizinischer Ebene. Früher oder später versetzt die intensive Beschäftigung mit dieser Krankheit die meisten Eltern in die Lage, mit den Ärzten fachsimpeln zu können.

Es ist ein interessantes Gespräch, doch wir stehen beide unter Zeitdruck. Der Arzt wird im Behandlungszimmer erwartet, ich muß zurück in den Betrieb. So kann ich nicht alles nachfragen, aber ich bin sicher, daß auch diese Methode die Zerstörung des eigenen, nicht entnommenen Knochenmarks erforderlich macht. Optimal wäre natürlich ein Einsatz von monoklonalen Antikörpern und Freßzellen in großer Zahl im Gesamtorganismus ohne die Zytostatika- und Strahlungstortur, die Min über sich ergehen lassen mußte. Hier scheint sich ein Weg dazu anzudeuten.

Ich gehe nicht, ohne mich nach dem kleinen Thomas zu erkundigen, der einen Rückfall hatte und der trotz aller Fürsprache von uns in Tübingen erst im April 85 zur Transplantation eingeplant werden kann, denn sein Schicksal liegt Renate und mir trotz eigener Probleme sehr am Herzen. Ich bin erleichtert, daß es ihm relativ gutgeht und die Behandlung angeschlagen hat, allerdings würde er derzeit die Therapie zur Vorbereitung auf das Zelt körperlich nicht verkraften. Immerhin sind die Ärzte hier dankbar, wenigstens einen terminlichen Anhaltspunkt zu haben, um sich auf den Zeitpunkt einstellen zu können.

Bevor ich mit Renate telefoniere, rufe ich bei Bertrams in Stuttgart an, um auch einmal eine relativ gute Nachricht zu übermitteln, was Jasmin betrifft. Wie nicht anders zu erwarten, ist unser guter Dr. Bertram noch in der Klinik. Seine Frau, die ich ja noch von Peiper kenne, sagt, daß er auch morgen Dienst hat, doch Sonntag wollen sie − wenn möglich − Min besuchen.

Später, beim Telefonat mit Renate, muß ich jede Menge Grüße ausrichten − von Familie Bertram, von Frau Dr. Kaufmann und unbekannterweise von Dr. Schulz.

Der Spaziergang fiel heute recht kurz aus, denn kaum waren Renate und Mikro im Park, fing es an, zu regnen, also fluchtartige Rückkehr ins Krankenhaus. Ganz ohne Bewegung blieb Jasmin trotzdem nicht − spielerische Gymnastik in einem eigens dazu vorgesehenen Raum stand auf dem Programm. Die Suppen sind angekommen, allerdings noch nicht zubereitet worden. Min hat sich zum regelrechten Milchfix entwickelt, doch da sie nur H-

Milch trinken darf, ist der weiße Saft nicht mehr als ein Magenfüller.

Ihre Leukos sind zu meiner Überraschung auf 3.600 gestiegen, die Zahl der Thrombos ist nach der gestrigen Zuführung auf 84.000 geklettert, der Hb-Wert dagegen auf 9,0 gesunken. Sie bekommt deshalb Blut. Punktiert wurde nicht, weil Professor Niethammer keine Notwendigkeit dazu sah.

Kyra war schon gestern knapp bei Kasse und bat mich, sie anzurufen, um ihre Geldbörse zu schonen. Dreimal versuche ich es vergeblich, niemand geht an den Apparat, dann, kurz vor zwanzig Uhr, kommt die Verbindung doch noch zustande, aber ich kann Kyra nicht sprechen, weil sie mit ihrer Klasse zu einer Nachtwanderung aufgebrochen ist. Da der Zeitpunkt der Rückkehr ungewiß ist, bitte ich meinen jugendlich klingenden Gesprächspartner, Kyra wenigstens auszurichten, daß ich angerufen habe; schließlich soll sie nicht den Eindruck haben, nur die zweite Geige zu spielen. Beide Kinder sind uns gleich lieb, und immerhin war es unsere Große, die durch ihre Knochenmarkspende Min eine gute Ausgangsposition verschaffte, um gesund zu werden.

22. September, Samstag

Punkt elf Uhr bin ich an der Schule, um Kyra abzuholen. Innerlich habe ich mich auf eine längere Wartezeit eingerichtet, doch ich gehöre zu den letzten, die ihr Kind abholen. Allen Erwartungen zum Trotz war der Bus früher da als geplant. Obwohl Kyra ein paar Minuten ausharren mußte, fällt die Begrüßung recht stürmisch aus.

Während Kyra sich lesend entspannt, packe ich den Koffer aus und sortiere die schmutzige Wäsche. Die Waschmaschine läuft, ich bereite uns ein schnelles Essen zu, dann geht es ans Aufräumen und dazwischen immer wieder waschen.

Um 14.30 Uhr rufe ich in der Klinik an. Zu meiner Überraschung ist Renate mit Jasmin in die Wohnung gegangen. Na, wenn das kein gutes Zeichen ist!

Bis zum Telefonat mit Tübingen um 19.00 Uhr bin ich wieder als Hausmann tätig. Mins Leukos hauen mich um: 4.600. Durch die Blutzufuhr ist der Hb-Wert auf 14,5 gestiegen, aber die Thrombos fallen schon wieder. Erfreulich sieht's mit dem Essen aus: Camembert hat sie probiert und Frischkäse, Spaghetti mit Ketchup ließ sie sich schmecken. Den Tomatenmatsch hat Renate ganz vorsichtig dosiert, um Mikros Schleimhäute zu schonen, doch sie verlangte mehr und aß es auch ohne Probleme. Das ist natürlich ein Fortschritt, denn reizarm ist Ketchup ja nun gerade nicht.

Ich glaube, auch Renate profitiert ein bißchen davon, daß es mit Min jetzt sichtbar aufwärts geht, obwohl nicht alles programmgemäß abläuft. Kein Problem ist es, daß Mikro den obligatorischen Mundschutz tragen muß, wenn sie die „Villa" verläßt. Die mangelnde Thrombo-Produktion beschäftigt uns und die Ärzte ebenso wie eine Belagstelle im Mund, möglicherweise eine Pilzinfektion. Auch an der Scheide sind noch regionale Bereiche, die behandelt werden müssen, aber sonst können wir eigentlich zufrieden sein.

23. September, Sonntag

Endlich einmal richtig ausschlafen – bis elf Uhr bleibe ich im Bett, dann geht es ausgeruht ans Werk. Wäschewaschen steht auch heute wieder auf dem Programm. Diesmal sind Sachen an der Reihe, die nicht dringlich sind, die aber sauber sein müssen, wenn Jasmin zurückkommt – Bettwäsche von ihrem und Kyras Bett (das unsere Große ohnehin nicht benutzt), Tagesdecke, Badezimmergarnitur, kleine Läufer usw. Und dann werden die letzten Dinge zum Boden transportiert, damit die Wohnung langsam wieder wohnlich wird.

Das Mittagessen – Sauerbraten, Salzkartoffeln und Tomatensalat – erfordert keinen großen Aufwand und läßt mir Zeit, getrocknete Wäsche abzunehmen und in den Schrank zu legen. Noch bevor Kyra und ich essen können, ruft Renate an, weil sie das dringende Bedürfnis hat, mit mir zu sprechen, um ihr Herz auszuschütten.

Praktisch seit wir weg sind, macht Jasmin ihr das Leben zur Hölle. Min verwandelt sich förmlich in einen kleinen Teufel, wenn sie die Tabletten nehmen soll, kratzt, beißt, spuckt, schreit und gebärdet sich wie eine Verrückte, selbst die Moronal-Dragees, die sie zu Hause sogar gerne genommen hat, sind ihr ein Dorn im Auge. Auf gutes Zureden reagiert sie nicht, sie will nicht mehr und möchte endlich heim. All das ist nach der langen Zeit verständlich, auch Renate und ich wünschen uns nichts lieber, aber es geht eben noch nicht.

Als ich Renate empfehle, diese Medikamente von den Schwestern geben zu lassen, sagt sie mir, daß das Personal in dieser Hinsicht resigniert hat. Alle entsprechenden Versuche endeten mit einem Fiasko und einem totalen Mißerfolg. Obwohl Jasmin weiß, daß sie die Präparate nehmen muß und notfalls mehrmals, wenn sie sie wieder ausspuckt, ist sie starrköpfig und wehrt sich dagegen mit aller Kraft. Auf Zwang reagiert sie mit Gewalt und verhält sich dabei wie ein in die Enge getriebenes Tier.

Wir haben an Mikro immer geschätzt, daß sie ein solcher Kämpfer ist, sind froh, daß sie nie aufgibt, doch was sie nun mit Renate treibt, findet nicht meinen Beifall. Natürlich möchte ich ein gesundes Kind zurückhaben, aber Renate soll kein Fall für den Psychiater werden, ich will, daß Min gesund wird und Renate es bleibt.

Seit über eineinhalb Jahren leben wir mit dem Schrecken ohne Ende, und das prägt einen Menschen, fordert eine Entscheidung. Renate und ich haben miterlebt, wie einige Ehen an der Bewährungsprobe „Krebs des Kindes" zerbrochen sind, und auch bei uns gab es Tage, die nicht unbedingt harmonisch waren, aber wir haben diese geistigen Tiefs gemeinsam durchschritten in der Erkenntnis, daß ein solcher Schicksalsschlag nur zu zweit gemeistert werden kann, daß ein einzelner Mensch damit nicht fertig wird. Wichtig war und ist wohl auch, daß ich mitreden kann, weil ich selbst zumindest einmal in der Woche an Jasmins Bett saß und mich nie davor gedrückt habe wie es bei anderen Vätern manchmal der Fall war. Ich kenne die psychische Belastung, ein Kind zehn oder zwölf Stunden lang zu betreuen, ich beherrsche die wichtigsten Handgriffe, mir sagen auch die Bezeichnungen der Medikamente etwas, die Namen anderer Kinder weiß ich, bin also ein kompetenter Gesprächspartner. Wann immer Renate erzählte, war ich nicht ein erstaunter Zuhörer, sondern ein engagierter Partner mit Detailwissen.

Daß wir für Jasmin alles tun würden, stand von Anfang an außer Frage, und wir waren uns einig darin, dem alles unterzuordnen. Unsere Familien und Freunde verstanden das, und bei Kyra, die notgedrungen ein wenig zurücktreten mußte, haben wir um Verständnis geworben. Wann immer es ging, bemühten wir uns um besondere Zuwendungen und Extrastreicheleinheiten und versuchten, durch Geschenke einen Ausgleich zu schaffen. Das ist natürlich Unsinn, doch es beruhigt das schlechte Gewissen ein wenig.

Station Peiper ist überwunden und Vergangenheit, Tübingen ist aktuell und Realität. Daß ich nicht jeden Tag da sein kann, ist ein Manko, das uns alle belastet.

Ich bin nicht abgeschnitten, was die Informationen betrifft, aber ich bin zu weit weg, um direkt helfen zu können, und diese Hilflosigkeit macht mir zu schaffen. Ich kann Renate nicht in den Arm nehmen und sie trösten, wie es früher der Fall war, ich kann aber auch nicht einfach losfahren, obwohl es mich ständig danach drängt. Am liebsten würde ich Kyra ins Auto packen und nach Tübingen fahren.

Natürlich leidet Jasmin, denn sie ist es ja, die ständig traktiert wird, doch was Renate durchmacht, weiß außer ihr nur ich. Wenn sie nervlich am Ende ist und aus dem Zimmer gehen will, hält Min sie fest oder läuft ihr nach. Was soll man da tun? Natürlich liebt Renate die Kleine wie wir alle, aber einmal ist jeder Mensch mit seiner Kraft am Ende, wir sind nun einmal keine Maschinen. Und wenn Renate dann nachgibt und erneut versucht, die Medikamente zu geben, pustet Mikro ihr das Zeug ins Gesicht oder läßt es einfach aus dem Mund laufen. So etwas schafft einen auf die Dauer natürlich.

Am Nachmittag rufe ich Dr. Berthold an, um eine Art Lagebericht durchzugeben, weil er in Urlaub war. Er selbst ist gar nicht zu Hause, sondern bei einem Kinderonkologen-Kongreß in Barcelona, doch seine Frau vermag mit den Werten auch etwas anzufangen, da sie meines Wissens selbst Kinderärztin ist. Jedenfalls freut sie sich, daß Jasmins Zustand sich stabilisiert und es mit ihr aufwärts geht. Sie will ihren Mann bei der Rückkehr mit dieser guten Nachricht überraschen.

Wie gewohnt telefoniere ich um 19.00 Uhr noch einmal mit Renate. Ich glaube, es hat ihr geholfen, sich einmal die Sorgen von der Seele zu reden, denn sie wirkt wesentlich gelöster und gelassener als am Mittag. Und als hätte Min bemerkt, wie es um ihre Mutti bestellt ist, war sie heute abend bei der Einnahme der Medikamente friedlich und willig. Das Bewußtsein, dem geliebten Kind keinen Zwang antun zu müssen, ist Balsam für die angeschlagene Psyche.

24. September, Montag

Ich kann mit Renate gerade ein paar Worte wechseln, dann muß ich schon an Kyra übergeben — Min will mit ihrer Schwester plaudern, und es wird tatsächlich eine längere Unterhaltung. Jasmin hat viel zu erzählen; es ist ein gutes Zeichen, daß sie wieder den Hörer in die Hand nimmt.

Erst nachdem die Mädchen ihren Plausch beendet haben, kommen auch wir Eltern zu unserem Recht. Wie Renate sagt, gab es heute keine Probleme mit den Tabletten, und auch mit dem Essen klappte es. Gestern hat Mikro sich sogar an Rinderbraten herangewagt – übers Probierstadium hinaus.

Recht enttäuscht war Min, daß sie nicht mit Renate in die Wohnung durfte, weil das Risiko zu groß war. Ihre Thrombos sind auf 12.000 gefallen, am Abend bekommt sie neue zugeführt. Um Jasmin dennoch eine kleine Freude zu machen, ist Renate losmarschiert und hat eine Playmobil-Packung mit einem großen und einem kleinen Elefanten gekauft. Es hat Min natürlich Spaß gemacht, ihren Zoo komplettieren zu können.

Der Hb-Wert ist mit 15,0 optimal, die Leukos werden mit 2.400 beziffert. Ein solches Auf und Ab ist uns Laien unverständlich – irgendwie scheint man mit den weißen Blutkörperchen in Tübingen auf Kriegsfuß zu stehen.

Professor Niethammer äußert Renate gegenüber, daß er zukünftig – unter Vorbehalt – darauf verzichten will, das zuzuführen, was das neue Knochenmark selbst produzieren soll und kann. Wir haben gegen diese medizinische Nagelprobe nichts einzuwenden, zumal dieser Arzt ein ausgezeichneter Fachmann ist und ein besonnener Mann dazu, der sich seine Sporen nicht mehr erst verdienen muß. Es ist nach unserer Erfahrung tatsächlich so, daß Namen für Qualität bürgen – und das trifft nicht nur für den Leiter der Crew zu, sondern auch für seine Mannschaft.

Trotz des Handikaps wirkt Renate recht zufrieden, und auch Min greift noch einmal zum Hörer, um mir mit immer noch etwas rauher Stimme von ihren Elefanten zu erzählen. Mit den Rüsseltieren aus Plastik scheint Renate einen guten Griff getan zu haben.

Ich habe heute in der Apotheke den Impfstoff abgeholt. Die Größe der Schachteln jagt mir fast einen Schrecken ein, aber wie oft täuscht die Packung. Den Maßen nach habe ich 50 ml erwartet – es ist nur einer mit einer beigepackten Einmalspritze.

Kyra wollte sich absolut nicht impfen lassen. Seit Samstag habe ich ihr in längeren Gesprächen klarzumachen versucht, daß die Blutabnahme wesentlich schmerzhafter ist als der Stich in den Po. Allmählich scheine ich sie überzeugt zu haben, denn anfänglich gab es Tränen und jetzt nur noch spärlichen Protest.

Gleich heute morgen habe ich Dr. Berthold in der Klinik angerufen. Für morgen um fünfzehn Uhr haben wir einen Impftermin ausgemacht, dabei verkündete er, daß er detaillierte Informationen über Jasmin hätte. Überrascht frage ich, ob er schon zu dieser frühen Stunde mit Dr. Dopfer telefoniert hat, aber das ist nicht der Fall. Er hat in Barcelona auf dem Kongreß Dr. Threuner getroffen. Fast mußte ich lachen – da müssen unsere Ärzte erst nach Spanien fahren, um sich über ein Menschlein zu unterhalten, das in Gießen und Tübingen gleichermaßen bekannt ist.

Ich glaube, ein wenig anders als bei Onkologen, die Erwachsene behandeln, ist das schon. Min ist nicht der Krebspatient schlechthin und auch nicht das erste in der Bundesrepublik transplantierte „Neuroblastom IV", sondern das Kind namens Jasmin.

25. September, Dienstag

Mit blankem Po stehen wir nicht vor Dr. Berthold, denn auch das Muskelgewebe der Arme reicht aus, und so gibt es 1 ml H-B-Vax in den linken Arm – und nicht einmal den Einstich merke ich. Natürlich macht Vater den Anfang, um ein gutes Beispiel zu geben. Kyra ist auch tapfer, doch ein paar Tränen gibt es schon. Es ist die Erwartungsangst vor dem Schmerz, der dann wider Erwarten ausbleibt.

Es ist eine Selbstverständlichkeit, daß Dr. Berthold und ich uns eine Weile unterhalten – über Jasmin, ich bringe Transplantation und das geplante Transplantationszentrum ins Gespräch. Letzteres ist ein Thema, das unserem Arzt nicht sonderlich behagt, weil auch engagierte Mediziner auf dem Gebiet der Autotransplantation noch Erfahrung sammeln müssen und öffentlich ziemlich viel spekuliert wird. Auf dem Kongreß in Barcelona hatte Dr. Berthold Gelegenheit, mit den englischen Ärzten zu sprechen, die – ich frage gezielt – monoklonale Antikörper mit magnetischen Anhängseln einsetzen. Auch in dieser Hinsicht ist manches selbst unter Experten noch unausgegoren, die Forschungen sind noch nicht abgeschlossen, aber es sind – finde ich – ermutigende Ansätze.

Selbst ein Eigentransplantat ist nicht so problemlos, wie ich denke. Zwar entfällt die Abstoßreaktion – mein Argument –, aber diese kann, sofern sie anfangs und relativ heftig erfolgt, also nicht chronisch wird, auch einen positiven Effekt haben. Falls es noch Krebszellen im Körper gibt, bekämpft der Organismus sie unter diesen Voraussetzungen nochmals und vernichtet sie, wo immer es geht. Eine Erfolgsgarantie ist das nicht, allerdings spricht der statistische Mittelwert den Kindern mit heftigen Abstoßreaktionen eine größere Erfolgschance zu. Immerhin läßt sich der Arzt zu der Aussage hinreißen, daß er auch sein eigenes Kind der Behandlung unterzogen hätte und verhältnismäßig sicher ist, daß Min es schafft.

Dr. Berthold gibt uns noch ein Rezept für weiteren Impfstoff mit Nachimpfung in vier Wochen und zum drittenmal in einem halben Jahr.

Renate wirkt zufrieden. Zwar ist Min heute morgen punktiert worden, doch das Ergebnis ließ Dr. Dopfer strahlen – alles in Ordnung. Auch Professor Niethammer äußert sich positiv. 4.000 Leukos kommen mir recht hoch vor, aber Dr. Dopfer betont, daß er im Labor beim Auszählen nur zugesehen hat – er ist ein Schelm. Mal sehen, wie viel weiße Blutkörperchen ermittelt werden, wenn er völlig abwesend ist, also ohne seine Leukoanziehungskraft.

Mit dem Essen klappt es jetzt ganz gut, Jasmin will ununterbrochen futtern – Cortisonwirkung. Sie nimmt nicht mehr ab und hält ihr Gewicht konstant auf 15 kg. Der Mund sieht wieder recht ordentlich aus, mit der Scheide gibt es noch ein wenig Probleme. Creme und Sitzbäder dreimal täglich sollen da Abhilfe schaffen.

Das Wetter ist zu schlecht, um spazierenzugehen. Am Nachmittag war Renate mit Min wieder ein paar Stunden in der Wohnung. Es schafft ein bißchen Abwechslung, wenn man nicht den ganzen Tag im Krankenzimmer hocken muß.

26. September, Mittwoch

In Tübingen läuft alles recht gut. Leukos ohne Dopfer-Effekt 3.600, Hämoglobin immer noch über 14, Thrombos geringfügig gesunken: Von 120.000 gestern auf 118.000 heute, also recht stabil. Die Zusammensetzung der weißen Blutkörperchen begeistert die Ärzte: 76 % davon sind Granulozyten, also Zellen, die das Knochenmark produziert.

Für ein paar Stunden war Renate mit Jasmin wieder in der Elternwohnung. Beide haben ein Nickerchen gemacht. Min hat sich die Kinderstunde angesehen – und gegessen. Ein Hähnchenschenkel mußte daran glauben und ein Stück Gouda als Nachspeise.

Nachts läuft immer noch der Tropf mit Glucose, doch mittlerweile dürfte die Nahrung ausreichend sein, die Mikro selbst zu sich nimmt. In Kürze wird wohl die künstliche Ernährung eingestellt werden.

Renate gibt mir eine Liste mit Dingen durch, die ich mitbringen soll. Vornehmlich sind es Kleidungsstücke für Min, die nur Sommergarderobe dabeihat. Auch in Tübingen ist es naß und kalt, nur grauer Himmel mit Regen und spätherbstlichen Temperaturen.

Egal, wie das Wetter auch ist – ich sehne mich nach Renate und Min. Und Renate freut sich auch – vierzehn Tage sind doch eine lange Zeit.

27. September, Donnerstag

Gestern abend waren Mielchen und ihr Mann zu Besuch bei uns. Eigentlich sollte ich für Herbert die Steuererklärung machen, doch viel wurde nicht daraus, zumal ein Formular fehlte. Es gab eine Menge zu erzählen – natürlich über Jasmin, aber auch über das Enkelchen von Renates Schwester und meinem Schwager. Herberts Krankenhausaufenthalt paßt förmlich zum Thema – er hatte Hepatitis. Kurz vor Mitternacht findet unsere Unterhaltung wegen der vorgerückten Stunde ein Ende, morgen wollen sie wiederkommen, und dann soll endlich der Papierkram erledigt werden. Für mich bedeutet das Streß hoch 2, denn Hausarbeit und Kofferpacken warten ebenso noch auf mich wie Besorgungen. Zudem hat Renate mich gebeten, zum Friedhof zu gehen. Sie weiß, daß ich Todestage grundsätzlich verdränge und so gründlich dazu, daß mein Gedächtnis das Datum löscht oder nicht mehr preisgibt.

Professor Lampert hat sich wieder einmal in den Dienst der guten Sache gestellt und sammelt Spenden für Peiper. Zusammen mit zahlreichen Prominenten pilotiert er am übernächsten Wochenende den neuen Kadett über den Nürburgring, den die Adam Opel AG dort vor Beginn eines Rennens der Öffentlichkeit vorstellt. Da alle Teilnehmer dieser Opel-Aktion auf Gage verzichten, kommt das Honorar von 40.000 DM Peiper zugute. Dank der Unterstützung meines Chefs kann ich Professor Lampert einen neuen Kadett zur Verfügung stellen, damit er sich mit dem Wagen ein wenig vertraut machen kann.

Ich habe eine Blumenschale ans Grab der Schwiegermutter gebracht. Obwohl ich Friedhöfe nicht mag, verweile ich ein paar Minuten. Der liebe Mensch, der dort begraben liegt, starb viel zu früh.

Ich muß mich sputen, um meine Einkäufe noch zu erledigen. Bevor Herbert und seine Frau kommen, rufe ich in Tübingen an. Hb 14,5, Leukos über 4.000, die Thrombos sind auf 80.000 gefallen.

28. September, Freitag

Als ich kurz nach zwölf aus dem Büro nach Hause komme, gieße ich noch schnell die Blumen und telefoniere mit Renate, ob wir in die Wohnung oder in die Klinik kommen sollen. Die beiden haben Ausgang bekommen. Min sagt mir noch, daß sie Fischstäbchen und Kartoffelsalat gegessen hat, dann trifft Kyra ein. Um 12.45 Uhr düsen wir los.

Das Düsen hört bereits nach zehn Kilometern hinter dem Gießener Südkreuz auf – Stau mit Stillstand. Für einige Kilometer kann ich zwar mal bis auf 200 km/h aufdrehen, aber dann geht es im Schrittempo weiter. Vor allem im Schwabenland wimmelt es von Baustellen. Drei Stunden dauert die Fahrt. Es ist merkwürdig: Ich steige in Gießen ins Auto und bin dann in Tübingen, das mir mittlerweile so vertraut ist wie unser Städtchen. Was unterwegs war, ist weg, war dem Gehirn nicht wert, gespeichert zu werden.

Die Begrüßung ist nicht nur freudig, sondern überschwenglich. Besonders angetan ist Min von einem kleinen Kissen, das Kyra gemacht hat. Ein mit Perlen aufgesticktes „J" ziert das Geschenk. Mikro war auch nicht untätig und zeigt uns stolz einen selbstgebastelten Drachen. Er ist ihr wirklich gut gelungen.

Mikro ist freundlich und heiter. Mit Behagen ißt sie eine der selbstgemachten Frikadellen, die ich mitgebracht habe. Kyra, die unterwegs gefuttert hat, hat keinen Appetit. Während sich die Kinder die Zeit mit spielen und fernsehen vertreiben, gehen Renate und ich essen. Seit dem Morgen haben wir beide nichts mehr in den Magen bekommen, zugleich ist die gemeinsame Mahlzeit in einem Restaurant die einzige Möglichkeit, um uns ungestört zu unterhalten. Nicht alles läßt sich am Telefon sagen wie die Daten. Werte heute: Hb 14,7, Leukos 4.056, Thrombozyten 58.000.

Als wir zurückkommen, brechen wir auf, um in die Wohnung zu gehen. Dank Gymnastik kann Min wieder einigermaßen laufen, doch Treppensteigen geht noch nicht. Ich trage sie, Renate nimmt den Buggy von der Station mit. Im Wagen kutschieren wir Min, die einen Mundschutz tragen muß, durch den Park zum Elternhaus. Außer Renate wohnen dort zur Zeit die Mütter von Adrian, Judith, Suleiah und Tobias, der noch keinen Termin in München hat, wie es geplant war.

Viel Zeit, die wir gemeinsam verbringen können, haben wir nicht, da Jasmin um 18.00 Uhr wieder im Krankenhaus sein muß. Renate übernimmt es, Mikro im Buggy zurück in die Klinik zu fahren. Min schläft früh ein, um 20.00 Uhr ist Renate wieder zurück. Wie üblich findet sich die Elternrunde zusammen zum Gespräch und Erfahrungsaustausch, und es wird fast Mitternacht, bevor wir ins Bett finden.

29. September, Samstag

Mit Renate sind fünf Mütter im Haus, ich bin der einzige Mann. Später sind es sogar sechs Frauen, weil mit Adrians Mutter eine andere Frau kommt, die uns allen unbekannt ist.

Ich übernehme die Frühschicht, habe allerdings Probleme, ins Bad zu kommen, da die Damen sich die Klinke in die Hand geben und wesentlich mehr Zeit brauchen, als ich für rasieren, waschen und zähneputzen benötige. Endlich bin ich auch an der Reihe.

Es ist eine Freude, bei Min zu sein. Sie lacht und ist fröhlich, ein echter Schelm. Sie ißt und nimmt ganz prima Tabletten und Emulsionen. Dr. Dzietsch kaspert bei der Katheterpflege mit ihr herum, Schwester Barbara, die Jasmin in ihrer schlimmsten Phase erlebt hat, freut sich wie ein Schneekönig über unser heiteres Kind. Als der Arzt Blut abnimmt, kommt Dr. Dopfer hinzu. Ich sage zu ihm, er soll den Dopfer-Effekt auf die Thrombos übertragen, damit wir aus der Klinik dürfen. Er sagt grinsend zu.

Schwester Barbara versichert, daß wir in jedem Fall in die Wohnung können. Dann kommen die Werte: Leukos 4.800!, Thrombos 55.000, also nur um dreitausend gesunken. Alle strahlen.

Min will wissen, was es zum Mittagessen gibt. Noch immer muß sie einen Mundschutz tragen, wenn sie die „Villa" verläßt. Ich nehme sie an der Hand und gehe mit ihr in die Küche. Milchreis wird angeboten. Das ist nicht Jasmins Fall, also kochen wir den Inhalt einer von mir mitgebrachten Dose auf — Reistopf mit Huhn und jungem Gemüse. Mikro löffelt einiges weg. Puls und Blutdruck werden gemessen, ich gebe ihr die Tabletten, die sie anstandslos nimmt, dann kommt das Sitzbad an die Reihe. Kurz nach halb zwölf entläßt uns Schwester Barbara, ich fahre Min im Buggy zum Elternhaus.

Renate und Kyra tätigen noch Einkäufe. Wir machen es uns gemütlich. Min hat schon wieder Appetit. Sie ißt ein Stück Gouda und trinkt Apfelsaft, später tut sie sich noch an einem Hähnchen gütlich und verspeist am Nachmittag gebratene Hähnchenherzen.

Die Mädchen bleiben in der Wohnung und spielen, Renate und ich machen bei strahlendem Sonnenschein und sommerlichen Temperaturen einen Spaziergang. Weiter als einen Kilometer im Umkreis von der Wohnung sind wir nie gekommen, zum erstenmal, seit wir in Tübingen sind, sehen wir den Neckar und den Hölderlinturm. Die körperliche Nähe tut gut. Händchenhaltend wie verliebte Teenager schlendern wir am Fluß entlang und genießen den Bummel.

Den Nachmittag verbringen wir mit faulenzen und fernsehen, um siebzehn Uhr geht Renate mit Min zurück in die Klinik. Mikro ist müde, weil sie tagsüber nicht geschlafen hat.

Ich habe in dem Abstellraum übernachtet, Judiths Vater, der heute gekommen ist, muß auf einem Klappbett im Wohnzimmer schlafen. Das Haus ist gerammelt voll.

30. September, Sonntag

Ab heute gilt nicht mehr die Sommerzeit. Adrians Mutter hat ihre Uhr nicht umgestellt und steht schon vor sieben auf. Ich kann heute ausschlafen.

Judith darf nach Hause. Ihre Mutter kommt und packt, ich auch. Kyra und ich bleiben in der Wohnung, doch als Renate und Min Viertel vor zwölf immer noch nicht da sind, werde ich unruhig und gehe in die Klinik. Jasmin ißt noch, sie hat Nachschlag verlangt. Dr. Dopfer, den ich treffe, kann heute nicht mit Laborwerten aufwarten, doch er sagt wörtlich: „Jasmin vespert, daß mir sogar wunderlich wird."

Schwester Helga hat sich selbst wieder einmal Sonntagsdienst verordnet. Als Min ihre Mahlzeit beendet hat, können wir gehen. Min und Kyra bleiben in der Wohnung und spielen, Renate und ich gehen essen, um nochmals unter vier Augen sprechen zu können.

Mittlerweile sind im Haus eine Türkin, eine Jugoslawin, eine Philippinin und eine Rumänin untergebracht. Alles klappt ganz prima, es gibt keine Standesdünkel oder Rassenvorurteile, doch Adrians Mutter möchte für sich und ihren Sohn immer öfter eine Extrawurst gebraten haben. Das ist dem Zusammenleben nicht immer förderlich.

Ihr Mann soll nun doch kommen dürfen. Alle Briefe und Eingaben, die von den Ärzten unterstützt wurden, haben nichts gefruchtet, ihm wurde die Ausreise verweigert. Nun ist dem rumänischen Staatspräsidenten Ceausescu in Stuttgart eine Petition übergeben worden.

Für die Kinder haben wir einen Imbiß mitgebracht, den beide gemeinsam verputzen. Um 15.00 Uhr wollen Bertrams kommen. Ich hätte gerne noch mit ihnen gesprochen, aber es wird dann zu spät, weil Kyra noch Hausaufgaben machen muß.

14.15 Uhr brechen wir auf. Die Sonne begleitet uns, dennoch ist die Fahrt kein Genuß. Staus, Baustellen und Geschwindigkeitsbegrenzungen halten uns auf, um 17.15 Uhr sind wir in Gießen.

Ich gönne mir eine kurze Erholungspause und telefoniere dann mit den Eltern. Koffer auspacken, Wäsche sortieren, schon läuft die erste Maschine. Ich rufe noch einmal Renate an.

Sie ist rechtschaffen müde, auch Min ist abgeschlafft und liegt schon im Bett. Mit Familie Bertram haben beide einen Spaziergang zum Neckar gemacht und waren dort im Park. Renate sagt, daß die Kleine mit ihren dunklen Haaren und den blauen Augen ihrem Vater sehr ähnlich ist. Dr. Bertram meint, daß Mikro sich verändert hat, altkluger geworden ist. Er freut sich über ihre Werte, die fast – von den Thrombos abgesehen – auf dem Niveau gesunder Kinder liegen.

1. Oktober, Montag

Meine erste Frage am Abend gilt den Thrombos – und Renate gibt mir am Telefon zwei Antworten: Am Morgen 38.000 und am Nachmittag 30.000. Das ist die Zahl, die Dr. Dopfer auch vorausgesagt hat. Sie erzählt der Reihe nach.

Am Morgen konnte zwar in den Katheter hineingespritzt werden, aber er lieferte keinen Tropfen Blut. Min ahnte Böses, und sie behielt recht: Ein Fingerpiks mußte während der Gymnastik gemacht werden. Der schmerzhafte Stich ließ Mikro, die nach Hause will und Heimweh hat, endgültig quengelig werden. Daran änderte auch ein Spaziergang nichts, der dann buchstäblich ins Wasser fiel. Als Jasmin in der Wohnung auf den Topf mußte, stellte Renate Schleim und Blut im Stuhl fest.

Das ließ sie natürlich nicht auf sich bewenden. Vorzeitig ging es in die Klinik zurück, und ihre Beobachtung war der Anlaß für eine zweite Blutuntersuchung mit dem Ergebnis von 30.000 Thrombozyten. Nach ärztlicher Erkenntnis handelte es sich jedoch nicht um eine akute Blutung des Verdauungstraktes, sondern um eine geringfügige Darmverletzung, hervorgerufen durch die gestrige Verstopfung mit sehr festem Stuhl.

Später besserte sich Mins Laune wieder. Wahrscheinlich hat sie Kyra und mir nachgetrauert. Es dauert eben schon viel zu lang in Tübingen, nicht nur für sie, auch für Renate und uns alle. Selbstverständlich wollen wir nichts überstürzen, aber daß die Heimkehr jetzt nur noch von den Thrombos abhängt, von ihrer Steigerung und Stabilität, ist Hoffnung und Geißel zugleich. Warten, warten auf die Produktion von Blutplättchen. Nur auf sie kommt es nun an, alles andere ist in Ordnung: Hb über 14, Leukos – ich glaube, nicht recht gehört zu haben – deutlich mehr als 6.000. Auch Renate hat die Zahl verblüfft, doch Professor Niethammer hat ihr erklärt, daß bei Kindern in diesem Alter selbst 10.000 weiße Blutkörperchen normal sein können, also die Überschreitung des Erwachsenenstandards natürlich und kein Grund zur Besorgnis ist.

Tobias ist mit seiner Mutter abgereist. Nach einem Telefonat von Professor Niethammer mit einem ähnlich hochkarätigen Kollegen in Großhadern hat der Junge für morgen endlich einen Termin in München.

Kurz vor 21 Uhr ruft mich die Mutter von Thomas an, der auf eine Knochenmarktransplantation in Tübingen wartet. Der Kleine ist mit einem neuen Präparat behandelt worden; nachdem es ihm anfangs schlechtging, ist er nun wieder relativ fit. Thomas hat auch Hepatitis B, sie selbst hat sich infiziert und mußte für einige Zeit das Bett hüten, ihre Familie hat im Gegensatz zu uns die zweite Impfung bereits hinter sich.

Ausführlich erkundigt sie sich, wie es Jasmin und Renate geht, dabei kommt das Gespräch natürlich auch auf die Transplantation und damit zusammenhängende Details. Unser Telefonat dauert fast eine Dreiviertelstunde. Im Verlauf des Gesprächs erkenne ich, daß die Eltern von Thomas verhältnismäßig optimistisch sind, was den derzeitigen Stand seiner Krankheit betrifft. Da wir den Jungen und seine Eltern lange genug von Peiper her kennen, halte ich nach anfänglichem Sondieren nicht mit der Wahrheit hinter dem Berg und sage, daß vor April 1985 kein Termin mehr frei ist, obwohl wir uns für Thomas stark gemacht haben. Ausdrücklich betone ich, daß auch das nicht endgültig ist, denn wenn jemand ausfällt, kann der Junge plötzlich außerplanmäßig nach Tübingen kommen.

Die Mutter von Thomas ist dankbar für meine Informationen. Wir gingen nach Tübingen, ohne Einzelheiten zu wissen — die können wir nun anderen Eltern vermitteln. Nur Betroffene wissen, wie hilfreich das ist.

2. Oktober, Dienstag

Allmählich droht mir zu Hause alles über den Kopf zu wachsen, obwohl ich logisch plane und vorgehe. Während die Waschmaschine läuft, kann ich das Essen zubereiten, während die Speisen brutzeln, kann ich baden oder staubsaugen, dennoch schaffe ich mein Pensum nicht, dabei setze ich mich selbst massiv unter Druck. Insgeheim hoffe ich, daß Min am Wochenende heim kann, und so ist es nicht nur mein Bestreben, die Routinearbeit zu schaffen, sondern unsere Wohnung auch bis Donnerstag in einen keimarmen Zustand zu versetzen. Jeder scheint es darauf anzulegen, mir die Zeit zu stehlen — Verwandte, Nachbarn, Bekannte. Kyra ist schon eine Stütze, schmiert morgens die Brote und ist auch sonst willig, doch sie hat auch die Gabe, ihre Umgebung binnen fünf Minuten in ein Chaos zu verwandeln. Ich komme mir vor wie Don Quichote beim Kampf gegen die Windmühlen, mein Magen ist sauer und schreit nach Maaloxan.

Bis Mitternacht habe ich gestern herumgewerkelt, gespült, gewaschen, Wäsche abgenommen und aufgehängt, die Spülmaschine ein- und ausgeräumt, Hemden gebügelt — und habe trotzdem das selbstgesteckte Ziel nicht erreicht. Mit dieser Frusthypothek schlafe ich ein und wache damit auf. Neuer Streß, denn ich muß nicht nur das schaffen, was ich mir für heute vorgenommen habe, sondern auch das, was gestern nicht erledigt werden konnte.

Beim Telefonat mit Renate gilt meine erste Frage den Thrombos. Sie sind abgesackt auf 18.000, und erneut war Blut im Stuhl. Jasmin bekam als stuhlauflockerndes Mittel Milchzucker — und reagierte darauf in verhältnismäßig kurzer Zeit mit Durchfall. Durchfall kann ein Indiz für die Abstoßreaktion sein – so Renate –, und da Dr. Dopfer mehrmals nach Min sah und seine gewohnte Fröhlichkeit vermissen ließ, befürchtete sie, daß wieder eine Phase eingetreten sei, in der sich das neue Knochenmark gegen den Körper wehrt.

Ich halte dem entgegen, daß dann auch die Haut Reaktionen zeigen müßte. Tatsächlich hat sich der Arzt Mikros Hände angesehen, doch die wiesen keinerlei Veränderungen auf. Meinem Versuch, Renates Bedenken zu zerstreuen, fehlt die Überzeugungskraft. Zu sehr hatte ich mich darauf versteift, daß die Thrombos ihr Niveau halten und eventuell sogar steigern würden. Die Enttäuschung darüber, daß das nicht eingetreten ist, macht mich einsilbig und wortkarg. Mir ist, als hätte mir jemand einen Schlag in den Magen versetzt.

Mikro soll Thrombos zugeführt bekommen. Das Konzentrat ist auch bereits vorhanden, nur – der Spender hat erhöhte Leberwerte, möglicherweise hat er Hepatitis. Für den Notfall wird der Blutplättchenbeutel aufbewahrt, wenn es sich umgehen läßt, wird morgen ein anderer Spender Thrombos zur Verfügung stellen, so daß Min gesunde Blutbestandteile zugeführt bekommt.

3. Oktober, Mittwoch

Das Geschehen in Tübingen gestern läßt mir keine Ruhe. So rufe ich schon am Vormittag Renate an. Kurz vor elf ist nicht nur die Katheterpflege beendet und die Blutabnahme erfolgt, sondern es liegt auch das Laborergebnis vor. 19.000 Thrombos meldet Renate, tausend mehr als gestern, also eine Stabilisierung. Das beruhigt mich ein wenig.

Wie üblich telefoniere ich am Abend noch einmal mit Renate. Die „anrüchigen" Blutplättchen stammen möglicherweise doch von einem gesunden Spender, der allerdings nach eigener Aussage tagsüber viel mit Nitrolack- und verdünner gearbeitet hat. Es muß noch getestet werden, ob dieses Zeug nun die Veränderung der Leberwerte verursacht hat oder ob tatsächlich eine Krankheit vorliegt.

Aus eigenem Antrieb hat Renate darauf verzichtet, mit Jasmin die Klinik zu verlassen. Eine leichte Temperaturerhöhung um ein halbes Grad auf 37,1 ist kein Grund zur Besorgnis, offensichtlich hat sich die Vermutung einer Abstoßreaktion nicht bestätigt. Alle warten darauf, daß Min auf den Topf muß, um den Stuhl untersuchen zu können, doch Mikro macht den ganzen Tag über nichts. Sie ist physisch und psychisch ein Phänomen, das selbst den erfahrenen Ärzten Rätsel aufgibt.

Obwohl die Thromboproduktion ausgelotet werden soll, bekommt Mikro welche zugeführt. Es soll vermieden werden, daß es zu weiteren Darmblutungen kommt. Die Kleine — fast schon Jungmediziner — frohlockt, als sie das Konzentrat zugeführt bekommt. Sie weiß, daß sie dann morgen wieder das Krankenhaus für ein paar Stunden verlassen darf, und das gibt ihr Auftrieb.

Adrians Vater darf endlich aus Rumänien ausreisen und soll in der Nacht von Samstag auf Sonntag in Tübingen eintreffen. Auf mich wartet wieder das Bett im Abstellraum — eine andere Mutter mit einem Transplantationstermin für ihr Kind wohnt bei Renate im Zimmer.

4. Oktober, Donnerstag

Es war nichts mit Spaziergang oder Ausflug in die Wohnung. Am Morgen hatte Jasmin leichtes Fieber, das aber im Verlauf des Tages nicht mehr auftrat, dafür machte sich der Darm mit Durchfall bemerkbar. Neben diversen Abstrichen wurde auch eine Stuhlprobe untersucht, und man fand Staphylokokken. Das Personal zeigte sich recht erleichtert darüber, denn diese Bakterien lassen sich viel leichter unter Kontrolle bringen als eine Abstoßreaktion.

Ich weiß, daß Staphylokokken Eiterbakterien sind. Diese zu Trauben verbundenen Erreger sind so typisch und gleichzeitig so auffällig wie ein Zebra in einer Eselsherde, zeitraubende Kulturen und entsprechende Züchtungen sind daher nicht erforderlich. Renate und ich zerbrechen uns vergeblich den Kopf darüber, wann, wo und wie Mikro sich derartige Keime eingefangen haben könnte. Da ich den Dingen gern auf den Grund gehe, schlage ich nach und erfahre aus dem Lexikon unter dem Stichwort „Hospitalismus", daß bestimmte Bakterien, die durch Antibiotika resistent geworden sind, dafür verantwortlich sind. Die Keime, die früher das gefürchtete Kindsbettfieber hervorriefen, sind Vergangenheit, an ihre Stelle sind die Staphylokokken getreten. Jasmin bekommt ein Medikament dagegen.

Obwohl Min auch tagsüber am Tropf bleibt, ist sie guter Dinge, ihre mürrische Phase scheint sie überwunden zu haben. Daß man ihr allerdings Essen ohne Öl und ohne Zucker verordnet hat, also quasi Diät, paßt ihr ganz und gar nicht. Die Thrombos zeigen stabile Werte, aber an diesem Wochenende wird es nichts mit dem Heimfahren.

5. Oktober, Freitag

Um 12.45 Uhr starten Kyra und ich, gut zweieinhalb Stunden später sind wir in der Kinderklinik. Als Jasmin uns sieht, strahlt sie über das ganze Gesicht. Schon seit dem Aufwachen hat sie uns erwartet, doch bevor wir zu ihr ins Zimmer dürfen, untersucht Dr. Klingebiel unsere Große kurz auf Hautausschläge, kontrolliert Ohren, Mund, Hals und Rachen. Kein Krankheitsanzeichen, also im Geschwindschritt zu Min und Renate.

Bei Renate ist ein Küßchen erlaubt, Jasmin darf nur innig gedrückt werden. Mikro ist trotz Tropf fröhlich, Renate heiter und gelassen. Es sieht alles ganz gut aus bei Leukos und Hb-Wert, Thrombos 60.000.

Da Renate auch noch nichts im Magen hat, gehen wir beide einen Happen essen, während die Mädchen im Zimmer bleiben und spielen.

Am späten Nachmittag sieht Dr. Dopfer herein. Dr. Berthold, mit dem ich am Morgen vor der Abfahrt gesprochen habe, läßt mir ausrichten, daß es auch in Gießen Thrombos gibt und daß er Jasmin sehen will. Trocken gibt Dr. Dopfer zur Antwort, daß sein Kollege das jederzeit kann — wenn er nach Tübingen kommt.

Wir unterhalten uns eine Weile und kommen dann auch auf das Neuroblastom zu sprechen. Dr. Dopfer sagt, daß es ein angeborener Krebs ist, der nicht unbedingt schnellwüchsig sein muß. Manchmal entwickelt er sich sehr, sehr langsam und kommt erst zum Ausbruch, wenn das Kind schon 16, 18 Jahre alt ist. Wir reden auch über den kleinen Thomas. Der Arzt ist ganz froh, daß es ihm relativ gutgeht. Er hat mit allen Transplantationszentren telefoniert — lediglich Kiel hat noch einen Platz frei.

Professor Niethammer besucht uns auch noch. Er lobt Renate und ihre Tätigkeit als „Hilfskrankenschwester" in den höchsten Tönen. Das Personal hat ihn entsprechend informiert. Renate wird richtig verlegen.

Bevor Kyra und ich uns auf den Weg zur Wohnung machen, kommt Herr Rau auf einen Sprung vorbei. Für mich hat er ein Mitbringsel dabei: zwei Rechnungen für Übernachtungen in Höhe von DM 510, – .

Und wo schlafe ich am Abend? Wieder in der Abstellkammer unterm Dach, weil das Haus voll ist.

6. Oktober, Samstag

Gestern abend hatten wir noch davon gesprochen, ob und wie man morgens eine Badezimmereinteilung vornehmen soll, heute morgen herrscht wieder das altbekannte Chaos. Mir bleibt nichts anderes übrig, als mich kalt zu waschen und mich in der Toilette zu rasieren. Das System der Frauen ist eben ein besonderes.

Obwohl ich zu Jasmin gehe, steht Renate auch auf. Sie will zum Friseur und mit Kyra einen Stadtbummel machen. Da nicht feststeht, ob Mikro vom Tropf abgestöpselt wird, will sie mich um 18 Uhr ablösen, falls die Kleine im Zimmer bleiben muß.

Kurz nach acht bin ich bei Jasmin. Sie freut sich, als ich komme, und es ist eine Freude, bei ihr zu sein. Das ist fast wieder unsere alte Min, fröhlich, aufgeschlossen und immer zu Späßchen aufgelegt. Die Medikamente liegen alle noch da. Schwester Gabi, die sie heute betreut, sagt, daß Jasmin ihr erklärt habe, die Tabletten und Säfte mit dem Papa zu nehmen – und das tut sie dann auch völlig problemlos. Es ist die übliche Morgenration, außerdem gibt es 30 ml Medizin gegen die Eitererreger. Ich gebe sie nach und nach in 5 ml-Spritzen.

Die Katheterpflege läßt Min ganz locker im Stehen über sich ergehen, der Tropf kommt ab. Als Jasmin Wasser lassen muß, brennt der Urin an Scheide und Po. Ich creme sie mit einem Wattestäbchen ein – das mag sie besonders. Um mich vor einer Hepatitis-Infektion zu schützen, trage ich Einmalhandschuhe.

Professor Niethammer selbst verkündet uns die frohe Botschaft, daß Mikro hinaus darf. Seit gestern hat sie keinen Durchfall mehr, morgen bekommt sie die Arznei gegen die Staphylokokken zum letztenmal. Mit der Ernährung sollen wir noch ein wenig vorsichtig sein – fettarm, wenig Zucker, kein Obst, auch nicht Joghurt oder Quark.

Sogar die Küche ist entsprechend informiert worden. Min bekommt Kartoffelsuppe mit Würstchen. Sie ißt mit gutem Appetit, und weil es ihr so geschmeckt hat, hebt Schwester Gabi ihr noch etwas für den Abend auf.

Noch einmal muß ich Mikro im Genitalbereich salben, Puls und Blutdruck werden gemessen, dann ziehe ich Min an. Wie im Flug ging der Morgen vorbei mit Spielen und Vorlesen, es ist wenige Minuten vor zwölf, als wir aufbrechen. Das Ergebnis der Blutuntersuchung liegt noch nicht vor.

Vorsichtshalber lasse ich mir von den Schwestern einen Wohnungsschlüssel geben, um nicht vor verschlossenen Türen zu stehen am Elternhaus. Renate ist mit Kyra noch unterwegs, die achtjährige Christiane mit ihrer Mutter ist da. Das Mädchen soll hier in Tübingen transplantiert werden, einstweilen laufen noch die Untersuchungen.

Da alles Spielzeug im Krankenhaus ist, wird es Mikro schnell langweilig, also schlage ich vor, sie im Buggy ein wenig spazierenzufahren. Min stimmt zu. Zuerst geht es in den parkähnlichen alten Botanischen Garten. Das Laub der Bäume zeigt teilweise schon herbstliche Färbung, die Rosen verblühen bereits, es ist kühl. Mikro, warm verpackt und mit Mundschutz, genießt den kleinen Ausflug, den ich später auch auf die Altstadt ausdehne, allerdings benutze ich Straßen, in denen es nicht von Menschen wimmelt. Auf diese Weise lerne ich so nebenbei Gassen und Winkel kennen, von deren Existenz ich nicht einmal wußte.

Dann geht es zurück, Renate und Kyra sind mittlerweile ebenfalls wieder da. Ich habe noch nichts im Magen, Renate und unsere Große haben schon gegessen und keinen Hunger mehr. So nehme ich die Mahlzeit in einer Gaststätte allein ein und besorge anschließend noch einige Dinge, die Renate mir aufgeschrieben hat. Min bringe ich ein Körbchen mit Packungen für den Kaufladen mit. Darüber freut sie sich riesig, und sogleich wird gespielt.

Um 17 Uhr geht Renate mit Jasmin in die Klinik zurück, Kyra macht ihren üblichen Rundgang, und ich gönne mir ein Bad, bevor die Mütter den Raum wieder mit Beschlag belegen.

Wie meist sitzen wir am Abend noch mit den anderen zusammen und unterhalten uns, und wie immer stehen unsere Kinder und ihre Krankheit im Mittelpunkt. Adrians Mutter verläßt später unsere Runde, um mit dem Zug nach Stuttgart zu fahren. Ihr Mann trifft dort in der Nacht ein – nach dreißig Stunden Bahnfahrt.

7. Oktober, Sonntag

Ich kann heute ausschlafen, Kyra, sonst Langschläfer, ist bereits vor mir auf. Kurz vor Mittag zieht sie los, um sich ein Fertiggericht zu kaufen, ich habe noch keinen Appetit.

Viertel vor zwölf machen wir uns auf zum Krankenhaus, um Min und Renate abzuholen. Wir erwischen beide, gerade bevor sie mit dem Fahrstuhl nach unten entschwinden können. Gemeinsam spazieren wir zur Wohnung.

Renate fühlt sich nicht besonders, wie oft in den letzten Tagen und Wochen hat sie migräneartige Kopfschmerzen. Das Klima hier – Tübingen liegt in einem Talkessel – macht ihr zu schaffen. Sie legt sich für eine Weile aufs Bett. Jasmin krabbelt zu ihr, während ich in die Küche entschwinde, um Mikro einen Kartoffelpuffer zu machen. Zwar hat sie schon in der Klinik etwas gegessen – es gab Suppe und Putenschnitzel mit Beilagen –, doch einiges war ihr zu scharf. Mit Genuß verputzt sie das Reibeplätzchen. Kyra hat ein Album mit Sammelbildern aus der „Unendlichen Geschichte" dabei. Schon gestern habe ich Min den Text vorgelesen, unsere Große muß es heute noch einmal.

Es ist fast vierzehn Uhr, wir müssen aufbrechen, denn Kyra hat noch Aufgaben für Montag zu machen. Keine Trauer, kein Abschiedsschmerz, vergnügt winkt uns Min. Es ist wirklich erstaunlich, wie psychisch und physisch erholt dieses Menschlein ist.

Die Rückfahrt ist problemlos. Zwar gibt es zahlreiche Baustellen und Geschwindigkeitsbeschränkungen, doch keinen Stau. Nach zweieinhalb Stunden Fahrtzeit sind wir zu Hause, und der Alltag hat uns wieder. Telefonate mit den Eltern, Abendessen zubereiten, Koffer auspacken und was der Dinge mehr sind. Der wichtigste Anruf erfolgt um 19 Uhr, Renate weiß nun, daß wir heil angekommen sind.

8. Oktober, Montag

40.000 Thrombos hatte Jasmin Samstag, gestern erfolgte keine Kontrolle. Da im Prinzip alles von den Blutplättchen abhängt, bin ich natürlich kribbelig, wie es heute aussieht.

Am Morgen habe ich Dr. Berthold angerufen. Auch er wartet schon auf die Rückkehr unserer Kleinen, zeigt sich jedoch recht zufrieden über das, was ich berichten kann. Als ich die Rede auf den kleinen Thomas bringe und sage, was ich in Erfahrung gebracht habe, kann mich der Arzt beruhigen. Es ist ihm gelungen, einen Termin in Ulm für die Transplantation zu bekommen.

Ich weiß, daß die Tübinger allmählich unter Zeitdruck geraten, denn Stephania kommt diese Woche aus dem Zelt, und nur die „Villa Kunterbunt" kommt für sie wie alle anderen transplantierten Kinder in Frage. Zwar ist denkbar, daß Mikro allein auf ein anderes Zimmer verlegt wird, aber das scheint mir nur ein theoretischer Gedanke zu sein. Wenn ihre Thrombozyten zwei, drei Tage lang stabile Werte zeigen, wird sie wohl nach Hause dürfen.

Die Daten, die Renate durchgibt, geben Anlaß zum Optimismus: 8.000 Leukos, Hb 12,3, Thrombos zwischen 36.000 und 39.000, also relativ wenig gesunken. Das läßt uns hoffen. Nun kommt es darauf an, wie es morgen aussieht. Falls die Blutplättchen auf diesem Stand bleiben, hat sie gute Chancen, heimzukommen, obwohl sich die Ärzte in dieser Hinsicht noch bedeckt halten. Wir erwarten es jedenfalls.

8.000 Leukozyten – so viele weiße Blutkörperchen hatte Mikro seit Jahr und Tag nicht mehr. Wahrscheinlich war auch die große Zahl der Freßzellen dafür verantwortlich, daß ihr Organismus so schnell mit den Staphylokokken fertig wurde. 8.000 Leukos – es ist fast nicht zu glauben.

Ein wenig müde war unsere Kleine am Mittag, doch sonst ist sie fit und fidel. Urin und Stuhl sind praktisch ohne Befund, die Leberwerte werden von Tag zu Tag besser und nähern sich dem Sollniveau.

Auch über Mins Hepatitis habe ich am Freitag mit Dr. Dopfer gesprochen. Er nennt zwei Möglichkeiten: Entweder wird der Körper damit fertig und schafft eine Selbstheilung, oder der Organismus bringt die Krankheit in gewisser Beziehung unter Kontrolle. Jasmin wird damit quasi zum Dauerausscheider, der selbst immun ist, aber zum potentiellen Überträger wird und andere ansteckt oder anstecken kann. Ich habe noch eine dritte Version im Kopf, nämlich Leberzirrhose. Betroffen und spröde bestätigt der Arzt, daß das ebenfalls eintreffen kann, doch wir vertiefen das nicht weiter. Es ist ein Thema, das selbst in der Theorie grausam ist.

Ich rechne damit, Jasmin und Renate noch in dieser Woche nach Hause holen zu können, also betätige ich mich intensiv als Hausmann und wasche und staubsauge, was das Zeug hält.

9. Oktober, Dienstag

Auch Hoffnung macht neugierig. Kurz nach elf Uhr rufe ich in Tübingen an, doch Renate hat noch kein Ergebnis. Auch aus dem Katheter kam kein Tropfen Blut, Jasmin mußte einen schmerzhaften Fingerpiks über sich ergehen lassen.

Ich kann es kaum erwarten, daß es 19 Uhr wird. 28.000 Thrombos sind es nur noch, doch die Ärzte meinen, daß auch eine gewisse Eigenproduktion des Körpers in dieser Zahl steckt. Leukos kann Min fast spenden, denn sie hat über zehntausend. Hämoglobin ist auf 13,2 gestiegen. Mikro ist fit und guter Dinge, woran es hapert, ist die Stabilität der Blutplättchen.

Gewisse Abhängigkeiten sind deutlich geworden. Da nicht klar war, ob Thrombozyten zugeführt werden sollten und müßten, die Blutbank jedoch in Bereitschaft war, einen Spender zu alarmieren, übten die Verantwortlichen dieser Abteilung Druck auf das Labor aus, um die Werte so schnell wie möglich zu bekommen.

Ein bißchen enttäuscht bin ich schon, dennoch bin ich optimistisch, daß es doch noch bis zum Wochenende klappen kann, Renate und Jasmin nach Hause holen zu können. Wieder einmal heißt es, abzuwarten, wie das Ergebnis morgen ist.

Ich fahre damit fort, die Wohnung für die Rückkehr zu präparieren. Nachdem alle Gardinen und Vorhänge gewaschen und die Teppichböden gründlich gesaugt worden sind, nehme ich mir heute Kinderzimmer nebst Bad vor. Beide Räume wische ich naß mit einem Desinfektionsreiniger. Zu mehr komme ich nicht, denn auch die tägliche Arbeit läßt sich nicht einfach mit links erledigen.

Mit Renate habe ich verabredet, sie am Mittag von zu Hause aus anzurufen, um zu erfahren, was sich morgen zeigt. Hoffentlich steigen die Thrombos oder bleiben wenigstens stabil.

10. Oktober, Mittwoch

Es ist Renate, die mich kurz nach elf im Betrieb anruft. Jasmins Thrombos sind auf 15.000 gefallen. Aus der Traum, daß sie bis zum Wochenende nach Hause darf.

Kyra ist heute nicht in den Hort gegangen. Als ich ihr in der Mittagspause erzähle, daß es mit Mins Heimkehr nichts wird, weint sie bitterlich und wirft mir vor, ihr versprochen zu haben, daß Min bei

Ferienbeginn − also am kommenden Samstag − wieder in Gießen ist. Gehofft haben wir es alle, aber ein Körper ist nun mal keine Waschmaschine und ein Arzt kein Elektroinstallateur. Auch ich hätte Renate und Min am Samstag lieber ins Auto gepackt als noch zu warten, doch es geht eben nicht.

Am Abend dann der obligatorische Anruf in Tübingen. Mittlerweile haben wir uns mit dem Gedanken vertraut gemacht, daß es wieder nur ein Wochenendbesuch wird. Renate meint, es wäre vielleicht zweckmäßig, wenn Kyra die nächste Woche in Tübingen bleibt. So brauche ich die Wohnung nicht ständig aufzuräumen, unsere Große kann Min Gesellschaft leisten und ansonsten mit Thomas spielen, dem gleichaltrigen Bruder von Christiane, die am Montag in die Transplantationsvorbereitung geht. Der elfjährige Thomas ist der Spender für seine jüngere Schwester.

Ich stimme dem Vorschlag zu, werde am Freitag also so packen, daß Kyra ausreichend Wäsche für acht Tage dabeihat. Ungeachtet dessen, daß Mikro in Tübingen bleiben muß, mache ich mit den Vorbereitungen weiter, um die Wohnung zu präparieren. Auch die Hausarbeit muß gemacht werden wie Hemden bügeln und Wäsche waschen. Zwei Maschinen sind es an diesem Abend − kurz vor Mitternacht komme ich endlich dazu, die Sachen aufzuhängen.

11. Oktober, Donnerstag

Völlig unerwartet erreicht mich Renates Anruf am Vormittag im Büro: 28.000 Thrombos. Ich bin fast euphorisch, vor lauter Freude bringe ich am Mittag kaum einen Bissen hinunter.

Ich rechne: Bei 40.000 Thrombozyten wird, so wurde Renate gesagt, der Katheter entfernt, einer Entlassung steht nichts mehr im Wege. Selbst wenn die Entwicklung der Blutplättchen weniger rasant verläuft und keine Verdoppelung eintritt − wie geschehen −, müßte es eigentlich reichen bis Sonntag. Nun wäre es albern, Sonntag zurückzufahren und Montag wiederzukommen, also beantrage ich für Montag vorsorglich Urlaub.

Am Morgen habe ich mit Dr. Berthold telefoniert. Er sagt, daß Gießen Kinder entläßt, wenn sie − wie wir − sofort wieder in der Klinik sein können und wenigstens 20.000 Thrombos haben. Das wird allerdings unterschiedlich gehandhabt, einen festen Wert für alle Unis gibt es nicht.

Jasmin hat das Personal mal wieder mit einem kessen Spruch überrascht. Als die Krankengymnastin kommt, sagt Min: „Ich kann heute keine Gymnastik machen, weil sonst meine Thrombos wieder fallen."

Am Abend koche ich Erbsensuppe, weil ich Min eine Portion mitnehmen will. Mich plagen entsetzliche Magenschmerzen, wahrscheinlich, weil ich mich selbst so unter Druck gesetzt habe, noch eine Menge Dinge zu erledigen. Ich schaffe es nicht. Ein heißes Bad, Kamillentee, Maaloxan, und ab ins Bett. Die krampfartigen Schmerzen lassen etwas nach. Ich will wieder aufstehen, wenn es mir bessergeht, doch die ganze Nacht plage ich mich damit herum. Erst am Morgen lassen die Schmerzen nach.

12. Oktober, Freitag

Am Mittag geht es sofort nach Hause, rasch wird noch der Koffer gepackt. Kyra hat heute ihren letzten Schultag und ist schon vor mir in der Wohnung, nur weggeräumt hat sie nichts von ihren Sachen.

Kurz vor der Abfahrt läutet Renate an: Thrombos 20.000, alle anderen Werte – auch die der Leber – sind dagegen gut. Von über 7.000 Leukos hätte ich gern 2.000 gegen 20.000 Thrombos eingetauscht, aber der Körper ist nun einmal keine ordinäre Wechselstube.

Die Fahrt kommt mir von mal zu mal kürzer vor. 15.30 Uhr sind wir in Tübingen und marschieren gleich in die Wohnung. Es tut gut, wieder komplett zu sein. Min strahlt, und sie strahlt noch mehr, als ich ihr die Puppe gebe, die der Prokurist meiner Firma, mein direkter Vorgesetzter, für sie gekauft hat.

Jasmin hat keinen Hunger, Kyra hat unterwegs gefuttert, und so gehen Renate und ich etwas essen. Es ist nicht nur so, daß der Magen zu seinem Recht kommt, es ist für uns auch die einzige Gelegenheit, unter vier Augen zu sprechen, loszuwerden, was sich am Telefon nur schlecht sagen läßt, und Dinge zu bereden, die weder für die Ohren der Kinder noch für die Fremder bestimmt sind.

Das Wohnzimmer, sonst Stätte der Begegnung, ist heute mit Beschlag belegt worden – Vorstandssitzung des Tübinger Fördervereins. Mit von der Partie sind auch Schwester Barbara, Dr. Dopfer, Dr. Suder und Herr Rau.

Fünf Mütter, zwei Väter und zwei Kinder — Renate, Kyra und mich mitgerechnet — sind derzeit einquartiert, ich wieder in der „Herren"-Abstellkammer. Wie wohlerzogene Kinder bleiben wir auf den Zimmern, um das tagende Gremium nicht zu stören. Platz wäre für uns ohnehin nicht, weil jede Sitzgelegenheit mit Beschlag belegt ist.

Suleihas Mutter ist noch da, Adrians Eltern, Christianes Mutter, die Mutter der beiden philippinischen Mädchen und die Mutter von Tanja, die ich noch nicht kenne. Tanja hat einen Tumor, der — alles ist relativ — verhältnismäßig leicht und erfolgreich zu bekämpfen ist. Lei-Lingh, die kleinere der beiden philippinischen Schwestern, ist heute ins Zelt gekommen, Helena, die Spenderin, liegt auf der MED. Wie die Mutter sagt, die gut Deutsch spricht und in Norddeutschland in einem Pflegeheim arbeitet, geht es ihren Töchtern den Umständen entsprechend gut. Das kommt zur Sprache, als wir uns noch zu später Stunde versammeln, um die Ereignisse des Tages aufzuarbeiten und um Erfahrungen auszutauschen.

13. Oktober, Samstag

Natürlich gehe ich heute zu Jasmin. Noch gestern abend sind wir übereingekommen, daß Renate zum Mittagessen Rinderrouladen machen soll für uns alle, also auch für Min. An die Heimkehr in den nächsten Tagen glaube ich zwar nicht mehr, dennoch habe ich mich durchaus noch nicht entschlossen, morgen zurückzufahren. Ich will erst einmal abwarten, was sich ergibt.

Min ist ausgeglichen und von ansteckender Fröhlichkeit. Selbstverständlich hat es niemand gewagt, ihr die Tabletten einzutrichtern, denn „Das macht mein Papa, der kommt heute."

Jasmin hat eine Menge zu erzählen, schließlich war ich ja eine Woche lang nicht da, und sie zeigt mir ihre neuen Errungenschaften — Bilderbücher, Kassetten und andere Dinge, die Renate ihr in den letzten Tagen gekauft hat. Auch die neue Puppe hat sie ins Herz geschlossen. Stolz berichtet sie, daß sie sie mittlerweile allein anziehen kann, aber auch, daß einer Schwester das Gesicht der Puppe nicht gefallen hat. Unsere kleine Puppenmutter hat ihr „Kind" natürlich verteidigt und kategorisch erklärt, daß die Schwester keine Ahnung hätte.

Problemlos wie in alten Zeiten nimmt Min ihre Tabletten ein, zwischendurch hören wir Kassetten, bauen mit Legos und lesen Geschichten vor.

Dann steht Katheterpflege auf dem Programm, gekoppelt mit Blutabnahme. Dr. Klingebiel macht das. Zwar gönne ich dem Personal die freien Wochenenden, dennoch ist es mir lieber, wenn ein Mediziner von der eigenen Station Dienst hat.

Behutsam geht der Arzt zu Werk, Jasmin gibt sich lässig, weil sie weiß, daß kein Pflasterwechsel erforderlich ist. Alles klappt ganz prima, nur der Katheter liefert trotz Durchspritzen, tiefem Einatmen und hocherhobenen Händen von Min keinen Tropfen Blut. Dr. Klingebiel benutzt eine 5-ml-Spritze. Als ich ihn frage, ob eine 2-ml-Spritze nicht eine erhöhte Saugwirkung entwickeln würde, antwortet er mir, daß ein stärkerer Sog lediglich den Schlauch zusammenzieht, also kein besseres Ergebnis bringt.

Eine Pikfrau aus dem Labor muß her. Unsere Kleine sieht das auch ein, ohne daß sich ihre Stirn umwölkt oder daß sie losheult. Als die medizinisch-technische Assistentin wenig später auftaucht, bleibt Jasmin immer noch gelassen, will lieber den Apparat, der eine Nadel herauskatapultiert und so die Haut ritzt, als das Messerchen und überlegt, welchen Finger sie wohl nehmen soll. Ich rate ihr zum Ringfinger, weil der weniger gebraucht wird als der Zeigefinger, doch sie kann sich nicht entschließen.

Auch die Laborantin kennt Min und ihr Poker mittlerweile. Mikro schreit, als die Frau einen Finger nimmt, blitzschnell den Apparat ansetzt und ihn auslöst. Winzige Röhrchen nehmen die Blutstropfen auf.

Jasmin brüllt wie am Spieß, ich muß sie festhalten und habe große Mühe, sie zu beruhigen. Zwei, drei Minuten später — ich muß den mit einem Pflaster versehenen Finger kraulen — ist dann alles wieder gut.

Nicht nur ich bin auf die Thrombozählung gespannt, sondern auch Schwester Carina und die Laborantin. Rund zwanzig Minuten später liegt das Ergebnis vor: 17.000. Ein besseres Resultat hatte ich mir nicht nur gewünscht, sondern zumindest eine Stabilisierung erwartet; auch Carina ist ein wenig enttäuscht. Für dieses Auf und Ab gibt es weder Erklärungen noch wie bei Kindern mit Leukämie Richtwerte — Jasmin ist eben das erste Kind mit Neuroblastom, das transplantiert wurde.

Mittags sitzen wir alle am Tisch — fast wie zu Hause. Obwohl Min schon in der Klinik gegessen hat, läßt sie es sich schmecken.

Die Mädchen spielen zusammen, bis Jasmin am späten Nachmittag wieder in die Klinik muß.

Mit einem freundlichen „Tschüs, bis morgen!" verabschiedet sie sich von Kyra und mir.

14. Oktober, Sonntag

Renate geht in die Klinik, ich bin für das Mittagessen zuständig — Sauerbraten, Salzkartoffeln und Rosenkohl stehen auf dem Küchenplan. Als Koch darf ich natürlich etwas länger schlafen.

Zusammen mit Christianes Mutter teile ich mir die vier Platten am Herd für insgesamt sechs Töpfe. Während ich den Kochlöffel schwenke, marschiert Kyra ins Krankenhaus. Unruhig werde ich, als meine drei um zwölf Uhr noch immer nicht zurück sind. Endlich, nach halb eins, treffen sie ein. Mich interessieren logischerweise nur die Thrombos. Genüßlich nennt Renate die Zahl: 39.000. Ich bin sprachlos. Selbst in meinen kühnsten Träumen hatte ich damit nicht gerechnet. Keine Frage, daß ich bis morgen bleibe.

Zur Mittagszeit wird es voll im Haus, alle außer Suleihas Mutter treffen ein. Wieder sitzen wir vier zusammen am Tisch, und obwohl Jasmin schon in der Klinik gegessen hat, ist sie die letzte, die das Besteck zur Seite legt. Gemeinsam sehen wir uns im Fernsehen das Kinderprogramm an, Christiane und unsere beiden Mädchen spielen dann Kaufladen.

Es ist ein harmonischer Nachmittag, der am Abend in gemütlicher Runde ausklingt. Mit gemischten Gefühlen erwartet Christianes Mutter den morgigen Tag, denn ihre Tochter verbringt die Nacht auf Station H und wird morgen auf die A 2h ins Vorbereitungszimmer verlegt, übermorgen bekommt sie den Verweilkatheter.

Wir haben sachlich erklärt, was das achtjährige Kind erwartet, abgewiegelt und versucht, die natürlichen Ängste einer Mutter zu zerstreuen, verdeutlicht, daß die Therapie bei Leukämie wesentlich leichter zu verkraften und Jasmin kein Maßstab ist, doch Bedenken bleiben. Das ist verständlich, denn eine Knochenmarktransplantation ist nun mal keine Grippebehandlung.

Was uns angeht, wir sind gespannt darauf, wie sich morgen Mins Thrombos entwickelt haben. Bleiben sie stabil, steigen sie, oder — was wir nicht hoffen wollen — sind sie wieder gefallen?

15. Oktober, Montag

Jasmin hat sich gewünscht, daß ich heute kommen soll. Das hatte ich ohnehin vor, aber so ist es mir natürlich noch lieber. Nun bin ich wahrlich schon ein alter Hase, was Min im Krankenhaus angeht, doch Renate schärft mir ein, ihr beizustehen, vor allem dann, wenn eventuell der Katheter entfernt wird.

Die Kleine lacht, als ich komme. Anne sitzt bei ihr am Bett und scherzt mit ihr. Beide versuchen, sich dabei zu übertreffen, wie man ein Frühstücksei möglichst lustig verzehrt. Es ist kaum zu glauben, welchen Spaß es machen kann, ein Ei zu essen.

Danach will Jasmin spielen – mit kleinen 1 ml-Spritzen und einem 50 ml-Glucosetropf. Mit sichtlichem Vergnügen zieht sie die Spritzen auf und entleert sie wieder in die Flasche. Als ich ihr zeige, wie ein Tropf vom Prinzip her funktioniert, ist sie begeistert, hält den Glasbehälter hoch und läßt den Inhalt auf eine Serviette tropfen.

Fast nebenbei nimmt sie die Medikamente, wir spielen mit ihren Tierfiguren, dann ist Katheterpflege angesagt. Dr. Klingebiel übernimmt das, Dr. Dopfer ist auch da, hält sich aber im Hintergrund. Alles geht glatt – bis auf die Blutentnahme. Obwohl der Tropf auf 16 Tropfen/min hochgestellt ist, zweimal mit Kochsalz durchgespritzt wird und Min die Arme heben und alle möglichen Verrenkungen machen muß, gibt der Schlauch nichts her. Da auch andere Werte kontrolliert werden sollen – Leber usw. –, ist es mit einem Fingerpiks nicht getan. Eine Vene muß mit einer Spritzennadel angestochen werden.

Jasmin brüllt los und wehrt sich mit aller Kraft, nur mit Mühe können wir sie festhalten. Die Nadel sitzt auf Anhieb, doch Min beruhigt sich nicht, schreit weiter. Dann, als ein winziges Röhrchen genommen wird, das sie bisher noch nicht kennengelernt hat, ist sie plötzlich still, betrachtet die Glashohlnadel fast mit wissenschaftlichem Interesse und beobachtet, wie Blut in diesen Minibehälter läuft. Endlich ist die Prozedur vorüber. Ich bin schweißgebadet, Min ist ziemlich erschöpft, wirkt jedoch zufrieden. Im Bewußtsein, es geschafft zu haben, freut sie sich darüber, daß sie keinen Fingerpiks bekommt.

Wenig später taucht Schwester Barbara auf, die Jasmins Geschrei sogar im Schwesternzimmer am Ende der Station gehört hat. Sie ist ganz begeistert von Min, die nicht nur wieder die alte ist und blitzschnell umschalten kann, nein, sie zieht auch mit ihren ernsthaften Gesprächen, ihrem Wissen, den launigen Sprüchen und ihrer lebensbejahenden Fröhlichkeit alles in ihren Bann. 34.000 Thrombos meldet Barbara.

Das enttäuscht mich, und ich mache daraus keinen Hehl. Schwester Barbara wiegelt ab. Nach ihrer Meinung ist das keine wirkliche Verschlechterung gegenüber gestern, sondern liegt etwa auf der gleichen Ebene.

Wir können in die Wohnung, nichts liegt mehr an. Ich ziehe Jasmin um, sie ißt zuerst noch – Nudelsuppe, Reis mit Tomatensauce, Kalbfleisch und Champignons. Später langt sie noch einmal ordentlich zu. Renate hat Hähnchen in Folie gemacht, dazu Kartoffeln und Gemüse. Min ißt langsam und bedächtig, jeden Bissen genießt sie.

Am Nachmittag verputzt sie Chips mit Quark und Weintrauben, denen Kyra – das muß sein – die Haut abgezogen hat. Wir achten natürlich darauf, daß Min Fett und Zucker nur in kleinen Mengen zu sich nimmt, um die angeschlagene Leber zu schonen, doch wegen der Portionen machen wir uns keine Sorgen. Dick ist unsere Kleine mit ihren 15,4 kg ohnehin nicht.

16. Oktober, Dienstag

Gestern nachmittag habe ich mit dem Prokuristen in meiner Firma telefoniert. Falls erforderlich, kann ich noch ein paar Tage Urlaub anhängen, ein paar Dinge, die meinen Bereich betreffen, können wir telefonisch abklären.

Renate geht am Morgen in die Klinik, Kyra und ich sind zwei Stunden später da. Dr. Dopfer hat selbst Blut abgenommen, und diesmal funktioniert der Katheter. Das Labor meldet 36.000 Thrombos. Das sind zwar nicht die erforderlichen 40.000, aber immerhin ist eine gwisse Stabilität unverkennbar.

In der „Villa" geht es heute zu wie in einem Taubenschlag, die Gerüchteküche brodelt. Es wird gemunkelt, daß wir nach Hause dürfen und der Katheter gezogen werden soll. Noch haben wir keine offizielle Bestätigung dafür, aber die Andeutungen werden immer konkreter. Nervenaufreibendes Warten beginnt. Renate packt schon entbehrliche Sachen zusammen, ich verfrachte diverse Tüten ins Auto.

Endlich – Dr. Dopfer ruft uns ins Behandlungszimmer. Renate macht weiter, da die Katheterentfernung nicht schlimm sein soll.

Kyra und ich begleiten Min, die sich auf einen Untersuchungstisch setzen muß. Dr. Klingebiel ist auch da, Schwester Barbara ebenfalls.

Jasmin ist aufgeregt, ängstlich. Kyra und ich versuchen, sie zu beruhigen, ich ziehe ihr Hemd und Pulli aus. Mit nacktem Oberkörper sitzt sie da und zetert; als Dr. Dopfer das Pflaster abmachen will, zuckt und weicht sie zurück. Wir halten sie, reden auf sie ein und beschwören sie, ruhig zu bleiben und stillzuhalten.

Der Arzt trägt sterile Handschuhe. Vorsichtig entfernt er die Wundabdeckung. Min schreit, wackelt aber nicht. Der Katheter liegt frei. Behutsam wird die umgebende Haut gelöst.

Der Schlauch wird vorsichtig herausgezogen. Er ist weiß und dünner als ein Strohhalm. Ich hatte mit ein paar Zentimetern gerechnet, aber er scheint nicht enden zu wollen. Dann ist es geschafft, ohne daß ein Tropfen Blut kam. 25 cm lang ist das flexible Plastikröhrchen, das in Mins Körper steckte. Sofort wird die Wunde versorgt und abgedeckt − Jasmin hat es geschafft.

Eingehend betrachten die Ärzte den Katheter und drücken ihn mir dann in die Hand − als Souvenir. Keine Frage, daß der Katheter mit nach Gießen geht. Noch ist es allerdings nicht soweit, eine Nacht müssen wir noch hierbleiben. Nun, das werden wir auch noch überstehen.

Schwester Brigitte besucht Min, weil sie in Urlaub geht. Das ist ein schöner Zug von ihr. Sie trifft eine fröhliche Jasmin und eine aufgekratzte Familie. Ich könnte jubeln.

Allmählich haben wir auch die Ereignisse auf der A 2h verdaut. Es sind auch positive Erinnerungen geblieben. Gern denken wir noch an die Pfleger, die im Umgang mit Min und uns Eltern viel mehr Fingerspitzengefühl und psychologisches Einfühlungsvermögen gezeigt haben als ihre weiblichen Pendants.

Eine sehr herzliche Beziehung ist zu Schwester Brigitte entstanden, obwohl es anfangs nicht danach aussah. Sie hat Renate immer wieder Mut gemacht und sich rührend und aufopferungsvoll um Mikro gekümmert. Warum gerade Brigitte so gut mit Min umgehen konnte, haben wir von anderen erfahren: Sie ist die einzige ausgebildete Kinderkrankenschwester auf der A 2h.

Ich weiß nicht, ob schon einmal Kinder in Jasmins Alter auf der Zeltstation betreut wurden. In der Regel sind es ältere Jungen und Mädchen, Jugendliche oder Heranwachsende. Mit denen kann man natürlich anders umgehen und sprechen als mit einer Vierjährigen, die die Zusammenhänge ja noch nicht durchschaut. Min weiß zwar, daß sie nicht absichtlich gequält wird, daß das nur geschieht, damit sie wieder gesund wird, doch subjektiv fühlt sie sich wohl nicht krank. Sie war nicht behindert, hatte nichts gebrochen und konnte alles tun, was sie wollte. Und dann kam das Zelt, der Käfig, der Zwang, Übelkeit, Schmerzen, Isolation, Angst.

Unser kleiner Kämpfer war noch nie ein angepaßter Patient – einige auf der A 2h waren wohl einfach damit überfordert. Sie wollten ihre Pflicht tun, aber Min funktionierte nicht so, wie sie es gewohnt sind, sie paßte einfach nicht in die Patienten-Schablone und widersetzte sich allen Versuchen, sie anzupassen und zu uniformieren. Das Pflichtbewußtsein, das anerzogene „Das-muß-so-sein" kollidierte mit der Menschlichkeit.

Es muß wirklich sehr viel so sein auf der A 2h, Griffe und Handlungen müssen in Fleisch und Blut übergehen, um dem Jungen oder Mädchen im Zelt das Überleben zu sichern, aber die Routine des Berufs sollte nicht auch den Umgang mit den hilflosen Kindern im Zelt bestimmen. Vielleicht hat Jasmin bewirkt, daß die Kinder, die noch kommen, es besser haben, daß niemand mehr die Nerven verliert und daß alles etwas weniger streng und psychologisch geschickter gehandhabt wird.

Es heißt ja nicht umsonst „Humanmedizin". Und es ist nicht gut, wenn der Körper geheilt wird und die Seele dabei Schaden nimmt. Dennoch sind wir der Zeltmannschaft dankbar für den Einsatz und das Engagement rund um die Uhr. Ein leichter Job ist es weiß Gott nicht.

17. Oktober, Mittwoch

Ich gehe am Morgen wieder in die Klinik. Das Zimmer ist ziemlich kahl und leer, fast alles, was wir mitgebracht haben an Spielzeug usw., hat Renate gestern abend zum Auto gebracht, den Rest verpacke ich in eine mitgebrachte Tasche. Jasmin ist guter Laune, aber kribbelig. Sie weiß, daß es heute nach Hause geht, und hat keine Lust, etwas zu bauen oder zu spielen, denn Legos und andere Dinge aus dem Kindergarten der Station H sind noch da. Hunger hat sie auch nicht, also warten wir.

Monika, die Kindergärtnerin, besucht uns, später kommt Herr Rau. Dann – unerwartet – taucht noch einmal eine Laborantin zur Blutabnahme auf. Min regt sich wieder furchtbar auf, wehrt sich und ist nicht zu beruhigen. Zum letztenmal dringt ihr Geschrei durch Wände und Türen bis ins Schwesternzimmer. Alarmiert eilen einige mitleidige Seelen herbei. Die Schwestern haben unsere fröhliche Kleine in den letzten Wochen liebgewonnen und werden ihre Schlagfertigkeit und ihren Witz wohl ebenso vermissen wie das sirenenartige Geschrei. Die junge Frau aus dem Labor verläßt fast fluchtartig den Raum und vergißt dabei in ihrer Eile sogar den Autoclic, das Gerät mit Einmalnadeln zum Anritzen der Haut. Ich gebe es den Schwestern.

Jasmin und ich sitzen auf heißen Kohlen, endlich, nach halb elf, kommt Dr. Dopfer und bittet uns ins Behandlungszimmer. Das Pflaster wird gewechselt, aber kein Tupfer mehr aufgelegt. Der Arzt besieht sich die Wunde – sie sieht gut aus, kein Tropfen Blut am Mull.

Das Personal ist in Abschieds-, wir sind in Aufbruchsstimmung. Das scheint ansteckend zu sein. Dr. Dopfer greift eine Packung, die der mit dem sterilen Pflaster täuschend ähnlich sieht – und entdeckt, daß sie einen keimfreien Handschuh enthält. Heiterkeit kommt auf, und auch der Mediziner grinst. Er lacht, als er bemerkt, daß man in Gießen doch ziemlich befremdet wäre, wenn man in Tübingen Handschuhe als Wundverschluß nehmen würde.

Die aufgelockerte Atmosphäre überträgt sich auch auf Min. Mit kessen Sprüchen begeistert sie Barbara und die anderen Schwestern. Die, ebenfalls Schelme, testen Jasmin auf humorvolle Art, doch unsere Kleine bleibt keine Antwort schuldig.

Nach einer Weile erscheint ihr allerdings die Umgebung mit Tropfständern, IVACS und anderen medizinischen Geräten zu bedrückend. Sie will zurück in die „Villa", doch Dr. Dopfer lotst uns ins Arztzimmer. Die Sekretärin, die nie Tennis spielt, hat einen Tennisarm, und so tippt unser Doktor selbst einen Kurzbericht an Dr. Berthold in die Maschine. Im Gegensatz zu mir beherrscht er das Zehn-Finger-System. Er schreibt noch ein Rezept aus. Auch in den nächsten Tagen muß Min noch alle Medikamente nehmen, die sie in der Klinik bekommen hat.

Zovirax-Tabletten sind noch in der klinischen Erprobung und im Handel bisher nicht erhältlich. Meines Wissens wirken sie gegen Viren wie Windpocken usw. Intravenös hat Jasmin dieses Mittel in Gießen auf der Isolierstation bekommen, dreimal täglich muß sie eine der blauen Tabletten nehmen. Wir sollen einen Vier-Wochen-Vorrat mitnehmen, doch Station H verfügt nicht über eine solche

303

Menge. Dr. Dopfer telefoniert mit der A 2h und schickt uns dorthin, um das Mittel abzuholen.

Mit Min fahre ich zur MED und setze ihr den Mundschutz auf, als wir das Krankenhaus betreten. Im Treppenhaus treffen wir Dr. Link, der sich freut, Jasmin noch einmal zu sehen, bevor wir abreisen. Es ist ein sehr herzliches Gespräch. Dann gehen wir zur A 2h. Ein bißchen mulmig ist es unserer Kleinen schon, als ich ihr die Schuhüberzüge überstreife, mich präpariere und wir dann in die Station gehen. Wie ich desinfiziert Mikro lässig die Hände, allerdings ziehen wir keine sterilen Kittel an und warten im Vorraum. Die Tür des Vorbereitungszimmers ist geöffnet. Christiane winkt uns begeistert zu. Wir müssen ihr versprechen, daß ihre Mutter bald kommt.

Zu den Zelten will Mikro nicht. Sie sagt kategorisch, daß wir nur wegen der Tabletten gekommen sind. Ich erkundige mich nach Stephania − immer noch nur 500 Leukos.

Schwester Susanne und Schwester Ulrike haben Dienst. Ulrike achtet auf Distanz zu uns, weil sie sich bereitmacht, ins Zelt zu gehen. Susanne bringt uns nach einer Weile das Medikament. Jasmin plaudert zwar mit den Schwestern, die auf den Besuch sehr positiv reagieren, dennoch ist sie froh, als wir die A 2h wieder verlassen. Ich kann ihr das nachfühlen, denn der Aufenthalt im Zelt ist wahrlich kein Lebensabschnitt, an den sich ein Kind erinnern muß.

Mit hundert Zovirax-Tabletten im Gepäck geht es zurück zur Wohnung. Wäre es nach dem Personal der H gegangen, hätte man uns wohl einen großen Bahnhof bereitet, aber wir schleichen uns nach einer Spende für die Kaffeekasse förmlich weg. Angesichts unseres Gepäcks ist schleichen eigentlich übertrieben.

Renate hat bereits gepackt. Mit vereinten Kräften schaffen wir Tüten und Koffer aus dem Zimmer und bringen sie zum Fahrstuhl, dann beginnt das Verstaupuzzle im Auto. Endlich ist alles untergebracht, für meine Mitfahrer wird es allerdings eng, weil selbst der große Kofferraum nicht ausreicht. Es geht zurück in die Heimat, die Renate und Jasmin ein Vierteljahr nicht gesehen haben.

Ich lasse es relativ gemütlich angehen im Gegensatz zu den einsamen Fahrten nach Tübingen mit Kyra auf dem Rücksitz. Mich nerven weder Staus noch Baustellen, ich bleibe gelassen.

Brav, wie ein gutgeöltes Uhrwerk, schnurrt unser Rekord Gießen entgegen, und trotz der Last, die er zu befördern hat, liegt er gut auf der Straße und rennt problemlos seine 200 km/h, wenn sich die Gelegenheit dazu ergibt. Es ist wohl so eine Art Stallgeruch, die mich fester aufs Gaspedal drücken läßt, je näher wir Hessen kommen. Selbst Renate, die dieses Tempo eigentlich nicht gewohnt ist, ängstigt sich nicht, weil die 110 PS beherrschbar bleiben. Leichtfüßig huscht der Wagen über die Autobahn.

Dann, 15.15 Uhr, sind wir in Gießen. Die alte Umgebung wird neu entdeckt, die Blumenbeete vor dem Haus vermitteln noch einen Hauch vergangener Sonnentage. Obwohl Jasmin praktisch der Sommer gestohlen wurde, findet sie alles schön zu Hause.

In der Wohnung hat sich – bis auf das Kinderzimmer – wenig geändert. Min wandert von Zimmer zu Zimmer, entdeckt vertrautes neu und kommentiert Veränderungen. Sie ist froh, wieder daheim zu sein.

Auch Renate ist das, sie freut sich ebenso wie Min, aber bei ihr spielt sich das in einer anderen Dimension ab. Nicht alles findet den Beifall der Hausfrau. Die Luft ist stickig – kein Wunder, denn seit Tagen konnte nicht gelüftet werden, also werden die Fenster aufgerissen. Ein von Kyra beschriftetes Plakat mit der Aufschrift „Jasmin und Mama, herzlich willkommen zu Hause!" wird eher beiläufig registriert. Ich nehme Renate ihre spröde Reaktion nicht übel. Drei Monate lang bestimmte Krankenhaus ihren Alltag, nun soll plötzlich alles wie früher sein, dabei liegen Welten zwischen Tübingen und zu Hause. Und drei Stunden Fahrt schaffen nur eine räumliche Distanz, keine geistige. Da muß erst einmal einiges verarbeitet werden.

Es wird auch verarbeitet. Zwei Stunden später macht Renate wieder ein fröhliches Gesicht, es wird doch noch ein harmonischer Nachmittag. Die Freude, wieder zu Hause zu sein, bricht sich Bahn, die heimische Atmosphäre lockert auf und verdrängt die langen Wochen in Tübingen. Kein Krankenzimmer, keine Ärzte und Schwestern, kein Tropf, nur noch Tabletten und Emulsionen.

Wir telefonieren mit den Eltern, die überglücklich sind über die Heimkehr von Min und Renate, ich rufe die Ärzte an. Dr. Berthold ist auf einer Tagung in Florenz und nicht erreichbar, also lasse ich mir nur von einer seiner Mitarbeiterinnen einen Termin für Jasmin geben.

In Stuttgart ist man zu Hause. Unser lieber Dr. Bertram ist begeistert und beglückwünscht uns regelrecht, als er die frohe Nachricht hört und ich die Daten durchgebe, die ich weiß.

Zufrieden sinkt die Familie am Abend ins Bett – ins eigene Bett. Und ins gleiche dazu, denn die Kinder krabbeln zu uns. Wir sind wieder komplett.

23. Oktober, Dienstag

Erste Untersuchung in Gießen. Für 11.30 Uhr ist Renate mit Jasmin bestellt. Sie sollen sich im Infektionszimmer aufhalten, um Kontakt mit anderen Kindern zu vermeiden. Als ich in der Mittagspause um 13.15 Uhr nach Hause komme, sind beide noch nicht zurück. Wahrscheinlich haben sie noch Peiper einen Besuch abgestattet.

Ich bin schon wieder im Büro, als mich Renate anruft. Horst hat sie hin- und zurückgefahren und vor der Klinik gewartet. Die Termine haben sich wieder einmal verlagert und nach hinten verschoben, so daß Min praktisch erst eineinhalb Stunden später als vorgesehen an die Reihe kam. Renate konzentriert sich auf die wichtigsten Daten und gibt sie durch: Hb 12,5, Leukos 6.500, Thrombos 65.000. Ich freue mich riesig, denn diese Werte sind ausgezeichnet.

Es ist der Tag des Stechens und der Ärzte. Kyra und ich wollen heute die zweite Hepatitisimpfung absolvieren. Wir gehen zu unserem Hausarzt, weil der heute bis 18 Uhr Sprechstunde hat und ich mir nicht extra freinehmen muß. Und er versteht es zudem ausgezeichnet, mit der Nadel umzugehen, spritzt und sticht also, ohne daß es sonderlich schmerzt. Kyra, die unbedingt zu Dr. Berthold wollte, ist ganz überrascht, daß der Stich in den Oberarm kaum weh tut. Schon vorher sorgt er für Trost und läßt unsere Große ins Glas mit den obligatorischen Gummibärchen greifen. Unser Hausarzt ist ein väterlicher Typ, der gut mit Menschen und vor allem mit Kindern umgehen kann. Es gelingt ihm sogar, Kyra zum Lachen zu bringen, während er H-B-Vax ins Gewebe injiziert.

Als wir nach Hause kommen, erkundige ich mich nach Details vom Vormittag. Langeweile kam im Krankenhaus nicht auf. Es hat sich wie ein Lauffeuer herumgesprochen, daß Min da ist. Dr. Westphal kam, Schwester Erika, Christiane, Lilo und, und, und. Auch aus Bayern sind heute Peipers zur Untersuchung da – Bernd und seine Mutter. Sie erfahren ebenfalls von Jasmins Anwesenheit und lassen Grüße an Renate und Mikro ausrichten. Bernd geht es gut, und auch den beiden Dianas. Da wir alle kennen, freuen wir uns natürlich über diese positiven Nachrichten.

Dr. Berthold zeigt sich recht angetan, was Jasmins Zustand betrifft. Allerdings sorgt unsere Kleine auch wieder für Furore – den notwendigen Fingerpiks nach herkömmlicher Art läßt Min nur mit lautem Geschrei und heftiger Gegenwehr über sich ergehen. Min – entwöhnt, muß sich das Personal erst einmal wieder damit vertraut machen, angebrüllt, getreten und weggestoßen zu werden. Obwohl die Laborantin vom Autoclick nicht viel hält, will Dr. Berthold einen anschaffen. Damit Renate und Jasmin nicht mehr so lange warten müssen, bekommen sie am nächsten Mittwoch den ersten Termin.

Ich rufe Dr. Dopfer an und sage ihm, was ich weiß. Er ist direkt enthusiastisch und alles andere als verstimmt darüber, daß ich ihn zu Hause störe — ganz im Gegenteil. Solche Nachrichten möchte er am liebsten täglich hören, und er sagt, daß ihn selbst bei vermeintlichen Kleinigkeiten nachts aus dem Bett werfen kann. Immunglobulin muß nach seinem Dafürhalten wahrscheinlich nicht mehr gegeben werden, aber er bittet mich, Dr. Berthold bei der nächsten Untersuchung eine Elektrophorese ans Herz zu legen. Lachend verabschiedet er sich — ich soll die „ganze Bande" grüßen. Das ist typisch für ihn.

Dann telefoniere ich mit Dr. Bertram. Er freut sich von ganzem Herzen, daß es Min so gutgeht, und wie Dr. Dopfer wertet er es als durchschlagenden Erfolg, daß die Thrombozyten auf diese Zahl angestiegen sind. Da die Blutplättchen kurzlebig sind, handelt es sich ausschließlich um Eigenproduktion, und auch die Leukozyten sind so hoch, daß Min sogar eine Infektion wie Husten oder Schnupfen verkraften könnte, ohne daß es kritisch oder sogar lebensbedrohend würde. Unser guter Dr. Bertram macht uns Mut, auch seine Frau läßt uns grüßen.

Drei Ärzte — drei übereinstimmende Aussagen. Das stimmt mich zuversichtlich, doch bei aller Freude bleibe ich auf dem Teppich und schlage nach, was „Elektrophorese" bedeutet. Schlichtweg gesagt handelt es sich dabei um eine Untersuchung von Organfunktionen und Blutinhaltsstoffen anhand von Venenblut.

Ich bete zu Gott, daß unser Optimismus gerechtfertigt ist und Min wirklich gesund ist und bleibt. Auch die Mediziner sind nur Menschen...

31. Oktober, Mittwoch

Renate fährt am Morgen mit zur Firma und nimmt anschließend den Wagen mit. Sie muß mit Jasmin um neun Uhr in der Klinik sein.

Zur Mittagspause um 13 Uhr holen mich die beiden ab. Min ist vergnügt, der Schrecken „Klinik" vorbei. Seit sie weiß, daß das

Krankenhaus für sie jetzt nur noch eine notwendige Untersuchungsstation ist, sie also nicht mehr dableiben muß, steckt sie das übliche Stechen recht schnell weg.

Renate berichtet, daß unsere Jasmin mit ihrem Gebrüll sogar Professor Lampert herbeigerufen hat – Lautstärke und Stimme waren so charakteristisch, daß er sofort wußte, wer da malträtiert wurde. Erfreut begrüßte er Renate und Min.

Jeder Stich tut weh, doch diesmal war nicht das Labor der Täter mit einem Fingerpiks, sondern der Arzt selbst, weil für die umfangreiche Untersuchung, die Elektrophorese, mehr Blut gebraucht wird. Morgen vormittag können wir das Ergebnis erfahren.

Freitag soll Min noch einmal in die Klinik, weil Gammaglobuline zugeführt werden. Das ist ein kleiner Tropf, der in einer knappen halben Stunde durchläuft, aber leider auch einen Katheter erfordert.

1. November, Donnerstag

Renate ruft Dr. Berthold am Morgen an und informiert mich im Büro. Die reinen Blutwerte wie Thrombos, Leukos usw. sind in etwa so wie in Tübingen, also stabil, die anderen Ergebnisse liegen teilweise noch nicht vor. Ich bin recht zufrieden mit Mins Zustand.

Das ist Dr. Bertram auch, mit dem ich am Abend telefoniere. In Baden-Württemberg ist Feiertag, und er hat tatsächlich mal frei. Ohne die Feindaten zu kennen, also Leukozytenanteile in Unterteilung wie Monozyten, Lyphozyten usw., Differentialblutbild genannt – und ohne die Serumwerte zu wissen, die nur einem Mediziner etwas sagen, wertet er Jasmins Zustand positiv. Nach seinem Dafürhalten ist der körperliche Zustand so aussagekräftig wie Laboranalysen, und Mikro ist wirklich fit.

Einige Fragen, die uns beschäftigen, beantwortet Dr. Bertram bereitwillig. Da geht es um die Elektrophorese und darum, warum die Werte in Gießen auf sich warten lassen. Kein Grund zur Beunruhigung, sagt er. Da werden im Zentrallabor Maschinen eingesetzt, und nur die Blutproben, die bis zehn Uhr angeliefert werden, können am gleichen Tag analysiert werden. Notfälle fallen nicht darunter und werden selbstverständlich sofort und gesondert bearbeitet, doch eine Immunphorese wie bei Min fällt nicht darunter. Eine Insiderinformation, die uns beruhigt.

Was es mit der Zuführung von Immunglobulin auf sich hat, möchte ich wissen. Der Arzt erklärt es mir. Gammaglobuline sind, das habe ich nachgeschlagen, bestimmte Eiweißkörper im Blut, die hauptsächlich an der Bildung von Abwehrstoffen beteiligt sind. In den Körper eingedrungene Keime, so erläutert es unser lieber Dr. Bertram, bewirken einen Anstieg der Gammaglobuline. Sie werden von den Lymphozyten produziert, die ihrerseits recht verhalten reagieren, wenn sie nicht durch Erreger gefordert werden. Mins Organismus, noch nicht voll auf der Höhe trotz der verfügbaren Leukos, soll durch die Gammaglobuline vorbeugend gegen eine Infektion geschützt werden, interpretiere ich und ernte Zustimmung.

Dr. Bertram ist zuversichtlich, und er macht uns Mut. Ich fühle mich durch seine optimistische Prognose gestärkt, denn in Gießen war er so etwas wie unser persönlicher Hiob. Er hat alle schlechten Nachrichten überbracht, ohne etwas zu beschönigen. Die Wahrheit damals war schlimm, und wir haben deshalb wohl die bittersten Stunden unseres Lebens durchlitten, aber diese Aufrichtigkeit hat auch Vertrauen geschaffen, das Bestand hat.

Wie immer in den letzten Tagen hat Min gebadet. Als ich sie abtrockne, entdecke ich über ihrer Operationsnarbe zwei Pocken, die ich für typische Herpes-Ausschläge halte. Die ovale, langgestreckte Form ist charakteristisch für diesen Erreger, und sogleich kommt mir Gürtelrose in den Sinn. Zutiefst erschrocken überlege ich mit Renate, ob ich Dr. Berthold anrufen soll, unterlasse es dann aber, weil auch ein Arzt mal Feierabend haben muß und wir keine absoluten Laien mehr sind.

Wir haben Betaisodona-Hautdesinfektion im Haus. Die Lösung wirkt nicht nur gegen Bakterien und Pilze, sondern auch gegen Viren. Gründlich bestreiche ich die Pusteln damit. Morgen bekommt Min Immunglobulin, Renate will Dr. Berthold auf die Bläschen aufmerksam machen.

2. November, Freitag

Horst, Renates Bruder, stellt sich als Fahrer zur Verfügung und bringt sie und Jasmin um zehn Uhr zur Klinik. Die Termine sind durcheinandergeraten, beide müssen warten. Erst nach zwölf sind sie an der Reihe. Den unumgänglichen Katheter setzt Dr. Berthold in eine Kopfvene — trotz Mikros Geschrei und Gegenwehr.

Ein Stich durch die Kopfhaut ist besonders brutal — könnte man meinen —, doch eigentlich ist das Gegenteil der Fall. Die Zahl der Rezeptoren, die Schmerz registrieren, ist am Kopf im Haarbereich deutlich geringer als etwa an den sensiblen Fingerkuppen. Jasmin bestätigt auch später, daß der Kopfpiks wesentlich weniger weh getan hat als an der Hand. Noch einmal wird Min Blut abgenommen, dann bekommt sie in einem Raum der Ambulanz 20 ml Cytotect. Das geht rasch.

Gegen die Herpes-Pusteln verschreibt Dr. Berthold Zovirax-Salbe. Er bestätigt uns, daß wir den Erreger erkannt und mit Betaisodona auch das richtige Mittel benutzt haben. Die Menge der verordneten Präparate wird beibehalten, Cortison etwas verringert. Nächster Untersuchungstermin: 8. 11. 84.

8. November, Donnerstag

Heute genügt zur Blutuntersuchung ein Fingerpiks, die Ultraschalluntersuchung des Unterleibs ist ohne Befund. Die Bläschen am Bauch haben sich sehr gut zurückentwickelt. Noch immer muß Min täglich eine Menge Medikamente schlucken: 2,5 mg Decortin bzw. Fortecortin (Cortison) zum Ausschleichen aus der Therapie, drei Zovirax-Tabletten, 3 Kepinol-Tabletten, drei Colistindragees, sechs Moronaldragees und 6 ml Moronal flüssig.

Die Blutwerte: Hb 13,0, Leukos 5.700, Thrombos 70.000. Etwas höhere Thrombozyten hätte ich mir schon gewünscht, aber da Mikro springlebendig und fit ist, mache ich mir keine Sorgen.

Sie ist wirklich ein Prachtkind, das uns nur Freude macht. Ihre Fröhlichkeit ist direkt ansteckend, ihre gute Laune reicht für drei, und sie spielt so schön, daß man stundenlang zusehen könnte.

Der Eßzwang läßt allmählich nach, Bäuchlein und Backen wachsen nicht weiter, sie schrumpfen langsam. Umgekehrt ist es bei der Muskulatur, denn die entwickelt sich. Mins Gang ist deutlich sicherer geworden, und sie kann auch wieder Spielsachen tragen, die ihr anfangs zu schwer waren.

9. November, Freitag

Daß es kein Problem ist, an einem Tag nach Tübingen und zurück zu fahren, weiß ich aus eigener Erfahrung. Ursprünglich hatte ich das auch vor, doch dann bin ich mit Renate übereingekommen, daß wir schon übermorgen, also Sonntag, aufbrechen und in Tübingen übernachten. Der Grund dafür ist einfach: In den letzten Tagen war es morgens immer sehr neblig, und der Dunst grauer Novembertage hielt sich bis Mittag. Bei solchen Sichtverhältnissen besteht die Gefahr, in einen Unfall verwickelt zu werden, und das Risiko ist mir einfach zu groß.

Am Abend rufe ich Herrn Rau an, um mich zu erkundigen, ob in der Elternwohnung etwas frei sei. Er meint, daß das Haus ziemlich voll ist und meint, ich solle morgen noch einmal auf Station H nachfragen, wie es aussieht.

Ich bringe die Rede auf Stephania, die mittlerweile in der „Villa Kunterbunt" sein muß, und erkundige mich, wie es ihr geht. Ganz behutsam kommt die Antwort: „Sie ist in dieser Woche gestorben."

Die vorsichtigen Worte des Sozialarbeiters treffen mich wie Keulenschläge, mein Magen wird hart wie Stein, ich könnte heulen. Ich will wissen, warum sie gestorben ist, aber ich habe Mühe, meine Stimme unter Kontrolle zu bringen. „Nach meinen Informationen ist das Spenderknochenmark nicht angewachsen", klingt es betroffen zurück.

Es ist unbegreiflich. Dem Mädchen ging es im Zelt so gut, sie hat die Behandlung ganz prächtig überstanden — und nun das. Ich habe Stephania nur ein paarmal gesehen, doch unwillkürlich kommt mir Jasmin in den Sinn. Sie hätte an Stephanias Stelle sein können, denn es ging ihr wirklich dreckig. Und die kleine Italienerin war eigentlich kein solcher Problemfall wie Min — sie hatte Leukämie.

Ich glaube, ich habe eine Weile gewartet, bis ich die Kraft hatte, ins Wohnzimmer zurückzugehen. Als ich Renate sage, was ich von Herrn Rau gehört habe, ist sie fassungslos und bricht in Tränen aus. Hand in Hand sitzen wir nebeneinander, um uns gegenseitig Trost und Kraft zu geben. Der furchtbare Gedanke, daß Jasmin wie Stephania hätte sterben können, beschäftigt uns ebenso wie das Schicksal von Christiane und Lei-Lingh. Die erste muß jetzt im Zelt sein, die andere wohl in der „Villa".

Als Min Renate weinen sieht, heult die Kleine los. Das zeigt, daß sie doch noch dünnhäutig ist, daß sie psychisch durchaus noch nicht alles verkraftet hat, obwohl sie vor Lebensfreude sprüht. Automatisch bezieht Jasmin die Tränen der Mutter auf sich selbst, denn Renate hat eigentlich nur geweint, wenn es um Min ging, und sie weiß das. Erst als wir ihr gut zureden und erklären, daß es nicht um sie geht, beruhigt sie sich allmählich, ist dann sogar wieder zu Späßen aufgelegt.

Mit ihrer Heiterkeit und ihrer fröhlichen Art bringt Jasmin es im Laufe des Abends tatsächlich fertig, uns so aufzumuntern, daß wir den Schock verdrängen können.

Für die Eltern muß es ein schwerer Schlag gewesen sein, aber wohl auch für Dr. Dopfer und alle, die Stephania betreuten. Welche Ängste wird jetzt die Mutter von Christiane ausstehen?

10. November, Sonntag

Ich rufe am Nachmittag in München die Mutter von Tobias an. Sie ist erfreut, etwas von uns zu hören, und berichtet, daß ihr Sohn viel Post bekommen hat, zahlreiche Anrufe und auch Besuch aus Tübingen von den freundlichen Schwestern der H.

Tobias geht es den Umständen entsprechend gut, sie kann bei ihrem Sohn im Zimmer übernachten, allerdings zerrt die tatenlose Warterei auf einen Herzspender an den Nerven. Auch das Drumherum in München ist kaum dazu angetan, ein wenig abzuschalten oder heimisch zu werden. Dieses Klinikum ist selbst eine Stadt mit Besucher-, Ver- und Entsorgungsstraßen, eine gigantische Maschinerie, eine Gesundheitsfabrik, in der das Werkstück „Patient" heißt.

Unfreundlich ist das Personal nicht, aber von den sieben oder acht Assistenzärzten fühlt sich keiner zuständig, es fehlt ein Ansprechpartner, wie wir ihn kennen.

Wenn ich überlege, was dieser Junge und seine Eltern bisher durchgemacht haben und was ihnen noch bevorsteht – wie können Mediziner da so unverbindlich und anonym bleiben? Ein Mensch ist doch kein Fall, und mit diesem Schicksal erst recht nicht. Muß denn erst die gesamte ärztliche Elite erkranken, um zu verstehen, was dem Mitmenschen da angetan wird, müssen Ärzte erst von ihren eigenen Automaten erschlagen werden, um dem Ruf nach mehr Humanität im Krankenhaus Gehör zu verschaffen?

11. November, Sonntag

Wir hatten zwei Tage Zeit, um Stephanias Tod zu verarbeiten. Was geworden wäre, wenn wir mit dieser schlimmen Nachricht vor Ort konfrontiert worden wären, vermag ich nicht zu sagen.

Ohne noch einmal in Tübingen angerufen zu haben, starten wir kurz vor 12.30 Uhr. Sollte die Elternwohnung belegt sein, haben wir immer noch die Möglichkeit, in dem − nicht sonderlich beliebten − Haus unterzukommen, das wir kennen und in dem wir alle schon übernachtet haben, als sich der erste Transplantationstermin zerschlug.

Die Autobahn ist frei. Ohne mehr als 160 km/h zu fahren, schaffen wir es bis zum Ziel in knapp zweieinhalb Stunden. Meinen Vorschlag, die A 2h zu besuchen, akzeptiert Jasmin ohne Wenn und Aber. Wir haben ihr gesagt, daß sie nicht in der Klinik bleiben muß und mit uns zurückkommt, und das macht sie sicher. Min genießt die Fahrt sogar.

Auch als wir an der MED sind, macht Min keinen Rückzieher und marschiert tapfer zur A 2h. Schuhüberzüge an, klingeln − Schwester Brigitte öffnet uns. Sie ist angenehm überrascht und freut sich, daß wir zu Besuch kommen und Jasmin so fit ist. Nachdem wir die Hände gewaschen und desinfiziert haben, bringt sie uns frische sterile Kittel und für Mikro ein Minigewand.

Christiane hat uns schon bemerkt und auch ihre Mutter aufmerksam gemacht, die neben dem Zelt sitzt. Freudig begrüßen uns die beiden. Der kleine Wildfang in der Lebensinsel ist mit 400 Leukos so gut beisammen, daß er − die biegsame Plastikfolie dazwischen − mit mir boxt und Brigitte mit einer wassergefüllten Spritze auflauert und sie naßspritzt.

Die Schwester bleibt gelassen, obwohl ihr das Temperamentbündel im Zelt einige Streiche spielt. Positiv vermerken wir, daß Brigitte auf den Scheiben mit Fingermalfarben lustige Figuren angebracht hat, die Kindern Freude machen! Auch unser Flugzeugmobile ist noch da. Da und ans Glas geklebt sind auch Bilder, die Stephanias Unterschrift tragen. Nur mit Unbehagen betrachten wir diese Zeichnungen voll kindlicher Lebensfreude.

Über den Tod des Mädchens sind eine Menge Gerüchte im Umlauf, man munkelt von Lungenentzündung als Todesursache. Wir bewahren über das, was wir erfahren haben, Stillschweigen.

Wir fahren zur Wohnung. Mutter und Schwester von Lei-Lingh sind anwesend. Auch sie begrüßen uns erfreut. Der kleinen Philippinin in der „Villa" geht es blendend, und auch Helena hat keine Schmerzen mehr. Lei-Linghs Mutter macht sich gerade fertig, um ihre Tochter auf H zu besuchen.

Am Abend kommt Christianes Mutter zurück, Lei-Linghs Mutter und die Mama von Suleiha. Die Türkin hatte gehofft, gestern mit ihrer Tochter nach Hause zu können, doch dann hat die Kleine unerwartet Fieber bekommen. Später trudeln Adrians Eltern ein, die am Wochenende rumänische Bekannte besucht haben. Der Junge macht deutliche Fortschritte, doch auf der H sorgte er auch für Aufregung — er hatte Windpocken. Alle Kinder auf der Station wurden sofort geimpft.

Wie üblich sitzen wir zusammen — wir sind ja quasi alte Bekannte — und unterhalten uns. Die Übernachtungsfrage ist schnell geklärt. Obwohl wir das Angebot von Suleihas Mutter nicht annehmen wollen, weil der Umstand zu groß ist, besteht sie darauf, ihr Bett im Zimmer von Christianes Mutter zu räumen und diese Nacht bei Helena und ihrer Mutter eine Etage tiefer zu verbringen, mir bleibt wieder das Kämmerchen. Probleme gibt es nicht, da wir Bettwäsche dabeihaben.

Bevor sich einige Eltern zurückziehen, verteilen wir kleine Geschenke, die wir für die Kinder mitgebracht haben. Zu mitternächtlicher Stunde bleibt ein harter Kern zurück — die Mütter von Christiane, Lei-Lingh, Renate und ich. Wir alle sind von der Transplantation direkt betroffen, und erst um 2.30 Uhr beenden wir das Thema.

12. November, Montag

Wir haben ein wenig länger geschlafen. Auf dem Weg zur Poliklinik nehmen wir unser Gepäck mit, da ich den Wagen auf dem Klinikgelände geparkt habe.

Zum erstenmal bin ich in der Ambulanz — und prompt treffen wir wieder eine Bekannte. Tanjas Mutter ist mit ihrer Tochter zur Kontrolle da. Auch hier gibt es viel zu erzählen, endlich sind wir an der Reihe, aber dann müssen wir doch noch etwas warten, weil Dr. Suder nicht fertig ist. Er teilt sich mit Dr. Dopfer, der Jasmin untersuchen will, den Behandlungsraum. Diese drangvolle Enge gibt es in Gießen nicht.

Routinesachen wie wiegen, Kontrolle von Puls und Blutdruck

bringt Mikro lässig hinter sich, als Venenblut abgenommen werden soll, wird sie wieder zum Kämpfer. Ihr Geschrei alarmiert Professor Niethammer, der hereinsieht, Jasmin tröstet und sich mit uns unterhält. Endlich ist auch diese schmerzhafte Prozedur überstanden, Min ist sogleich wieder fröhlich. Röntgen der Lunge und Lungenfunktionsprüfung stehen nun auf dem Programm.

Das Röntgen geht schnell, dann heißt es wieder warten. Judith läuft uns mit ihrer Mutter über den Weg, es gibt eine herzliche Begrüßung. Eigentlich sollte die Kleine schon in der Strahlenklinik behandelt werden, doch die Therapie ist verschoben worden. Eine Weile unterhalten wir uns über Details, dann verabschieden wir uns. Die beiden müssen zurück, Min zur Lungenfunktionsprüfung.

Sie klappt nicht, weil Jasmin noch zu klein ist. Zwar gibt sie sich mit dem Blasen alle Mühe, doch der Arzt, der sich darauf spezialisiert hat, meint, daß es erst bei Kindern ab sechs Jahren funktioniert.

Wir gehen noch einmal hoch zur H, wo man uns mit großem Hallo empfängt, um uns von Herrn Rau, den Ärzten und Schwestern zu verabschieden. In der Ambulanz gibt uns die freundliche Schwester Hildegard, die Dr. Dopfer assistiert, die heutigen Werte: Leukozyten 5.935, Hb 13,5, Thrombozyten 74.000. Das sieht gut aus, auch wenn die Thrombos für meinen Geschmack höher sein könnten. Eine Nachricht für Dr. Berthold bekommen wir auch mit. Alle Medikamente bis auf Kepinol und Moronalsuspension werden abgesetzt, alle drei Wochen sollen Immunglobulin sowie die speziellen Immunglobuline Cytotect und Varitect gegeben werden, bis die Gamma-Globuline einen vertretbaren Wert erreicht haben.

Wir statten der Station F noch einen kurzen Besuch ab, gehen etwas essen und brechen dann auf. Gegen 18 Uhr sind wir wieder zu Hause.

15. November, Donnerstag

Gestern habe ich Dr. Dopfer angerufen, doch er hatte den Wert des Gamma-Globulins noch nicht vorliegen, heute erfahre ich ihn: 11,4. Dr. Dopfer ist recht zufrieden damit.

Auch Dr. Berthold, den ich entsprechend informiere, zeigt sich befriedigt. Mir sagt der Wert wenig, also erkundige ich mich nach dem Standard. Bereitwillig gibt Dr. Berthold Auskunft: Die Norm liegt bei 16. Nun, da ich einen Vergleichsmaßstab habe, kann ich ebenfalls die Daten in Relation bringen. Gamma am 31. 10. 8,6 %, am 12. 11. 11,4 %. Das klingt gut.

22. November, Donnerstag

Untersuchung in Gießen. Um elf Uhr ist Renate mit Jasmin bestellt, vorher muß sie noch Immunglobulin in der Apotheke abholen, das von dort beim Hersteller angefordert wurde. Mittlerweile wissen wir, welche Medikamente exotisch sind, und haben das Präparat daher schon Anfang der Woche per Rezept ordern lassen.

Renate nimmt es mit in die Klinik. Min soll nicht nur das Immunglobulin bekommen, sondern auch Cytotect und Varitect, die ebenfalls zu diesem Komplex gehören. Sie enthalten Wirkstoffe mit Antikörpern gegen spezielle Virenarten. Die Kinderklinik hat die Präparate nicht vorrätig. Renate bietet sich an, sie in der Uni-Apotheke zu besorgen.

Die in der Nähe der Augenklinik liegende Apotheke befindet sich noch immer dort, allerdings ist ein Teil der Bestände ausgelagert, seit ein Dachstuhlbrand das Gebäude arg in Mitleidenschaft gezogen hat. Ein freundlicher Fahrer der Klinik, der das gleiche Ziel hat, erspart Renate einen längeren Fußmarsch und nimmt sie mit, auf dem gleichen Weg gelangt sie mit den Medikamenten zurück.

Da ein solches Intermezzo nicht eingeplant war, funktioniert auch der Zeitplan nicht mehr – warten. Endlich kann sich Dr. Berthold um Jasmin kümmern, erneut bekommt sie einen Katheter in eine Kopfvene. Min sagt, daß sie nur ein bißchen geschrien hat, aber auch das reichte, um Türen zu durchdringen, dabei hat sie recht. Auch Erwachsene würden sich besser fühlen, wenn sie ihrem Schmerz ungehemmt Luft machen würden.

Bevor Min nacheinander die Immunglobuline bekommt, wird ihr über den Katheter Blut abgenommen. Auch das geht nicht ohne Jammern ab, dann ist es endlich geschafft. Es ist fünfzehn Uhr, als Renate und Min wieder zu Hause sind.

Die Ergebnisse sind nicht dazu angetan, Freude zu erwecken: Hb 10, Leukos 2.000, Thrombos 60.000. Kyra ist stark erkältet, Jasmins Hals zeigt eine leichte Rötung – eine Erklärung für die geringe Zahl der weißen Blutkörperchen.

Am Abend rufe ich Dr. Dopfer an, der uns gebeten hat, ihn auf dem laufenden zu halten. Auch er ist nicht ernstlich beunruhigt, doch er meint, wir sollen am Montag eine weitere Blutuntersuchung bei Min vornehmen lassen, wenn die Leberwerte noch hoch sind. Morgen ist er nicht da, er bittet mich, die Daten am Samstag durchzugeben, wenn er zu Hause ist.

24. November, Samstag

Gestern abend − unser unermüdlicher Dr. Berthold war um 19 Uhr immer noch in der Klinik − habe ich die Leberwerte bekommen: GOT 38, GPT 34. Mir sagt das nicht viel, aber der Arzt hält das für sehr gut angesichts der vorherigen Untersuchungen. Ich sehe nach: 17. 10. 84, letzte Laborwerte in Tübingen: GOT 60, GPT 140. 8. 11. 84 in Gießen: GOT 33, GPT 84. Nun ergibt sich auch für einen Laien ein positives Bild.

Mit Dr. Bertram, der immer noch sehr engagiert ist, was Jasmin betrifft, habe ich ebenfalls gestern telefoniert. Natürlich ist er Arzt, doch die menschliche Komponente unserer Beziehung überwiegt, zumal ich ihm immer nur Grobdaten liefern kann. Dessenungeachtet versucht er, uns Informationen zu geben, die im manchmal eiligen Ambulanzbetrieb einfach untergehen. Er nennt als Standard den Leberwert 20. So gesehen hat Min wirklich einen guten Sprung nach vorn getan. Wir unterhalten uns nicht nur über Jasmin, sondern auch über Peiper und andere Dinge, die mit Medizin nichts zu tun haben.

Dr. Dopfer zeigt sich wie die beiden anderen Mediziner von den Daten angetan. Die Realität gibt den Ärzten recht. Kyra kämpft schon seit Tagen vergeblich gegen eine Erkältung an, mit ihrem Husten und Schnupfen hat sie Renate angesteckt. Ich halte mich wacker und fühle mich fit, aber Jasmin strahlt förmlich Gesundheit aus trotz der herumschwirrenden Viren.

Herr Rau hat uns geschrieben. Heute kehrt Lei-Lingh mit ihrer Mutter und der Schwester nach Norddeutschland zurück, Christiane kommt aus dem Zelt in die „Villa" auf der H. Wirklich erfreuliche Nachrichten.

28. November, Mittwoch

Nach Kyra und Renate hat es mich nun auch erwischt – nur Jasmin trotzt noch den Viren. Seit Montag liege ich mit einer Grippe im Bett. Fieber, Husten, Schnupfen, Kopf-, Hals-, Ohren- und Gliederschmerzen, Schwäche, Unwohlsein – ein schwacher Abklatsch gegen das, was Mikro im Zelt durchstehen mußte, und dennoch fühle ich mich so schlapp und erbärmlich, als wäre ich durch die medizinische Mangel gedreht worden.

Renate muß mit Jasmin in die Klinik zur Untersuchung. Bewußt erlebe ich Mins Reaktion vor der Abfahrt mit – seit langem wieder. Min weint. Nicht laut und voller Not wie im Krankenhaus, sondern still, hilfesuchend und zugleich gottergeben. Das geht mir verdammt nahe.

Die Blutabnahme im Labor erfordert „nur" einen Fingerpiks. Die Werte sind die Qual wert: Leukos 4.100, Hb 12,0, Thrombos 95.000. Das ist eine enorme Verbesserung gegenüber letzter Woche. Dr. Berthold strahlt wie wir, doch wir brauchen noch seinen fachlichen Rat.

Seit einigen Monaten ist Renates Schwester Oma. Ihre Enkelin, mit der sie engen Kontakt hat, ist an Keuchhusten erkrankt. Sonntag hat Mielchen Opa besucht, gestern war Renate bei ihm, um etwas abzuholen. Min hat Keuchhusten durchgestanden, Kyra – dagegen geimpft – erkrankte Gott sei Dank eigentlich nicht richtig daran. Frage an den Mediziner: Kann der Schwiegervater die Krankheit übertragen, die durch Tröpfcheninfektion verbreitet wird? Noch etwas stellen wir gleichzeitig in den Raum: Verfügt Min nun über die alten eigenen Antikörper oder hat sie mit Kyras Knochenmark auch deren gesamtes Immunsystem übernommen?

Daß wir Eltern mit unseren meist laienhaften Erkundigungen nicht ganz überflüssig sind, zeigt sich beim Elterntreff. Renate verblüffte einige Fachleute mit der Feststellung, daß der Empfänger eines Knochenmarktransplantats ja nun die Blutgruppe des Spenders hat. Diese Tatsache war manchem angesichts der komplizierten Materie noch gar nicht bewußt geworden.

Dr. Berthold verhielt sich bewunderungswürdig. Als Arzt, dem wir vertrauen und von dessen Sachverstand wir überzeugt sind, hätte er uns, was die Keuchhusteninfektion angeht, einfach abspeisen können mit dem Hinweis: „Keine Gefahr."

Er tat es nicht, sondern fragte bei den Virologen nach und gab erst nach deren Auskunft Entwarnung. Welcher Arzt besitzt schon diese innere Größe, zuzugeben, daß er nicht Dr. Allwissend ist? Welcher Arzt ist so souverän, so etwas einzugestehen? Wir sind froh, daß Dr. Berthold so offen und ehrlich ist. Nur ein Narr würde sein Verhalten als Schwäche einstufen.

Anruf in Tübingen, Dr. Suder ist am Apparat. Bevor er an Dr. Dopfer übergibt, sagt er noch, daß dieser sich Vorwürfe gemacht hat, das Decortin abzusetzen. Als Dr. Dopfer die Werte hört, ist er froh und zuversichtlich – kein Gedanke mehr an Cortison.

Ich vermute, daß zwei Faktoren den Tiefpunkt von Jasmins Blutwerten bewirkt haben – eine beginnende Infektion und das Absetzen des Cortisons. Offensichtlich ist hier das Immunglobulin in die Bresche gesprungen, um die Viren in Schach zu halten. Eine Grippe bei Min fürchtete Dr. Berthold nicht, denn sie ist unter Kontrolle zu bringen. Was der Arzt vermißt: 24-Stunden-Urin von Jasmin. Dr. Berthold hat daran gedacht, wir auch, aber zu spät. Erstmals haben wir etwas versäumt, aber das läßt sich nachholen. Bis Mitte nächster Woche liefern wir die benötigte Harnmenge nach.

Allmählich scheint die Wirkung der chemischen Keulen und der Strahlenbomben abzuklingen: Mins ausgefallene Zehennägel beginnen zu wachsen, und auf dem Kopf zeigen sich Haarbälge.

10. Dezember, Montag

Die neue Woche beginnt mit einem Schrecken: Eine Mitarbeiterin, mit der ich täglich zu tun habe, taucht mit Flecken an den Armen auf. Ich rate ihr, zum Arzt zu gehen, und der stellt Röteln fest.

Sofort rufe ich Dr. Berthold an, um abzuklären, ob Gefahr für Min besteht. Erste Frage des Arztes: „Hatte Jasmin direkten Kontakt mit der Erkrankten?" Als ich verneine, gibt er Entwarnung – keine Gefahr.

12. Dezember, Mittwoch

Letzte Woche hat Renate 24-Stunden-Sammelurin von Jasmin in der Klinik abgegeben, der von uns mittels Säure auf den benötigten ph-Wert gebracht wurde. Heute soll Min die drei verschiedenen Globuline bekommen.

Es geht nicht ohne Tränen ab und wird zur Tortur. Dr. Berthold sticht eine Kopfvene an, weil das weniger schmerzt, doch die Ader erweist sich als unergiebig, kein Tropfen Blut kommt. Erst der zweite Stich in eine andere Vene am kahlen Kopf führt zum Erfolg, dennoch bleibt Min der Fingerpiks nicht erspart. Fast zwei Stunden muß sie mit Renate in der Klinik ausharren, bis sie endlich über den Kopfkatheter die Immunglobuline im Körper hat.

Ein kleiner Erfolg: Die beiden letzten Medikamente – Kepinol und Moronal – werden abgesetzt. Jasmin ist ebenso überrascht wie wir, eigentlich kann es niemand glauben, und doch ist es wahr. Das gibt Auftrieb.

13. Dezember, Donnerstag

Das Ergebnis der Blutuntersuchung lag gestern noch nicht vor. Als ich am Vormittag in der Klinik anrufe, bekomme ich Werte, die beruhigen: 5.600 Leukozyten, Hb 11,7, 115.000 Thrombozyten.

Nachgeschoben wird gleich, daß Leukos im Harn sind. Min soll morgen noch einmal in die Klinik kommen, um Urin abzugeben – Mittelstrahlurin. Mit unserer Ruhe ist es vorbei, denn wo weiße Blutkörperchen sind, sind auch Keime. Und jede Infektion bedeutet Gefahr. Vorsichtshalber bekommt Min wieder Kepinol.

14. Dezember, Freitag

Eine gute Stunde war Renate mit Jasmin in der Klinik, doch alle erprobten Tricks halfen nicht: Mikro konnte kein Wasser lassen. Dr. Berthold gab deshalb ein Röhrchen mit nach Hause, um dort Urin aufzufangen. Er soll noch am gleichen Tag ins Krankenhaus gebracht werden. Natürlich können wir keinen Mittelstrahlurin bieten, weil wir nicht über den entsprechenden Topf verfügen, doch es gibt eine Methode, die wir kennen und die annähernde Werte ermöglicht. Der erste Harnschwall ist unbrauchbar, was dann langsamer läuft ist verwertbar.

Nach Feierabend fahre ich nach Hause, hole die Urinprobe ab und bringe sie in die Klinik. Dr. Berthold, der Dienst hat, meint, daß kein Grund zur Sorge bestehe, weil der Unterleib mit seinen

Ausscheidungsöffnungen nun einmal keine keimfreie Zone ist. Die Mikroorganismen, die in der Probe waren, müssen durchaus nicht alle im Harn gewesen sein, dennoch will der Arzt kein Risiko eingehen und Gewißheit haben.

Was den Mittelstrahlurin auszeichnet, ist seine relative Reinheit – salopp formuliert. Pilze, Bakterien und Viren, die sich innen an der Harnröhrenwand abgesetzt haben und die beim Wasserlassen mit herausgespült werden, oder Urin, der noch die Analgegend benetzt, sorgen für eine Keimkonzentration, die der Realität nicht entspricht und die die Werte verfälscht.

Dr. Berthold und seine beiden Mitarbeiterinnen sind immer noch im Streß. So bringe ich die Probe ins Mikrobiologische Institut, nachdem eine Schwester etwas Urin fürs eigene Labor entnommen hat. Nun heißt es warten, bis das Ergebnis vorliegt.

17. Dezember, Montag

Renate kommt mir zuvor. Bevor ich mit Dr. Berthold telefonieren kann, hat sie es schon getan und ruft mich kurz nach zehn im Büro an. Wir müssen uns keine Sorgen machen, das Ergebnis ist so, daß keine Behandlung erforderlich ist. Ab morgen kann Kepinol wieder abgesetzt werden.

Noch ein anderes Resultat liegt vor – aus Basel. Dorthin ist Jasmins Sammelurin geschickt worden. Die Schweizer mußten die geforderten Untersuchungen gar nicht alle durchführen, weil die Tests zeigten, daß alles in Ordnung ist und jede zusätzliche Untersuchung die für Min positiven Werte bestätigte.

Das gibt natürlich Auftrieb – Renate und mir. Min braucht die guten Nachrichten der Mediziner nicht. Sie ist quietschvergnügt und freut sich auf Weihnachten und das Christkind. Ihren Wunschzettel hat sie bereits geschrieben, und sie brennt darauf, zusammen mit mir und Kyra den Tannenbaum zu schmücken. Schließlich müssen auch Kinder den himmlischen Boten helfen.

27. Dezember, Donnerstag

Ein friedliches, schönes Weihnachten liegt hinter uns. Heute muß Jasmin zum letzten Mal in diesem Jahr in die Klinik. Außer der Blutentnahme und der üblichen Kontrolle bekommt sie Gamma-Globuline.

Die Werte stimmen uns hoffnungsfroh: Hb 12,2, Leukos 4.300, Thrombozyten 155.000, GOT 23, GPT 24.

Für das nächste Jahr haben wir nur einen Wunsch, nämlich den, daß Min gesund wird und bleibt. Dafür beten wir.

8. Mai 1985, Donnerstag

Drei Tage waren wir in Tübingen, gestern um 20.00 Uhr kamen wir wieder zu Hause an, psychisch ausgelaugt. Die Analyse der Blutwerte vermochte uns trotz leicht erhöhter Leberwerte nicht zu überraschen, weil diese Daten mittlerweile fast vernachlässigbar sind. Zahlreiche Untersuchungen in Gießen seit Jahresbeginn zeugen von Kontinuität, über 200.000 Thrombos belegen, daß das neue Knochenmark voll arbeitet.

Schon im Februar waren wir zur Kontrolle in Tübingen − sie glich denen in Gießen völlig, also Blutabnahme, messen, wiegen usw. Diesmal war die Untersuchung umfangreicher. Dienstag und Mittwoch ist jeweils ein IBG-Szintigramm gemacht worden. Dazu wurde Jasmin ein Milliliter des aus den USA bezogenen Präparats in den Katheter gespritzt, den Dr. Dopfer am Montag gelegt hat. Eine Untersuchung dieser Art ist in Gießen nicht möglich. Die am nächsten gelegene Universität, die über diese Möglichkeit verfügt, ist Frankfurt. Dr. Bertram hatte uns dort schon einen Termin besorgt, doch wir wollten es uns und Jasmin ersparen, noch einmal eine unbekannte Umgebung und fremde Ärzte erleben zu müssen. Immerhin ist ihr die Strahlenklinik in Tübingen vertraut, und wir trafen auch bekannte Leute dort.

Min machte ihre Sache ganz prima. Wie ein Profi lag sie unter dem Scanner, ohne sich zu bewegen und ohne Beruhigungsmittel. Nur der Oberkörper sollte untersucht werden, doch als wir den Radiologen darauf hinwiesen, daß seinerzeit auch Tumorzellen im Bereich der Fontanelle diagnostiziert worden waren, veranlaßte der Nuklearmediziner auch ein Kopf-Szintigramm − zu Recht, wie sich nach Rücksprache mit Dr. Dopfer herausstellte. Dem Ergebnis fieberten wir natürlich entgegen, doch der Arzt hatte gute Nachrichten für uns. Das radioaktive Material, das injiziert wurde und sich besonders an Tumornestern anreichert, zeigte keine auffällige Konzentration an einer Stelle des Skeletts und den Weichteilen wie Leber usw. Uns fiel ein Stein vom Herzen. Zwar war das nur eine erste Analyse, der noch eine genaue Ausarbeitung folgte, aber Ärzte schweigen lieber, bevor sie sich als Propheten betätigen.

Pickelchen und Pöckchen in Jasmins Gesicht auf und im Bereich der Nase beunruhigen uns, Dr. Dopfer nicht – im Gegenteil. Er hält die Reaktion der Haut für eine GVH, eine Abstoßreaktion, die keiner Behandlung bedarf, die aber zugleich auch positiv zu bewerten ist, weil der Körper dadurch gegen eventuell noch verbliebene Krebszellen mobil macht.

Min, mittlerweile fünf Jahre alt, hat auch Fragen an den Arzt. Sie will wissen, ob sie in den Kindergarten und ins Schwimmbad darf und ob sie endlich Tiere streicheln darf. Dr. Dopfer sagt ihr, das sie alles tun kann, was sie will. Sie ist glücklich. Die Gummipistole, die sie mitgenommen hat und mit der sie den Arzt erschießen wollte, wird nicht gebraucht und bleibt in der Tasche. Gegenüber Professor Niethammer, der durch ihr Gezeter bei der Blutentnahme herbeigelockt wird, äußert Jasmin den Wunsch, daß er „den Dopfer mal piken soll, aber ganz lange". Die Mediziner schmunzeln wie wir.

Nächster Termin in Tübingen ist der 19. August, Christiane, die ebenfalls transplantiert wurde und mit uns zur Kontrolle war, muß gar erst im November wiederkommen.

In Gießen, wo man uns im Juni erneut erwartet, ist Jasmin zweimal in der Hals-, Nasen- und Ohrenklinik untersucht worden. Ihr Gehör ist geschädigt worden, vermutlich durch Platinex oder die Bestrahlung bei der Vorbereitung zur Transplantation. Bestimmte Töne hört sie nur sehr schlecht, man muß oft etwas zwei-, dreimal sagen, bevor sie es versteht, Fernsehgerät und Radio müssen laut gestellt werden. Wie der Oberarzt der HNO diagnostiziert, ist diese Schädigung irreparabel und läßt sich weder mit Medikamenten noch durch eine Operation beheben. Er verschreibt zwei Hörgeräte, die hinter die Ohren geklemmt werden, zur Probe. Es muß abgewartet werden, ob Min sich mit diesen Dingern anfreunden kann.

Wir überbewerten die Beeinträchtigung der Hörleistung nicht. Wenn Jasmin gesund wird und das die einzige Behinderung bleibt, sind wir Gott und den Ärzten dankbar.

Die Artikel in der Presse über Krebs bei Kindern sind in den letzten Jahren im Vergleich zu früher sachlicher und seriöser geworden, aber in manchen Blättern werden immer noch Machwerke abgedruckt, die zwar die Auflagenhöhen steigern, doch eigentlich in den Reißwolf gehören.

Aufmerksam haben wir die Berichterstattung über Stefan Morsch verfolgt, der in den USA das Transplantat eines Fremdspenders bekam und der leider verstorben ist. Zahlreiche Meldungen darüber standen in vielen Zeitungen, aber was soll ich davon halten, wenn z. B. zu lesen ist: Nach der schweren, mehrstündigen Operation wird Stefan Morsch in sein Zimmer gebracht. Die komplizierte Knochenmarktransplantation hat er ohne Komplikationen überstanden... Wer wie wir weiß, daß die Übertragung als solches eine so simple Sache ist wie eine Bluttransfussion, der schwankt, ob er darüber lachen oder weinen soll. Die eigentliche Vorbereitung hat es in sich – und die Wochen danach.

Was die amerikanischen Mediziner da gemacht haben, ist unseren Ärzten ziemlich suspekt. Sie, die mit der Materie vertraut sind, haben diesem Experiment keine große Chance gegeben. Zwar paßten die Faktoren von Spender und Empfänger zusammen, doch es gibt noch zu viele Unbekannte, Werte, die niemand kennt. Die Erfolgsaussichten sind nach Ansicht unserer Ärzte größer, wenn Knochenmark der Eltern genommen wird, selbst wenn keine hundertprozentige Übereinstimmung da ist. Die Affinität der Gewebe ist größer bei den unbekannten Faktoren, schließlich trägt das Kind ja die Erbanlagen von Vater und Mutter in sich. Einem kleinen Spanier konnte so in Ulm geholfen werden. Da kein geeigneter Spender zur Verfügung stand, bekam er das Knochenmark seines Vaters.

Ein paar Worte noch zur Ernährung und zur Chemie im Essen. Wir sind überzeugt davon, daß Nahrung sehr wohl in der Lage ist, die Heilung bei Krebs positiv oder negativ zu beeinflussen. Auch Fachleute und Professoren, die sich mit der Problematik „Onkologie und Ernährung" intensiv beschäftigt haben, sind zu dem Schluß gekommen, daß der Körper selbst eine Waffe gegen den Krebs ist – wenn er die richtigen Brennstoffe bekommt. Leider folgt die Schulmedizin nicht oder nur sehr zögernd den Erkenntnissen der teilweise doch recht hochkarätigen Spezialisten, den Organismus durch hochwertige Lebensmittel zu stärken und zu aktivieren, dabei steht „hochwertig" nicht für „teuer".

Studien haben ergeben, daß Afrikaner und Japaner, die in den USA leben, vor allem an jenen Krebsarten erkranken, die für Amerika charakteristisch sind, nicht jedoch für Afrika oder Japan. Sowohl die Vereinigten Staaten als auch Nippon sind hochtechnisierte Industrienationen, so daß die Umwelteinflüsse in bezug auf Abgase etc. zumindest ähnlich sind. Hier drängt sich auch dem Laien der Schluß auf, daß ein Zusammenhang zwischen Ernährung und Krebs besteht.

Ein paar interessante Dinge über Ernährung und Krebs enthält die gleichnamige Broschüre, die kostenlos beim Bundesminister für Forschung und Technologie in Bonn angefordert werden kann. Das sechsunddreißigseitige Bändchen gibt recht brauchbare Informationen und geht auch auf Details ein, zudem ist es recht verständlich geschrieben. Ein paar Stichworte daraus: Fette, Kohlenhydrate, Vitamine, Tumorhemmer.

Sehr aufschlußreich ist ein Büchlein, das von der Verbraucherzentrale Hamburg zu beziehen ist und DM 1,50 zuzüglich Versandgebühren kostet. Kein Geld einschicken – der Sendung liegt eine Zahlkarte bei.

Es geht dabei um die Lebensmittel-Zutatenliste. Wann immer Sie im Einzelhandel etwas einkaufen, werden Sie zumindest bei Fertiggerichten und selbst bei abgepacktem Brot auf merkwürdige Kürzel stoßen, die als Zutaten benannt werden: Backtriebmittel, Säureregulator E 341, Antioxydationsmittel E 300, naturidentische Aromastoffe usw. Was heißt das nun?

Darüber gibt das Heftchen genau und nach Stichworten geordnet Auskunft, erklärt, was das Zusatzmittel ist und ob es gesundheitlich bedenklich ist und wo es eingesetzt wird. E 300 ist übrigens unbedenklich – es ist L-Ascorbinsäure, bekannter als Vitamin C. Vorsicht geboten ist dagegen vor den Konservierungsstoffen E 250 bis E 252. Sie können sich mit Eiweißbestandteilen verbinden und sind dann krebserregend. Dieser Ratgeber, der in jede Tasche paßt, ist wirklich empfehlenswert.

Wieder von der Verbraucherberatung Hamburg stammt ein bei rororo erschienenes Taschenbuch zum Preis von DM 7,80. Die hanseatischen Ernährungsberaterinnen Ute Philippeit und Silke Schwartau lassen sich dabei über „Zuviel Chemie im Kochtopf?" aus. Das Sachbuch informiert gründlich und ist leicht lesbar, übersichtlich gegliedert und verweist auf Quellenangaben. Wer will, kann also nachlesen, was im Original stand. Die Autorinnen geben Tips und Begründungen dazu. Ein nützlicher Ratgeber, der sich allerdings nicht als Bettlektüre eignet – zumindest für diejenigen nicht, die sich mit der Thematik noch nicht beschäftigt haben. Zwar steht unter der Rubrik „Was wir mit diesem Buch erreichen wollen" unter anderem: Konkrete Alternativen und Informationen zum Handeln vermitteln, „Was wir nicht wollen": So viel Angst vor Gift im Essen machen, daß jeder den Kopf in den Sand steckt und denkt ‚da ist doch nichts mehr zu machen', aber eben dieser Gedanke manifestiert sich, daß wir Selbstmord mit Messer und Gabel begehen. Eier, Fleisch, Milch, Getreideprodukte, Obst, Gemüse und sogar Eis werden bewertet.

Das Werk zeugt von Fleißarbeit und Sachverstand der Verfasserinnen, kann allerdings jedem einen Schrecken einjagen, der sich noch nicht mit schadstoffarmer Nahrung befaßt hat.

Über die Krankheit selbst informieren zwei Büchlein, die erhältlich sind von der Abteilung für Hämatologie und Onkologie, Prof. Dr. G. Schellong, Universitäts-Kinderklinik, Robert-Koch-Str. 31, 4400 Münster. In der Regel halten die Kinderkrebsstationen der Universitätskliniken diese Bändchen bereit. Dr. Bernhard Kremens zeichnet als Verfasser von „Leukämie – Was ist das?", Dr. Gisela Frank hat „Leben mit einem Tumor" geschrieben. Beide Schriften beschreiben sehr anschaulich die Krankheit, die Therapie und die Medikamente sowie deren Nebenwirkungen. Wir können allen betroffenen Eltern empfehlen, sich anhand dieser Broschüren kundig zu machen. Das Wissen um die Krankheit und um die Behandlung ist sehr hilfreich und nimmt zugleich ein wenig von der Furcht, was da gemacht wird und was noch kommen kann.

Festigungs- und Stützkuren nach der eigentlichen klinischen Behandlung bietet das Familienzentrum Katharinenhöhe in 7741 Schönwald, eine Einrichtung der Arbeiterwohlfahrt (Tel. 007723/ 2046). Die Einrichtung wird ärztlich betreut und fachlich beraten durch die Universitätskliniken Freiburg, Tübingen und Heidelberg sowie die Krebsnachsorgeklinik Nordrach. Das im Schwarzwald gelegene Haus ist vom Landesverband der AOK als Träger von Kuren für krebskranke Kinder anerkannt gemäß § 184a RVO. Die Kosten abzüglich des gesetzlichen Eigenanteils von DM 10, – pro Tag werden demnach von den Krankenkassen getragen. Sollte das nicht der Fall sein, kann nach § 187 RVO eine ambulante Badekur beantragt werden. Beratung und Informationen bei den Geschäftsstellen der Arbeiterwohlfahrt oder direkt bei der Katharinenhöhe.

Reich sind sie wirklich nicht, die Vereine für krebskranke Kinder, und mit Zuschüssen werden sie auch kaum bedacht, unsere Stationen. Es ist ein Armutszeugnis für unseren Staat, daß beispielsweise der Tübinger Elternverein für die Station H aus eigenen Mitteln kinderfreundliches Geschirr und zwei Rollstühle anschaffen mußte und einen Sozialpädagogen bezahlt, der Gießener Elternverein finanziert Helfer und Krankenschwestern auf der Station Peiper und hat Mittel zur Verfügung gestellt, um ein Chromosomenlabor einzurichten.

Dieses Chromosomenlabor etwa kann von allen Behandlungszentren in der Bundesrepublik genutzt werden. Anhand bestimmter Chromosomendefekte oder typischer Anomalien können Professor Lampert und seine Mitarbeiter feststellen, um welche Tumor- oder Leukämieart es sich handelt, so daß sie den behandelnden Ärzten schneller als bei anderen Methoden sagen können, welche Behandlungsmethode die sinnvollste ist. Noch befindet sich dieses Labor im Aufbau, aber es ist ein ermutigender Anfang in Richtung auf eine schnelle Diagnostik.

Der Kampf um unsere Kinder kostet Geld, viel Geld – und das fehlt an allen Ecken und Enden. Es geht ja nicht nur darum, Einrichtungen zu schaffen, die Fortschritte bei den Heilerfolgen ermöglichen und die Geißeln Krebs und Leukämie endgültig besiegen, es geht auch um die Ausrüstungen der Stationen und darum, den Kindern den langen Klinikaufenthalt erträglicher zu machen. Oft sind es Kleinigkeiten, die aber das Leben erleichtern. Station Peiper hat beispielsweise nur ein elektronisches Fieberthermometer im Intensivzimmer. Dieses Gerät ermittelt die Temperatur exakt in weniger als einer Minute. In allen anderen Zimmern bekommen die Kinder mehrmals am Tag das fingerdicke, altertümliche Requisit in den Po gerammt, das schon unsere Großeltern kannten. Dort bleibt es vier bis fünf Minuten – und das ist wahrlich nicht angenehm. Oder Station H. Dort verfügen die Räume nicht über Klingeln, mit denen eine Schwester herbeigerufen werden kann. Diese Aufzählung ließe sich beliebig fortsetzen.

Unsere Bitte: Werden Sie Mitglied in einem Elternförderverein oder unterstützen Sie deren Arbeit durch Spenden, die steuerlich abzugsfähig sind, helfen Sie direkt – aber bitte *nicht* über die Deutsche Krebshilfe.

Der Tübinger Elternverein führt in einem Informationsblatt aus: Trotz mehrfacher schriftlicher Kontakte unseres Fördervereins zur Deutschen Krebshilfe e.V. Bonn wurde uns aus nicht bekannten Gründen kein Geld für unsere Anliegen zur Verfügung gestellt.

Weiter unten schreiben die Tübinger: Wir sind der Meinung, daß es sich lohnt
für jedes Kind zu kämpfen
um jedes Kind zu kämpfen
gegen den Krebs anzukämpfen.

Jeder, der Kinder hat, egal, ob gesund oder krank, wird sich dem wohl anschließen. Wir überlassen es Ihnen, die Reaktion bzw. Nichtreaktion der Deutschen Krebshilfe zu bewerten.

So können Sie direkt helfen:
Deutsche Leukämie-Forschungshilfe
Aktion für krebskranke Kinder Ortsverein Gießen e.V.
Kontaktadresse:
Forschungshilfe Gießen, Ahornweg 2, 6367 Karben 1
Spendenkonten:
Aktion Peiper, Volksbank Gießen (BLZ 513 900 00) Konto-Nr. 191 19, Bezirkssparkasse Gießen (BLZ 513 500 25) Konto-Nr. 55

Förderverein für krebskranke Kinder e.V. Tübingen
Kontaktadresse: Kurt Kaiser, Rechbergstr. 34, 7321 Aichelberg
Spendenkonten:
Förderverein, Volksbank Ebersbach (BLZ 610 914 00) Konto-Nr. 932 000, Kreissparkasse Tübingen (BLZ 641 500 20), Konto-Nr. 126 063

Sie können sicher sein, daß Ihre Spende in die richtigen Hände kommt und zweckgebunden eingesetzt wird, Verwaltungskosten entstehen nicht, da alle Beteiligten in den Elternvereinen ehrenamtlich tätig sind. Bei Einzahlungen über DM 100,– erhalten Sie automatisch eine Spendenquittung, bei Summen unter DM 100,– genügt der Einzahlungsbeleg zur Absetzung bei der Lohn- oder Einkommensteuer.

Wir Deutschen werden als aussterbendes Volk beurteilt. Sollten wir da nicht alles tun, um uns unsere Kinder zu erhalten? Es gibt die Aktion „Ein Herz für Kinder" – haben Sie auch ein Herz für die krebs- und leukämiekranken Kinder, helfen Sie helfen. Wie die engagierten Eltern und unsere Kinderonkologen. Sie arbeiten mit Feuereifer daran, sich selbst überflüssig zu machen, aber unsere Ärzte sind häufig mit so bescheidenen Mitteln ausgestattet, daß Geld für die Forschung fehlt. Es fehlt an Transplantationszentren, und auf den Stationen ist manches zu verbessern. Jede hier angelegte Mark verbessert die Situation. Unser aller Ziel: Kein Kind soll mehr sterben, weil es Krebs oder Leukämie hat. Leben soll LEBEN!

Zum Abschluß noch ein paar Hinweise zur finanziellen Entlastung. Vermutlich hat Sie das Personal oder ein Sozialarbeiter der Klinik, in der Ihr Kind behandelt wird, schon darauf hingewiesen, daß es unter das Schwerbehindertengesetz fällt. Genieren Sie sich nicht, beim zuständigen Versorgungsamt einen Schwerbehindertenausweis zu beantragen. Der Staat schämt sich auch nicht, Sie weiter wie bisher zu besteuern, obwohl Sie bei dieser Krankheit ungleich höhere Ausgaben haben. In aller Regel stellen die Sozialarbeiter der Stationen die Anträge und erledigen den lästigen Papierkram. Den meisten Eltern steht ohnehin nicht der Kopf danach, sich auch noch mit Behörden herumzuschlagen.

Folgende Einstufungen werden vorgenommen:

1. Kinder mit akuter Leukämie bis zum Ende der Therapie stets 100 % und dem Merkzeichen (H) für hilflos.

2. Bösartige Geschwulsterkrankungen mit günstiger Prognose nach Beseitigung der Geschwulst in den ersten zwei Jahren 50 %, danach 30 %.

3. Bösartige Geschwulsterkrankungen mit ungünstiger Prognose nach Beseitigung der Geschwulst in den ersten zwei Jahren 80 %, danach 50 %.

Ferner werden, wie schon gesagt, verschiedene Merkzeichen zugeordnet. Jasmin bekam merkwürdigerweise „G", was erheblich gehbehindert bedeutet und 1983 noch die unentgeltliche Beförderung mit öffentlichen Verkehrsmitteln im 50 km-Nahbereich ermöglichte. Diese und andere Vergünstigungen für Schwerbehinderte hat Bonn ersatzlos gestrichen.

Was bedeutet die Einstufung nun? Das Finanzamt räumt Ihnen dadurch bei der Lohn- und Einkommensteuer einen Freibetrag ein: 30 % bedeuten DM 600, – pro Jahr, 50 % DM 1.110, –, 80 % DM 2.070, –, 100 % DM 2.760, –. Weit wichtiger ist das Merkzeichen „H". Es bewirkt einen Pauschbetrag von DM 7.200, – im Jahr, also ein Mehrfaches von dem, was bei 100 % anrechnungsfähig ist. Als außergewöhnliche Belastung können Sie (bei einer Einstufung von 80 % und mehr) jährlich auch noch Kfz-Kosten für Privatfahrten geltend machen. 3.000 km à DM -,42, also DM 1.260, –, werden ohne besonderen Nachweis pauschal als außergewöhnliche Belastung vom Finanzamt anerkannt.

Gegen das Merkzeichen „G" bei Jasmin habe ich Widerspruch beim hiesigen Versorgungsamt erhoben, war jedoch nicht voll konzentriert bei der Sache, denn schließlich hatte ich im Juli 1983 ganz andere Sorgen. Im nachhinein war es ein Fehler, daß ich mich nicht intensiver darum gekümmert habe, denn Papierkram gehört schließlich zu meinem Beruf. Zu dem Zeitpunkt wäre es wohl besser gewesen, den Sozialarbeiter einzuschalten.

Ich argumentierte – logisch, wie ich finde –, daß ein dreijähriges Kind ständiger Aufsicht und Hilfe bedarf, wies aber nicht ausdrücklich darauf hin, „H" zuzuerkennen. Das rächte sich, denn der Sachbearbeiter war buchstabengetreu dem Gesetz verhaftet und kam gar nicht darauf, was für mich zwingend war – hilflos. Ausführlich wurde erläutert, daß bei einer Minderung der Erwerbsfähigkeit um mindestens 80 % automatisch laut § 58, Absatz 1, Satz 2 des Schwerbehindertengesetzes eine Gehbehinderung unterstellt wird. Ein wenig gönnerhaft stand dann da: „Ergänzend darf ich noch darauf hinweisen, daß aus medizinischer Sicht die Voraussetzungen für das Vorliegen einer erheblichen Gehbehinderung nicht bejaht worden sind". Das habe ich nie behauptet. Vermutlich witterte der Beamte einen Vorstoß von mir auf das Merkzeichen „aG" – außergewöhnlich gehbehindert. Nun hätte ich dagegen klagen können. Jasmin hätte es vielleicht gar nichts mehr genützt – aus damaliger Sicht. Und wann hätte ich das Urteil gehabt?

Die Einstufung geht auf ein Rundschreiben des Bundesministers für Arbeit und Soziales aus dem Jahre 1976 zurück, ist also neun Jahre alt und dringend reformbedürftig. Wie der Tübinger Elternverein sind wir der Ansicht, daß alle Kinder, die auf hämatologisch-onkologischen Stationen behandelt werden, das Merkzeichen „H" bekommen sollen, denn Leukämie und Krebs sind gleichermaßen schlimm. Wir wollen hier nicht eine furchtbare Krankheit mit der anderen aufrechnen, denn das wäre pervers und menschenverachtend, weil das Leid das gleiche ist und sich nicht auseinanderdividieren läßt. Wir meinen, daß die Klassifizierung dem gesunden Menschenverstand widerspricht. Warum?

Bei der lymphatischen Leukämie, die anders als die myelogische Leukämie relativ gute Heilungschancen hat, wird das Merkzeichen „H" zuerkannt. Neuroblastom mit seiner ungünstigen Diagnose dagegen nicht. Bitte verstehen Sie uns nun um Himmels willen nicht falsch, aber ist eine Dreijährige mit der Prognose 15 % weniger hilflos als ein gleichaltriges Kind mit lymphatischer Leukämie und der Heilungschance von 70 %? Wenn ihr Kind also einen Tumor hat, wehren Sie sich gegen eine andere Einstufung als „H". Die Elternvereine stehen hinter Ihnen, denn ein Freibetrag von DM 7.200, – anstatt von 2.070, – oder DM 2.760, – bedeutet eine viel spürbarere Entlastung.

Außer einem Fahrkostenzuschuß nach Tübingen hat unsere Krankenkasse sich an den mittelbaren Krankheitskosten nicht beteiligt. Setzen Sie diese Ausgaben bei Ihrer Steuererklärung ab. Das Finanzamt erkennt die Kosten als außergewöhnliche Belastungen an – steuermindernd, doch nicht voll erstattungsfähig. Aufwendungen von DM 8.000, – bewirken also nicht die Rückzahlung von DM 8.000, – Lohnsteuer. Der zumutbare Eigenanteil vom Bruttoeinkommen ist nach Prozenten gestaffelt und berücksichtigt die Zahl der Kinder: Bei Steuerklasse II/1 oder III/2, also ein bis zwei Kinder, sieht die Staffel so aus: Einkommen bis DM 30.000, – brutto jährlich 2 %, also ein von Ihnen zu tragender Eigenanteil von DM 600, –. Erst was diese Summe übersteigt, wirkt sich steuermindernd aus. Gleicher Familienstand, Einkommen DM 30.001, – bis 100.000, – 3 %, darüber 4 %. Bei gleichem Verdienst beträgt der Prozentsatz 1,1, 2, wenn Sie drei Kinder und mehr haben.

Was ist nun alles absetzbar für Kassenpatienten, sofern es nicht von einer Krankenkasse übernommen wird? Arzt-, Arznei- und Behandlungskosten auch für Gerätediagnostik gehören zum Leistungspaket der Kassen. Rezeptgebühr für Medikamente wird bei Kindern nicht erhoben, Perücken, sofern medizinisch verordnet, gehen ebenfalls zu Lasten der Versicherungen. Sie können geltend machen: Besuchsfahrten zu Ihrem Kind, therapeutisch unentbehrlich (aus psychologischen Gründen reicht allgemein nicht, daß es medizinisch erforderlich ist, wissen unsere Ärzte und bescheinigen es auch), Kurmittel und Kurtaxe (sofern die Kassen nicht dafür aufkommen), die Fahrtkosten dorthin (da unsere Kinder einen Behindertenstatus haben, muß es kein öffentliches Verkehrsmittel sein, selbst wenn es billiger ist – einen entsprechenden ärztlichen Vermerk akzeptieren die Finanzämter), Kosten für eine Begleitperson, Eigenanteil bei orthopädischen Hilfsmitteln, bei Brillen und Zahnersatz. Selbst Frischzellenbehandlungen und Kosten für einen Heilpraktiker und dessen Verordnungen läßt der Fiskus gelten, Diätverpflegung dagegen nicht.

Nach unserer Erfahrung sind die Finanzbeamten zu Unrecht als Zerberusse verschrien, die versuchen, jede Menge Mammon an sich zu reißen, um die Kosten ihres Brötchengebers aufzustocken. Wenn Sie Fragen haben, helfen sie Ihnen fachkundig. Das ermöglicht ein freundliches Miteinander, und ein paar hilfreiche Tips und Hinweise werden Sie auch bekommen, wenn Sie sich gezielt erkundigen. Sollten Sie sich dennoch außerstande fühlen, die Formulare selbst auszufüllen, wenden Sie sich an einen Steuerbevollmächtigten, an einen Steuerberater oder an einen seriösen Lohnsteuerverein. Die Kosten dafür sind steuerlich absetzbar, und in der Regel holen sie durch ihre Kenntnis der Materie mehr herein, als sie kosten.

Das funktioniert allerdings nur, wenn Sie entsprechende Belege vorlegen können. Lassen Sie sich für alles eine Quittung geben – egal, ob Sie in einem Restaurant waren, Taxi gefahren sind oder Ihren Wagen im Parkhaus abgestellt haben. Die Zettel, die Ihnen ein Kellner zur Ermittlung der Zeche hinlegt, sind kein Nachweis. Obwohl es nervt: Verlangen Sie für alles einen Beleg! Diese Papierchen – aufgehoben – bringen Geld zurück.

Dennoch: Die steuerliche Entlastung ist naturgemäß nur ein Tropfen auf den heißen Stein, aber wir sollten trotzdem die Möglichkeiten nutzen, die wir haben. Für 1984 habe ich DM 10.200, – geltend gemacht für die Fahrten nach Tübingen, die Unterkunft (DM 10, – pro Tag und Person) und eine tägliche Verpflegung von DM 35, – . Das sind Sätze, die das Finanzamt bei mehrtägigen Dienstreisen vorgibt und so auch akzeptieren könnte. Lukullus sitzt bei dieser Pauschale ohnehin nicht mit am Tisch in der Gaststätte, außerdem bedeutet es ja auch, daß die Daheimgebliebenen mehr Geld für Essen aufwenden müssen, wenn die Hausfrau nicht da ist (Fertiggerichte, Mahlzeiten im Restaurant usw.).

DM – ,36 pro Kilometer decken nie und nimmer die Unterhaltskosten für einen Opel Rekord 2,0 E, dennoch kann ich nicht mehr einsetzen. Unsere tatsächlichen Aufwendungen – einschließlich der Teilrenovierung der Wohnung – , Sonderausgaben und Spielzeug für Jasmin machen gut und gerne das Doppelte von DM 10.200, – . Daß ich zu dieser Zeit nicht schreiben konnte und deutliche Einnahmeverluste hatte, sei nur am Rande bemerkt. Es ist tatsächlich so, daß finanziellen Einbußen erhöhte Kosten gegenüberstehen.

Nutzen Sie deshalb alle Möglichkeiten aus, die die Gesetze Ihnen bieten. Dazu gehört beispielsweise die Zahlung eines Pflegegeldes durch das Sozialamt, wenn Ihr Kind ständig hilfs- und pflegebedürftig ist. Selbst bei einem Nettoeinkommen von DM 2.500, –

pro Familie mit zwei Kindern kann ein Anspruch entstehen, der monatlich bei DM 250, – und darüber liegt.

Wenn Sie eine entsprechende Bescheinigung Ihrer Ärzte vorlegen, werden Sie vom Sozialamt einen Termin für den Besuch beim Gesundheitsamt erhalten. Diesen Termin müssen Sie unbedingt wahrnehmen, weil er besonders wichtig ist, aber akzeptieren Sie nicht die Entscheidung des Arztes vom Gesundheitsamt, daß Ihr Kind laufen und sich alleine an- und ausziehen kann, also gar keine Hilfsbedürftigkeit vorliegt.

Lassen Sie sich nicht verunsichern. Der Arzt, der Ihnen gegenübersitzt, ist in der Regel ein Mediziner ohne Detailwissen über Kinderonkologie. Es wäre falsch, ihn spüren zu lassen, daß Sie unter Umständen auf diesem Gebiet weitaus besser beschlagen sind als er. Gerade beamtete Ärzte, die Patienten nicht direkt betreuen, können darauf allergisch reagieren, wenn ihre Kompetenz angezweifelt wird. Auch wenn Sie besser informiert sind – zählen Sie nur das auf, was bei leukämie- und krebskranken Kindern für besondere Pflegemaßnahmen erforderlich ist:

Ständige Überwachung des Gesundheitszustandes, genaue Einnahme der Medikamente, regelmäßiger Besuch in der Ambulanz, Schutz vor Infektionen, besondere Hygienemaßnahmen, kein Kindergartenbesuch, Besonderheiten beim Schulbesuch, Hilfe beim Treppensteigen, besondere Zubereitung der Kost (sagen Sie nicht „Diät"), besondere Hinwendung und intensive Beschäftigung mit dem Kind. (Nach einem langen Krankenhausaufenthalt müssen oft Ängste vor der Umwelt abgebaut werden, Kontaktschwierigkeiten beseitigt werden, Entwicklungsrückstände sind aufzuarbeiten. So können Jasmins gleichaltrige Freundinnen radfahren, sie, der quasi zwei Sommer gestohlen wurden, benötigt noch Stützräder am Zweirad).

Sollte trotz Ihrer Argumentation keine Pflegebedürftigkeit festgestellt werden, erheben Sie Einspruch und verlangen Sie die Untersuchung durch einen anderen Arzt. Übrigens: Pflegegeld wird erst bezahlt, wenn Ihr Kind das Krankenhaus verlassen hat.

Es gibt noch weitere Möglichkeiten, die Sie ausschöpfen können. Sie können versuchen, bei den zuständigen Kirchenbehörden einen Erlaß bzw. Teilerlaß oder ein Aussetzen der Kirchensteuer zu erwirken. Wer Versicherter in der gesetzlichen Renten-, Kranken- oder Unfallversicherung ist, hat u.U. Anspruch auf eine Haushaltshilfe. Informationen hierüber bei Ihrer Krankenkasse.

Haushaltshilfe der Sozialhilfe gibt es ebenfalls bei einkommens-

und vermögensmäßigen Voraussetzungen nach dem Bundessozialhilfegesetz. Auskünfte erteilt das zuständige Sozialamt. Manche Städte und Gemeinden gewähren den dort gemeldeten Familien mit behinderten Kindern gewisse Vergünstigungen, Zuschüsse oder Nachlässe bei Benutzung der öffentlichen Einrichtungen wie Ermäßigung beim Schwimmbadbesuch, Freifahrtscheine für Busse und Straßenbahnen. Erkundigen Sie sich bei der zuständigen Abteilung Ihrer Stadtverwaltung oder auf Ihrer Bürgermeisterei. Auch bei öffentlichen Veranstaltungen oder bei Aktivitäten caritativer und kirchlicher Einrichtungen (Jugendfreizeiten, Tagesausflüge, Bastelkurse usw.) sind Vergünstigungen möglich. Fragen Sie danach!

Und schämen Sie sich nicht! Sie sind nicht der erste Bundesbürger, der sich etwas nicht leisten kann, und Sie sind auch kein Bittsteller, der um Almosen bettelt. Das steht Ihnen und Ihrem kranken Kind zu, Sie haben nicht nur Anspruch, sondern ein *Recht* darauf, daß der Staat und die Versichertengemeinschaft Ihnen helfen. Darüber gibt es Gesetze und Verordnungen, das ist festgeschrieben! Oder genieren Sie sich etwa, Kindergeld zu beziehen, den jährlichen Lohnsteuerausgleich zu machen oder den Hausarzt zu rufen, wenn Sie mit hohem Fieber im Bett liegen?

Nutzen Sie alles, was Ihnen zusteht. So viel ist es nicht, und reich werden Sie dabei ohnehin nicht, aber ein wenig Entlastung bringt es schon. Ein paar Hinweise und Spartips hätten wir Ihnen schon gerne gegeben, aber weitere Vergünstigungen sind uns nicht bekannt. Da es auf diesem Gebiet aber öfter Änderungen gibt, sollten Sie den Sozialarbeiter fragen, welche der aufgezeigten Möglichkeiten noch Gültigkeit haben und was neu hinzugekommen ist.

Leid, erlebt und durchlebt, vermag auch Geld nicht zu lindern, aber es ist nötig. Nötig deshalb, um Eltern zu unterstützen, die durch die Nebenkosten der Krankheit in Existenznot geraten, nötig, um den erkrankten Kindern psychologisch zu helfen und den Krankenhausaufenthalt so erträglich wie möglich zu machen, nötig, um unseren Kinderonkologen die Möglichkeit zu geben, optimal zu behandeln, neue Erkenntnisse zu gewinnen und forschen zu können, ohne an einen schon verplanten Etat gebunden zu sein, in dem Bürokraten bereits die Anzahl der Reagenzröhrchen aufgelistet haben, die verbraucht werden dürfen.

Eine bittere Erkenntnis: Die zweithäufigste Todesursache bei Kindern ist nach den Verkehrsunfällen Krebs. Jährlich erkranken

1.500 Kinder an Krebs und Leukämie – 1.500 zuviel. Nach unserem Dafürhalten steigt die Zahl in den nächsten Jahren noch weiter, doch nicht, weil diese Krankheiten auf dem Vormarsch sind, sondern weil die diagnostischen Möglichkeiten verbessert worden sind. Auch das ist ein Fortschritt, der nicht hoch genug bewertet werden kann. Kinder, die früher sterben mußten, weil die Anzeichen nicht oder zu spät erkannt wurden, können heute behandelt – und geheilt werden. Es hat sich viel getan in dieser Hinsicht, aber es bleibt noch sehr viel zu tun.

Allen, die uns geholfen haben, sind wir sehr, sehr dankbar. Es ist eins der besonderen Verdienste von Professor Dr. Lampert, mit der „Tour Peiper" die breite Öffentlichkeit auf das Problem unserer Kinder aufmerksam gemacht zu haben. Durch seinen mutigen Schritt, durch seine Aktivitäten wurde das Bewußtsein dafür geweckt, daß Jugendliche, Kinder und selbst Säuglinge Krebs bekommen können – und daß Unterstützung nötig ist, weil öffentliche Mittel fehlen. Noch liegt manches im argen, noch finden unsere Ärzte nicht immer die Forschungsbedingungen vor, die sie eigentlich brauchten. Noch fehlen den Stationen die Mittel für Dinge, die eigentlich selbstverständlich sein sollten, und noch kämpfen die Elternvereine – finanziell gesehen – mit dem Rücken zur Wand. Deshalb noch einmal unsere Bitte, Mitglied in einem Elternverein zu werden oder zu spenden.

Im Brief des Jakobus 1.2.14-17 wird massiv zu guten Werken aufgerufen, wir möchten Matthäus 5 zitieren: Selig sind die Barmherzigen, denn sie werden Barmherzigkeit erlangen.